Markus Würdinger · Examens-Repetitorium BGB – Allgemeiner Teil

UNIREP JURA

Herausgegeben von Prof. Dr. Mathias Habersack

Examens-Repetitorium BGB – Allgemeiner Teil

von

Dr. Markus Würdinger
o. Professor an der Universität Passau

begründet von

Dr. Dr. h.c. Peter Gottwald
em. o. Professor an der Universität Regensburg

6., neu bearbeitete Auflage

CFM C.F. Müller

Markus Würdinger, Jahrgang 1977, Studium der Rechtswissenschaften in Regensburg, 2004 Promotion, 2010 Habilitation, seit 2007 Dozent der DeutschenAnwaltAkademie, 2012–2019 Inhaber des Lehrstuhls für Bürgerliches Recht, Europäisches und Internationales Privatrecht sowie Zivilprozessrecht an der Universität des Saarlandes in Saarbrücken; seit 2019 Inhaber des Lehrstuhls für Bürgerliches Recht und Zivilprozessrecht an der Universität Passau.

Ausgewählte Veröffentlichungen: Insolvenzanfechtung im bargeldlosen Zahlungsverkehr (2012); Kommentierung der §§ 802a-863 ZPO im Stein/Jonas (23. Aufl., 2017); Kommentierung der §§ 315-319 BGB im Münchener Kommentar zum BGB (9. Aufl., 2022); Mitherausgeber des juris-Praxiskommentars BGB und Bandherausgeber, Internationales Privatrecht und UN-Kaufrecht (10. Aufl., 2023) sowie Kommentierung der §§ 652, 653, 656a ff BGB (10. Aufl., 2023).

Bibliografische Information der Deutschen Nationalbibliothek
Die Deutsche Nationalbibliothek verzeichnet diese Publikation in der Deutschen Nationalbibliografie; detaillierte bibliografische Daten sind im Internet über <https://portal.dnb.de> abrufbar.

Print: ISBN 978-3-8114-6223-6
ePub: ISBN 978-3-8114-9069-7

E-Mail: kundenservice@cfmueller.de
Telefon: +49 6221 1859 599
Telefax: +49 6221 1859 598

www.cfmueller.de

Satz: preXtension, Grafrath
Druck: CPI books, Leck

Vorwort

Während eine Vorlesung zum Allgemeinen Teil des BGB für Erst- oder Zweitsemester mit einzelnen Vorgriffen auf das Schuld- und Sachenrecht auskommt, ist eine solche Beschränkung in einem Examensrepetitorium nicht sachgerecht. Der Allgemeine Teil des BGB enthält in seinem Rechtsgeschäftsteil Regeln, die sich auf das gesamte Bürgerliche Recht einschließlich des Handelsrechts und des Zivilprozessrechts auswirken. Diese Vernetzung der Rechtsgebiete ist wichtig und für dieses Buch prägend. Anhand kurzer lehrbuchmäßiger Einführungen, vor allem aber anhand konkreter Fälle mit Lösungen, versucht dieses Buch, exemplarisch aufzuzeigen, welche rechtsdogmatischen und rechtspraktischen Probleme die Regeln über die Personen und über das Rechtsgeschäft im Allgemeinen Teil innerhalb des gesamten Pflichtstoffs der ersten juristischen Prüfung aufwerfen. Dieses Buch dient der Wissenskontrolle, Wiederholung und Vertiefung; es will und kann ein Lehrbuch zum Allgemeinen Teil des BGB nicht ersetzen.

Für diese Neuauflage habe ich das Buch umfassend aktualisiert und mehrere neue Fälle aus der jüngsten höchstrichterlichen Rechtsprechung eingearbeitet.

Zur Verstärkung des Lerneffektes empfehle ich allen, die mit diesem Repetitorium arbeiten, die Fälle zunächst selbstständig zu lösen und erst dann die angebotene Lösung zur Kontrolle heranzuziehen.

Bei der Neubearbeitung haben mich meine wissenschaftlichen Mitarbeiterinnen und Mitarbeiter *Peter Golo Fischer*, *Dr. Carolin Maus* und *Andreas Rapp* sowie meine studentischen Mitarbeiterinnen und Mitarbeiter *Magdalena Fiedler*, *Kilian Gropengießer*, *Marc Nickel*, *Paul Soller* und *Louisa Zachmann* hervorragend unterstützt. Ihnen allen danke ich sehr herzlich!

Repetitio est mater studiorum! Wiederholung ist die Mutter der Studien! Allen Leserinnen und Lesern wünsche ich dabei viel Freude und Ausdauer! Für Rückmeldungen und Hinweise jeder Art bin ich dankbar (E-Mail: kundenservice@cfmueller.de).

Passau, im Januar 2024 *Markus Würdinger*

Inhaltsverzeichnis

Verzeichnis der abgekürzt zitierten Literatur

Baur/Stürner, Sachenrecht, 18. Aufl. 2009
Beck'scher Online Kommentar BGB (BeckOK BGB), hrsg. von *Hau/Poseck*, 68. Ed. (1.11.2023)
Beck'scher Online Großkommentar BGB (BeckOGK-BGB), hrsg. von *Gsell/Krüger/Lorenz/Reymann*, 2024
Bitter/Röder, BGB, Allgemeiner Teil, 5. Aufl. 2020
Boecken, BGB, Allgemeiner Teil, 3. Aufl. 2019
Boemke/Ulrici, BGB, Allgemeiner Teil, 2. Aufl. 2014
Bork, Allgemeiner Teil des Bürgerlichen Gesetzbuchs, 4. Aufl. 2016
Brehm, Allgemeiner Teil des BGB, 6. Aufl. 2008
Brox/Henssler, Handelsrecht, 23. Aufl. 2020
Brox/Walker, Allgemeiner Teil des BGB, 47. Aufl. 2023
dies., Allgemeines Schuldrecht, 47. Aufl. 2023
Canaris, Handelsrecht, 24. Aufl. 2006
Erfurter Kommentar zum Arbeitsrecht, hrsg. von *Müller-Glöge/Preis/Gallner/Schmidt*, 24. Aufl. 2024
Erman, BGB, Band 1, 17. Aufl. 2023
Faust, BGB, Allgemeiner Teil, 8. Aufl. 2023
Flume, Allgemeiner Teil des Bürgerlichen Rechts, Bd. II: Das Rechtsgeschäft, 4. Aufl. 1992
Fritzsche, Fälle zum BGB, Allgemeiner Teil, 8. Aufl. 2021
Grigoleit/Herresthal, BGB, Allgemeiner Teil, 4. Aufl. 2021
Grüneberg, BGB, 83. Aufl. 2024
Heinrich, Examensrepetitorium Zivilrecht, 4. Aufl. 2022
Hennemann, Höchstrichterliche Rechtsprechung in der Fallbearbeitung, Zivilrecht, 2018
Hopt, HGB, 43. Aufl. 2024
Jauernig, BGB, 19. Aufl. 2023
juris Praxiskommentar zum BGB (jurisPK-BGB), hrsg. von *Herberger/Martinek/Rüßmann/Weth/Würdinger*, 10. Aufl. 2023
Köhler, BGB, Allgemeiner Teil, 47. Aufl. 2023
ders., PdW BGB, Allgemeiner Teil, 29. Aufl. 2021
Leenen/Häublein, BGB, Allgemeiner Teil, 3. Aufl. 2021
Leipold, BGB I: Einführung und Allgemeiner Teil, 11. Aufl. 2022
Lettl, Handelsrecht, 5. Aufl. 2021
Lindacher/Hau, Fälle zum Allgemeinen Teil des BGB, 7. Aufl. 2021
Lipp, Examens-Repetitorium Erbrecht, 4. Aufl. 2017
Löhnig/Fischinger, Einführung in das Zivilrecht, 21. Aufl. 2023
Looschelders, Schuldrecht Allgemeiner Teil, 21. Aufl. 2023
Martinek/Omlor, Grundlagenfälle zum BGB für Fortgeschrittene, 4. Aufl. 2021
Martinek/Omlor, Grundlagenfälle zum BGB für Examenskandidaten, 1. Aufl. 2022
Medicus/Lorenz, Schuldrecht I, Allgemeiner Teil, 22. Aufl. 2021
dies., Schuldrecht II, Besonderer Teil, 18. Aufl. 2018
Medicus/Petersen, Allgemeiner Teil des BGB, 11. Aufl. 2016
dies., Bürgerliches Recht, 29. Aufl. 2023
Münchener Kommentar BGB, hrsg. von *Säcker/Rixecker/Oetker/Limperg*, 9. Aufl. 2021 ff
Muscheler, Familienrecht, 4. Aufl. 2017
Musielak/Hau, Grundkurs BGB, 18. Aufl. 2023
Musielak/Mayer, Examenskurs BGB, 4. Aufl. 2019
Neuner, Allgemeiner Teil des Bürgerlichen Rechts, 13. Aufl. 2023

NK-BGB, Bd. 1, hrsg. von *Heidel/Hüßtege/Mansel/Noack*, 4. Aufl. 2021
Oetker, Handelsrecht, 8. Aufl. 2019
Petersen, Examinatorium Allgemeiner Teil des BGB und Handelsrecht, 2013
Prütting, Sachenrecht, 37. Aufl. 2020
Prütting/Wegen/Weinreich (PWW), BGB, 18. Aufl. 2023
Riehm, Examinatorium BGB, Allgemeiner Teil, 2015
Säcker/Mohr, Fallsammlung zum BGB, Allgemeiner Teil, 2010
Saenger, Gesellschaftsrecht, 6. Aufl. 2023
Schack, BGB – Allgemeiner Teil, 17. Aufl. 2023
K. Schmidt, Handelsrecht, 6. Aufl. 2014
D. Schwab, Familienrecht, 31. Aufl. 2023
M. Schwab, Zivilprozessrecht, 5. Aufl. 2016
Stadler, Allgemeiner Teil des BGB, 21. Aufl. 2022
Staudinger, Kommentar zum BGB, Buch 1, Allg. Teil, Neubearbeitung 2023
Staudinger, Eckpfeiler des Zivilrechts, 8. Aufl. 2023
Thomas/Putzo, ZPO, 44. Aufl. 2023
Windbichler/Bachmann, Gesellschaftsrecht, 25. Aufl. 2024

§ 1 Rechtsgeschäft und Willenserklärung

I. Vertragsfreiheit

In einer Marktwirtschaft erfolgt jeder Güteraustausch aufgrund privatautonomer Entscheidungen der Beteiligten. Durch ihre Initiative wollen die Vertragsparteien vernünftige Ergebnisse erreichen. Jede Partei will für die eigene Leistung möglichst viel fremde Leistung erzielen. „Den Wert ihrer gegenseitig zu erbringenden Leistungen legen die Vertragsparteien privatautonom innerhalb der durch §§ 134, 138, 305 ff. BGB vorgegebenen Grenzen bei Vertragsschluss fest.“[1] Einigen sich beide Parteien über ein Gleichgewicht von Leistung und Gegenleistung, so ist, wenn beide Vertragsparteien in etwa gleich stark sind, der ausgehandelte Vertrag „gerecht“. 1

Der Vertrag kann auch dann den Austausch rechtfertigen, wenn nur eine Seite zu einer Leistung verpflichtet sein soll, etwa bei einer Schenkung (§ 516 BGB). Der Grund für das Erfordernis des Vertragsschlusses besteht darin, dass sich niemand gegen seinen Willen etwas schenken zu lassen braucht. 2

Nach **§ 311 I BGB** ist zur Begründung und Änderung eines Schuldverhältnisses ein Vertrag zwischen den Beteiligten erforderlich, soweit das Gesetz nichts anderes bestimmt. Die darin zum Ausdruck kommende **Vertragsfreiheit** ist die Ausprägung der allgemeinen Handlungsfreiheit nach Art. 2 I GG. Die Vertragsfreiheit umfasst 3

– die Abschlussfreiheit (positiv und negativ),
– die inhaltliche Gestaltungsfreiheit sowie
– die Formfreiheit.[2]

Die Vertragsfreiheit ist Ausfluss der **Privatautonomie**, d.h. der Selbstbestimmung des Einzelnen im Rechtsleben. Die Privatautonomie ist ein „Strukturelement einer freiheitlichen Gesellschaftsordnung“[3] und eine der tragenden Säulen unserer Privatrechtsordnung. „Auf der Grundlage der Privatautonomie … gestalten die Vertragspartner ihre Rechtsbeziehungen eigenverantwortlich. Sie bestimmen selbst, wie ihre gegenläufigen Interessen angemessen auszugleichen sind, und verfügen damit zugleich über ihre grundrechtlich geschützten Positionen ohne staatlichen Zwang.“[4] Zu den wesentlichen Elementen der Privatautonomie zählen

– die **Vertragsfreiheit** (Art. 2 I GG, § 311 I BGB),
– die **Eigentumsfreiheit** (Art. 14 I 1 Alt. 1 GG, § 903 BGB),
– die **Testierfreiheit** (Art. 14 I 1 Alt. 2 GG, § 1937 BGB) und
– die **Vereinigungsfreiheit** (Art. 9 I, II GG).

1. Abschlussfreiheit und Abschlusszwang

„Grundsätzlich gehört es zur **Freiheit** jeder Person, nach eigenen Präferenzen darüber zu bestimmen, mit wem sie wann unter welchen Bedingungen welche Verträge abschließen … will.“[5] Nur ausnahmsweise wird die Abschlussfreiheit eingeschränkt, nämlich wenn 4

---

1 BGH NJW 2023, 2183, 2187.
2 MüKo/*Emmerich*, § 311 Rn. 1; *Neuner*, § 10 Rn. 33 ff; *Musielak*, JuS 2017, 949 ff.
3 BVerfG NJW 2001, 3403, 3404; BVerfGE 81, 242, 254 = NJW 1990, 1469, 1470; *Petersen*, JURA 2011, 184.
4 BVerfGE 81, 242, 254 = NJW 1990, 1469, 1470.
5 BVerfG NJW 2019, 3769, 3770 (Rn. 6); BVerfGE 148, 267 = NJW 2018, 1667, 1669 (Rn. 40).

- das Gesetz einen Kontrahierungszwang vorsieht,
- anderes Verhalten zu einer sittenwidrigen Schädigung (§ 826 BGB) führen oder
- das Verhalten gegen das Allgemeine Gleichbehandlungsgesetz (AGG) verstoßen würde.

a) Gesetzlicher Kontrahierungszwang

5 Beispiele für einen gesetzlichen Kontrahierungszwang finden sich zwar nicht im BGB, wohl aber

- im Beförderungsrecht (z.B. „Beförderungspflicht“ in § 10 AEG, § 22 PBefG, § 21 II 3 LuftVG),
- im Arbeitsrecht zur Eingliederung von schwerbehinderten Menschen in das Arbeitsleben (§ 154 I SGB IX)
- für Versicherungsunternehmen bei der Kraftfahrzeughaftpflichtversicherung gemäß § 5 II PflVG,
- für öffentliche Monopolbetriebe zur Lieferung von Wasser und Elektrizität gemäß § 36 I 1 EnWG („Grundversorgungspflicht“),
- für Institute, die Zahlungskonten für Verbraucher anbieten, gemäß § 31 ZKG („Anspruch auf Abschluss eines Basiskontovertrags“).

Diese Kontrahierungszwänge sind verfassungsrechtlich nicht zu beanstanden. Art. 2 I GG geht zwar im Grundsatz von der Vertragsfreiheit aus. Aufgrund des einfachen Gesetzesvorbehalts ist ein Kontrahierungszwang aber zur Ausübung spezieller Grundrechte oder zur Durchsetzung des Sozialstaatsprinzips (Art. 20 I GG) zulässig.

Als Anspruchsgrundlage für einen generellen Kontrahierungszwang, der nicht spezialgesetzlich geregelt ist, kommt § 826 BGB in Betracht.[6] Im Wirtschaftsleben tritt § 19 I, II Nr. 1 GWB allerdings weitgehend an dessen Stelle, vor allem bei Bezugs- und Liefersperren im Warenabsatz.[7]

b) Verstöße gegen das Allgemeine Gleichbehandlungsgesetz

6 Grenzen der Vertragsfreiheit und mittelbar ein Kontrahierungszwang ergeben sich zudem aus den Diskriminierungsverboten der §§ 1, 2 I AGG, und zwar z.B. für die Einstellung von Arbeitnehmern und Selbstständigen (§ 2 I Nr. 1 AGG), für Verträge über die Versorgung mit Gütern und Dienstleistungen, die der Öffentlichkeit zur Verfügung stehen, einschließlich von Wohnraum (§ 2 I Nr. 8 AGG) sowie für die Aufnahme in bestimmte Vereinigungen (§ 18 I, II iVm § 7 I AGG).[8]

Verstöße gegen ein Benachteiligungsverbot lösen Entschädigungs-, Schadensersatz- und Beseitigungsansprüche aus (§§ 15 I, II, 21 I, II AGG). Nach § 15 VI AGG begründet ein Verstoß des Arbeitgebers gegen das Benachteiligungsverbot des § 7 I AGG grundsätzlich keinen Anspruch auf Begründung eines Beschäftigungsverhältnisses (kein Anspruch auf Einstellung); jedoch kann sich aus der Beseitigungspflicht nach § 21 I 1 AGG ein Anspruch auf Vertragsabschluss ergeben.[9]

---

6 *Bork*, Rn. 667; *Boecken*, Rn. 252; *Köhler*, AT, § 8 Rn. 48; *Leipold*, § 6 Rn. 2; *Riehm*, Rn. 80.
7 *Neuner*, § 48 Rn. 11 ff.
8 Vgl. *Säcker/Mohr*, Fall 2 (S. 28 f).
9 MüKo/*Thüsing*, § 21 AGG Rn. 17 ff; *Köhler*, AT, § 8 Rn. 47a; abl. MüKo/*Busche*, Vor § 145 Rn. 17.

Fall 1: G ist Bundesvorsitzender der rechtsorientierten N-Partei. Anlässlich des gemeinsamen Hochzeitstages buchte er bei einem Touristikunternehmen für sich und seine Ehefrau für die Zeit vom 14. bis 17. Dezember einen Aufenthalt in einem Wellnesshotel, das H gehört und von ihm betrieben wird. Die Buchung wurde durch das Touristikunternehmen zunächst bestätigt; am 20. November wurde G jedoch mitgeteilt, dass ein Aufenthalt in dem Hotel nicht möglich sei. Es wurden alternative Unterbringungsmöglichkeiten sowie eine kostenfreie Stornierung angeboten. **7**

Auf Nachfrage erteilte H dem G ein Hausverbot. Dieses wurde mit Schreiben vom 5. Dezember wie folgt begründet: Die politische Überzeugung des G und vor allem seine Position als Bundesvorsitzender der N-Partei seien nicht mit dem Ziel des Hotels zu vereinbaren, jedem Gast das bestmögliche Wohlfühlerlebnis zu ermöglichen.

G fühlt sich dadurch diskriminiert und möchte den Widerruf des Hausverbots erreichen. Er habe sich bei einem früheren Aufenthalt in besagtem Hotel nicht politisch geäußert. Dies hätte er auch bei einem künftigen Aufenthalt nicht vor, sodass das Hausverbot nicht hätte ergehen dürfen.

Kann G einen „Widerruf" des Hausverbots für den Zeitraum der Buchung erreichen? Was gilt für die Situation über den Buchungszeitraum hinaus?[10]

Lösung:

I. Dem G könnte unter dem Gesichtspunkt der Verletzung des allgemeinen Persönlichkeitsrechts (Art. 2 I iVm Art. 1 I GG) ein Anspruch auf Widerruf des Hausverbots **analog § 1004 I BGB** (quasi-negatorischer Unterlassungsanspruch) zustehen. Maßgebliche Voraussetzung eines solchen Anspruchs ist die Rechtswidrigkeit des Hausverbots. H ist aufgrund seines Hausrechts grundsätzlich befugt, für das von ihm betriebene Hotel ein Hausverbot auszusprechen. Das Hausrecht beruht auf dem Grundstückseigentum (bzw. -besitz), §§ 858 ff, 903 S. 1, 1004 BGB und ist damit unmittelbarer Ausfluss des aus der grundrechtlichen Eigentumsgarantie (Art. 14 I 1 Var. 1 GG) hergeleiteten Rechts, grundsätzlich nach Belieben mit der Sache verfahren und andere von der Einwirkung ausschließen zu dürfen (§ 903 S. 1 BGB). Außerdem ist das Hausrecht Ausdruck der durch Art. 2 I GG gewährleisteten Privatautonomie.

Bei der Ausübung der Eigentumsrechte und damit des Hausrechts dürfen gemäß § 903 S. 1 BGB jedoch „nicht das Gesetz oder Rechte Dritter entgegenstehen". Daher muss eine Abwägung zwischen den Rechten des H und denen des G stattfinden, wobei sich die Frage stellt, ob auch Grundrechte einzubeziehen sind. Bei diesen handelt es sich in erster Linie um subjektive Abwehrrechte, die dem Einzelnen gegenüber dem Staat zustehen. Grundrechte binden Gesetzgebung, vollziehende Gewalt und Rechtsprechung als unmittelbar geltendes Recht (Art. 1 III GG). Ihnen kommt darüber hinaus aber auch eine objektive Dimension zu. Sie entfalten eine Ausstrahlungswirkung auf privatrechtliche Rechtsbeziehungen und sind (insbesondere über zivilrechtliche Generalklauseln und unbestimmte Rechtsbegriffe als deren Einbruchstelle) bei der Auslegung des Fachrechts zur Geltung zu bringen **(mittelbare Drittwirkung der Grundrechte)**.[11] Im Rahmen einer Interessenabwägung stehen also die Eigentumsgarantie (Art. 14 I GG), die unternehmeri-

10 **Nach BGH NJW 2012, 1725 ff** (dazu *Mäsch*, JuS 2012, 556 ff) u. **BVerfG NJW 2019, 3769 f** (Nichtannahmebeschluss; dazu z.B. *Sachs*, JuS 2020, 185 ff).

11 BVerfG NJW 2018, 1667, 1668 (Rn. 32); dazu (insbesondere auch zur Problematik einer „unmittelbaren Drittwirkung") *Neuner*, NJW 2020, 1851 ff; *Hellgardt*, JZ 2018, 901 ff; *Michl*, JZ 2018, 910 ff; *Heintz*, jM 2018, 474 ff.

sche Freiheit (Art. 12 I GG) und die Privatautonomie (Art. 2 I GG) – gebündelt im Hausrecht des H – dem Persönlichkeitsrecht (Art. 2 I iVm Art. 1 I GG) des G sowie dem Diskriminierungsverbot (Art. 3 III 1 GG) gegenüber.[12] Für das Ergebnis der Interessenabwägung ist weiterhin maßgeblich, welcher Zeitraum betroffen ist.

II. Im Grundsatz bedarf die Entscheidung, ob jemandem Zugang zu einer Örtlichkeit gewährt wird, keiner Rechtfertigung. Allerdings könnte der Fall hier anders liegen: H hat das Hotel für den allgemeinen Publikumsverkehr geöffnet und dadurch möglicherweise zu verstehen gegeben, dass für ihn die konkrete Person des Gastes in den Hintergrund tritt. Dadurch könnte er nach außen erkennbar gemacht haben, dass er auf eine Einzelprüfung verzichtet. Dies schließt zwar nicht per se aus, den Aufenthalt an Bedingungen zu knüpfen. Ohne solche Bedingungen bzw. bei deren Erfüllung muss dann aber ein **sachlicher Grund** vorliegen, um einer bestimmten Person den Zugang zu verwehren. Fehlt es an einem solchen sachlichen Grund, ist das Hausverbot rechtswidrig. So wurde z.B. in einem ähnlichen Fall eines bundesweiten Stadionverbots entschieden.[13] Allerdings muss hier beachtet werden, dass es sich bei den Örtlichkeiten des H um ein Wellnesshotel handelt. Bei einem solchen ist nach außen erkennbar, dass nur ein bestimmter, eingeschränkter Personenkreis Zutritt erhalten soll, damit eine dem Etablissement entsprechende Atmosphäre geschaffen und aufrechterhalten werden kann. Insofern ist ein Wellnesshotel gerade nicht für den allgemeinen Publikumsverkehr geöffnet. Im Rahmen der Abwägung ist außerdem zu berücksichtigen, dass G nur in seiner privaten Freizeitgestaltung betroffen ist, wohingegen H einer unternehmerischen Verantwortung ausgesetzt ist. Damit bedarf es jedenfalls für den Zeitraum, der nicht von der Buchung des G betroffen ist, keines sachlichen Grundes, um G den Zutritt zu verweigern.

Aus der speziellen zivilrechtlichen Regelung der **§ 19 I Nr. 1 iVm § 21 I 1 AGG** ergibt sich keine Einschränkung: Zum einen erscheint bereits fraglich, ob der Aufenthalt in einem Wellnesshotel überhaupt unter den Tatbestand fällt. Zum anderen hat der Gesetzgeber bewusst Abstand davon genommen, auch Benachteiligungen aufgrund politischer Überzeugungen unter das Diskriminierungsverbot des AGG zu fassen.[14]

III. 1. Etwas anderes könnte jedoch für den Buchungszeitraum gelten. Hier bestand nämlich zwischen G und H eine vertragliche Bindung. H hat sich verpflichtet, G Zutritt zu dem Hotel zu gewähren. Als Ausfluss der Privatautonomie gilt der Grundsatz, dass Verträge einzuhalten sind *(pacta sunt servanda).*

2. Möglicherweise konnte sich H aber von dem Vertrag lösen. Die Erteilung des Hausverbots lässt sich als Anfechtungserklärung (§ 143 I BGB) bzw. als Kündigungserklärung auslegen (§§ 133, 157 BGB). Bei einer wirksamen Anfechtung wäre der Vertrag gemäß § 142 I BGB ex tunc nichtig. Eine Kündigung ist hingegen zukunftsgerichtet und wirkt ex nunc.

a) In Betracht kommt eine Anfechtung wegen eines Eigenschaftsirrtums gemäß **§ 119 II BGB**. Allerdings hat sich H zum maßgeblichen Zeitpunkt des Vertragsschlusses um die Gesinnung des G keine Gedanken gemacht und unterlag insofern keinem Irrtum. Zudem waren H die Gründe, welche die Anfechtung tragen sollten, bereits am 20.11. bekannt.

12 Zu Diskriminierungen im allgemeinen Privatrecht als Grundrechtsproblem *Lehner*, JuS 2013, 410 ff; *Michl*, JURA 2017, 1062 ff; *Ruffert*, JuS 2020, 1 (5 f) auch zu den Grundfreiheiten und zur EU Grundrechte-Charta (GRCh).

13 BVerfG NJW 2018, 1667; BGH NJW 2010, 534, 535.

14 BT-Drs. 16/2022, S. 13.

Die Erklärung am 5.12. erfolgte daher jedenfalls nicht mehr ohne schuldhaftes Zögern und damit nicht mehr unverzüglich i.S.d. § 121 I 1 BGB.

b) Eine Anfechtung wegen arglistiger Täuschung (**§ 123 I Alt. 1 BGB**) durch Unterlassen wäre denkbar, wenn G seine politische Gesinnung und Parteifunktion hätte offenlegen müssen. Gegen eine derartige Aufklärungspflicht streitet, dass verschiedene politische Überzeugungen einer demokratischen Grundordnung wesensimmanent sind. Im Alltag ist stets mit dem Aufeinandertreffen unterschiedlicher politischer Meinungen zu rechnen. Zudem gibt es keine Anhaltspunkte dafür, dass die bloße Anwesenheit des G im Hotel des H den Aufenthalt der anderen Hotelgäste hätte beeinträchtigen können. G verweilte bereits in der Vergangenheit in diesem Hotel, ohne dass es zu Komplikationen kam. Jedenfalls bei einem privaten Wellnessbesuch, der keinen Bezug zur politischen Gesinnung und Parteifunktion des G aufweist, ist eine Offenbarungspflicht abzulehnen.

c) Fraglich ist, ob H den Vertrag wirksam kündigen konnte. Bei einem Hotelbeherbergungsvertrag handelt es sich um einen typengemischten Vertrag mit dienst-, werk-, miet- und kaufvertraglichen Elementen, wobei der Mietvertragscharakter überwiegt. Eine entsprechende Kündigung nach **§ 543 I 1 BGB** setzt einen wichtigen Grund voraus. G musste seine Parteifunktion nicht offenlegen. Eine Pflichtverletzung des G bestand daher nicht. Mangels zu erwartender Beeinträchtigungen für die Gäste ist H die Vertragsdurchführung zumutbar, sodass die Kündigungsvoraussetzung nicht erfüllt ist.

d) Damit konnte H die vertragliche Bindung weder durch Anfechtung noch durch Kündigung beseitigen. Das Hausverbot war also für den Buchungszeitraum rechtswidrig.

IV. H ist an den mit G geschlossenen Vertrag gebunden *(pacta sunt servanda)*. G hat gegen H daher für den Buchungszeitraum einen Anspruch auf „Widerruf" des Hausverbots. H ist aber aufgrund der Privatautonomie nicht verpflichtet, G künftig in sein Hotel aufzunehmen.

2. Vereinigungsfreiheit und Aufnahmezwang

Im Vereinsrecht ist die Parallele zur Abschlussfreiheit die Vereinigungsfreiheit (Art. 9 I GG). Vereine können über die Aufnahme und den Ausschluss von Mitgliedern selbst bestimmen. Ein Aufnahmezwang kommt nur ausnahmsweise in Betracht, wenn der Verein eine Monopolstellung hat, etwa bei Berufsvertretungen, oder wenn die Mitgliedschaft Voraussetzung für öffentliche Zuschüsse ist, wie bei manchen Jugend- und Sportverbänden.[15] 8

Fall 2: N ist seit mehreren Jahren Mitglied und Landesvorsitzender der NPD. Zudem trat er dem Sportverein S bei. Die Mitgliederversammlung des S änderte daraufhin formell wirksam die Vereinssatzung. Dort heißt es nunmehr: 9

„§ 2 Zweck und Aufgaben

1. Grundlage der Vereinsarbeit ist das Bekenntnis aller Mitglieder des Vereins zur freiheitlich-demokratischen Grundordnung. Der Verein lehnt Bestrebungen und Bindungen parteipolitischer, konfessioneller und wirtschaftlicher Art, sowie alle Formen militärischer Ausbildung ab. [...] Mitglieder von extremistischen Organisationen gleich welcher politischen Ausrichtung, sowie Mitglieder rassistisch und fremdenfeindlich organisierter Organisationen oder religiöser

15 BVerfG NJW-RR 1989, 636; BGHZ 140, 74 ff = NJW 1999, 1326 ff.

Gruppierungen wie z.B. der NPD und ihre Landesverbände, können nicht Mitglied des Vereins werden. [...]

§ 7 Maßregelungen

1. Gegen Mitglieder, die gegen die Satzung oder gegen die Anordnungen bzw. Regelungen des Vorstandes und/oder der Abteilungsvorstände verstoßen oder sich vereinsschädigend verhalten, können nach vorheriger Anhörung vom Vorstand folgende Maßnahmen verhängt werden: [...]

d) Ausschluss [...]

Nach erfolgter Anhörung schloss S den N formell ordnungsgemäß aus dem Verein aus. N ist der Meinung, dass der Vereinsausschluss nicht rechtmäßig sei und erhebt vor Gericht Klage auf Feststellung der Unwirksamkeit des Vereinsausschlusses und auf Feststellung, dass er weiterhin Mitglied des S sei. Ist die zulässige Feststellungsklage begründet?[16]

Lösung: Die Feststellungsklage (§ 256 ZPO) ist begründet, wenn das streitgegenständliche Rechtsverhältnis, die Mitgliedschaft des N bei S, weiterhin besteht.[17] Dies setzt voraus, dass der formell rechtmäßige Vereinsausschluss materiell unwirksam ist.

Wie jeder Verein kann auch S grundsätzlich frei darüber entscheiden, wen er als Mitglied aufnehmen will. Das Grundrecht der Vereinigungsfreiheit in Art. 9 I GG gewährt einem Verein grundsätzlich das Recht, über die Aufnahme und den Ausschluss von Mitgliedern selbst zu bestimmen.[18] Vorliegend hat die Mitgliederversammlung durch die formell ordnungsgemäße Satzungsänderung Mitglieder von extremistischen Organisationen gleich welcher politischen Ausrichtung und Mitglieder rassistisch und fremdenfeindlich organisierter Organisationen oder religiöser Gruppierungen von der Mitgliedschaft bei S ausgenommen, wobei exemplarisch die NPD genannt wird. Als aktives Mitglied und Landesvorsitzender der NPD muss N sich die verfassungswidrige Zielsetzung der NPD zurechnen lassen.[19] Er gehört mithin zu der Personengruppe, die von der Satzung des S von der Vereinsmitgliedschaft ausgeschlossen wird.

Die Satzung dürfte ferner nicht gegen höherrangiges Recht verstoßen. In Betracht kommt hier ein Verstoß gegen §§ 134, 138 BGB iVm Art. 3 I, III GG und den Grundsätzen über die mittelbare Drittwirkung der Grundrechte. Als verfassungsrechtliche Wertentscheidungen entfalten die Grundrechte eine Ausstrahlungswirkung auf das Zivilrecht und sind von den Fachgerichten, insbesondere über zivilrechtliche Generalklauseln und unbestimmte Rechtsbegriffe, bei der Auslegung des Fachrechts zur Geltung zu bringen.[20] Art. 3 I, III GG führt nicht dazu, dass zwischen Privaten ein absolutes Unterscheidungsverbot gilt, sondern es bedarf eines Ausgleiches mit entgegenstehenden Freiheitsrechten.[21] Daher ist die durch Art. 9 I GG geschützte Vereinsautonomie des S mit dem Benachteiligungsverbot aus Art. 3 I, III GG abzuwägen. Zugunsten des S ist insbesondere zu berücksichtigen, dass die Satzungsregelungen der §§ 2 und 7 einen sachlichen Grund verfolgen. Die Festlegung der Ausrichtung des Vereins auf freiheitlich-demokratische Werte und integrative Bemühungen macht die Ablehnung von Mitgliedern, die rassistischen und extremistischen Organisationen angehören und sich zu diesen Grundsätzen ge-

16 **Nach OLG Schleswig-Holstein, Urt. v. 16.12.2020, 9 U 238/19, juris**; bestätigt durch **BVerfG NJW 2023, 976**.

17 Die Mitgliedschaft in einem Sportverein ist als vereinsinternes Rechtsverhältnis ein feststellungsfähiges Rechtsverhältnis iSv § 256 I ZPO: BGH NJW 2017, 402, 403.

18 BVerfG NJW 2023, 976 Rn. 9.

19 BVerfG NJW 2017, 611 Rn. 634 ff (NPD-Verbotsverfahren).

20 BVerfG NJW 2018, 1667 Rn. 31 ff.

21 BVerfG NJW 2019, 3769 Rn. 11.

rade nicht bekennen, sachlich begründet. Die exemplarische Nennung der NPD in § 2 I der Vereinssatzung führt aufgrund der vom Bundesverfassungsgericht festgestellten verfassungswidrigen Ausrichtung der NPD auch nicht zur Unwirksamkeit der Regelung.[22] Schließlich ist die Möglichkeit, Mitglieder extremistischer Organisationen aus dem Verein auszuschließen, ein geeignetes Mittel, das im Einzelfall erforderlich sein kann, um die so bestimmten Vereinszwecke zu verfolgen, zumal § 7 der Vereinssatzung keine starre Regelung enthält, sondern Entscheidungsmöglichkeiten vorsieht, die im Einzelfall zu einer angemessenen und im engeren Sinne verhältnismäßigen Entscheidung unter Wahrung der Rechte der Mitglieder auszuüben sind. Die Satzung des S ist somit materiell rechtmäßig und der hierauf gestützte Vereinsausschluss des N nicht zu beanstanden. N ist demnach wirksam aus dem Verein ausgeschlossen worden. Die Feststellungsklage ist unbegründet.

II. Rechtsgeschäft und Vertrauenshaftung

Rechtsverhältnisse werden in Selbstbestimmung durch Rechtsgeschäfte gestaltet. Daraus folgt die Bindung an die abgegebenen rechtsgeschäftlichen Erklärungen und die Möglichkeit sich darauf zu berufen. Grund für die Rechtsgeltung der Gestaltung durch Willenserklärung ist aber nicht der Vertrauenstatbestand, der damit gesetzt wird, sondern das **Selbstbestimmungsrecht**, das vom Staat anerkannt wird. 10

1. Haftung für den Rechtsschein einer Willenserklärung

Der Vertrauensgesichtspunkt kommt ins Spiel, sobald die Selbstbestimmung fehlerhaft ist. Nicht jeder Fehler bei der Willensbildung soll den Einzelnen berechtigen, sich von seiner Erklärung wieder loszusagen. Es ist vielmehr Aufgabe der Rechtsordnung, Regeln dafür aufzustellen, auf welche Art und Weise man von dem Selbstbestimmungsrecht durch Vertragsschluss Gebrauch machen und wie man sich ggf. von seinen Erklärungen wieder lösen kann. Im Rahmen des Allgemeinen Teils hat die **Vertrauens- bzw. Rechtsscheinhaftung** vor allem in den Fällen eines Rechtsscheins der Vertretungsmacht Bedeutung (s. Rn. 285 f).[23] 11

2. Vertragshaftung ohne oder vor Vertragsschluss

Von der zweckgerichteten Gestaltung von Rechtsverhältnissen durch Rechtsgeschäft zu unterscheiden ist die Vertragshaftung ohne Vertrag.[24] An sich wäre es naheliegend, anzunehmen, dass ohne Vertrag auch keine vertraglichen Ansprüche bestehen. Dies gilt aber nicht uneingeschränkt. 12

a) Faktische Vertragsverhältnisse

Im **Bremer Straßenbahnfall** benutzte ein achtjähriger Junge die Straßenbahn zu einer Spazierfahrt, ohne zu bezahlen. Die Verkehrsvertriebe verlangten den Fahrpreis und das erhöhte Beförderungsentgelt.[25] Im **Hamburger Parkplatzfall** parkte ein Autofahrer auf 13

22 BVerfG NJW 2017, 611 Rn. 634 ff (NPD-Verbotsverfahren).
23 *Köhler*, AT, § 5 Rn. 4.
24 Vgl. *Köndgen*, Selbstbindung ohne Vertrag, 1981.
25 LG Bremen NJW 1966, 2360 f; vgl. auch *Petersen*, § 15 Rn. 3.

einem parkgeldpflichtigen Parkplatz und erklärte dem Bewachungsunternehmer, er wünsche keine Bewachung und wolle auch nicht bezahlen. In diesem Fall einer ***protestatio facto contraria*** kam der BGH zu dem Ergebnis, dass dem Leistenden Erfüllungsansprüche zustünden, und zwar allein aufgrund der Inanspruchnahme der Leistungen (Lehre vom Vertragsschluss durch sozialtypisches Verhalten bzw. Lehre vom faktischen Vertrag).[26] Diese Lehre wird heute als überflüssig abgelehnt: Das Verhalten sei in der Regel als **konkludente Willenserklärung** (§§ 133, 157 BGB) auszulegen und dabei der Minderjährigenschutz stets zu beachten.[27] Es gilt demnach der Satz: *Protestatio facto contraria non valet!* Ein dem eigenen Verhalten zuwiderlaufender Vorbehalt ist unwirksam. Die Gegenposition betont die Privatautonomie, verneint daher einen Vertragsschluss und kommt zu einer bereicherungsrechtlichen Lösung (siehe **Fall 31**).

b) Rechtsverhältnis der Vertragsverhandlungen

14 Eine rechtsgeschäftliche Haftung entsteht nach §§ 280 I, 311 II, 241 II BGB nicht erst mit Vertragsschluss, sondern bereits aus Pflichtverletzungen im Rahmen von Vertragsverhandlungen *(culpa in contrahendo)* oder sonstigen geschäftlichen Kontakten.[28]

c) Vertrag mit Schutzwirkung zugunsten Dritter

15 Die Haftung nach Vertragsrecht kann nicht nur gegenüber dem Kontrahenten, sondern je nach Sachlage auch gegenüber Dritten, denen die Vertragsleistung (auch) zu erbringen ist bzw. an deren Schutz der Kontrahent ein besonderes Interesse hat („Vertrag mit Schutzwirkung zugunsten Dritter") bestehen; ob § 311 III 1 BGB als *sedes materiae* angesehen werden kann, ist umstritten.[29]

d) Sachwalterhaftung

16 Schließlich können sogar Dritte nach Vertragsgrundsätzen haften, wenn sie bei Vertragsverhandlungen **mitgewirkt** und für sich selbst **besonderes Vertrauen** in Anspruch genommen haben (§ 311 III 2 BGB).[30]

III. Arten und Abgrenzung der Rechtsgeschäfte

1. Unterscheidung von Verpflichtungs- und Verfügungsgeschäft

17 Die Unterscheidung von Verpflichtungs- und Verfügungsgeschäft wird in der praktischen Anwendung sogar im Examen nicht selten übersehen. So ist insbesondere der Kauf unter Eigentumsvorbehalt (§§ 433, 449 BGB) von der bedingten Übereignung (§§ 929 S. 1, 158 I BGB), der Sicherungs*vertrag* von der Sicherungs*übereignung* zu unterscheiden. Eine häufige Fehlerquelle ist die Behandlung „der Schenkung". Auch hier dürfen Verpflichtungsgeschäft (§§ 516 ff BGB) und Verfügungsgeschäft (z.B. §§ 929 ff BGB oder §§ 873 ff BGB) nicht vermengt werden. Bei einer Handschenkung fallen sie *de fac-*

26 BGH NJW 1956, 1475 ff; vgl. auch *Würdinger*, JuS 2023, 627, 629; *Petersen*, § 15 Rn. 4 f.
27 *Riehm*, Rn. 240 f; *Stadler*, § 19 Rn. 33 ff.
28 Vgl. *Medicus/Lorenz*, Schuldrecht I, § 40 Rn. 1 ff.
29 Vgl. *M. Schwab*, JuS 2002, 872, 873 ff; Einzelheiten bei MüKo/*Gottwald*, § 328 Rn. 172 f.
30 *M. Schwab*, JuS 2002, 872, 877; *Medicus/Lorenz*, Schuldrecht I, § 40 Rn. 28 ff; MüKo/*Emmerich*, § 311 Rn. 206 ff.

to zeitlich zusammen, sind aber *de iure* nach zutreffender Auffassung dennoch zu trennen.[31]

➔ **Definition: Verpflichtungsgeschäfte** schaffen einen oder mehrere Ansprüche. Zumeist beruhen sie auf einem schuldrechtlichen Vertrag; daneben gibt es auch familien- oder erbrechtliche Verpflichtungsgeschäfte.

➔ **Definition: Verfügungen** sind dagegen Rechtsgeschäfte, durch die ein subjektives Recht unmittelbar aufgehoben, übertragen, belastet oder inhaltlich neu ausgestaltet wird. Verfügungen sind also Rechtsänderungen; dazu zählen z.B. die Übereignung von Sachen (nach §§ 929 ff BGB bei beweglichen Sachen und nach §§ 873 ff BGB bei unbeweglichen Sachen), die Abtretung von Forderungen nach § 398 BGB und die Übertragung sonstiger Rechte nach §§ 413, 398 BGB (auch wenn diese jeweils im Schuldrecht geregelt sind) sowie die Belastung von Sachen, etwa durch eine Hypothek oder ein Pfandrecht.

Verfügender ist dabei nur derjenige, der Rechte überträgt, belastet, aufhebt oder inhaltlich verändert, nicht dagegen der Erwerber. Das gilt auch beim gutgläubigen Erwerb. Die Verfügung selbst schafft keinerlei Verpflichtungen.

Zur Wirksamkeit von Verfügungen bedarf es der Berechtigung des Verfügenden, näm- **18**
lich seiner **Verfügungsbefugnis**. Verfügungsberechtigt ist grundsätzlich der Inhaber des Rechts oder der mit dessen Zustimmung nach § 185 I BGB Handelnde.[32] In bestimmten Fällen entzieht die Rechtsordnung dem Rechtsinhaber die Verfügungsberechtigung entweder vollständig, z.B. im Fall der Insolvenz gemäß § 80 I InsO, oder teilweise, so z.B. im Fall der Zugewinngemeinschaft gemäß §§ 1365, 1369 BGB. Verfügungen eines Nichtberechtigten sind in der Regel unwirksam, sofern nicht die Regeln über den gutgläubigen Erwerb (§§ 892 f, 932 ff, 1207 BGB) eingreifen.

Während in der Regel nur der Berechtigte verfügen kann, kann sich jeder verpflichten, **19**
und zwar unabhängig davon, ob er tatsächlich imstande ist, den Vertrag zu erfüllen. Man kann also z.B. das Auto seines Nachbarn verkaufen. Selbst wenn die Leistung von Anfang an unmöglich ist, bleibt der Vertrag gemäß § 311a I BGB wirksam; eine etwaige Schadensersatzpflicht ergibt sich dann aus § 311a II BGB.

Fall 3: Die Eheleute V leben im gesetzlichen Güterstand. Während eines Auslandsaufenthalts **20**
ihres Mannes veräußert Frau V ein ihr gehörendes Gemälde, das in der ehelichen Wohnung hängt, an K. Ist die Veräußerung wirksam, und kann Herr V von K Rückgabe verlangen?

Lösung: Herr V könnte die Herausgabe des Gemäldes von K nach §§ 985, 986 BGB verlangen, wenn seine Frau noch Eigentümerin des Gemäldes und K unberechtigter Besitzer wäre und wenn er das fremde Recht seiner Frau geltend machen dürfte.

Frau V war ursprünglich Alleineigentümerin des Bildes. Durch den gesetzlichen Güterstand entsteht kein gemeinschaftliches Vermögen, § 1363 II 1 BGB. Frau V war daher grundsätzlich auch verfügungsbefugt. Allerdings greift bei Verfügungen über Haushaltsgegenstände, die im Alleineigentum stehen, das absolute Veräußerungsverbot des § 1369 I BGB ein. Danach kann ein Ehegatte über ihm gehörende Gegenstände des ehelichen Haushalts nur mit Zustimmung des anderen wirksam verfügen. Ein guter Glaube hinsichtlich des Familien- und Güterstandes wird nicht geschützt. Die Verfügung der Frau V, die ohne

31 *Beckhaus*, Die Rechtsnatur der Erfüllung, 2013, S. 194.

32 Zustimmung ist der Oberbegriff (§ 182 BGB). Die vorherige Zustimmung wird im Gesetz als Einwilligung, vgl. § 183 BGB und die nachträgliche Zustimmung als Genehmigung, vgl. § 184 I BGB, bezeichnet.

Zustimmung ihres Ehemannes erfolgte, ist daher absolut unwirksam. Eigentümerin des Bildes ist folglich immer noch Frau V.

K ist Besitzer des Bildes (§ 854 I BGB). Ein Recht zum Besitz i.S.v. § 986 I 1 Var. 1 BGB könnte sich aus dem mit Frau V geschlossenen Kaufvertrag ergeben. Allerdings greift bei Verpflichtungsgeschäften über Haushaltsgegenstände wiederum § 1369 I BGB ein, sodass zusätzlich der Kaufvertrag (§ 433 BGB) unwirksam ist.

Frau V hat somit einen Herausgabeanspruch aus § 985 BGB. Diesen kann ihr Ehemann V nach §§ 1369 III, 1368 BGB als gesetzlicher Prozessstandschafter im eigenen Namen gegenüber K geltend machen (eigenes Klagerecht; sog. revokatorische Klage).[33] Er muss dabei primär Herausgabe an seine Frau verlangen.

21 Nur im Ausnahmefall wird der gute Glaube an die Verfügungsbefugnis geschützt.

22 **Fall 4:** E beauftragt den Gebrauchtwagenhändler B, seinen gebrauchten Mercedes nicht unter 15.000 € zu veräußern. Er erteilt ihm nur insoweit eine Verfügungsermächtigung und übergibt ihm die Zulassungsbescheinigung Teil II. B veräußert den Wagen alsbald für 10.000 € an K. Kann E von K Herausgabe verlangen?[34]

Lösung: E könnte einen Anspruch gegen K auf Herausgabe des Mercedes aus §§ 985, 986 BGB haben. Dazu müsste E noch Eigentümer sein.

I. E könnte sein Eigentum an dem Mercedes durch Übereignung des B an K gemäß § 929 S. 1 BGB verloren haben. Dazu müsste B aber, da er ja nicht selbst Eigentümer war, verfügungsbefugt i.S.d. § 185 I BGB gewesen sein. E erteilte die Verfügungsermächtigung nur begrenzt, d.h. im Rahmen eines bestimmten Kaufpreises und daher bedingt. Da B das Auto nicht zu diesem Kaufpreis veräußerte, hatte er keine Verfügungsbefugnis. Demnach wäre K nicht Eigentümer geworden. Fraglich ist, ob K den Gebrauchtwagen gutgläubig nach §§ 929 S. 1, 932 I 1 BGB erworben hat. § 932 BGB schützt nicht den guten Glauben an die Verfügungsbefugnis. Hinsichtlich einer Eigentümerstellung des B könnte K nicht in gutem Glauben (§ 932 II BGB) gewesen sein. B hat zwar die Zulassungsbescheinigung Teil II dieses Gebrauchtwagens vorgelegt, ist darin aber nicht ausgewiesen, sodass ohne entsprechende Nachforschungen jedenfalls von grober Fahrlässigkeit des K auszugehen ist. Ein gutgläubiger Erwerb nach §§ 929 S. 1, 932 I 1 BGB scheidet daher aus.

II. Der Mangel der fehlenden Verfügungsbefugnis des B könnte jedoch durch § 366 I HGB überwunden worden sein. Danach darf der Käufer in der Regel auf die Verfügungsbefugnis eines Kaufmanns vertrauen. Sein guter Glaube wird dabei vermutet.[35] Ohne besondere Verdachtsmomente braucht ein Privatkunde nicht zu überprüfen, auf welche Weise ein Händler in den Besitz von Wagen und Papieren gelangt ist und ob er sich an den erteilten Verkaufsauftrag hält. K wurde daher nach §§ 929 S. 1, 932 I 1 BGB, 366 I HGB Eigentümer.

III. Ein Herausgabeanspruch gemäß § 985 BGB besteht folglich nicht.

23 § 366 HGB schützt nur den guten Glauben an die Verfügungsbefugnis, nach h.M. aber nicht den guten Glauben an eine nicht bestehende Vertretungsmacht.[36] Hätte der Händler

33 Vgl. *M. Schwab*, Zivilprozessrecht, § 1 Rn. 34 G; *Rosenberg/Schwab/Gottwald*, § 46 Rn. 10.
34 Vgl. *Frahm/Würdinger*, JuS 2008, 14 ff.
35 BGHZ 2, 37, 53; vgl. *Canaris*, § 27 Rn. 1 ff; *Lettl*, § 13 Rn. 20; *Petersen*, § 50 Rn. 1 ff.
36 *Petersen*, JURA 2004, 247, 249.

den Mercedes daher im Namen des E veräußert, so wären Kauf wie Übereignung nach § 177 I BGB zunächst schwebend unwirksam.

Probleme mit der Verfügungsbefugnis ergeben sich besonders häufig im Kreditsicherungsrecht, z.B. bei Kollisionen von Vorausabtretungen künftiger Forderungen (verlängerter Eigentumsvorbehalt – Globalzession).

Für Verfügungen gilt das **Spezialitätsprinzip**. Spätestens beim Wirksamwerden von **24**
Verfügungen muss feststehen, auf welche konkreten Gegenstände sie sich beziehen. Zu beachten ist der **Bestimmtheitsgrundsatz**. Dieser hat große praktische Bedeutung bei der Sicherungsübereignung von Sachgesamtheiten wie etwa Warenlagern. Von einer Bestimmtheit ist dann auszugehen, wenn es infolge der Wahl einfacher, äußerer Abgrenzungskriterien für jeden, der die Parteiabreden in dem für den Eigentumsübergang vereinbarten Zeitpunkt kennt, ohne Weiteres ersichtlich ist, welche individuell bestimmten Sachen übereignet worden sind.[37] Dagegen kann beim Verpflichtungsgeschäft offen gelassen werden, mit welchen konkreten Gegenständen es erfüllt werden soll. Hier ist ein Gattungskauf möglich und die Verpflichtung ist wirksam, bevor sie sich konkretisiert.

Nach deutschem Recht sind Verpflichtungs- und Verfügungsgeschäft voneinander zu un- **25**
terscheiden (**Trennungsprinzip**). Sie sind unabhängig voneinander, d.h. die Verfügung ist unabhängig davon, ob ihr ein wirksamer Verpflichtungsvertrag zugrunde liegt, wirksam (**Abstraktionsprinzip**).[38] Der Grund für das Abstraktionsprinzip ist die Sicherung der Leichtigkeit und Sicherheit des Rechtsverkehrs. Der Erwerber soll auf einen Publizitätsakt vertrauen dürfen und nicht überprüfen müssen, ob der Veräußerer wirklich Berechtigter aufgrund eines Kausalgeschäfts mit einem Dritten geworden ist. Zwischen den Beteiligten eines fehlerhaften Grundgeschäfts bewirkt das Abstraktionsprinzip aber nicht, dass der Erwerber das Erworbene behalten darf. Er ist vielmehr verpflichtet, das ohne Rechtsgrund Erworbene nach § 812 I 1 Alt. 1 BGB (Leistungskondiktion; *condictio indebiti*) an den Veräußerer zurück zu übertragen.

Fall 5: E und M vereinbaren, dass M beim Verkauf des Grundstücks des E ein Vorkaufsrecht **26**
haben solle. Ein Jahr später veräußert E sein Hausgrundstück an D, ohne M hiervon zu informieren. Welche Rechte hat M?

Lösung: M könnte einen Anspruch auf Übereignung des Grundstücks aus §§ 433 I 1, 464 II BGB haben. Zwar wurde zwischen beiden kein Kaufvertrag (§ 433 BGB) geschlossen, allerdings haben sie ein Vorkaufsrecht nach §§ 463 ff BGB vereinbart. Das schuldrechtliche Vorkaufsrecht begründet das Recht, einen bestimmten Gegenstand durch einen Kauf zu erwerben, wenn der Vorkaufsverpflichtete mit einem Dritten einen Kaufvertrag über diesen Gegenstand schließt (Vorkaufsfall). Es handelt sich daher um einen doppelt bedingten Kaufvertrag, wobei der Drittverkauf und die Ausübung des Vorkaufsrechts die Bedingungen darstellen. Nach § 311b I 1 BGB bedarf jede vertraglich übernommene Veräußerungspflicht der notariellen Beurkundung. Dies gilt auch bei bedingten Veräußerungspflichten und im Besonderen beim Vorkaufsrecht, zumal deren Ausübung formfrei möglich ist (§ 464 I 2 BGB); der Warnfunktion des § 311b I 1 BGB muss auch hier Rechnung getragen werden, sodass das Vorkaufsrecht der notariellen Beurkundung bedarf. Folge des Formmangels ist die Nichtigkeit des schuldrechtlichen Vor-

37 BGH DB 2008, 1792, 1795; BGHZ 73, 253, 254 = NJW 1979, 976; *Feuerborn*, ZIP 2001, 600 ff.

38 *Faust*, §§ 4–7; *Köhler*, AT, § 5 Rn. 14; *Neuner*, § 29 Rn. 66 ff; *Jauernig*, JuS 1994, 721; zu Ausnahmen vgl. *Lieder/Berneith*, JuS 2016, 673 ff.

kaufsrechts, § 125 S. 1 BGB. Unterstellt man die notarielle Beurkundung, so führt die Ausübung des Vorkaufsrechts durch M gemäß § 464 II BGB dazu, dass zwischen E und M ein Kaufvertrag über das Grundstück zustande kommt. Die Übereignung ist dem E nach § 275 I BGB allerdings dann unmöglich, wenn er das Grundstück bereits an D übereignet hat. In diesem Fall kann M lediglich Ansprüche wegen Nichterfüllung nach § 311a II 1 BGB (Schadensersatz statt der Leistung oder Aufwendungsersatz) geltend machen.

Die Übereignung wäre dem E aber noch möglich, wenn E dem M ein dingliches Vorkaufsrecht nach § 1094 I BGB als dingliche Belastung des Grundstücks bestellt hätte. Denn dann würde zugunsten des M § 1098 II BGB eingreifen, wonach das dingliche Vorkaufsrecht die Wirkung einer Vormerkung hat. Der durch die Ausübung des Vorkaufsrechts entstandene Auflassungsanspruch würde wie durch eine Vormerkung gesichert, sodass der Eigentumserwerb des D nach § 883 II 1 BGB relativ unwirksam wäre (Sicherungswirkung der Vormerkung).

M hätte dann gegen E den Anspruch auf Auflassung (§ 433 I 1 BGB) und gegen D den Anspruch auf Zustimmung zu seiner Eintragung als Eigentümer im Grundbuch gemäß § 888 I BGB.

27 Das Abstraktionsprinzip wirkt sich auch bei der **Rückabwicklung von Rechtsgeschäften eines Nichtberechtigten** aus.

28 **Fall 6:** Der Baugeschäftsinhaber K erwarb von E eine Planierraupe unter Eigentumsvorbehalt. Da er dringend Geld benötigte, veräußerte K die Planierraupe alsbald an seinen Geschäftsfreund D gegen Barzahlung. Da sich die Planierraupe bereits im ersten Monat nach Veräußerung als stark reparaturanfällig erwies, trat D nach fruchtlosem Verstreichen einer angemessenen Frist vom Kaufvertrag zurück und gab das Gerät wieder an K zurück. Inzwischen war K gegenüber E in Zahlungsverzug geraten; E hat wirksam den Rücktritt vom Kaufvertrag erklärt. Kann E jetzt Rückgabe der Planierraupe von K verlangen?

Lösung: K schuldet E die Herausgabe der Planierraupe nach § 985 BGB, wenn E noch Eigentümer und K unberechtigter Besitzer ist, § 986 I 1 Var. 1 BGB.

I. E hatte die Planierraupe zunächst aufschiebend bedingt an K übereignet, §§ 929 S. 1, 158 I BGB. Die Bedingung der vollständigen Kaufpreiszahlung ist noch nicht eingetreten, sodass E noch Eigentümer blieb. E könnte sein Eigentum an der Planierraupe aber durch Übereignung von K an D gemäß §§ 929 S. 1, 932 I 1 BGB verloren haben. Da die Planierraupe kein im Straßenverkehr zugelassenes Kraftfahrzeug ist, musste D sich bei dem Erwerb von K die Zulassungsbescheinigung Teil II nicht vorlegen lassen.[39] Folglich war D gutgläubig. Demnach hat E sein Eigentum zunächst verloren.

II. Fraglich ist aber, ob E sein Eigentum wiedererlangt hat. Der von D erklärte Rücktritt vom Kaufvertrag nach fruchtlosem Verstreichen einer angemessenen Frist gemäß §§ 434 I 1, 437 Nr. 2, 323 I Alt. 1 BGB führt nur zur schuldrechtlichen Rückabwicklung des Kaufvertrages (§ 346 I BGB). Streitig ist, wer bei der Rückgabe und Rückübereignung durch den gutgläubigen Erwerber neu Eigentum erwirbt.[40]

Nach einer Ansicht, die das Abstraktionsprinzip genau beachtet, führt der gutgläubige Erwerb zu einem endgültigen vollwertigen Eigentumserwerb. Da die Rückübereignung

39 Vgl. BGH WM 1969, 175, 176.
40 Ausf. *Szerkus*, JURA 2018, 443 ff; *Musielak*, JuS 2010, 377 ff.

nach § 929 S. 1 BGB von D an K erfolgte, könne nur der nichtberechtigte K Eigentum rückerwerben und sei dann selbst zur Rückübereignung an E verpflichtet (kein automatischer Rückfall des Eigentums an den Alteigentümer).[41] Die h.M. teilt dieses Ergebnis nicht. Sie hält es für unangemessen, weil die §§ 932 ff BGB nur den gutgläubigen Erwerber, nicht aber den nichtberechtigten Veräußerer und seine Gläubiger schützen sollen. Erfolgt der **Rückerwerb des Nichtberechtigten** in rechtlichem Zusammenhang mit der Veräußerung durch den Nichtberechtigten, so liege ein sog. Innenverkehrsgeschäft vor. Wie beim Eintritt einer auflösenden Bedingung trete dann ex nunc automatisch ein Rückerwerb des ursprünglich Berechtigten ein.[42] Durch diese Durchbrechung des Abstraktionsprinzips soll vor allem ein Zugriff von Gläubigern des Nichtberechtigten in der Zeit bis zur Weiterübereignung des K an E verhindert und eine sachgerechte Verteilung des Insolvenzrisikos erreicht werden.

III. Folgt man dieser h.M., so lebt das Eigentum des E wieder auf. K ist Besitzer ohne Recht zum Besitz (§ 986 I 1 Var. 1 BGB), weil E aufgrund des Zahlungsverzugs wirksam vom Kaufvertrag zurückgetreten ist (siehe § 449 II BGB). E kann daher Herausgabe der Planierraupe von K nach § 985 BGB verlangen.

Keine Durchbrechung des Abstraktionsprinzips ist bei einer sog. **Fehleridentität** anzunehmen.[43] Es handelt sich um eine Konstellation, bei der derselbe Unwirksamkeitsgrund sowohl das Verpflichtungs- als auch das Verfügungsgeschäft betrifft.[44] Das Abstraktionsprinzip bedeutet nicht, dass die Verfügung unter allen Umständen wirksam ist. Die Wirksamkeitsvoraussetzungen des Verpflichtungs- und des Verfügungsgeschäfts sind nur unabhängig voneinander zu prüfen. Fehleridentität kann vorliegen bei Mängeln der Geschäftsfähigkeit (§§ 104 ff BGB), bei arglistiger Täuschung und widerrechtlicher Drohung (§ 123 I BGB), u.U. auch bei Irrtümern (§§ 119 f BGB), wenn der gleiche fehlerhafte Wille beiden Geschäften zugrunde liegt. Bei Formmängeln (§ 125 BGB) und Verbotsgesetzen (§ 134 BGB) kommt es darauf an, auf welches Geschäft sie sich beziehen. In der Regel erfassen die genannten Normen nur das Verpflichtungsgeschäft, ggf. auch nur das Verfügungsgeschäft. Problematisch ist die Behandlung der Fehleridentität bei sittenwidrigen Rechtsgeschäften (§ 138 I BGB). Grundsätzlich ist – anders als beim Wucher (§ 138 II BGB: „oder gewähren lässt“)[45] – nur das Verpflichtungsgeschäft nichtig. Das Verfügungsgeschäft ist allerdings ebenfalls nichtig, „wenn die Unsittlichkeit gerade auch im Vollzug des sittenwidrigen Vertrags liegt, wenn also mit dem dinglichen Rechtsvorgang sittenwidrige Zwecke verfolgt werden oder in ihm die Sittenwidrigkeit begründet ist“.[46] **29**

2. Rechtsgeschäfte unter Lebenden und von Todes wegen

Der Normalfall ist das Rechtsgeschäft unter Lebenden, das sofort, zu einem vereinbarten Zeitpunkt oder bei Bedingungseintritt Rechtswirkungen entfaltet. Den Gegensatz dazu bilden Rechtsgeschäfte von Todes wegen, die Anordnungen für den Fall des Todes treffen (Testament, §§ 2064 ff BGB, und Erbvertrag, §§ 2274 ff BGB). Rechtsgeschäfte von **30**

41 So MüKo/*Oechsler*, § 932 Rn. 25 ff; Grüneberg/*Herrler*, § 932 Rn. 17.
42 Vgl. *Baur/Stürner*, § 52 Rn. 34; *Prütting*, Rn. 438.
43 *Meier/Jocham*, JuS 2021, 494.
44 *Haferkamp*, JURA 1998, 511; *Jauernig*, JuS 1994, 721, 724 f; *Medicus/Petersen*, AT, Rn. 231 ff.
45 Zur Nichtigkeit des Erfüllungsgeschäfts des Bewucherten zugunsten des Wucherers *Kuhn*, JURA 2023, 1376, 1378 („nicht dagegen das Erfüllungsgeschäft in der Gegenrichtung“).
46 BGH WM 2023, 742 Rn. 50 (zu „Sale and rent back"-Verträgen).

Todes wegen binden den Erblasser zu seinen Lebzeiten nicht. Sie hindern ihn also nicht daran, über sein Vermögen zu verfügen (§ 2286 BGB). Abgrenzungsprobleme bestehen bei Schenkungen unter Lebenden auf den Todesfall. Nach § 2301 BGB sollen in diesem Fall die Vorschriften über Verfügungen von Todes wegen Anwendung finden, sofern die Schenkung nicht zu Lebzeiten des Schenkers vollzogen wurde. **Ausnahme** von dieser Regel ist die praktisch relevante Zuwendung durch einen **echten Vertrag zugunsten Dritter auf den Todesfall** (§ 331 BGB), etwa die schenkweise Zuwendung einer Lebensversicherungssumme durch einen Vertrag mit einer Versicherungsgesellschaft (§ 159 VVG).[47]

3. Einseitige und zweiseitige Rechtsgeschäfte

31 ➔ **Definition:** Den Regelfall bildet das **zweiseitige Rechtsgeschäft**, der Vertrag, der durch zwei übereinstimmende Willenserklärungen zustande kommt. Entsprechend zum Vertrag ist das **mehrseitige Rechtsgeschäft** zu konstruieren, wenn mehrere Personen daran beteiligt sind. Das **einseitige Rechtsgeschäft** benötigt dagegen nur eine einzige Willenserklärung, z.B. die Auslobung (§§ 657 ff BGB), das Testament (§§ 2064 ff BGB), die Erteilung einer Vollmacht (§ 167 BGB) oder einer Verfügungsermächtigung (§ 185 I BGB), die Ausschlagung einer Erbschaft (§ 1945 I BGB), die Ausübung von Gestaltungsrechten wie die Kündigung (z.B. nach § 314 I 1 BGB), die Anfechtung (§ 143 I BGB) oder der Rücktritt vom Vertrag (§ 349 BGB).

4. Rechtsgeschäftsähnliche Handlungen

32 ➔ **Definition:** Rechtsgeschäftsähnliche Handlungen beruhen auf einer Willensäußerung. Der Unterschied zum Rechtsgeschäft besteht darin, dass das Gesetz hier Rechtsfolgen vorsieht, unabhängig davon, ob sie der Äußernde gewollt hat, wie z.B. bei einer Mahnung (§ 286 I 1 BGB).[48] Auf die rechtsgeschäftsähnlichen Handlungen sind die Vorschriften über Rechtsgeschäfte analog anzuwenden, soweit es der Zweck und die Eigenart der betreffenden Erklärungen zulassen.[49]

a) Einwilligung in Rechts- bzw. Rechtsgutseingriffe

33 Von besonderer Bedeutung ist die Frage, wie die Einwilligung in Rechts- bzw. Rechtsgutseingriffe von ihrer Rechtsnatur her einzuordnen ist und welche Anforderungen an ihre Wirksamkeit zu stellen sind. Sie ist nicht mit einer Einwilligung gemäß §§ 107, 183 S. 1 BGB zu verwechseln, bei der es sich um eine Willenserklärung handelt.[50] Weitgehende Einigkeit besteht darüber, dass der Träger eines Rechts bzw. eines Rechtsguts dessen Beeinträchtigung grundsätzlich gestatten kann. Liegt eine wirksame Einwilligung vor, so ist der Eingriff nicht widerrechtlich i.S.d. § 823 I BGB. Die Möglichkeit der Einwilligung ist u.a. anerkannt bei Eingriffen in die körperliche Unversehrtheit, das Eigentum, den Besitz, die Bewegungsfreiheit und die verschiedenen Ausprägungen des Persönlichkeitsrechts (disponible Rechtsgüter). Geht es um einen Eingriff in ein vermögenswertes Recht, etwa das Eigentum, so ist § 107 BGB analog heranzuziehen.[51]

34 Eine besondere Bedeutung kommt der Einwilligung und ihrer Wirksamkeit bei **medizinischen Behandlungen** zu, da Operationen und ähnliche Maßnahmen, die in die Substanz

47 Vgl. BGH FamRZ 2008, 1516 ff = ZEV 2008, 392 ff (krit. *Leipold*); MüKo/*Gottwald*, § 328 Rn. 128 ff.
48 *Riehm*, Rn. 147; *Neuner*, § 28 Rn. 8 f.
49 Vgl. *Neuner*, § 28 Rn. 10 ff.
50 MüKo/*Spickhoff*, § 107 Rn. 7 ff; ausf. *Neuner*, JuS 2021, 617 ff.
51 MüKo/*Spickhoff*, § 105 Rn. 20, § 107 Rn. 9.

des Körpers eingreifen, nach der Rechtsprechung auch im Zivilrecht den Tatbestand der Körperverletzung erfüllen. Nach § 630d I 1 BGB ist der Behandelnde vor der Durchführung einer medizinischen Maßnahme, insbesondere eines Eingriffs in den Körper oder die Gesundheit, verpflichtet, die Einwilligung des Patienten einzuholen. Damit soll dem Selbstbestimmungsrecht des Patienten (Art. 2 I GG iVm Art. 1 I GG) Rechnung getragen werden.[52] Relevant kann die Einwilligung außerdem bei sportlichen Betätigungen mit gegenseitiger Verletzungsgefahr[53] oder Tätowierungen[54] sein. Da es um einen Eingriff in höchstpersönliche Rechtsgüter geht, wird die Einwilligung allgemein nicht den §§ 104, 106 ff BGB unterstellt, vielmehr stattdessen auf die natürliche Fähigkeit abgestellt, Bedeutung, Tragweite und Gefahren zu übersehen und insoweit vernünftig zu entscheiden.[55] Feste Altersgrenzen lassen sich nicht festlegen, da der Entwicklungsstand eines jeden Jugendlichen individuell zu berücksichtigen ist. Es ist jedoch umso eher von einer Einwilligungsfähigkeit auszugehen, je mehr sich der Jugendliche der Grenze der Volljährigkeit nähert.[56] Ist der Rechtsgutsträger zur Willensbildung und -äußerung nicht in der Lage, kommt eine mutmaßliche Einwilligung jedenfalls dann in Betracht, wenn durch eine Untätigkeit das Leben oder die Gesundheit des Rechtsgutsträgers gefährdet würde.[57] In diesem Zusammenhang ist auch das seit dem 1.1.2023 für akute Krankheitssituationen geltende Notvertretungsrecht von Ehegatten in Gesundheitsangelegenheiten gemäß § 1358 BGB zu berücksichtigen. Eine Behandlung, für die es auf Grund von Aufklärungsmängeln an einer wirksamen Einwilligung fehlt, kann nach den Grundsätzen der hypothetischen Einwilligung dennoch gerechtfertigt sein, wenn davon auszugehen ist, dass der Rechtsgutsträger auch bei einer ordnungsgemäßen Aufklärung in den Eingriff eingewilligt hätte (siehe auch § 630h II 2 BGB).[58]

Willensmängel führen nicht zu einer Anfechtbarkeit gemäß §§ 119 ff BGB, sondern ohne **35**
Weiteres zur Unwirksamkeit der Einwilligung. Bei der Einwilligung in eine Operation liegt das Problem vor allem darin, dass ihre wirksame Erteilung eine ausreichende Aufklärung des Patienten über Notwendigkeit und Gefahren des Eingriffs voraussetzt (§ 630e BGB).

Fall 7: Eine Krankenschwester wurde nach einem Beinbruch in einer orthopädischen Klinik **36**
behandelt. Dabei erkrankte sie am rechten Auge an Herpes. Der zugezogene Augenarzt verordnete eine Behandlung mit verschiedenen Injektionen. Diese wurden von der Stationsschwester vorgenommen und zwar jeweils in das gesunde Bein oder in das Gesäß. Die letzte Injektion verabreichte die Stationsschwester in das gebrochene Bein. Die Patientin fragte vor der Injektion, warum ihr denn ausgerechnet in das kranke Bein gespritzt werden müsse. Die Stationsschwester antwortete darauf, dass das nichts mache. Die Patientin erlitt im Anschluss an die Injektion eine Entzündung mit Abszessbildung und Nekrosen, in deren Verlauf das linke Bein oberhalb des Knies amputiert werden musste. Sie verlangt nun von dem Krankenhaus Schadensersatz aus § 831 I BGB, weil die Stationsschwester eine eigenmächtige gefährliche Behandlung durchgeführt habe. Zu Recht?[59]

52 BT-Drs. 17/10488, S. 23.
53 BGH NJW 1975, 109, 110 zu „ausgesprochen gefährlichen Sportarten".
54 Zur Problematik bei Minderjährigen siehe AG München NJW 2012, 2452; *Hauck*, NJW 2012, 2398 ff.
55 Jauernig/*Mansel*, § 630d Rn. 3; *Unterreitmeier*, JuS 2012, 923, 925 f.
56 BeckOK BGB/*Förster*, § 823 Rn. 888.
57 MüKo/*Wagner*, § 823 Rn. 81.
58 BGH NJW 1980, 1333, 1334; NStZ-RR 2004, 16.
59 **Nach BGH NJW 1980, 1903 f.**

Lösung: Das Krankenhaus könnte nach § 831 I BGB schadensersatzpflichtig sein. Die Stationsschwester ist gegenüber den Ärzten weisungsgebunden und damit Verrichtungsgehilfin. Sie verabreichte die Injektion auch in Ausführung der Verrichtung.

Fraglich ist, ob die Stationsschwester widerrechtlich einen Schaden zugefügt hat, also eine rechtswidrige Handlung i.S.d. § 823 I BGB begangen hat, oder ob das Verhalten der Stationsschwester nicht rechtswidrig war, weil eine entsprechende Einwilligung der Patientin vorlag, § 630d I 1 BGB. Der BGH hat die Einwilligung der Patientin im Einzelnen ausgelegt. Nach seiner Meinung bezog sich die Einwilligung in die Injektionen auf sämtliche geeignete Körperteile. Allerdings habe es der Patientin freigestanden, im Einzelfall zu widersprechen. Mit ihrer Frage habe sie jedoch nicht endgültig widersprochen, sofern sie nicht überrumpelt worden sein sollte. Da die Patientin aber selbst Krankenschwester gewesen sei, habe die Stationsschwester nicht mit einem Einschüchterungseffekt rechnen müssen. Deshalb bleibe nur die Feststellung, dass die Patientin die Injektion zwar widerwillig und zögernd, aber doch im Sinne einer Einwilligung hingenommen habe. Eine andere Auslegung sei mit den Gegebenheiten und Notwendigkeiten des klinischen Betriebs nicht zu vereinbaren. Ängstlichkeit und Wehleidigkeit, die von Patienten sehr häufig geäußert würden, stünden der Wirksamkeit der Einwilligung nicht entgegen. Folglich liegt keine rechtswidrige Handlung vor.

Ein Schadensersatzanspruch aus § 831 I BGB scheidet daher aus.

Besonderer Diskussionsbedarf besteht bei Eingriffen in das allgemeine Persönlichkeitsrecht (Art. 2 I GG iVm Art. 1 I GG).[60] Grundsätzlich ist auch hier eine Einwilligung denkbar. So kann der Träger dieses Rechts dem Herausgeber einer Zeitung beispielsweise erlauben, über seine persönlichen Angelegenheiten zu berichten. Auch dass eine Person sich gezielt in das Licht der Öffentlichkeit begibt, kann dazu führen, dass eine an sich das Persönlichkeitsrecht verletzende Berichterstattung, etwa über ihre Privatsphäre, nicht als rechtswidrig anzusehen ist. Für die verschiedenen Ausprägungen des Persönlichkeitsrechts existieren zum Teil besondere Regelungen, wie etwa § 22 KUG für das Recht am eigenen Bild.

b) Patientenverfügung

37 Mit Hilfe einer Patientenverfügung (§ 1827 I 1 BGB) kann ein einwilligungsfähiger Volljähriger vorab schriftlich seine Einwilligung in ärztliche Behandlungen oder Eingriffe oder deren Untersagung für den Fall seiner späteren Einwilligungsunfähigkeit festlegen.[61] Tritt dieser Fall ein, ist der Betreuer verpflichtet, dem Willen des Betreuten Ausdruck und Geltung zu verschaffen (§ 1827 I 2 BGB).[62] Angesichts der Parallele zur Einwilligung in eine ärztliche Behandlung erscheint die gesetzliche Beschränkung auf Volljährige zweifelhaft.[63] Die Patientenverfügung selbst enthält noch keine Willenserklärung zum Abschluss eines Behandlungsvertrages, sodass insoweit ein Vertreter (Betreuer; Vorsorgebevollmächtigter) handeln muss.[64]

---

60 Siehe dazu z.B. *Unterreitmeier*, JuS 2012, 923 ff.

61 S. etwa BGH NJW 2016, 3297 ff zu einer Patientenverfügung mit Entscheidungsbefugnis über lebensverlängernde Maßnahmen.

62 Vgl. *Spickhoff*, FamRZ 2009, 1949, 1951.

63 Vgl. *Sternberg-Lieben/Reichmann*, NJW 2012, 257 ff.

64 Vgl. BeckOK BGB/*Müller-Engels*, § 1827 Rn. 33.

5. Realakte

Die sog. Realakte sind keine Rechtsgeschäfte. 38

➔ **Definition:** Unter Realakten versteht man Handlungen, die ohne Mitteilungs- und Kundgabezweck vorgenommen werden und an die das Gesetz eine Rechtsfolge ohne Rücksicht auf das Gewollte knüpft.[65]

Im Unterschied zu den rechtsgeschäftsähnlichen Handlungen und zu den rechtsgeschäftlichen Willenserklärungen fehlt bei Realakten sowohl ein Erklärungs- und Kundgabezweck, als auch ein Rechtsfolgewillen. Für die Vornahme von Realakten ist grundsätzlich weder Geschäftsfähigkeit noch die Einhaltung der allgemeinen Vorschriften über Willensmängel, Einwilligung, Genehmigung und Stellvertretung notwendig.[66]

Realakte sind z.B. die **Verbindung** und **Vermischung** gemäß §§ 946–948 BGB, die **Verarbeitung** gemäß § 950 BGB, die **Übergabe** im Sinne des § 929 S. 1 BGB, die **Besitzbegründung** und **-aufgabe** gemäß §§ 854 I, 856 I BGB sowie der **Fund** gemäß § 965 I BGB.

6. Gefälligkeit und Rechtsgeschäft

Rechtsgeschäfte sind von Geschäften unterhalb der Ebene des Rechts, den sog. reinen **Gefälligkeiten**, abzugrenzen.[67] Alltäglich ist der persönliche Austausch auf gesellschaftlicher Ebene, der zwar in Form des Rechtsgeschäfts vorgenommen werden könnte, aber nicht wird. Es fehlt üblicherweise am Willen, sich rechtlich zu binden (z.B. Lottospielgemeinschaft,[68] Einladung zum Essen, Winkzeichen zum Herausfahren aus einer Parklücke,[69] kostenlose Mitnahme im Pkw[70]). Ein **erkennbarer Rechtsbindungswille** wird über Indizien bestimmt, wie z.B. die erkennbare wirtschaftliche und rechtliche Bedeutung, den Wert der anvertrauten Rechtsgüter, die in Anspruch genommene Sachkunde,[71] die Zumutbarkeit im Hinblick auf das Schadensrisiko und ein mögliches Eigeninteresse des Leistenden.[72] Maßgebend ist bei der Abgrenzung zwischen einer Willenserklärung und einer Gefälligkeitserklärung eine Auslegung **analog §§ 133, 157 BGB** (objektiver Empfängerhorizont).[73] Fehlt es an einem erkennbaren Rechtsbindungswillen, so ist der objektive Tatbestand einer Willenserklärung zu verneinen. 39

Die Abgrenzungsprobleme zwischen der reinen Gefälligkeit, den Gefälligkeitsverhältnissen und den Gefälligkeitsverträgen (Schenkung [§ 516 BGB], Leihe [§ 598 BGB], unentgeltliche Verwahrung [§ 688 BGB], Auftrag [§ 662 BGB, mit Einschränkung des § 670 BGB]) sind für Haftungsfragen von Bedeutung. Anders als bei den echten Gefälligkeitsverträgen ist die Haftung bei den Gefälligkeitsverhältnissen und der reinen Gefälligkeit nicht gesetzlich geregelt. **Mangels erkennbaren Rechtsbindungswillens** existieren bei der reinen Gefälligkeit weder vertragliche Primär- noch Sekundärpflichten, wohl aber

65 *Riehm*, Rn. 148; *Neuner*, § 28 Rn. 13.
66 *Neuner*, § 28 Rn. 15.
67 Ausf. *Daßbach*, JA 2018, 575 ff; zu einer Tischreservierung vgl. *Paulus*, JuS 2015, 496 ff.
68 BGH NJW 1974, 1705 ff; vgl. dazu *Köhler*, PdW, AT, Fall 43.
69 OLG Frankfurt NJW 1965, 1334 ff.
70 Vgl. *Säcker/Mohr*, Fall 4 (S. 61 ff); *Martinek/Omlor*, Fall 7 (S. 71 ff); Fahrt von Kindern zum Sport, BGH NJW 2015, 2880 ff m. Anm. *Singbartl/Zintl*.
71 BGH NJW 2009, 1141, 1142.
72 *Faust*, § 2 Rn. 14; *Schack*, Rn. 196 f; *Fritzsche*, Fall 2 Rn. 11 f; *Heinrich*, Klausur 1, S. 12 ff.
73 *Paal/Kumkar*, JuS 2015, 707, 709 (Fn. 2).

verbleibt es bei der **Schadenshaftung nach Deliktsrecht**. Eine Haftung wegen einer Schutzpflichtverletzung (§§ 280 I, 241 II BGB) kommt dagegen nur ausnahmsweise in Betracht.[74]

40 Probleme tauchen hinsichtlich der Reichweite der Haftung auf, so z.B. ob der Gast auf Schadensersatz haftet, wenn er ein Glas Rotwein umwirft und dabei das Tischtuch des Gastgebers und das Hosenbein des neben ihm sitzenden Gastes verunreinigt.

Eine denkbare Lösung der Problematik besteht darin, eine **konkludente** vertragliche **Haftungsmilderung** anzunehmen. Doch fehlt bei reinen Gefälligkeiten gerade eine rechtsgeschäftliche Verpflichtung und regelmäßig der Wille, eine Haftungsmilderung zu vereinbaren. Deshalb bleibt nur die Annahme einer gesetzlichen Haftungsmilderung.[75] Da das BGB in § 521 BGB (Schenkung), § 599 BGB (Leihe) und 690 BGB (unentgeltliche Verwahrung) Haftungsmilderungen für bestimmte unentgeltliche Rechtsverhältnisse gewährt, sind diese Milderungen auch für Deliktsansprüche zu gewähren, wenn es sich um Schädigungen bei unverbindlichen Gefälligkeiten handelt.

Die Annahme einer gesetzlichen Haftungsmilderung ist nicht unproblematisch. Die gesetzlichen Haftungsmilderungen gelten nur für den Schenker (§ 521 BGB), den Verleiher (§ 599 BGB) und den unentgeltlichen Verwahrer (§ 690 BGB). Bei auftragsähnlichen Dienstleistungen soll keine Haftungsmilderung eingreifen, weil auch das Auftragsrecht keine derartige gesetzliche Regelung kennt. Der Geschäftsführer ohne Auftrag haftet nur milder, wenn die Geschäftsführung eine dringende Gefahr abwenden sollte (§ 680 BGB).

Nach einer anderen Ansicht ist danach zu differenzieren, welcher Art die gefälligkeitshalber gewährte Leistung ist.[76] Bei einem deutlichen Überwiegen des haftungsrechtlich privilegierten Teils soll die Haftungsmilderung auch auf die übrigen Teile erstreckt werden. Die Zufallsergebnisse, die daraus entstehen, lassen sich aber nicht rechtfertigen. Falls eine Einordnung der gewährten Leistung nicht eindeutig möglich ist, wird man es bei der nach geltendem Recht vollen Deliktshaftung belassen müssen.

41 **Fall 8:** A bat seinen Nachbarn B, während eines Kuraufenthalts sein Haus zu versorgen und den Garten zu bewässern. Während der Abwesenheit des A bewässerte B den Nachbargarten mit einem an eine Außenzapfstelle des Hauses montierten Wasserschlauch. Anschließend drehte er die am Schlauch befindliche Spritze zu, stellte aber nicht die Wasserzufuhr zum Schlauch ab. In der folgenden Nacht löste sich der weiter unter Wasserdruck stehende Schlauch aus der Spritze. In der Folge trat aus dem Schlauch eine erhebliche Menge Leitungswasser aus, lief in das Gebäude des A und führte im Untergeschoss zu Schäden. B ist für Schäden bei Nachbarschaftshilfe und Gefälligkeitshandlungen privat haftpflichtversichert. Der Privathaftpflichtversicherer hat allerdings eine Regulierung abgelehnt. Hat A gegen B einen Anspruch auf Schadensersatz?[77]

Lösung:

I. A könnte gegen B einen Anspruch auf Schadensersatz nach **§§ 280 I, 241 II BGB** wegen einer Schutzpflichtverletzung aus einem Auftrag (§ 662 BGB) haben. Fraglich ist, ob A und B eine unentgeltliche Übernahme der Gartenbewässerung vertraglich vereinbart haben oder lediglich von einem reinen Gefälligkeitsverhältnis (unter Nachbarn) aus-

74 *Bork*, Rn. 682.
75 *Medicus/Petersen*, AT, Rn. 186 f.
76 *Medicus/Petersen*, AT, Rn. 189.
77 **Nach BGH NJW-RR 2017, 272 ff**; vgl. auch *Jotzo*, JuS 2019, 622 ff.

zugehen ist. Im Wege der Auslegung ist aus der Perspektive eines objektiven Empfängers (analog §§ 133, 157 BGB) zu entscheiden, ob die Parteien einen erkennbaren Rechtsbindungswillen hatten. Indizien dafür sind die erkennbare wirtschaftliche und rechtliche Bedeutung, der Wert der anvertrauten Rechtsgüter, die in Anspruch genommene Sachkunde, die Zumutbarkeit im Hinblick auf das Schadensrisiko und ein mögliches Eigeninteresse des Leistenden. Besondere Risiken (etwa für besonders wertvolle Pflanzen) übernahm B mit der Gartenbewässerung nicht. Vielmehr handelte es sich bei dieser Nachbarschaftshilfe um eine übliche soziale Gepflogenheit, bei der B weder eine eigene Sachkunde einbrachte noch ein Eigeninteresse verfolgte. Es ist von einer reinen Gefälligkeit auszugehen. Ein vertraglicher Schadensersatzanspruch scheidet daher aus.

II. Ein Anspruch nach **§§ 280 I, 311 II Nr. 3, 241 II BGB** setzt einen ähnlichen geschäftlichen Kontakt voraus. An einer Rechtsgeschäftsähnlichkeit fehlt es aber gerade bei der reinen Gefälligkeit und Nachbarschaftshilfe des B, bei der es sich um einen bloßen sozialen Kontakt handelt.

III. In Betracht kommt ferner ein Anspruch gemäß **§§ 280 I, 241 II BGB** wegen einer Pflichtverletzung im Rahmen einer **Geschäftsführung ohne Auftrag** (§ 677 BGB). B handelte jedoch aus Gefälligkeit und damit nicht ohne Auftrag oder sonstige Berechtigung im Sinne des § 677 BGB. Im Übrigen würde eine derartige Haftungskonstruktion die Wertungen aus dem Vertragsrecht hinsichtlich einer gerechten Risikoverteilung konterkarieren.

IV. Eine Haftung könnte sich aber aus **§ 823 I BGB** ergeben. B hat es unterlassen, nach dem Bewässern des Gartens den Außenwasserhahn abzudrehen. Aufgrund dieses vorangegangenen Tuns (Aufdrehen des Hahns und Gießen) bestand für ihn eine Rechtspflicht zum Handeln, nämlich die Wasserzufuhr zum Schlauch wieder abzustellen. Infolge des Versäumnisses des B baute sich der Wasserdruck auf; der Schlauch löste sich aus der Spritze und aus dem Schlauch trat eine erhebliche Menge Leitungswasser aus. So kam es zu Schäden im Untergeschoss des Gebäudes, mithin zu einer Verletzung des Eigentums des A. Dies geschah rechtswidrig und aus Unachtsamkeit (d.h. Fahrlässigkeit, § 276 II BGB) des B. Demnach besteht eine Haftung des B aus § 823 I BGB.

Fraglich ist aber, ob bei reinen Gefälligkeiten für eine Haftungsprivilegierung (Haftung nur für Vorsatz und grobe Fahrlässigkeit bzw. nur für *diligentia quam in suis,* § 277 BGB) analog §§ 521, 599, 690 BGB zu votieren ist. Gegen eine solche Privilegierung spricht, dass das Gesetz derartige Haftungsprivilegien nur vereinzelt und nicht für alle unentgeltlichen Rechtsverhältnisse vorsieht. Es handelt sich daher um keinen allgemeinen Rechtsgedanken (siehe nur die fehlende Bestimmung im Auftragsrecht).

A und B müssten somit einen Haftungsverzicht oder eine Haftungsbeschränkung vereinbart haben. Ausdrücklich geschah dies nicht. Fraglich ist, ob diese Vereinbarung ggf. konkludent erfolgte oder im Rahmen einer ergänzenden Vertragsauslegung (§§ 133, 157 BGB) anzunehmen ist. Dagegen spricht, dass es sich um eine künstliche Konstruktion bzw. eine Willensfiktion handelt, die rein ergebnisorientiert ausfällt. Grundsätzlich setzt die Annahme einer Haftungsprivilegierung voraus, dass „der Schädiger, wäre die Rechtslage vorher zur Sprache gekommen, einen Haftungsverzicht gefordert und sich der Geschädigte dem ausdrücklichen Ansinnen einer solchen Abmachung billigerweise nicht hätte versagen können."[78] *In casu* war B für Schäden bei Nachbarschaftshilfe und Gefäl-

78 BGH NJW-RR 2017, 272, 273.

ligkeitshandlungen privat haftpflichtversichert. Dies spricht regelmäßig gegen die Annahme einer Haftungsbeschränkung, die in einem derartigen Fall nur dem Versicherer des Schädigers zugutekäme und bei einer bestehenden Gebäudeversicherung zu Lasten des Versicherers des Geschädigten ausschlagen würde. Um mögliche Entlastungen von Versicherern geht es den Parteien redlicherweise nicht. Das Bewässern eines Gartens durch den Nachbarn ist zudem keine besonders gefahrgeneigte Tätigkeit, sodass das bestehende Haftungsrisiko für B hinnehmbar bleibt. A und B haben keine Haftungsprivilegierung vereinbart. A hat daher gegen B einen Anspruch auf Schadensersatz aus § 823 I BGB.

§ 2 Der Vertragsschluss

Ein Vertrag zwischen zwei Personen kommt durch zwei übereinstimmende und aufeinander bezogene Willenserklärungen, Antrag und Annahme (§§ 145, 147 BGB), zustande (siehe § 151 S. 1 Hs. 1 BGB). Beide Erklärungen müssen nicht wörtlich, wohl aber inhaltlich übereinstimmen. In unproblematischen Fällen genügt oft ein kurzer Hinweis, dass ein Vertrag zwischen den Parteien geschlossen wurde. Liegt der Fall einmal nicht so klar, muss man sich intensiv mit dem Vorliegen und der Übereinstimmung der Willenserklärungen auseinandersetzen.[1] 42

I. Die Willenserklärung

➔ **Definition:** Unter Willenserklärung versteht man eine Willensäußerung, die final auf den Eintritt einer Rechtsfolge gerichtet ist.[2] Ob der Rechtserfolg tatsächlich eintritt, richtet sich danach, ob er von der Rechtsordnung anerkannt wird. 43

Man unterscheidet bei der Willenserklärung den äußeren (objektiven) und den inneren (subjektiven) Tatbestand.

1. Der innere Tatbestand

Im Rahmen des inneren Tatbestandes unterscheidet man den **Handlungswillen**, das **Erklärungsbewusstsein** und den **Geschäftswillen**. Unstreitig ist, dass der Handlungswille notwendige Voraussetzung einer Willenserklärung ist und dass ein Geschäftswille nicht erforderlich ist. Fehlt der Geschäftswille, bleibt dem Erklärenden nur die Möglichkeit der Anfechtung. Umstritten ist, ob das Erklärungsbewusstsein zwingend gegeben sein muss.[3] 44

a) Handlungswille

Notwendige Voraussetzung für eine Willenserklärung ist der Handlungswille des Erklärenden. Dieser liegt nur bei einem bewusst gesteuerten Verhalten vor. 45

Erklärungen unter Hypnose, unter Anwendung unmittelbarer körperlicher Gewalt **(vis absoluta)** oder entsprechende konkludente Handlungen bei Bewusstlosigkeit[4] werden dem Erklärenden nicht zugerechnet. 46

Fall 9: Professor Unrat amüsiert sich in der „Bar zum Blauen Engel" mit Champagner. Am Morgen präsentiert man ihm eine Rechnung über 10.000 €. Da er nur 200 € in der Brieftasche hat, legt ihm der Geschäftsführer G einen Wechsel über 10.000 € vor und fordert ihn auf, den Wechsel zu unterschreiben. Als er sich weigert, schlägt G so lange auf Professor Unrat ein, bis er unterschreibt. Haftet Professor Unrat aus dem Wechsel? 47

Lösung: Nach § 28 I WG haftet Professor Unrat als Bezogener des Wechsels, wenn er diesen angenommen hat.

---

1 Vgl. *Fritzsche*, JA 2006, 674 ff.

2 Grüneberg/*Ellenberger*, Überb. v. § 104 Rn. 2.

3 Vgl. *Stadler*, § 17 Rn. 6, 8 ff; *Neuner*, § 32 Rn. 19 ff (spricht von Partizipationswille); krit. *Leenen/Häublein*, § 5 Rn. 28 ff (arg. 105 II BGB).

4 Vgl. Staudinger/*Singer*, Vor § 116 Rn. 27.

Problematisch ist, ob eine wirksame Annahme vorliegt, insbesondere, ob ein Handlungswille und damit ein Willensakt, der auf Vornahme eines äußeren Verhaltens gerichtet ist, vorhanden war.

Der Handlungswille würde allein bei unmittelbarem Zwang fehlen.[5] Hätte der Geschäftsführer dem Professor die Hand geführt oder ihn mit einer Pistole bedroht, so hätte unmittelbarer körperlicher Zwang vorgelegen und die Unterschrift wäre ungültig gewesen.

Hier wurde jedoch nur mittelbarer Zwang ausgeübt; Professor Unrat hätte sich auch anders entscheiden können. Dass diese Entscheidung mittelbar durch Gewaltanwendung herbeigeführt wurde, ist unerheblich.[6] Daher bestehen Handlungswille und Erklärungsbewusstsein. Die Wechselannahme ist zunächst wirksam.

Professor Unrat kann seine Erklärung aber gemäß § 123 I Alt. 2 BGB innerhalb der Frist des § 124 I BGB anfechten mit der Folge, dass die Annahme gem. § 142 I BGB ex tunc nichtig ist, weil er durch die Schläge zur Annahme des Wechsels gezwungen wurde und damit eine widerrechtliche Drohung gegeben ist.

b) Erklärungsbewusstsein

48 ➔ **Definition:** Unter Erklärungsbewusstsein versteht man das Bewusstsein, überhaupt etwas rechtlich Verbindliches zu erklären. Hieran fehlt es, wenn der Erklärende keinen Rechtsfolgewillen äußern wollte.

Nach h.M. bedarf die Willenserklärung keines aktuellen Erklärungsbewusstseins. Es reicht vielmehr ein sog. **potentielles Erklärungsbewusstsein**. Eine Willenserklärung kann demnach auch fahrlässig abgegeben werden, vorausgesetzt, sie ist dem Erklärenden zurechenbar, weil er den von ihm gesetzten Anschein mit der im Verkehr erforderlichen Sorgfalt hätte erkennen und vermeiden können. Das Prinzip der Privatautonomie wird insoweit durch das Prinzip der **Selbstverantwortung** korrigiert. Musterfall und Klassiker in der Ausbildungsliteratur ist der „Trierer Weinversteigerungsfall".[7] Der Winkende, der nur grüßen und kein Gebot in der Versteigerung abgeben wollte, hätte erkennen können, dass seine Geste als Willenserklärung im Rechtsverkehr verstanden werden würde.

49 **Fall 10:** Die S-GmbH bestellte bei der A-GmbH eine Werkhalle aus Stahlblech für 130.000 €. Die A-GmbH verlangte von der S-GmbH eine Bankbürgschaft für den Kaufpreis; der Geschäftsführer der S-GmbH sagte zu, dass er sich darum bemühen würde und unterzeichnete zunächst einen von der A-GmbH ausgestellten, auf die S-GmbH gezogenen Wechsel über 130.000 €. Sodann sprach er bei seiner Hausbank, einer Sparkasse, wegen einer Bürgschaft vor. Diese richtete daraufhin an die A-GmbH folgendes Schreiben:

„Unsere Bürgschaft in Höhe von 100.000 € zugunsten S-GmbH ... Zugunsten der S-GmbH haben wir gegenüber Ihrer Firma die selbstschuldnerische Bürgschaft in Höhe von 100.000 € übernommen. Wir wären Ihnen für eine kurze Mitteilung sehr verbunden, wie hoch sich die Verpflichtungen der Fa. S bei Ihnen derzeit belaufen ...".

Die A-GmbH antwortete daraufhin:

5 *Leipold*, § 10 Rn. 18; *Neuner*, § 32 Rn. 3 ff.

6 BGH DB 1975, 2075, 2076.

7 *Isay*, Die Willenserklärung im Thatbestande des Rechtsgeschäfts nach dem Bürgerlichen Gesetzbuch für das Deutsche Reich, 1899, S. 25. Der von *Isay* in seiner Zeit als Rechtsreferendar in Trier erdachte Fall wurde so von der Rechtsprechung nie entschieden.

„Wir danken für Ihr Schreiben und haben gerne zur Kenntnis genommen, dass Sie gegenüber der S-GmbH die selbstschuldnerische Bürgschaft gegenüber unserer Firma in Höhe von 100.000 € übernommen haben. Unsere Forderungen an die o.g. Firma betragen 130.000 €."

Da die S-GmbH den Wechsel nicht einlöst, macht die A-GmbH bei der Sparkasse die Bürgschaft geltend. Diese entgegnet, sie habe niemals eine Bürgschaft übernommen, ihr Sachbearbeiter sei bei Abfassung des Briefes an die A-GmbH irrtümlich von einer bereits bestehenden Bürgschaft ausgegangen und habe sich nur nach dem Stand der Verbindlichkeit der S-GmbH erkundigen wollen. Daher bestehe keine Bürgschaftsverpflichtung.

In einem weiteren, drei Wochen später abgesandten Schreiben, ficht die Sparkasse eine etwa erteilte Bürgschaftserklärung nochmals vorsorglich wegen Irrtums an. Wie ist zu entscheiden?[8]

Lösung: Die Sparkasse könnte gemäß §§ 765 I, 773 I Nr. 1 BGB aus einer selbstschuldnerischen Bürgschaft in Höhe von 100.000 € in Anspruch genommen werden, wenn ein wirksamer Bürgschaftsvertrag vorliegt. Daran fehlt es, wenn die Sparkasse keine Willenserklärung abgegeben hat.

Die Sparkasse ging von einem bereits geschlossenen Vertrag aus, wollte mit dem Schreiben an die A-GmbH also keinen eigenen Vertrag schließen. Insoweit fehlte ihr das Erklärungsbewusstsein, d.h. das Bewusstsein, etwas rechtlich Erhebliches zu erklären. Fraglich ist, welche Folgen dies für die Erklärung der Sparkasse hat.

Nach einer Ansicht ist das Erklärungsbewusstsein konstitutives Erfordernis einer Willenserklärung mit der Folge, dass sein Fehlen ohne Weiteres zur Nichtigkeit führt. Ohne das Erklärungsbewusstsein fehle es an der notwendigen privatautonomen Gestaltung in Selbstbestimmung, sodass eine Zurechnung nicht gerechtfertigt sei. Der Erklärende hafte allenfalls analog § 122 BGB oder gemäß §§ 280 I, 311 II, 241 II BGB (c.i.c.) auf Ersatz des Vertrauensschadens.[9]

Nach der h.M. ist das Erklärungsbewusstsein hingegen kein zwingendes Erfordernis einer Willenserklärung. Soweit die Erklärung aus der Sicht eines objektiven Empfängers nach Treu und Glauben und der Verkehrssitte als Willenserklärung aufgefasst werden kann und der Erklärende dies bei Anwendung der im Verkehr erforderlichen Sorgfalt hätte erkennen und vermeiden können, liegt trotz fehlenden Erklärungsbewusstseins eine wirksame Willenserklärung vor.[10] Der h.M. ist der Vorzug zu geben, weil der Erklärungsempfänger schutzwürdiger als der Erklärende ist; dieser muss für den von ihm hervorgerufenen Vertrauenstatbestand einstehen.

Im vorliegenden Fall enthielt das Schreiben der Sparkasse aus der Sicht eines objektiven Empfängers eine rechtsgeschäftliche Willenserklärung.

Diese könnte jedoch gemäß § 142 I BGB infolge Anfechtung ex tunc nichtig sein.

Die Anfechtung könnte bereits mit dem ersten Schreiben der Sparkasse erklärt worden sein, § 143 I BGB. Als Ausgleich für die Bejahung der Willenserklärung gesteht die h.M.

---

8 **Nach BGHZ 91, 324, 327 = NJW 1984, 2279, 2280.** Vgl. auch BGH NJW 1995, 953 (dazu *Habersack*, JuS 1996, 585 ff); BGH NJW 2005, 2620, 2621; BGH NJW 2010, 861, 862; s. *Säcker/Mohr*, Fall 11 (S. 157 ff).

9 *Canaris*, NJW 1974, 521, 528; *Neuner*, JuS 2007, 881, 885; ausf. zum Ganzen *Musielak*, AcP 211 (2011), 769 ff.

10 Vgl. BGHZ 158, 201 ff = NJW 2004, 1590 ff, dazu *Spindler*, JZ 2004, 1128 ff (die Nutzung eines heimlich installierten automatischen Einwahlprogramms [Dialer] führt in ergänzender Vertragsauslegung des Telefondienstvertrages nicht zu einer besonderen Vergütungspflicht); für zurechenbare Fahrlässigkeit dagegen *Oechsler*, JURA 2012, 422, 425.

demjenigen, der ohne Erklärungsbewusstsein eine Willenserklärung abgegeben hat, ein Anfechtungsrecht gemäß § 119 I Alt. 2 BGB (Erklärungsirrtum) analog zu.[11] Die Anfechtung muss gemäß § 121 I 1 BGB unverzüglich, also ohne schuldhaftes Zögern, erfolgen. In der Erklärung der Sparkasse, sie sei irrtümlich von einer bestehenden Bürgschaft ausgegangen, kann aber keine Anfechtungserklärung i.S.v. § 143 I BGB gesehen werden. Zwar erfordert eine solche nicht ausdrücklich den Gebrauch des Wortes „anfechten". Es muss aber unzweideutig aus der Erklärung hervorgehen, dass das Geschäft wegen eines Willensmangels nicht mehr gelten soll. Ein solcher Willensmangel wurde bei dieser Erklärung jedoch nicht bezeichnet.

In der nach drei Wochen erfolgenden „Anfechtung wegen Irrtums" ist zwar eine wirksame Anfechtungserklärung (§ 143 I BGB) zu sehen, jedoch erfolgte diese nicht unverzüglich i.S.d. § 121 I 1 BGB.

Eine erfolgreiche Anfechtung liegt damit nicht vor. Folglich ist die Willenserklärung gültig und damit auch der Bürgschaftsvertrag, § 765 I BGB. Somit kann die Sparkasse aus der selbstschuldnerischen Bürgschaft in Höhe von 100.000 € gem. §§ 765 I, 773 I Nr. 1 BGB in Anspruch genommen werden.

50 Eine andere Frage ist, wie präzise das Erklärungsbewusstsein ausgestaltet sein muss. Die Rechtsprechung ist auch hier sehr großzügig.

51 **Fall 11:** A, B und C waren Kommanditisten der D-GmbH & Co KG mit je 100.000 € Kommanditeinlage. Außerdem waren sie mit je 5.000 € an der D-GmbH beteiligt. Die D-GmbH war Komplementärin der D-GmbH & Co KG; A war ihr einziger Geschäftsführer.

In der Satzung der D-GmbH ist festgelegt, dass die Gesellschafter der GmbH im gleichen Verhältnis als Kommanditisten an der KG beteiligt sein sollen. Bei Veränderungen seien die Gesellschafter, gegebenenfalls die Gesellschaft selbst verpflichtet, die Geschäftsanteile ganz oder teilweise so auf die Kommanditisten zu übertragen, dass wieder gleiche Beteiligungsverhältnisse herbeigeführt werden. Jeder Gesellschafter war berechtigt, seine Anteile an KG und GmbH auf Familienmitglieder ohne Zustimmung der anderen Gesellschafter zu übertragen.

Am 17.12. übertrug C seinen Kommanditanteil und seinen Anteil an der D-GmbH auf seine Ehefrau F. Diese kündigte die Kommanditbeteiligung am 22.12. Das hat nach dem KG-Vertrag zur Folge, dass sie zum 31.12. aus der Gesellschaft ausschied. Am 6.2. des nächsten Jahres wurde über das Vermögen des C ein Insolvenzverfahren eröffnet. Der Insolvenzverwalter focht die Übertragung des Anteils an F gemäß § 134 I InsO erfolgreich an und machte die Abfindung des C bei der KG geltend.

A und B berieten über die entstandene Lage. Sie kamen überein, dass A den Anteil der ausgeschiedenen Gesellschafterin F übernehmen sollte. B erklärte, er sei nicht daran interessiert, seine Beteiligung zu erhöhen.

A und die D-GmbH, vertreten durch A, verlangen nun von B Mitwirkung bei der Anmeldung der Erhöhung der Kommanditeinlage des A (auf 200.000 €).

B wendet dagegen ein, er habe nicht gewusst, dass er mit seiner damaligen Äußerung über einen ihm bereits zugewachsenen Anteil verfügt habe. Er sei vielmehr davon ausgegangen, dass A den Anteil durch Übertragung seitens der F erlange. Er habe deshalb kein Erklärungsbewusstsein gehabt und auch nicht wirksam verfügt.

Wie ist zu entscheiden?[12]

11 Grüneberg/*Ellenberger*, Einf. § 116 Rn. 17; vgl. *Faust*, § 19 Rn. 24 f; *Riehm*, Rn. 135.
12 **Nach BGH NJW 1993, 2100 f.**

Lösung: Fraglich ist, ob B wirksam über den ihm nach §§ 161 II, 105 III HGB iVm § 712 BGB teilweise angewachsenen Anteil der F zugunsten des A verfügt hat.

Problematisch ist, ob B mit Erklärungsbewusstsein gehandelt hat. Er war sich nach seinen Aussagen nicht bewusst, dass er mit der Äußerung, der A solle den Anteil der F übernehmen, über den ihm gemäß §§ 161 II, 105 III HGB iVm § 712 BGB bereits angewachsenen Anteil verfügt. B war vielmehr der Ansicht, dass A den Anteil der F durch rechtsgeschäftliche Übertragung erlangen würde, wozu es keiner rechtsgeschäftlichen Mitwirkung seinerseits bedurft hätte.

B hatte jedoch sowohl Erklärungsbewusstsein als auch Rechtsfolgewillen. Deren Vorliegen setzt nicht voraus, dass der Erklärende eine ins Detail gehende Vorstellung über die rechtstechnische Herbeiführung des angestrebten wirtschaftlichen Erfolges hat. Es ist ausreichend, wenn dieser als rechtlich gesichert und anerkannt gewollt ist.[13] So liegt der Fall hier. B erklärte gegenüber A, dieser solle den Anteil der F übernehmen. Das wirtschaftliche Ziel war also, dass der Anteil des A um den Anteil der F erhöht werden sollte, wobei B seinen bisherigen Anteil nicht erhöhen wollte. Dass B zur Erreichung dieses Ziels seinen ihm angewachsenen Anteil an A übertragen muss, ist eine zwingende Folge dieser Grundentscheidung, über die er gerade keine ins Einzelne gehende Vorstellung haben musste. Die Verfügung ist damit wirksam.

Dass dieses Vorgehen von der gesellschaftsvertraglichen Regelung abweicht, führt zu keinem anderen Ergebnis. Durch das angestrebte wirtschaftliche Ergebnis wurde gleichzeitig die Änderung des Gesellschaftsvertrages nötig, zu dessen Mitwirkung sich B mit seiner Erklärung ebenfalls verpflichtet hat.

c) Geschäftswille

➔ **Definition:** Der Geschäftswille liegt vor, wenn die Erklärung auf die Herbeiführung eines be- 52
stimmten rechtsgeschäftlichen Erfolgs gerichtet ist.[14]

Da der Geschäftswille eine konkrete Rechtsfolge herbeiführen will, wird er auch als **Rechtsfolgewille** bezeichnet. Der Geschäftswille setzt nicht voraus, dass der Erklärende die Rechtsfolge exakt juristisch bestimmen kann, vielmehr ist eine laienhafte Vorstellung von der Herbeiführung eines rechtlich bindenden Erfolgs ausreichend.

Der Geschäftswille ist keine Voraussetzung für das Vorliegen einer Willenserklärung. Die Folgen seines Fehlens regelt das Gesetz in den §§ 119 ff BGB.[15]

2. Der äußere Tatbestand

Eine Willenserklärung bedarf zudem einer äußeren Erklärung, also einer **Willensäuße-** 53
rung. Die Willensäußerung muss nach außen den **Rechtsbindungswillen** zum Ausdruck bringen. Der lediglich innerlich gebildete Wille oder bloße Absichtserklärungen lösen keine Rechtsfolgen aus. Problematisch kann die Feststellung des äußeren Tatbestandes werden, wenn der Wille nicht **ausdrücklich** kundgetan wird, sondern sich lediglich **konkludent** aus dem Verhalten[16] oder ausnahmsweise aus einem als Willenserklärung zu be-

13 BGH NJW 1993, 2100.
14 Vgl. *Petersen*, § 9 Rn. 15; *Neuner*, § 32 Rn. 43 f.
15 *Köhler*, AT, § 7 Rn. 6; *Riehm*, Rn. 137.
16 Zum konkludenten Eintritt eines Ehegatten in einen Mietvertrag s. BGH NJW 2005, 2620, 2621.

handelndem Schweigen ergibt. Dann bedarf es meist eines gewissen Begründungsaufwandes, um eine Willenserklärung bejahen zu können. Zudem können sich Abgrenzungsschwierigkeiten zur Lehre vom sozialtypischen Verhalten ergeben. An einem erkennbaren Rechtsbindungswillen und damit am objektiven Tatbestand einer Willenserklärung fehlt es etwa bei einer *invitatio ad offerendum* (z.B. bei Annoncen in einer Zeitung, Schaufensterauslagen etc.).

a) Rechtsbindungswille

54 Eine vertragliche Verpflichtung kommt nur zustande, wenn ein rechtlicher Bindungswille der Parteien erkennbar ist.

55 **Fall 12:** Der 23-jährige M lebte seit drei Jahren mit der 18-jährigen F in einer eheähnlichen Lebensgemeinschaft. M und F waren sich einig, dass aus ihrer Beziehung kein Kind hervorgehen und F empfängnisverhütende Mittel einnehmen sollte. Kurz vor Weihnachten setzte F „die Pille" ab, ohne M davon etwas zu sagen. Im Februar wurde F schwanger. Als sie dies im März dem M mitteilte, zerbrach das Verhältnis. M ist inzwischen rechtskräftig als Vater des geborenen Kindes festgestellt worden.

M meinte, die F habe ihn „ganz schön reingelegt", und begehrt von ihr Schadensersatz in Form der Freistellung von der Unterhaltspflicht gegenüber dem Kind. M wandte sich deshalb an Rechtsanwalt R. Dieser erhob in seinem Auftrag Klage auf Schadensersatz beim Amtsgericht. Gegen das klagabweisende Urteil legte M auf Anraten von Rechtsanwalt R Berufung ein, nahm sie aber später nach einem Hinweis des Gerichts (§ 139 ZPO) zurück.

Rechtsanwalt R verlangt nun von M Bezahlung seiner Gebühren. M wendet ein, Rechtsanwalt R hätte ihm vom Prozess abraten müssen; deshalb schulde er nichts. Er rechne auf. Wie ist zu entscheiden?[17]

Lösung:

I. Grundsätzlich steht R die Gebührenforderung zu, und zwar aufgrund des Anwaltsvertrages, eines Geschäftsbesorgungsvertrages mit dienstvertraglichem Charakter nach §§ 675 I, 611 I, 612[18] BGB.[19]

II. Dieser Anspruch könnte jedoch durch Aufrechnung gemäß § 389 BGB erloschen sein. Dazu müsste zunächst eine Aufrechnungslage (§ 387 BGB) bestehen. M müsste einen gleichartigen, fälligen und einredefreien Anspruch gegen R haben.

1. Dieser könnte sich aus **§ 280 I BGB** ergeben. Dazu müsste R in zu vertretender Weise eine Pflicht aus dem Schuldverhältnis verletzt haben und M müsste dadurch ein Schaden entstanden sein. R ist als Rechtsanwalt verpflichtet, bei der Mandatsannahme zu überprüfen, ob das Begehren des Mandanten Erfolg haben kann. Bei einer aussichtslosen Klage muss ein Rechtsanwalt von der Klageerhebung abraten, bei zweifelhaften Fällen, zu denen keine gefestigte Rechtsprechung vorliegt, muss er dem Mandanten die entsprechenden Zweifel und Bedenken darlegen und erörtern.

Eine Pflichtverletzung könnte hier darin zu sehen sein, dass R dem M zur Klage und später zur Berufungseinlegung geraten hat, obwohl keine Erfolgsaussicht für das Klagebegehren bestand. Die Klage wäre erfolgreich, wenn M einen Freistellungsanspruch aus

17 **Nach BGHZ 97, 372 ff = NJW 1986, 2043 ff.**
18 Ergänzend kann auch auf das RVG rekurriert werden.
19 Zum Anwaltsvertrag vgl. *Würdinger/Pechartscheck*, JA 2007, 401 ff.

einer vertraglichen Vereinbarung über die Verhütung nach § 280 I BGB gehabt hätte. Dafür könnte es aber bereits an einer rechtsgeschäftlichen Vereinbarung fehlen. Gerade bei nichtehelichen Lebensgemeinschaften hat die Rechtsprechung[20] immer wieder betont, dass die Partner bewusst auf die Eingehung einer Ehe und damit auf die Unterordnung ihrer Beziehung unter rechtliche Regelungen verzichten. Aber selbst wenn man eine Rechtsbindung in der nichtehelichen Gemeinschaft bejaht, könnte es an einem Rechtsbindungswillen fehlen. Der engste persönliche Freiheitsbereich ist jeder vertraglichen Regelung entzogen (keine bindenden Verträge im Intimbereich). Zur personalen Würde von Partnern einer Lebensgemeinschaft gehört auch, sich immer wieder neu und frei für oder gegen ein Kind entscheiden zu können. Daraus folgt, dass ein Partner sich nicht im Voraus rechtsverbindlich zur Empfängnisverhütung verpflichten kann. Ein vertraglicher Ersatzanspruch scheidet daher gänzlich aus.

2. Ein Anspruch des M aus **§ 823 I BGB** setzt eine absolute Rechts- oder Rechtsgutsverletzung voraus. Das *in casu* betroffene Vermögen als solches ist kein derartiges Rechtsgut. Der sog. reine Vermögensschaden ist nicht ersatzfähig.

3. Auch andere deliktische Ansprüche, insbesondere **§ 826 BGB** könnten ausscheiden. Der Intimbereich zweier volljähriger Partner, die beim freiwilligen Geschlechtsverkehr nicht nur ihr sexuelles Bedürfnis befriedigen, sondern das Entstehen von Leben verantworten, unterliegt im Falle der Geburt eines Kindes grundsätzlich auch dann nicht dem Deliktsrecht, wenn ein Partner den anderen über die Empfängnisverhütung täuscht.[21] Andernfalls ist das Kind leidtragend.[22]

Damit war die Klage von vornherein aussichtslos. Die dennoch erfolgte Klageerhebung und das „Anraten“ zur Berufungseinlegung sind damit als vertragliche Pflichtverletzung anzusehen, § 280 I BGB.

Das Vertretenmüssen wird gesetzlich vermutet (§ 280 I 2 BGB). R kann sich nicht exkulpieren, weil er zumindest fahrlässig (§ 276 II BGB) die rechtliche Zweifelhaftigkeit des angeblichen Anspruchs nicht erkannt hat.

Durch diesen Beratungsfehler ist M zudem ein Schaden in Form der Rechtsanwaltsgebühren entstanden.[23]

III. Folglich hat M gegen R einen vollwirksamen und fälligen Gegenanspruch aus Verletzung des Geschäftsbesorgungsvertrages gemäß §§ 280 I, 675 I, 611 BGB. M hat die Aufrechnung erklärt (§ 388 S. 1 BGB); ein Ausschluss der Aufrechnung ist nicht ersichtlich. Der Vergütungsanspruch des R ist daher nach § 389 BGB erloschen.

Der Rechtsbindungswille fehlt regelmäßig bei der **Erteilung von Auskünften, Ratschlägen und Empfehlungen**. In diesen Fällen ist der Auskunftgeber nach § 675 II BGB nicht zum Schadensersatz verpflichtet, sofern sich nicht aus einem Vertragsverhältnis, einer unerlaubten Handlung oder einer sonstigen gesetzlichen Bestimmung etwas anderes ergibt. Im Wirtschaftsverkehr wird diese Regel allerdings durchbrochen. **56**

20 Wichtig: Der Rechtsanwalt hat seine Beratung grundsätzlich an der höchstrichterlichen Rechtsprechung auszurichten: BGH NJW-RR 2003, 1212, 1213; *Würdinger/Pechartscheck*, JA 2007, 401, 403.

21 BGH NJW 1986, 2043, 2045.

22 *Heiderhoff*, NJW 2017, 3085; *Looschelders*, JURA 2000, 169, 174.

23 Zu den Voraussetzungen eines Schmerzensgeldanspruchs in der vertraglichen Anwaltshaftung vgl. BGH NJW 2009, 3025 ff.

57 **Fall 13:** Die Geschäfte des Unternehmens N liefen schlecht. Ihre Kreditgeberin, die Sparkasse S, drängte darauf, Verbindlichkeiten abzubauen, und legte dem Geschäftsführer des Unternehmens N die Aufnahme eines neuen Gesellschafters nahe. Daraufhin erstellte der für das Unternehmen N langjährig tätige Steuerberater B eine vorläufige Bilanz für das Vorjahr.

Bei einer Anlagebesprechung zwischen dem Unternehmen N und dem Anleger K nahm B für das Unternehmen N, der Wirtschaftsprüfer P für den Anleger K teil. Dabei lag den Beteiligten die von B erstellte Bilanz für das Vorjahr vor. B erläuterte die Bilanz und versicherte die Richtigkeit der eingesetzten Werte. Bei dem Unternehmen N handele es sich um ein im Grunde gesundes Unternehmen mit einer gegenwärtigen Liquiditätsschwäche. Außerdem legte er dar, dass ein Finanzierungsbedarf von 1,8 Mio. € bestünde.

B wurde von dem Unternehmen N beauftragt, die Bilanz für das aktuelle Geschäftsjahr zu erstellen. B übersandte Einzelheiten vorab an P. Daraufhin trat K als Kommanditist mit einer Hafteinlage von 500.000 € in das Unternehmen N ein.

Die kurz darauf von B fertig gestellte Bilanz wies einen Verlust von 300.000 € für das aktuelle Geschäftsjahr aus. Der von K zugezogene Wirtschaftsprüfer P beanstandete die Bewertungen von B; nach einer erneuten Besprechung aller Beteiligten wurde die Bilanz korrigiert und ein Verlust von 400.000 € ausgewiesen.

Um die Fortführung des Unternehmens zu garantieren, gewährte K ein Gesellschafterdarlehen in Höhe von 800.000 €. Eine später vom Wirtschaftsprüfer P erstellte Zwischenbilanz für das neue Geschäftsjahr wies einen Verlust des Unternehmens von 1,4 Mio. € aus.

K verlangt nun Schadensersatz von B mit der Behauptung, er hätte weder die Kommanditeinlage übernommen noch das Gesellschafterdarlehen gewährt, wenn B über die wirtschaftliche Lage der Gesellschaft richtig aufgeklärt und ordentliche Bilanzen vorgelegt hätte. B meint, er habe die Interessen des Unternehmens N vertreten und keine falschen Zahlen vorgelegt. Wie ist zu entscheiden?[24]

Lösung: K könnte einen Schadensersatzanspruch gegen B aus Pflichtverletzung eines stillschweigend geschlossenen Auskunftsvertrages zwischen B und K gemäß §§ 280 I, 311 I BGB haben. Jedoch ist fraglich, ob ein Auskunftsvertrag überhaupt geschlossen wurde.

Nach ständiger Rechtsprechung ist der Abschluss eines Auskunftsvertrags anzunehmen, wenn die Auskunft für den Empfänger erkennbar von erheblicher Bedeutung ist und er sie zur Grundlage wesentlicher Entschlüsse machen will. Dies soll insbesondere in solchen Fällen gelten, in denen der Auskunftgeber für die Erteilung der Auskunft besonders sachkundig ist[25] oder ein eigenes wirtschaftliches Interesse im Spiel ist. Auf den Rechtsbindungswillen, mit dessen Hilfe die Gefälligkeit vom verbindlichen Vertrag abgegrenzt wird, kommt es ausnahmsweise nicht an.

Dieser Rechtsprechung ist allerdings nicht zu entnehmen, dass allein schon die Sachkunde des Auskunftgebers und die Bedeutung der Auskunft für den Empfänger ausreichen; vielmehr ist entscheidend darauf abzustellen, ob die Gesamtumstände unter Berücksichtigung der Verkehrsauffassung den Rückschluss zulassen, dass beide Teile die Auskunft zum Gegenstand vertraglicher Rechte und Pflichten gemacht haben.

Dies ist vorliegend zu verneinen. B war seit Jahren Steuerberater des Unternehmens N und vertrat damit erkennbar in erster Linie deren Interessen. Zudem befand sich K im Beistand eines eigenen Beraters, des Wirtschaftsprüfers P, sodass er bei der Beurteilung

24 **Nach BGH NJW 1992, 2080 ff.**
25 BGH NJW 2009, 1141, 1142.

nicht auf die Sachkunde des B angewiesen war. Aus den Gesamtumständen ist also weder ein Rückschluss auf den Verpflichtungswillen des Auskunftgebers B noch des Empfängers K möglich. Ein Auskunftsvertrag kam also nicht zustande.

Ein Schadensersatzanspruch könnte sich aber aus §§ 280 I, 311 III, 241 II BGB, ergeben. Eine Eigenhaftung des Vertreters selbst kommt jedoch nur in Betracht, wenn dieser entweder ein eigenes wirtschaftliches Interesse am Vertragsschluss zwischen K und dem Unternehmen N gehabt oder er dem K gegenüber ein besonderes persönliches Vertrauen in Anspruch genommen und damit die Vertragsverhandlungen beeinflusst hätte.[26] Ein eigenes wirtschaftliches Interesse des B ist hier nicht ersichtlich. Für die Annahme eines besonderen persönlichen Vertrauens i.S.v. § 311 III 2 BGB hätte B den Eindruck vermitteln müssen, er werde persönlich neben seinem Geschäftsherrn die ordnungsgemäße Abwicklung des Geschäfts gewährleisten, was wegen der erkennbaren Vertretung der Interessen seines Geschäftsherrn ebenfalls nicht der Fall ist.

Denkbar wäre noch ein Anspruch des K gegen B aus Pflichtverletzung des Vertrages zwischen dem Unternehmen N und B, soweit dieser Schutzwirkung zugunsten des K entfaltet.[27] Dieser Anspruch scheitert jedoch schon an der Einbeziehung des Dritten K in den genannten Vertrag, weil das Einbeziehungsinteresse (Gläubigernähe) nicht gegeben ist. Es besteht keine Schutzpflicht des B gegenüber K, da das Unternehmen N angesichts der Beratung des K durch einen Steuerberater kein Interesse am Schutz der Vermögensinteressen des K haben musste, also weder für dessen „Wohl und Wehe"[28] verantwortlich war noch eine Beratungsleistung zugunsten des K zu erbringen hatte.[29]

Ein Anspruch aus § 826 BGB scheidet ebenfalls aus, da keine Anhaltspunkte dafür vorliegen, dass B den K in sittenwidriger Weise vorsätzlich schädigen wollte.

Somit hat K keinen Anspruch auf Schadensersatz gegen B.

b) Schweigen als Willenserklärung

Grundsätzlich stellt Schweigen keine Willenserklärung dar, weder Zustimmung noch Ablehnung. Im Unterschied zum konkludenten Verhalten liegt beim Schweigen auch nach den Umständen des Falles überhaupt kein Erklärungsverhalten vor (rechtliches Nullum). Aufgrund des Grundsatzes der **Privatautonomie** hat schlichtes Schweigen **keinen Erklärungswert** und ist ohne rechtliche Bedeutung.[30] Es gilt also im deutschen Recht grundsätzlich weder der Satz *„qui tacet, consentire videtur"* (Wer schweigt, scheint zuzustimmen) noch *„qui tacet, consentire non videtur"* (Wer schweigt, scheint nicht zuzustimmen). **58**

Von dieser generellen Regel gibt es aber Ausnahmen. Denn nach den Umständen, insbesondere aufgrund einer entsprechenden vorherigen Vereinbarung, kann dem Schweigen die Bedeutung einer Erklärung zukommen. Das Schweigen ist dann vertraglich als Erklärungszeichen festgelegt (sog. **beredtes Schweigen**). Schweigen kann zudem ausnahmsweise auch Erklärungswirkung haben, wenn das Gesetz dies vorsieht (sog. **normiertes** **59**

26 Vgl. Grüneberg/*Grüneberg*, § 311 Rn. 60 ff; *Stadler*, § 31 Rn. 5.
27 Vgl. *Pinger/Behme*, JuS 2008, 675 ff.
28 Der BGH ist mittlerweile von der „Wohl und Wehe-Formel" abgerückt. S. dazu *Zenner*, NJW 2009, 1030, 1031.
29 Vgl. *Medicus/Petersen*, Bürgerliches Recht, Rn. 845; MüKo/*Gottwald*, § 328 Rn. 167 ff.
30 *Petersen*, § 16 Rn. 2. Grundfälle zur Bedeutung des Schweigens im Rechtsverkehr bei *Fischinger*, JuS 2015, 294 ff u. 394 ff.

Schweigen, z.B. als Zustimmung §§ 416 I 2 Hs. 1, 516 II 2 BGB bzw. §§ 362 I 1 Hs. 2, 377 II, III Hs. 2, 386 I Hs. 2 HGB, als Ablehnung §§ 108 II 2 Hs. 2, 177 II 2 Hs. 2, 415 II 2 Hs. 2 BGB) oder wenn nach Treu und Glauben eine Pflicht zur Äußerung besteht, § 242 BGB.[31]

60 **Fall 14:** K war für das Unternehmen B über 20 Jahre lang als Bezirkshandelsvertreter tätig. Die ihm erteilten Provisionsabrechnungen nahm er stets widerspruchslos hin. Sie enthielten u.a. nicht näher erläuterte Abzüge für Retouren. Als er nach einiger Zeit doch nachrechnet, bemerkt er, dass häufig Geschäfte willkürlich abgeändert und nur die geringere Provision gewährt wurde. K glaubt, dass ihm nach § 87a III 1 HGB eine weitere Provision von ca. 1 Mio. € zusteht. Er klagt deshalb gegen das Unternehmen B zum einen auf Erteilung eines Buchauszugs über alle Retouren oder nicht ausgeführten Geschäfte und die Gründe hierfür und zum anderen auf Verurteilung zu der nach dem Buchauszug zu berechnenden Provision. B meint, mit dem jahrelangen Hinnehmen der Abrechnungen habe K ein negatives Schuldanerkenntnis abgegeben, sodass ihm keine weiteren Ansprüche zustehen. Wie ist zu entscheiden?[32]

Lösung: Ein Anspruch des K auf Erteilung eines Buchauszugs könnte sich aus § 87c II HGB, ein Anspruch auf Zahlung der Provision für die nicht ausgeführten Geschäfte aus § 87a III 1 HGB ergeben.

Diese Ansprüche wären jedoch erloschen, wenn K diesbezüglich ein negatives Schuldanerkenntnis i.S.d. § 397 II BGB abgegeben hätte.

Dieses ist – anders als das positive Schuldanerkenntnis gemäß § 781 BGB – formfrei möglich und kann damit auch konkludent abgegeben werden.[33] Fraglich ist jedoch, ob allein der Umstand, dass K über Jahre hinweg die Abrechnungen widerspruchslos hingenommen hat, als ein stillschweigendes Einverständnis mit den Abrechnungen und einen Verzicht auf weitere Provisionen für nicht durchgeführte Geschäfte zu werten ist. Die Rechtsprechung stellt an die Annahme eines konkludent erklärten Verzichts grundsätzlich sehr strenge Anforderungen. Aus dem untätigen Verhalten des K allein kann nicht auf einen solchen Verzicht geschlossen werden.

Zudem würden einem solchen negativen Schuldanerkenntnis durch bloßes Schweigen die §§ 87a V, 87c V HGB entgegenstehen. Diese Vorschriften verbieten vom Gesetz abweichende Vereinbarungen, soweit sie für den Handelsvertreter nachteilig sind. Die Annahme, eine widerspruchslos entgegengenommene Abrechnung würde stets ein negatives Schuldanerkenntnis darstellen, wäre eine Benachteiligung im Sinne dieser Vorschriften. Das negative Schuldanerkenntnis wäre daher wegen eines Verstoßes gegen §§ 87a V, 87c V HGB als unwirksam anzusehen.

Damit hat K gegen das Unternehmen B einen Anspruch auf Erteilung eines Buchauszugs aus § 87c II HGB und einen Anspruch auf Zahlung der nach dem Buchauszug zu berechnenden Provision aus § 87a III 1 HGB.

(Ergänzung: Prozessual sollte K gegen B im Wege der Stufenklage (§ 254 ZPO) vorgehen. Der Vorteil der Stufenklage liegt darin, dass der noch nicht bezifferbare Zahlungsanspruch schon mit Erhebung der Stufenklage rechtshängig wird (§§ 253 I, 261 I ZPO) und es zu einer Hemmung der Verjährung des Zahlungsanspruchs kommt (§ 204 I Nr. 1 BGB).)

31 *Köhler*, AT, § 6 Rn. 5 ff.

32 **Nach BGH NJW 1996, 588 f.**

33 Grüneberg/*Grüneberg*, § 397 Rn. 8, 10; *Medicus/Lorenz*, Schuldrecht I, § 25 Rn. 5.

aa) Schweigen auf ein kaufmännisches Bestätigungsschreiben. Die leichte Kommunikation auch im Geschäftsverkehr per Telefon oder E-Mail führt dazu, dass über das Zustandekommen und den Inhalt eines Vertrages nachträglich Streit entstehen kann. Deshalb ist es unter Kaufleuten weitgehend üblich, dass ein Teil dem anderen den Abschluss und den Inhalt des Vertrages schriftlich bestätigt und dabei ggf. Details ergänzt. Durch diese schriftliche Niederlegung des Vertragsinhaltes soll künftiger Streit ausgeschlossen werden. Dementsprechend gilt heute als Handelsbrauch bzw. als Gewohnheitsrecht: Wer nach vorausgegangenen Vertragsverhandlungen als Empfänger eines kaufmännischen Bestätigungsschreibens diesem nicht unverzüglich widerspricht, ist an den Inhalt gebunden. Dabei müssen sowohl Absender als auch Empfänger des kaufmännischen Bestätigungsschreibens zumindest kaufmannsähnlich am Rechtsverkehr teilnehmen. Der Vertrag gilt als mit dem Inhalt zustande gekommen, den der Absender des Schreibens redlicherweise angegeben hat.[34] Ein solches kaufmännisches Bestätigungsschreiben ist grundsätzlich nur eine **Beweisurkunde mit der Vermutung von Vollständigkeit und Richtigkeit**. 61

Nach der Rechtsprechung ist ein kaufmännisches Bestätigungsschreiben streng von einer **bloßen Auftragsbestätigung** zu unterscheiden. Die Auftragsbestätigung ist die schriftliche Annahme eines Angebots. Weicht sie von dem Angebot ab, so kommt kein Vertrag zustande, § 150 II BGB. Das Schweigen auf die abweichende Auftragsbestätigung führt grundsätzlich nicht zu deren Billigung. Beim kaufmännischen Bestätigungsschreiben hingegen geht der Absender von einem bereits geschlossenen Vertrag aus. Die Abgrenzung erfolgt nach der subjektiven Vorstellung des Absendenden. Das Problem in der Praxis besteht jedoch darin, dass vielfach unklar ist, wann der Vertrag eigentlich geschlossen worden ist.

Weicht die ursprüngliche Vereinbarung vom Inhalt des Bestätigungsschreibens ab (konstitutives kaufmännisches Bestätigungsschreiben im Gegensatz zum deklaratorischen kaufmännischen Bestätigungsschreiben), so gilt in der Regel dessen Inhalt, sofern der Empfänger ihm nicht unverzüglich widersprochen hat. Sein Schweigen auf das Bestätigungsschreiben gilt als Zustimmung.[35] Voraussetzung ist die **Redlichkeit** des Absendenden, d.h. in erster Linie, dass er nicht bewusst vom Vereinbarten abweichen darf. Weiterhin darf sich der Inhalt **nicht allzu weit** von der Vereinbarung **entfernen**, das Schreiben muss **alsbald** nach Vertragsschluss **abgesandt** werden und ein abweichendes Bestätigungsschreiben des Gegners darf nicht vorliegen.

Bei der Frage, wie weit sich der Inhalt des Bestätigungsschreibens von der Vereinbarung entfernen darf, ist die Rechtsprechung außerordentlich tolerant. Die Abweichung vom Vereinbarten darf nicht so erheblich sein, dass der Bestätigende nach Treu und Glauben nicht mehr mit dem Einverständnis des Empfängers rechnen konnte. Generell wird etwa gebilligt, Allgemeine Geschäftsbedingungen erst durch Bestätigungsschreiben in den Vertrag einzubeziehen. Außerdem kommt es bei Individualvereinbarungen nicht darauf an, ob die Abweichung für den Empfänger überraschend ist, sondern ob der Inhalt des Bestätigungsschreibens in der betreffenden Branche ungewöhnlich und überraschend ist.[36] 62

---

34 *Heinrich*, Klausur 2, S. 45 ff; *Medicus/Petersen*, AT, Rn. 440 ff; *Oetker*, § 7 Rn. 43 f; *Stadler*, § 17 Rn. 30 f.

35 BGHZ 11, 1, 3 = NJW 1954, 105; vgl. *Lettl*, JuS 2008, 849 ff; *Schärtl*, JA 2007, 567 ff.

36 Vgl. MüKo/*Busche*, § 147 Rn. 22 ff.

63 **Fall 15:** Vertreter V der Hosenfabrik H sucht das Bekleidungshaus K auf. Der Geschäftsführer von K (G) bestellt mehrere Hosenformen in allen gängigen Größen, Lieferung fest Ende Oktober. V schreibt den entsprechenden Auftrag auf einen Bestellschein der Fabrik H auf, in dem auf deren Verkaufsbedingungen Bezug genommen wird. G unterschreibt. Nach einigen Tagen erhält er eine Auftragsbestätigung der Fabrik H, worin es heißt: „Lieferzeit baldmöglichst." G widerspricht nicht. Die erste Teillieferung erhält er am 3.11. Diese nimmt er ab. Die nächste Teillieferung, die am 15.11. eingeht, lässt er wegen Verspätung zurückgehen. Er teilt der H mit, dass er vom Vertrag zurücktrete. Diese besteht dagegen auf Abnahme. Zu Recht?

Lösung:

I. H könnte – unabhängig von der Frage, ob K wirksam zurückgetreten ist – die Abnahme der Ware (§ 433 II BGB) nur verlangen, wenn ein wirksamer Kaufvertrag zustande gekommen ist.

V hat als Vertreter von H mit K noch keinen Vertrag geschlossen. Er hat nur die Kollektion vorgestellt; dies ist kein Angebot i.S.v. § 145 BGB, sondern vielmehr eine bloße *invitatio ad offerendum*. Die von G in Vertretung für K unterschriebene Bestellung hat V an H weitergegeben, selbst aber keine Erklärung mehr abgegeben.

Ein Vertrag könnte daher nur durch die Auftragsbestätigung zustande gekommen sein. Da diese inhaltlich hinsichtlich der Lieferfrist von dem Angebot abwich, stellt die Auftragsbestätigung eine Ablehnung mit einem neuen Angebot dar (§ 150 II BGB). Das bloße Schweigen auf eine Auftragsbestätigung kann keine Annahmeerklärung darstellen, da H wegen der fehlenden vorherigen Einigung nicht damit rechnen konnte, dass G die Änderung seines Angebots stillschweigend akzeptiert.[37]

Das neue Angebot im Gewand der Auftragsbestätigung könnte konkludent durch die Abnahme der Teillieferung seitens des G angenommen worden sein, wenn sich aus den Gesamtumständen hinreichend deutlich auf ein Einverständnis schließen lässt.[38] G hat hier die erste Lieferung am 3.11. abgenommen, obwohl sein Angebot als letztmöglichen Liefertermin Ende Oktober genannt hat. Dieses Verhalten erweckt den Anschein, dass er doch nicht auf den von ihm genannten Liefertermin besteht. Ein ausdrücklicher Widerspruch ist nicht erfolgt.[39] Daher ist in der Abnahme der Ware eine konkludente Annahmeerklärung zu sehen. Der Vertrag ist also unter den in der Auftragsbestätigung genannten Bedingungen zustande gekommen.

II. Der Anspruch des H auf Abnahme der Ware könnte durch einen wirksamen Rücktritt des G nach § 346 I BGB erloschen sein. G hat den Rücktritt erklärt (§ 349 BGB). Der Rücktrittsgrund ergibt sich bei einer Verzögerung der Leistung aus § 323 I Alt. 1 BGB. G hätte danach grundsätzlich eine angemessene Frist setzen und deren fruchtlosen Ablauf abwarten müssen. Eine kalendermäßige Bestimmung (§ 323 II Nr. 2 BGB) lag nicht vor, sodass die Fristsetzung auch nicht ausnahmsweise entbehrlich war. Der Rücktritt ist daher nicht wirksam.

III. H kann von K die Abnahme der restlichen Ware nach § 433 II BGB verlangen.

37 Vgl. BGH JZ 1977, 602.
38 BGHZ 61, 282, 287 f = NJW 1973, 2106, 2107.
39 Vgl. BGH JZ 1977, 602, 604.

Fall 16: Die Unternehmen K und V verhandelten über den Kauf eines Wärmehaltesilos und erreichten weitgehende Einigkeit. K wollte sich die Sache aber nochmals überlegen. Am 1.12. bestellte K das Wärmehaltesilo mit Lieferfrist zum 15.4. unter Bezugnahme auf ihre Einkaufsbedingungen. Danach sollten anders lautende Bedingungen des Auftragnehmers nur bei schriftlicher Bestätigung gültig sein. Bei Lieferfristüberschreitung sollten die gesetzlichen Regeln gelten. 64

Das Unternehmen V übersandte darauf am 5.1. eine detaillierte „Auftragsbestätigung", in der es den Auftrag mit einer Lieferfrist „Mitte bis Ende April" annahm und zugleich auf die eigenen Verkaufsbedingungen Bezug nahm, nach denen Lieferfristangaben unverbindlich und Schadensersatzansprüche wegen verspäteter Lieferung ausgeschlossen sind.

Mit Schreiben vom 22.4. setzte K das Unternehmen V in Verzug und kündigte Schadensersatzansprüche für den Fall an, dass die Lieferung erst nach dem 30.4. erfolgen sollte. Im Juni lieferte V das Wärmehaltesilo. K nahm das Wärmehaltesilo ab, behielt dabei aber einen Kaufpreisrest als Verzugsschaden ein. Diesen Restkaufpreis fordert V. Zu Recht?[40]

Lösung: V könnte aus § 433 II BGB einen Anspruch auf Zahlung des Restkaufpreises gegen K haben, wenn ein wirksamer Vertrag zustande gekommen ist und der Anspruch nicht durch Aufrechnung mit einem Schadensersatzanspruch untergegangen ist, § 389 BGB.

In den Vorgesprächen kam es nicht zum Vertragsschluss, weil sich K die Sache noch einmal überlegen wollte.

Das Schreiben des K vom 1.12. stellt ein Angebot (§ 145 BGB) dar. Das Schreiben des V vom 5.1. ist gemäß § 150 II BGB keine Annahme, sondern eine Ablehnung verbunden mit einem neuen Angebot, da es in Bezug auf die Lieferfristen und mögliche Schadensersatzansprüche abweichende Regelungen enthielt. Es handelt sich dabei um einen Fall der modifizierten Auftragsbestätigung und nicht um ein kaufmännisches Bestätigungsschreiben. Ein solches setzt nämlich einen zuvor erfolgten Vertragsschluss voraus.

Fraglich ist, ob dieses neue Angebot von K angenommen wurde. Ein Fall des § 362 I HGB ist nicht gegeben. Ansonsten kann Schweigen grundsätzlich nicht als Willenserklärung angesehen werden.[41] Dies gilt insbesondere dann, wenn der Geschäftspartner weiß, dass in bestimmten Punkten differierende Ansichten bestehen. Daher kam bis zur Lieferung des Wärmehaltesilos kein Vertrag zustande.

Ein Vertrag könnte konkludent durch die Annahme des Wärmehaltesilos geschlossen worden sein. Da K weiterhin auf den Bedingungen ihres ursprünglichen Angebotes bestand, fehlt es eigentlich an einer Willensübereinstimmung. Allerdings waren sich beide Parteien einig, dass das Geschäft – von den strittigen Punkten abgesehen – Bestand haben sollte. Daher kommt nicht die Zweifelsregelung des § 154 I 1 BGB zur Anwendung. Vielmehr ist der Vertrag in dem Umfang wirksam zustande gekommen, in dem eine Einigung besteht.[42] Die Regelungen der AGB werden in dem Umfang, in dem sie sich widersprechen und nicht Vertragsinhalt wurden, nach § 306 II BGB durch die gesetzliche Regelung ersetzt.

Der folglich entstandene Anspruch aus § 433 II BGB könnte durch Aufrechnung gemäß § 389 BGB erloschen sein, wenn K ein entsprechender Schadensersatzanspruch zustün-

40 **Nach BGHZ 61, 282 ff = NJW 1973, 2106 f.**

41 Grüneberg/*Ellenberger*, Einf § 116 Rn. 7.

42 MüKo/*Busche*, § 154 Rn. 5; Grüneberg/*Ellenberger*, § 154 Rn. 2.

de. Der Ausschluss eines solchen Anspruchs in den AGB des V ist nicht Vertragsinhalt geworden (s.o.). Der Anspruch aus §§ 280 I, II, 286 BGB setzt voraus, dass V mit ihrer Leistung in Verzug war. K hat V am 22.4. gemahnt. Eine Mahnung kann aber wirksam nur nach Fälligkeit des Anspruchs erfolgen.[43] Da sich die Schreiben von K und V auch in dem Punkt des Liefertermins widersprachen, ist am 15.4. keine Fälligkeit eingetreten. Die Mahnung konnte also keinen Verzug begründen. Ein Schadensersatzanspruch – und damit auch die Aufrechnung – scheidet aus.

V hat daher gegen K einen Anspruch auf Zahlung des Restkaufpreises nach § 433 II BGB.

65 **bb) Schweigen des Kaufmanns auf Anträge.** Es gibt Fälle, bei denen das Gesetz das Schweigen als Zustimmung behandelt. Regelmäßig geht es um eine faktische Fortsetzung von Vertragsverhältnissen oder um die Vereinbarung einer Vergütung. Über diesen Rahmen gehen § 362 I HGB und § 5 III 1 PflVG jedoch hinaus. Der Grund für diese Regelung liegt darin, dass es dem Handelsbrauch entspricht, in solchen Fällen sofort erkennen zu lassen, wenn man den Auftrag ablehnen will und deshalb bei unterlassener Ablehnung von einer Annahme auszugehen ist. Bei § 362 I HGB und § 5 III 1 PflVG bedarf es überhaupt keiner Erklärung und damit keines Annahmewillens. Insofern weichen die Vorschriften von § 151 S. 1 BGB ab, der lediglich den Zugang der Annahmeerklärung entbehrlich werden lässt. Bei § 362 I HGB und § 5 III 1 PflVG kommt der Vertrag im Ergebnis allein mit dem Zugang des Antrags und dem nachfolgenden Schweigen zustande. Ob man einen derartigen Vorgang als Vertragsschluss deuten kann, ist streitig. Ebenso streitig ist, ob die Wirkungen des Schweigens rechtsgeschäftlich erklärt werden können oder nicht. Die heute eher h.M. sieht jedenfalls in § 362 I HGB einen gesetzlichen Fall der Vertrauenshaftung bzw. der Rechtsscheinhaftung, allerdings mit der Wirkung, dass als Rechtsfolge Pflichten aus einem Vertragsverhältnis entstehen.[44]

3. Automatisierte Erklärungen

66 Von einer automatisierten Willenserklärung spricht man, wenn eine Willenserklärung durch eine Software automatisch generiert oder durch einen Computer automatisch formuliert wird, die vorherige manuelle Dateneingabe aber vom Willen des Erklärenden gesteuert wird.[45] Dies ist etwa bei Willenserklärungen mittels elektronischer Programme (wie Angebote für Online-Bestellungen) oder mechanischer Vorrichtungen (wie bei Waren- und Fahrkartenautomaten) der Fall. Neuere Konstellationen ergeben sich durch sog. smart contracts (z.B. bei einer automatischen Warenbestellung eines „intelligenten“ Kühlschranks).[46] Es handelt sich bei diesen Fallgestaltungen um **„normale“ Willenserklärungen**. Für die Abgabe, den Zugang und die Auslegung gelten somit auch hier grundsätzlich die **allgemeinen Regeln**.[47] Problematisch kann bei elektronischen Willenserklärungen die **Form** sein (dazu § 4 I 2).

Nota bene: Online abgegebene Willenserklärungen können wie das Waren- oder Dienstleistungsangebot eines Internetanbieters durch ein vollautomatisches Datenverarbei-

43 Grüneberg/*Grüneberg*, § 286 Rn. 16.
44 Vgl. *Bork*, Rn. 574 ff; *Lettl*, § 10 Rn. 24; *Oetker*, § 7 Rn. 23 f; *Petersen*, § 17 Rn. 3 ff.
45 *Paulus*, JuS 2019, 960, 962 ff.
46 S. dazu die Anfängerhausarbeit „Der smarte Kühlschrank“: *Leyens/Böttcher*, JuS 2019, 133 ff; zum Begriff vgl. z.B. *Paulus*, JuS 2020, 107 f.
47 Vgl. *Bork*, Rn. 570; auch *Ultsch*, NJW 1997, 3007 ff.

tungsprogramm (Angebot einer Flug-, Bahn- oder Ferienreise) generiert werden. Sie können aber auch wie die Annahme bzw. Bestellung durch den Kunden individuelle Willenserklärungen sein, die lediglich innerhalb des durch den Anbieter vorgegebenen Datenverarbeitungsprogramms abgegeben werden.[48]

Eine besondere Herausforderung für die allgemeine Rechtsgeschäftslehre ergibt sich durch die Entwicklung der künstlichen Intelligenz (KI)[49] und das eigenständige rechtsgeschäftliche Handeln von sog. autonomen Systemen. Umstritten, aber vorzugswürdig ist (mangels einer beschränkten Teilrechtsfähigkeit autonomer Systeme und bis zur Geltung neuer Rahmenbedingungen) eine Zurechnungslösung: Autonome Willenserklärungen, für die die gleichen Grundsätze wie für automatisierte Willenserklärungen gelten, sind dem jeweiligen Nutzer oder Betreiber als eigene zuzurechnen.[50]

II. Abgabe, Zugang und Widerruf von Willenserklärungen

Damit eine Willenserklärung wirksam wird, muss nicht nur ihr äußerer und innerer Tatbestand vorliegen. Je nachdem, ob es sich um eine empfangsbedürftige oder um eine nicht empfangsbedürftige Willenserklärung handelt, müssen weitere Voraussetzungen gegeben sein. 67

Bei einer nicht empfangsbedürftigen Willenserklärung wie etwa einem Testament (§ 2064 BGB) genügt es, wenn diese im Rechtsverkehr **abgegeben** wird. Es existiert ja gerade kein Erklärungsempfänger. Eine mündliche Willenserklärung wird demnach mit dem Aussprechen, eine schriftliche mit dem Schreiben und ggf. dem Unterschreiben wirksam. Abgrenzungsprobleme kann es zu einem bloßen Entwurf geben (z.B. bei einem möglichen Testament auf einer Speisekarte oder einem Bierdeckel bzw. bei einem Testament per Brief).[51] Ob und inwieweit in diesen Fällen ein Testierwille besteht, richtet sich nach § 133 BGB analog. Maßgebend ist der wirkliche Wille des Testators.

Bei empfangsbedürftigen Willenserklärungen sind hingegen sowohl eine **Abgabe** als auch ein **Zugang** der Erklärung erforderlich. Es reicht nicht aus, wenn sich der Erklärende der Willenserklärung lediglich entäußert. Nach **§ 130 I 1 BGB** wird die abgegebene Erklärung erst mit dem Zugang beim abwesenden Erklärungsempfänger wirksam. Bis zu diesem Zeitpunkt kann die Erklärung noch widerrufen werden, § 130 I 2 BGB.[52]

Fall 17: E, verheiratet mit F, mit der er den gemeinsamen 3-jährigen Sohn S hat, hatte mit der L-Versicherungs-AG eine Kapitallebensversicherung abgeschlossen. Als Bezugsberechtigte im Todesfall bestimmte er, von L schriftlich bestätigt, seine nichteheliche Lebensgefährtin K, ohne ihr dies mitzuteilen. Zwei Monate später wollte sich K von E trennen, worauf E Selbstmord beging. Der Vater V des E sichtete alsbald dessen Papiere, fand die Versicherungspolice und unterrichtete K von ihrer Bezugsberechtigung. Diese bat ihn, ihre Rechte gegenüber L geltend zu 68

48 Zum Vertragsschluss bei eBay s. BGH NJW 2002, 363 ff u. *Muchowski*, JA 2015, 928 ff. Zur Online-Flugbuchung, BGH NJW 2013, 598 ff m. Anm. *Hopperdietzel*.

49 Zum Begriff *Herberger*, NJW 2018, 2825 ff; BT-Drs. 19/3714, 1 („nichtmenschliche, zerebrale Prozesse auf mindestens menschenähnlichem, menschengleichem oder sogar menschenübertreffendem Niveau").

50 *Paulus*, JuS 2019, 960, 965 („Vergleich mit der Hingabe einer Blanketturkunde"); anders etwa *Borges*, NJW 2018, 977, 979.

51 Vgl. zu einem möglichen Testament auf einem Notizzettel z.B. OLG Braunschweig NJW-RR 2019, 583 ff.

52 Vgl. BGH NJW 2008, 2702, 2703 = ZEV 2008, 392 ff (krit. *Leipold*).

machen. Bei einem Telefonat forderte der Sachbearbeiter der L-Versicherung die Vorlage von Police und Sterbeurkunde. Diese Unterlagen gingen bei L am 28.5. ein. Am 9.6. übermittelte L daraufhin der K das Schenkungsangebot des E. Bereits am 25.5. hatte die Ehefrau F des E aber mit Anwaltsschreiben als Erbin gegenüber L die Bezugsberechtigung der K „angefochten". L hinterlegte daraufhin die Versicherungssumme für F und K unter Ausschluss der Rücknahme. Wem steht der hinterlegte Betrag zu?[53]

Lösung: Es handelt sich um einen sog. **Prätendentenstreit**, der sich dadurch auszeichnet, dass sich zwei Gläubiger (Prätendenten) um die gleiche Forderung gegen einen Dritten streiten.[54] Der wahre Gläubiger hat nach § 812 I 1 Alt. 2 BGB einen Anspruch auf Einwilligung in die Herausgabe des Hinterlegten gegen den anderen Forderungsprätendenten, denn Letzterer hat auf Kosten des wahren Gläubigers rechtsgrundlos die Stellung eines Hinterlegungsbeteiligten erlangt.

Nach § 159 II VVG erwarb die widerruflich Bezugsberechtigte K den Anspruch auf Leistung der L mit Eintritt des Versicherungsfalls, d.h. mit dem Tod des E (§§ 328, 331 BGB – Deckungsverhältnis). Ab diesem Zeitpunkt konnte F die Bezugsberechtigung der K nicht mehr widerrufen.[55]

Ob K den Anspruch gegen L dagegen behalten darf, richtet sich nach dem Valutaverhältnis (Innenverhältnis) zwischen E und K. Da E der K ihre Bezugsberechtigung zu Lebzeiten nicht mitgeteilt hatte, kommt nur eine Schenkung post mortem in Betracht. Die Willenserklärung des E bleibt trotz seines Todes zugangsfähig (§ 130 II BGB) und annahmefähig (§ 153 BGB). In der Benennung der K als Bezugsberechtigte liegt sinngemäß der konkludente Auftrag an die Versicherung L, nach Eintritt des Versicherungsfalls das Schenkungsangebot des Versicherungsnehmers (E) als Bote zu übermitteln. Ein Auftrag ist aber nach § 671 I Var. 1 BGB frei widerruflich. Dieses Widerrufsrecht ging nach § 1922 I BGB auf die Erben des E über. Gesetzliche Erben des E sind nach § 1931 I 1 BGB seine Ehefrau und nach § 1924 I BGB sein Sohn als Abkömmling und damit gesetzlicher Erbe erster Ordnung.

Mit ihrem Schreiben vom 25.5. hat F sinngemäß (§§ 133, 157 BGB) den Auftrag des E widerrufen. Da F das alleinige Sorgerecht (§ 1680 I BGB) für den einzigen Miterben neben ihr, ihren minderjährigen Sohn, ausübt, hat sie dabei zugleich als gesetzliche Vertreterin ihres Sohnes und mithin für alle Erben gehandelt. Analog § 168 S. 1 BGB erlosch mit dem Widerruf des Auftrags auch die Botenmacht der L. Mit dem Schreiben vom 9.6. konnte L der K daher kein Schenkungsangebot des E mehr übermitteln. § 120 BGB, der bei Fehlübermittlung eine wirksame, aber anfechtbare Erklärung vorsieht, ist in Fällen des Widerrufs des Übermittlungsauftrags vor Weiterleitung der Willenserklärung nicht anzuwenden. Die Benachrichtigung durch V war insoweit irrelevant, da dieser ohne Vollmacht des E handelte. Da K somit kein wirksames Angebot unterbreitet worden war, konnte sie auch keines annehmen. Im Valutaverhältnis fehlt es daher an einer Schenkung i.S.v. § 516 I BGB zwischen E und K.

F kann daher von K Einwilligung in die Herausgabe der hinterlegten Versicherungssumme verlangen.

53 **Nach BGH NJW 2008, 2702 ff**; krit. *Leipold*, ZEV 2008, 395 f; de lege ferenda *Gottwald*, FS Bengel u. Reimann, 2012, S. 117 ff.

54 Vgl. zur Vertiefung *Stoffregen*, JuS 2009, 421 ff u. *Könen*, JA 2016, 132 ff.

55 Zum Wettlauf zwischen Erben und Bezugsberechtigten *Dallwig*, r+s 2021, 1 f.

1. Abgabe bei empfangsbedürftigen Willenserklärungen

➔ **Definition:** Eine Willenserklärung ist abgegeben, wenn der Erklärende seinen rechtsgeschäftlichen Willen erkennbar so geäußert hat, dass an der Endgültigkeit der Äußerung kein Zweifel möglich ist.[56] Bei einer empfangsbedürftigen Erklärung (§ 130 I 1 BGB) muss hinzukommen, dass sie mit dem Willen des Erklärenden in den Verkehr gebracht worden ist (willentliche Entäußerung in den Rechtsverkehr).[57] 69

a) Abgabe gegenüber Anwesenden

Erklärungen unter Anwesenden sind im BGB nicht geregelt. § 147 I 1 BGB beantwortet nur die Frage, wann bzw. wie lange ein Antrag angenommen werden kann. Die Gesetzeslücke ist so zu schließen, dass die **mündliche Erklärung** in dem Zeitpunkt wirksam wird, in dem der Empfänger diese zur Kenntnis nehmen kann. Der Zugang erfolgt somit grundsätzlich mit der Vernehmung durch den Empfänger, sog. **Vernehmungstheorie** (im Einzelnen Rn. 86). 70

Bei einer **schriftlichen Erklärung** unter Anwesenden ist § 130 I 1 BGB analog anzuwenden. 71

Fall 18: Der Fabrikant B befand sich in wirtschaftlichen Schwierigkeiten. Zu Verhandlungen über deren Behebung begab sich Bankdirektor K zu ihm in seine Wohnung. Man kam überein, dass Frau B, die erhebliches Eigenvermögen hatte, sich für die Verbindlichkeiten ihres Mannes verbürgen sollte. In dem Augenblick, in dem Frau B den Bürgschaftsschein unterschrieb, erschoss sich Herr B im Nebenzimmer. In der Bestürzung über den Selbstmord von Herrn B entfernte sich der Direktor K, nahm dabei aber die auf dem Tisch liegende Bürgschaftserklärung von Frau B an sich. Haftet Frau B?[58] 72

Lösung: Frau B haftet, wenn ein wirksamer Bürgschaftsvertrag i.S.d. § 765 I BGB zustande gekommen ist. Voraussetzung hierfür sind zwei übereinstimmende und aufeinander bezogene Willenserklärungen.

Fraglich ist, ob Frau B bereits eine Willenserklärung abgegeben hat. Die Unterzeichnung der Urkunde war noch keine Willenserklärung, sondern eine bloße Vorbereitungshandlung. Abgegeben wäre die schriftliche Willenserklärung erst durch die Überreichung an den anwesenden K.

Hieran fehlt es jedoch so lange, als die Erklärung nicht mit Willen des Erklärenden in den Verkehr gebracht worden ist (sog. Begebungswille).[59] Solange B also noch selbst in der Lage ist, über das die Erklärung enthaltende Schriftstück zu verfügen, hat sie die Willenserklärung noch nicht abgegeben. Da B noch die Verfügungsgewalt über die auf dem Tisch liegende Urkunde hatte, wurde die Willenserklärung noch nicht abgegeben. Erst dadurch, dass K diese Urkunde an sich genommen hat, verlor B ihre Verfügungsgewalt. Das führte jedoch ebenfalls nicht zur Abgabe der Willenserklärung, da diese voraussetzt, dass sie mit Willen des Erklärenden erfolgt. Zum Zeitpunkt der Wegnahme konnte K jedoch nicht mehr annehmen, dass B bei der nunmehr gänzlich veränderten Sachlage diese Willenserklärung noch abgeben wollte.

---

56 Grüneberg/*Ellenberger*, § 130 Rn. 4; *Petersen*, § 10 Rn. 5; *Riehm*, Rn. 154 f.

57 Grüneberg/*Ellenberger*, § 130 Rn. 4; *Neuner*, § 32 Rn. 12 ff.

58 **Nach RGZ 61, 415 ff**; zur Begebung einer notariellen Anfechtungserklärung nach § 2281 BGB vgl. BGH NJW 2013, 3306 ff m. Anm. *Schäfer*.

59 Grüneberg/*Ellenberger*, § 130 Rn. 4; *Petersen*, § 10 Rn. 5; *Medicus/Petersen*, AT, Rn. 265.

Ein Bürgschaftsvertrag kam demnach nicht zustande. Frau B haftet nicht aus § 765 I BGB.

b) Abgabe gegenüber Abwesenden

73 Die schriftliche Erklärung unter Abwesenden ist bei größeren Geschäften der Normalfall der Abgabe von Willenserklärungen zum Abschluss von Verträgen.

Allerdings entstehen bei der schriftlichen Erklärung unter Abwesenden Übermittlungsrisiken. Der Erklärende trägt das Risiko, dass seine Erklärung in der tatsächlich erklärten Form zugeht; der Empfänger trägt das Risiko, dass er die Erklärung so zur Kenntnis nimmt, wie sie ihm zugegangen ist.

74 **Fall 19:** Schreinermeister S erhält ein Werbeangebot des Weinguts W. Er unterschreibt die vorbereitete Bestellkarte, mit der ein Probierkarton zu 100 € angefordert werden kann, legt sie aber dann nochmals beiseite, um sich die Sache zu überlegen. Beim Aufräumen des Schreibtisches gelangt die Karte unter die abzusendende Post und wird von seiner Frau F mit in den Briefkasten geworfen. Nach einigen Tagen erhält Schreinermeister S die Weinlieferung per Postpaket mitsamt Rechnung. Kann er die Abnahme und Zahlung verweigern? Muss er die Transportkosten ersetzen?

Lösung:

I. W könnte gegenüber S einen Anspruch auf Abnahme des Probierkartons und Bezahlung des Kaufpreises aus § 433 II BGB haben. Dazu bedarf es jedoch eines wirksamen Kaufvertrages und hierfür wiederum zunächst eines wirksamen Angebots (§ 145 BGB) des S. Ein solches müsste S abgegeben haben.

Abgegeben ist eine Willenserklärung dann, wenn der Erklärende seinen rechtsgeschäftlichen Willen erkennbar so geäußert hat, dass an der Endgültigkeit der Äußerung kein Zweifel besteht. Bei empfangsbedürftigen Erklärungen (§ 130 I 1 BGB) muss außerdem hinzukommen, dass sie mit Willen des Erklärenden in den Verkehr gebracht worden sind (willentliche Entäußerung in den Rechtsverkehr).[60]

Nach h.M. handelt es sich um den Fall einer **abhandengekommenen Willenserklärung**. Die Erklärung ist durch F ohne den Willen des S in den Verkehr gebracht worden: S wollte sich die Sache nämlich noch einmal überlegen. In der Unterschrift allein kann ein solcher Erklärungswille noch nicht gesehen werden. Hat S daher keine Willenserklärung abgegeben,[61] fehlt es an einem wirksamen Angebot i.S.v. § 145 BGB, sodass ein wirksamer Kaufvertrag (§ 433 BGB) nicht geschlossen wurde. S kann also die Abnahme des Probierkartons und die Zahlung des Kaufpreises verweigern.

II. Praktisch verhält sich die Sache schwieriger. Gibt sich der Weinhändler nicht mit der Erklärung des S zufrieden und klagt den Kaufpreis ein, muss er nur den objektiven Tatbestand der Willenserklärung des S beweisen, d.h. die Erklärung, die Einhaltung der Form, den Zugang usw. Diesen Beweis kann er leicht durch Urkundenbeweis gemäß § 416 ZPO führen. Danach begründen Privaturkunden, die von dem Aussteller unter-

60 Grüneberg/*Ellenberger*, § 130 Rn. 4; *Neuner*, § 32 Rn. 12 ff; *Neuner*, JuS 2007, 881, 885 („fehlender Kommunikationswille").

61 *Brox/Walker*, AT, § 7 Rn. 7; *Grigoleit/Herresthal*, Rn. 10; *Köhler*, AT, § 6 Rn. 12; *Neuner*, § 32 Rn. 15; a.A. *Medicus/Petersen*, AT, Rn. 266 f; MüKo/*Armbrüster*, Vor § 116 Rn. 27 (Anfechtung analog § 119 BGB erforderlich).

schrieben sind, vollen Beweis dafür, dass die in ihnen enthaltenen Erklärungen von dem Aussteller abgegeben worden sind. Nach § 420 ZPO wird der Beweis durch die Vorlegung der Urkunde geführt. S müsste den Gegenbeweis, etwa durch eine Zeugenaussage seiner Frau F dahingehend führen, dass die Erklärung ohne seinen Willen in den Verkehr gelangt ist. Diese kann aber kaum bezeugen, dass S das Probierpaket noch gar nicht bestellen wollte. Bleibt S beweisfällig, wird das Gericht von einem wirksamen Kaufvertrag ausgehen.

III. S könnte sich dann jedoch mittels eines Widerrufs gemäß § 355 I 1 BGB iVm §§ 312g I, 312c BGB von dem Vertrag lösen. Bei dem Kaufvertrag müsste es sich um einen Fernabsatzvertrag i.S.d. § 312c I BGB handeln. Es geht um die Lieferung von Waren (hier Wein), die zwischen dem Unternehmer (§ 14 I BGB), dem Weinhändler, und S unter ausschließlicher Verwendung von Fernkommunikationsmitteln (§ 312c II BGB) vereinbart wurde. Da S den Wein rein privat bestellte, handelte er hier als Verbraucher (§ 13 BGB). Unter Fernkommunikationsmitteln sind auch Briefe zu verstehen, § 312c II BGB, also auch Werbeangebote per Post. Hinweise für einen Ausschluss des Widerrufsrechts nach § 312g II Nr. 5 BGB wegen eines spekulativen Charakters des Vertrags bei alkoholischen Getränken bestehen nicht. Da die erforderlichen Belehrungen nach §§ 312d I 1, 356 III 1 BGB nicht erfolgten, ist die Widerrufsfrist noch nicht angelaufen. S kann daher den Vertrag noch widerrufen. Das hat zur Folge, dass er nicht mehr an die Willenserklärung gebunden ist, § 355 I 1 BGB.

(Hinweis: Hätte S den Wein für eine Betriebsfeier, also als Unternehmer gemäß § 14 I BGB, bestellt, so wäre es anders. Ein gesetzliches Widerrufsrecht bestünde dann nicht.)

Übt der Verbraucher sein Widerrufsrecht aus, so hat er die erforderlichen Kosten der Rücksendung zu tragen, sofern der Unternehmer ihn nach Art. 246a § 1 II 1 Nr. 2 EGBGB von dieser Pflicht unterrichtet hat und sich der Unternehmer nicht selbst dazu bereit erklärt hat, die Kosten zu übernehmen, § 357 V 1, 2 BGB. Für die Kosten der Hinsendung regelt nunmehr § 357 II BGB, dass diese vom Unternehmer zu tragen sind, jedoch nur insoweit, als die Kosten nicht dadurch entstanden sind, dass sich der Verbraucher für eine andere als die vom Unternehmer angebotene günstigste Standardlieferung entschieden hat (z.B. eine Expresslieferung).

IV. Der BGH möchte dem gutgläubigen Dritten, der auf die Willenserklärung der anderen Seite vertraut hat, seinen Schaden „nach den Grundsätzen, wie sie zu der Haftung auf das negative Interesse entwickelt worden sind" ersetzen, also nach den Regeln der Vertrauenshaftung.[62] In Betracht kommt die **analoge Anwendung von § 122 BGB**,[63] nach dessen Rechtsgedanke jeder für Mängel aus der eigenen Sphäre einstehen muss. Auf ein Verschulden kommt es dabei nicht an. Andere wiederum nehmen an, dass die ohne Erklärungswillen abgegebene Willenserklärung den Erklärenden binde, diesem aber ein Anfechtungsrecht zustehe. Schließlich wird noch vertreten, dem gutgläubigen Dritten stehe ein Schadensersatzanspruch gemäß §§ 280 I, 311 II, 241 II BGB zu.[64]

Problematisch ist die **Einschaltung von Mittelspersonen**, die auf der Seite des Erklären- **75**
den ebenso wie auf der Seite des Erklärungsempfängers eingesetzt werden können.[65] Es stellt sich die Frage, wessen Risiko es ist, wenn die Mittelsperson die Erklärung nicht, nicht richtig oder nicht rechtzeitig weiterleitet. Zu unterscheiden ist danach, ob es sich

62 BGHZ 65, 13, 14 = NJW 1975, 2101, 2103.
63 So z.B. BGH NJW 1984, 2279 f; für direkte Anwendung MüKo/*Armbrüster*, § 122 Rn. 6.
64 Vgl. *Brehm*, Rn. 158; *Köhler*, AT, § 6 Rn. 12.
65 Vgl. *Stadler*, § 17 Rn. 51 ff; *Köhler*, AT, § 6 Rn. 15 ff.

bei der Mittelsperson um einen Empfangsboten, einen Erklärungsboten oder einen Passivvertreter handelt.

Der **Erklärungsbote** wird vom Erklärenden mit der Überbringung der Erklärung an den Empfänger ermächtigt. Er befindet sich damit in der Sphäre des Erklärenden („Bote des Erklärenden"). Leitet der Erklärungsbote die Erklärung nicht, nicht richtig oder nicht rechtzeitig weiter, so geht dies zu Lasten des Erklärenden. Die Erklärung ist abgegeben, wenn der Erklärende sie dem eigenen Erklärungsboten gegenüber äußert oder ihm übergibt. Die Erklärung ist zugegangen, wenn der Erklärungsbote diese dem Empfänger überbringt.

Empfangsbote ist, wer vom Adressaten der Willenserklärung zur Inempfangnahme von Erklärungen ermächtigt wurde oder nach der Verkehrsanschauung als geeignet oder ermächtigt anzusehen ist. Bei Privatempfängern gehören dazu erwachsene Familienangehörige, in der Familie beschäftigte Personen oder erwachsene ständige Mitbewohner, § 178 I Nr. 1 ZPO.[66] In einem Geschäft gehören dazu die dort Beschäftigten, § 178 I Nr. 2 ZPO. Mit der Abgabe gegenüber dem Empfangsboten ist die Erklärung dem Empfänger in dem Zeitpunkt zugegangen, in dem regelmäßig mit einer Weiterleitung an den Adressaten zu rechnen ist. Übermittelt der Empfangsbote die Erklärung dem wirklichen Empfänger falsch, verspätet oder überhaupt nicht, so geht das zu Lasten des Empfängers (siehe dazu den Fall in Rn. 82).

Der **Passivvertreter** hat Vertretungsmacht (§ 164 III iVm I BGB), während der Bote nur eine Willenserklärung übermittelt. Eine empfangsbedürftige Willenserklärung ist in dieser Konstellation wirksam, wenn sie dem Passivvertreter gegenüber abgegeben wird und diesem zugegangen ist: Zugang beim Passivvertreter bedeutet also Zugang beim Vertretenen (s. auch Rn. 81).

76 **Fall 20:** K erwarb von B mit notariellem Vertrag einen Bauernhof. Zum Ausgleich für Leistungen des B beim Ausbau der Gebäude des Hofes schlossen die Parteien gleichzeitig einen notariellen Versorgungsvertrag. U.a. sollte B ein unentgeltliches Wohnrecht an einer noch zu errichtenden Wohnung bestellt werden. In dem Vertrag wurde festgehalten, dass eine Baugenehmigung, die B für diese Wohnung erteilt worden war, auf K umgeschrieben werden sollte. Für den Fall, dass die Genehmigung nicht bis zum 23.9. auf K umgeschrieben sein sollte, sollte K berechtigt sein, vom Vertrag zurückzutreten. Der Rücktritt sollte spätestens am 30.9. schriftlich erklärt werden. Das Rücktrittsrecht sollte aber entfallen, wenn seine Voraussetzungen wegfielen, ehe der Rücktritt ausgeübt sei.

Am 24.9. erklärte K in einem an den Notar gerichteten Schreiben unter Hinweis auf die fehlende Baugenehmigung den Rücktritt vom Vertrag. Der Notar leitete das Schreiben an B weiter, bei dem es am 30.9. einging. Ein weiteres Schreiben, in dem K seine Rücktrittserklärung wiederholte, richtete er am 30.9. unmittelbar an B, den es an diesem Tag erreichte. Auf eine Anfrage stellte das Landratsamt ebenfalls am 30.9. dem B durch Vorbescheid die Genehmigung des Vorhabens in Aussicht. Mit Schreiben vom 7.10. widersprach B den Rücktrittserklärungen. Ist K wirksam vom Versorgungsvertrag zurückgetreten?[67]

Lösung: Da B bis zum 23.9. die Umschreibung der Baugenehmigung nicht herbeigeführt hat, stand K bis zum 30.9. ein Rücktrittsrecht zu. Dieses sollte nur entfallen, wenn die Umschreibung vor Erklärung des Rücktritts erfolgte.

Nach § 349 BGB erfolgt der Rücktritt durch Erklärung gegenüber dem anderen Teil.

66 Der Begriff „erwachsen" ist nicht mit „volljährig" gleichzusetzen, siehe dazu BGH NJW-RR 2002, 137.
67 **Nach BGH NJW 1979, 2032 f.**

Zweifelhaft ist, ob K fristgerecht zurückgetreten ist. K hat mehrere Rücktrittserklärungen auf den Weg gebracht. Das Schreiben vom 24.9. an den Notar konnte den Rücktritt nicht herbeiführen, da dieser nicht Vertragspartner und damit nicht der andere Teil im Sinne von § 349 BGB war. Jedoch hat der Notar dieses Schreiben am 30.9. – und damit fristgerecht – an B weitergeleitet. Hierbei ist allerdings unklar, ob dies tatsächlich eine wirksame Rücktrittserklärung des K darstellt. Zwar ist allgemein anerkannt, dass empfangsbedürftige Willenserklärungen nicht unmittelbar an den Erklärungsgegner gesandt werden müssen. Eine Zuleitung durch Dritte ist grundsätzlich ebenso möglich. Freilich darf diese Zuleitung durch Dritte keinesfalls zufällig erfolgen, sondern muss zielgerichtet geschehen. Erforderlich ist daher, dass die Willenserklärung mit Willen des Erklärenden in den Verkehr gelangt ist und der Erklärende damit rechnen konnte und gerechnet hat, sie werde – auf welchem Weg auch immer – den Erklärungsgegner erreichen. Es gibt nämlich im bürgerlichen Recht keinen dem § 189 ZPO entsprechenden Grundsatz für die Heilung von Zustellungsmängeln. Ob K tatsächlich mit der Weiterleitung rechnen konnte und damit gerechnet hat, kann indes dahinstehen, da er durch sein eigenes Schreiben – diesmal unmittelbar an B – fristgerecht zum 30.9. den Rücktritt erklärt hat.

Fraglich ist jedoch, ob zu diesem Zeitpunkt noch ein Rücktrittsrecht bestand, da am selben Tag der Vorbescheid für die Genehmigung des Bauvorhabens bei B eingegangen war. Durch Auslegung des Vertrags ist zu ermitteln, dass das Rücktrittsrecht nur entfallen soll, wenn zum Zeitpunkt der Rücktrittserklärung die Genehmigung schon vorhanden war. Es kommt also darauf an, ob B erst die Rücktrittserklärung oder erst der Vorbescheid zugegangen ist. Dies ist Tatfrage und kann hier aufgrund des offenen Sachverhalts nicht geklärt werden.

Soweit die Rücktrittserklärung vor dem Vorbescheid zugegangen und damit der Rücktritt möglich ist, verstößt es nicht gegen Treu und Glauben (§ 242 BGB), dass der Versorgungsvertrag durch den Rücktritt des K hinfällig wird, obwohl am selben Tag aufgrund des Vorbescheids die Genehmigung des Vorhabens feststand. Da der Vertrag für die Ausübung des Rücktrittsrechts eine Befristung bis zum 30.9. vorsah, handelte K nicht treuwidrig, wenn er am letzten Tag den Rücktritt erklärte; Fristen dürfen grundsätzlich voll ausgeschöpft werden. Dieser Gefahr hätte B dadurch entgehen können, dass er den Vorbescheid vertragsgemäß bis zum 23.9. herbeigeführt hätte.

Damit ist K wirksam vom Versorgungsvertrag zurückgetreten, wenn der Vorbescheid erst nach der Rücktrittserklärung zuging.

2. Zugang bei empfangsbedürftigen Willenserklärungen

➔ **Definition:** Eine empfangsbedürftige Willenserklärung ist zugegangen, sobald sie so in den Machtbereich des Empfängers gelangt, dass dieser unter normalen Verhältnissen die Möglichkeit hat, vom Inhalt der Erklärung Kenntnis zu nehmen.[68] 77

Diese herkömmliche Definition steht in Einklang mit der Formulierung des modernen Gesetzgebers in § 312i I 2 BGB („... zugegangen, wenn die Parteien, für die sie bestimmt sind, sie unter gewöhnlichen Umständen abrufen können."). Eine Auffassung im Schrifttum verzichtet demgegenüber auf das zweite Element.[69] Hierfür sprechen der Aspekt der Rechtssicherheit, ein Gleichlauf mit dem Zustellungsbegriff des § 180 S. 2 ZPO

68 BGH NJW 2022, 3791, 3792.

69 *Bachmann*, NJW 2022, 3793 m.w.N.; *Faust*, RDi 2023, 85 („Abwendung vom traditionellen Zugangsbegriff").

(Zustellung durch „Einlegen in den Briefkasten“) sowie eine Anpassung an die Richtlinie über den elektronischen Geschäftsverkehr.[70]

Zwar sieht § 130 I 1 BGB das Erfordernis eines Zugangs von Willenserklärungen nur bei Erklärungen gegenüber Abwesenden vor. Die Norm bringt jedoch den Willen des Gesetzgebers zum Ausdruck, dass bei empfangsbedürftigen verkörperten Willenserklärungen ein grundsätzliches Interesse an rechtzeitiger Information besteht. Daher ist § 130 I 1 BGB in diesen Fällen **auch unter Anwesenden** zu beachten und analog anzuwenden.[71]

Besondere Bedeutung erlangt der **Zugangszeitpunkt** bei Willenserklärungen, die zu einer bestimmten Zeit oder innerhalb einer bestimmten Frist abgegeben werden müssen. Hier wird angenommen, dass eine Willenserklärung erst zu dem Zeitpunkt zugeht, zu dem üblicherweise mit einer Kenntnisnahme gerechnet werden kann.[72] Wird ein Schriftstück erst nach Schluss der üblichen Geschäftszeiten in den Briefkasten geworfen, geht es nicht mehr am Tag des Einwurfs zu.[73] Im Streitfall muss der Absender nicht nur das Absenden, sondern auch den (rechtzeitigen) Zugang beweisen.[74]

Die Niederlegung bei der Post und die Benachrichtigung des Empfängers von der Niederlegung ist nach dem BGB nicht mit dem Zugang der Erklärung gleichzusetzen. Anders als bei der Ersatzzustellung durch Niederlegung nach § 181 I ZPO ist die Benachrichtigung bei einem Übergabe-Einschreiben eine reine Vorbereitungshandlung der Zustellung. Damit geht der Brief erst mit der Abholung zu. Das Hinterlassen eines Benachrichtigungszettels bewirkt nach h.M. keinen Zugang. Der Empfänger wird lediglich in die Lage versetzt, das Schreiben in seinen Machtbereich zu bringen.[75] Ein Teil des Schrifttums meint aber, der Adressat, der ein Einschreiben zurechenbar nicht rechtzeitig abhole, müsse sich nach § 242 BGB so behandeln lassen, als sei das Schreiben rechtzeitig zugegangen.[76] Dagegen spricht, dass der benachrichtigte Adressat in der Regel nicht weiß, wer Absender der Erklärung ist. Die Ansicht ist zudem deshalb zweifelhaft, weil der Absender gleichermaßen auch ein Einwurf-Einschreiben aufgeben kann.[77] Ob die Vorlage eines Auslieferungsbelegs der Post einen Anscheinsbeweis für den Zugang der Sendung begründet, ist überaus umstritten.[78]

78 **Fall 21:** A ist bei B beschäftigt. B kündigte das Arbeitsverhältnis des A mit Schreiben vom 24.1. (Freitag) außerordentlich fristlos. Das Kündigungsschreiben wurde an diesem Tag gegen 13.25 Uhr von einem Mitarbeiter des B in den Hausbriefkasten des A eingeworfen. Die Postzustellung erfolgt in dem Wohngebiet des A gewöhnlich bis 11 Uhr vormittags. Mit einer am 17.2. (Montag) beim Arbeitsgericht eingegangenen Klage hat A die Rechtsunwirksamkeit der Kündigung geltend gemacht. A habe das Kündigungsschreiben erst am 27.1. (Montag) in seinem Briefkasten entdeckt. A beantragt mit seiner Klage festzustellen, dass das Arbeitsverhältnis der Parteien durch die außerordentliche Kündigung des B mit Schreiben vom 24.1. nicht aufgelöst worden ist. Hat A rechtzeitig Klage erhoben?[79]

---

70 *Faust*, RDi 2023, 85 m.w.N.
71 Vgl. *Neuner*, § 33 Rn. 26 ff; diff. *Weiler*, JuS 2005, 788, 791.
72 Vgl. NK-BGB/*Faust*, § 130 Rn. 22 ff, 38 ff; *Neuner*, § 33 Rn. 14 ff.
73 BGH NJW 2008, 843; zum Einwurf eines Kündigungsschreibens in den Briefkasten an einem Sonntag vgl. LAG Kiel, Urt. v. 13.10.2015, 2 Sa 149/15.
74 Vgl. *Mrosk*, NJW 2013, 1481, 1482.
75 BGHZ 137, 205, 208 = NJW 1998, 976, 977; *Heinrich*, Klausur 3, S. 61 f; *Riehm*, Rn. 163.
76 *Köhler*, AT, § 6 Rn. 14; vgl. *Fritzsche*, Fall 5 Rn. 8; *Lieder*, JuS 2011, 821, 822 f.
77 *Lange*, JA 2007, 766, 769 f.
78 Vgl. dazu die Rechtsprechungsübersicht bei *Mrosk*, NJW 2013, 1481, 1482 f.
79 **Nach BAG NJW 2019, 3666 ff** (dazu *Boemke*, JuS 2020, 266 ff).

Lösung: Fraglich ist, ob A rechtzeitig Klage erhoben hat. Aus § 13 I 2 KSchG ergibt sich, dass die Rechtsunwirksamkeit einer außerordentlichen Kündigung nur nach Maßgabe des § 4 S. 1 KSchG und der §§ 5-7 KSchG geltend gemacht werden kann.

Nach § 7 Hs. 1 KSchG gilt eine Kündigung als von Anfang an rechtswirksam, wenn die Rechtsunwirksamkeit der Kündigung nicht rechtzeitig geltend gemacht worden ist (sog. Wirksamkeitsfiktion). Will ein Arbeitnehmer geltend machen, dass eine Kündigung sozial ungerechtfertigt oder aus anderen Gründen rechtsunwirksam ist, so muss er innerhalb von drei Wochen nach Zugang der schriftlichen Kündigung Klage beim Arbeitsgericht auf Feststellung erheben, dass das Arbeitsverhältnis durch die Kündigung nicht aufgelöst worden ist, § 4 S. 1 KSchG.[80] Es handelt sich um eine materielle Ausschlussfrist. Eine nach Ablauf der Klagefrist eingelegte Kündigungsschutzklage ist nicht unzulässig, sondern unbegründet.

Nach dem Wortlaut von § 4 S. 1 KSchG („durch die Kündigung nicht aufgelöst") bezieht sich eine Kündigungsschutzklage nur auf die konkret angegriffene Kündigung (sog. punktueller Streitgegenstandsbegriff). Das BAG versteht § 4 S. 1 KSchG in einem weiteren Sinne: Von einem Antrag nach § 4 S. 1 KSchG sei regelmäßig auch das Begehren umfasst festzustellen, dass das Arbeitsverhältnis bis zum vorgesehenen Auflösungszeitpunkt noch bestanden habe (sog. erweiterter punktueller Streitgegenstandsbegriff).[81]

In concreto stellt sich die Frage, ob A innerhalb von drei Wochen nach Zugang der Kündigung Klage erhoben hat.

Wann eine Willenserklärung zugegangen ist, beurteilt sich nach § 130 I 1 BGB. Anerkanntermaßen geht eine verkörperte Willenserklärung unter Abwesenden zu, sobald sie in verkehrsüblicher Weise in die tatsächliche Verfügungsgewalt des Empfängers gelangt ist und für diesen unter gewöhnlichen Verhältnissen die Möglichkeit besteht, von ihr Kenntnis zu nehmen.

Zum Machtbereich des Empfängers gehören von ihm vorgehaltene Empfangseinrichtungen wie z.B. ein Briefkasten. Ob die Möglichkeit der Kenntnisnahme bestand, ist nach den „gewöhnlichen Verhältnissen" und den „Gepflogenheiten des Verkehrs" zu beurteilen. Ein Einwurf in einen Briefkasten bewirkt den Zugang, sobald nach der **Verkehrsanschauung** mit der nächsten Entnahme zu rechnen ist. Dabei darf nicht auf die individuellen Verhältnisse des Empfängers abgestellt werden. Vielmehr ist im Interesse der Rechtssicherheit eine generalisierende Betrachtung geboten. Wenn für den Empfänger unter gewöhnlichen Verhältnissen die Möglichkeit der Kenntnisnahme bestand, ist es unerheblich, ob er daran durch Krankheit, zeitweilige Abwesenheit oder andere besondere Umstände einige Zeit gehindert war. Ihn trifft die Obliegenheit, die nötigen Vorkehrungen für eine tatsächliche Kenntnisnahme zu treffen. Unterlässt er dies, wird der Zugang durch solche – allein in seiner Person liegenden – Gründe nicht ausgeschlossen.

Das BAG und der BGH haben bisher die Annahme einer Verkehrsanschauung, wonach bei Hausbriefkästen im Allgemeinen mit einer Nachschau und Leerung **unmittelbar nach Abschluss der üblichen Postzustellzeiten** zu rechnen sei, nicht beanstandet. Die allgemeinen örtlichen Postzustellzeiten seien geeignet, die Verkehrsanschauung über die

80 Nach § 5 KSchG ist die Zulassung verspäteter Klagen möglich, wenn ein Arbeitnehmer nach erfolgter Kündigung trotz Anwendung aller ihm nach Lage der Umstände zuzumutenden Sorgfalt verhindert war, die Klage innerhalb von drei Wochen nach Zugang der schriftlichen Kündigung zu erheben.

81 Vgl. z.B. BAG NZA 2014, 1131, 1132, Rn. 17 f, dort auch zur Möglichkeit eines sog. Schleppnetzantrags.

übliche Leerung des Hausbriefkastens zu beeinflussen. Zwar könne auch eine gewandelte Verkehrsanschauung festgestellt werden, die beispielsweise aufgrund geänderter Lebensumstände eine spätere Leerung des Hausbriefkastens zum Gegenstand habe. Die Frage der Verkehrsanschauung könne zudem regional unterschiedlich zu beurteilen sein.

Die Ansicht des BAG hat in der Literatur Kritik erfahren. Es sei praktisch unmöglich, die jeweilige Verkehrsanschauung zu ermitteln. Dazu müsste man beispielsweise im hier vorliegenden Fall eine Befragung am Wohnort des Arbeitnehmers durchführen. Und selbst wenn man diesen wenig praktikablen Weg gehen würde, so würde sich die Folgefrage stellen, wie das Umfrage-Ergebnis auszuwerten sei. Deshalb wird vorgeschlagen, auf die Mitte des Tages abzustellen: Erklärungen, die **bis 12 Uhr**[82] in den Machtbereich des Adressaten gelangen, gelten als noch an diesem Tag zugegangen. Erklärungen, die nach 12 Uhr den Machtbereich des Adressaten erreichen, gelten als am Folgetag zugegangen.[83] Eine solche Lösung hätte den Vorteil, dass sie **Rechtssicherheit** vermittelt. Allerdings kann die Festlegung der Uhrzeit (12 Uhr) als willkürlich empfunden werden. Daher wird teilweise angenommen, der Gesetzgeber sei gefordert. Dieser könne bspw. klarstellen, dass ein Schreiben am selben Tag zugeht, wenn **es bis 24.00 Uhr** in den Briefkasten eingeworfen wird.[84]

Folgt man der Rechtsprechung, so wird man mangels entgegenstehender Anhaltspunkte im Sachverhalt – die Darlegungs- und Beweislast für den Zugang des Kündigungsschreibens liegt beim Beklagten – eine Verkehrsanschauung der Art annehmen müssen, dass Hausbriefkästen im Allgemeinen unmittelbar nach Abschluss der üblichen Postzustellzeiten geleert werden. Da die Postzustellung in dem Wohngebiet des A gewöhnlich bis 11 Uhr vormittags erfolgt, die Kündigung des B aber erst um 13.25 Uhr von einem Mitarbeiter des B in den Hausbriefkasten des A eingeworfen wurde, ist die Kündigung A nicht mehr am Freitag, dem 24.1., zugegangen, sondern erst am Samstag, dem 25.1.

Die mit Zugang der Kündigung nach § 130 I 1 BGB in Lauf gesetzte Frist beginnt am 26.1. um 0 Uhr (§ 187 I Alt. 1 BGB) und endet nach § 188 II Alt. 2 BGB mit dem Ablauf des gleichen Wochentages der dritten Folgewoche (§ 4 S. 1 KSchG). Ist dieser Tag ein Samstag, Sonntag oder gesetzlicher Feiertag, so tritt an die Stelle eines solchen Tages der nächste Werktag, § 193 BGB (bzw. §§ 2 V, 46 II 1 ArbGG iVm § 222 II ZPO).

Im Ergebnis würde die Frist zur Klageerhebung grundsätzlich am 15.2. enden. Da es sich aber um einen Samstag handelt, verschiebt sich das Fristende auf Montag, den 17.2.

Folglich hat A rechtzeitig Klage erhoben.

79 Nach § 130 I 2 BGB wird eine Willenserklärung mit dem Zugang wirksam, sofern nicht vorher oder gleichzeitig **ein Widerruf** zugeht. Ein nachträglicher Widerruf hat somit keine Wirkung, selbst wenn der Empfänger nach Erhalt der Erklärung noch keine Dispositionen getroffen hat. Problematisch ist es, wenn der Adressat der Willenserklärung **zuerst den Widerruf und dann erst die Willenserklärung gelesen** hat. Diese Konstellation lässt sich für den Erklärenden bei einer E-Mail-Kommunikation ggf. durch entsprechende Lesebestätigungen darlegen und beweisen. In diesem Fall ist umstritten, ob mangels einer Schutzbedürftigkeit des Adressaten der Widerruf entgegen dem Wortlaut des

82 LAG Baden-Württemberg, Urt. v. 14.12.2018, 9 Sa 69/18: Einwurf bis 17 Uhr.

83 *Bruns*, NJW 2019, 3618, 3619.

84 *Bauer*, FD-ArbR 2019, 422151; bereits de lege lata zu einer „Mitternachtstheorie“: *Bachmann*, FS Singer, 2021, S. 45 ff.

§ 130 I 2 BGB wirksam ist und eine teleologische Reduktion bzw. eine Korrektur über § 242 BGB angezeigt ist. Wer zuerst den Widerruf zur Kenntnis nimmt, kann für sich nicht ein Vertrauen auf das Wirksamwerden der Willenserklärung in Anspruch nehmen. Gegen eine Korrektur streiten allerdings der Aspekt der Rechtssicherheit sowie das Wortlautargument, nämlich das bewusste Abstellen des § 130 I 2 BGB auf den Zugang und nicht auf die Kenntnis des Adressaten.[85] Entscheidend ist daher nach h.M. bei der Auslegung des § 130 I 2 BGB nur das zeitliche Verhältnis des Zugangs beider Erklärungen, nicht aber die Reihenfolge der tatsächlichen Kenntnisnahme.[86]

a) Zugangshindernisse

Nach dem BGB ist eine empfangsbedürftige Willenserklärung erst mit dem Zugang **80**
rechtlich wirksam und zwar in der Gestalt, in der sie tatsächlich zugeht. Mit dieser Lösung verteilt das Gesetz die **Übermittlungsrisiken**. Der Äußernde trägt das Risiko, dass seine Erklärung in der tatsächlich erklärten Form zugeht; der Empfänger trägt das Risiko, dass er die Erklärung so zur Kenntnis nimmt, wie sie ihm zugegangen ist.

Diese Risikoverteilung ist für die Behandlung möglicher auftretender Zugangshindernisse von entscheidender Bedeutung. Zugangshindernisse können einerseits in Form eines **verspäteten Zugangs** der Erklärung und andererseits in Form einer **Verweigerung/Vereitelung** des Zugangs als solchem vorliegen. In diesen Fällen erscheint es zweifelhaft, ob das vom Adressaten geschaffene oder wenigstens in seinem Bereich liegende Hindernis dem Absender schaden soll. Die Lösung der Probleme der Zugangshindernisse ist von zwei Fragestellungen abhängig. Zum einen stellt sich die Frage der Verteilung des **Übertragungsrisikos** und zum anderen die Frage nach dem **Zugangszeitpunkt**.

Verweigert der Empfänger die Annahme der Erklärung aus berechtigten Gründen, etwa weil er für den Brief Nachentgelt zahlen soll, ist die Erklärung nicht zugegangen. Für den Fall einer unberechtigten Weigerung ist von einem Zugang auszugehen, da die Möglichkeit der Kenntnisnahme bestand. Wenn das Zugangshindernis vom Empfänger nicht zu vertreten ist, z.B. aufgrund einer Störung der Postnachsendung, so trägt der Erklärende auch die Transportgefahr seiner Erklärung.[87]

Nach der Rechtsprechung[88] muss der Erklärende den Zustellungsversuch nachholen, dessen Scheitern dem Empfänger anzulasten ist. Dem Adressaten ist es dann verwehrt, sich auf die Verspätung durch das von ihm zu verantwortende Hindernis zu berufen – bloße Rechtzeitigkeitsfiktion.[89] In Fällen der grundlosen und arglistigen Zugangsverweigerung ist ein erneuter Zugangsversuch überflüssig. Der Zugang wird unter Anwendung des Rechtsgedankens des § 162 I BGB fingiert.[90]

Wird eine Erklärung daher per Einschreiben abgesandt, dieses aber vom Empfänger, der mit dem Zugang einer schriftlichen Willenserklärung rechnen und deshalb Empfangsvorkehrungen treffen musste, nicht bei der Post abgeholt, obwohl er per Benachrichtigungsschein darüber informiert wurde, so muss sich der Empfänger nach Treu und Glauben nur

85 *Würdinger*, jurisPR-BGHZivilR 24/2022 Anm. 1 m.w.N.
86 BGH NJW 1975, 382, 384; *Neuner*, § 33 Rn. 46 f; *Riehm*, Rn. 187; a.A. *Lindacher/Hau*, Fall 4 (S. 22 ff).
87 *Medicus/Petersen*, AT, Rn. 281; *Riehm*, Rn. 165 ff.
88 Grundlegend **BGHZ 137, 205 f, 208 ff = NJW 1998, 976, 977**.
89 *Medicus/Petersen*, AT, Rn. 278; *Bork*, Rn. 637.
90 *Medicus/Petersen*, AT, Rn. 282; *Weiler*, JuS 2005, 788, 792 f; *Bork*, Rn. 637 (der die Zugangsfiktion auf § 242 BGB stützt).

dann so behandeln lassen, als wäre ihm die Erklärung zugegangen, wenn der Erklärende unverzüglich einen erneuten Versuch unternimmt, seine Erklärung in den Machtbereich des Empfängers zu bringen.[91]

b) Zugang durch Erklärung gegenüber Vertreter

81 Geht eine Willenserklärung einem Vertreter zu, so ist sie bereits in diesem Augenblick gemäß § 164 I, III BGB dem Vertretenen zugegangen.[92]

c) Zugang durch Erklärung gegenüber Empfangsboten

82 Erreicht eine Willenserklärung zunächst nicht den Empfänger persönlich, sondern ein Mitglied seiner Familie oder einen seiner Beschäftigten (vgl. § 178 I ZPO), so stellt sich die Frage, ob die Erklärung in diesem Augenblick zugegangen ist oder erst, wenn die Empfangsperson die Erklärung tatsächlich weiterleitet.

Beim Zugang einer Willenserklärung unter Einschaltung Dritter ist zunächst zwischen der Einschaltung einer **aktiven** Mittelsperson **(Erklärungsbote)** und einer **passiven** Mittelsperson **(Empfangsbote)** zu unterscheiden.[93] Der Erklärungsbote selbst ist für die Abgabe der Erklärung entscheidend. Nur bei der Zuhilfenahme eines Empfangsboten können Zugangsprobleme auftauchen. Eine Willenserklärung ist dem Empfänger nach h.M. noch nicht mit deren Übergabe oder deren Ausspruch gegenüber dem Empfangsboten zugegangen, sondern – parallel zum Einwurf in den Briefkasten – erst dann, wenn mit der Weitergabe an den Empfänger und dessen Kenntnisnahme zu rechnen ist.[94] Problematisch sind die Fälle, in denen eine Erklärung auf einen Anrufbeantworter bzw. eine elektronische Mailbox kurz vor Ablauf einer während der üblichen Geschäftszeit ablaufenden Frist abgegeben wird.

83 **Fall 22:** Der Beklagte B, ein Unternehmen auf dem Gebiet der Kälte- und Wärmetechnik, hat bei der Klägerin K Arbeiten an einer Heizungsanlage ausgeführt. Hierbei hat der Mitarbeiter M unter anderem versucht, einen tropfenden Hahn des Heißwasserrohrleitungssystems zu reparieren, was jedoch aufgrund mangelnder Sorgfalt nicht gelang. Nach abgeschlossener Reparatur bemerkte N, der Fachbauleiter der K, am 3.11., dass der Hahn immer noch tropfte. N versuchte umgehend, den Beklagten B zu informieren, und forderte diesen zur Nachbesserung auf. Bei seinen Anrufen wählte N die Durchwahl des für das Bauvorhaben zuständigen Mitarbeiters des B, wobei sich jeweils ein dem N unbekannter Mitarbeiter U des B gemeldet und die Telefongespräche aufgrund automatischer Anrufweiterleitung entgegengenommen hat. Der Apparat des zuständigen Mitarbeiters wurde bei dessen Abwesenheit regelmäßig im Wege der Anrufumleitung auf U geschaltet. B selbst reagierte auf die Anrufe nicht. Am 15.11. brach die zuvor nur tropfende Flachdichtung. Nach dem Bruch traten große Mengen an Heißwasser aus der Rohrleitung aus und überschwemmten den Bodenbereich des Kellers. K macht nun gegen B einen Schadensersatzanspruch in Höhe von 151.535,39 € geltend. Wie ist zu entscheiden?[95]

---

91 BGH NJW 1998, 976, 977; vgl. die Beispiele bei Grüneberg/*Ellenberger*, § 130 Rn. 5 ff, 16 ff.

92 Vgl. *Neuner*, § 33 Rn. 32; *Häublein*, JURA 2007, 728.

93 *Neuner*, § 33 Rn. 33 ff.

94 BGH NJW 2002, 1565, 1567; BGHZ 131, 66, 75 = NJW 1995, 3386, 3388; *Brox/Walker*, AT, § 7 Rn. 16; *Fritzsche*, Fall 6; *Medicus/Petersen*, AT, Rn. 285; *Neuner*, § 33 Rn. 36 f; *Stadler*, § 17 Rn. 49; BAGE 138, 127 = NJW 2011, 2604, 2605 (Rn. 18 f; Eheleute als gegenseitige Empfangsboten; Weitergabe noch am gleichen Tag).

95 **Nach BGH NJW 2002, 1565 ff.**

Lösung: K könnte gegen B einen Anspruch auf Schadensersatz gemäß §§ 634 Nr. 4, 280 I, III, 281 I 1 Alt. 2 BGB haben.

Zwischen B und K ist ein Werkvertrag nach § 631 BGB zustande gekommen. Die Pflichtverletzung könnte in der unterlassenen Mängelbeseitigung zu sehen sein. B wäre bei ordnungsgemäß zugegangener Mängelbeseitigungsaufforderung durch die Anrufe des N verpflichtet gewesen, umgehend die Ursache für die Undichtigkeit festzustellen und die Mängel zu beseitigen.

Fraglich ist daher, ob die Aufforderung zur Mängelbeseitigung dem B zugegangen ist.

Die Aufforderung zur Mängelbeseitigung ist eine geschäftsähnliche Handlung, auf die die Vorschriften über Willenserklärungen analoge Anwendung finden.[96] Nach § 130 I 1 BGB ist eine Willenserklärung zugegangen, sobald sie derart in den Machtbereich des Empfängers gelangt ist, dass dieser unter normalen Verhältnissen die Möglichkeit hat, vom Inhalt der Erklärung Kenntnis zu nehmen. Im vorliegenden Fall wurde die Erklärung nicht gegenüber dem Empfänger selbst, sondern gegenüber einer passiven Mittelsperson abgegeben. Die Zugangsvoraussetzungen bestimmen sich in einem solchen Fall nach der Person des Adressaten der Erklärung.

Bei dem Mitarbeiter, der nach der automatischen Anrufweiterleitung die Telefonanrufe des N entgegengenommen hat, könnte es sich um einen Empfangsboten des B handeln.

Empfangsbote ist, wer entweder vom Empfänger zur Entgegennahme von Erklärungen ermächtigt worden ist oder wer nach der Verkehrsauffassung (vgl. § 178 I ZPO) als ermächtigt anzusehen ist, Willenserklärungen oder diesen gleichstehende Mitteilungen mit Wirkung für den Erklärungsempfänger entgegenzunehmen.[97] Zwar kann (insbesondere im Rahmen mündlicher Erklärungen) bei untergeordneten Mitarbeitern eine Qualifizierung als Empfangsbote ausscheiden, weil wegen der Schwierigkeit, mündliche Erklärungen korrekt zu übermitteln, höhere Anforderungen an die Mittelsperson zu stellen sind. Ein unter diesen Gesichtspunkten untauglicher Empfangsbote wird in diesen Fällen zum Erklärungsboten.

Im vorliegenden Fall ist aber zu berücksichtigen, dass der Apparat von B bei dessen Abwesenheit regelmäßig auf Anrufumleitung geschaltet wurde und die Anrufe dann von U entgegengenommen wurden. In Fällen, in denen Telefonanrufe auf dem Apparat eines bevollmächtigten Mitarbeiters eingehen, kommt in der Schaltung einer Anrufweiterleitung zum Ausdruck, dass der Mitarbeiter, der auf diese Weise eingehende Anrufe entgegennimmt, unabhängig von seiner Stellung im Unternehmen im Zweifel nach der Verkehrsauffassung als ermächtigt gilt, Willenserklärungen oder diesen gleichzustellende Mitteilungen mit Wirkung für den Erklärungsempfänger entgegenzunehmen.

Die Mängelbeseitigungsaufforderung ist B daher gemäß § 130 I 1 BGB zugegangen. Er hat somit seine angesichts der besonderen Gefahrensituation bestehende Pflicht zur Mängelbeseitigung verletzt.

Nach § 280 I 2 BGB wird das Vertretenmüssen der Pflichtverletzung vermutet. B müsste sich exkulpieren. Da B sowohl in Bezug auf die ursprüngliche Reparatur als auch in Bezug auf die Behandlung der Mängelbeseitigungsaufforderung fahrlässig (§ 276 II BGB)

96 Vgl. BGH NJW 1995, 45, 46.
97 BGH NJW 2002, 1565, 1566.

gehandelt hat, kommt es auf den Streit, worauf sich das Vertretenmüssen beziehen muss, nicht an.[98]

K hat daher gegen B einen Schadensersatzanspruch in der verlangten Höhe.

d) Zugang bei Annahmeverweigerung durch Empfangsboten

84 Problematisch ist ferner, was gilt, wenn die Empfangsperson die Erklärung nicht entgegennimmt oder zurückschickt.[99]

85 **Fall 23:** K war bei dem Sozialarbeitsverein B als Altenpflegerin tätig. 2024 war sie mehrfach aus gleichem Grunde krankgeschrieben. Der Arbeitgeber hatte ihr für August 2024 den Jahresurlaub bewilligt. K wollte jedoch unmittelbar im Anschluss an ihren letzten Krankenhausaufenthalt vom 4.6. bis zum 3.7. ihren Urlaub nehmen. Dies lehnte der Arbeitgeber ab. Gleichwohl flog K mit ihrem Ehemann für einen Monat nach Mombasa/Kenia und kam aus dem Urlaub krank zurück.

Mit Schreiben vom 12.6.2024 kündigte der Arbeitgeber B fristlos, hilfsweise fristgerecht (= ordentlich) zum 31.7.2024 mit der Begründung, K sei ihrer Verpflichtung zur Arbeit schuldhaft nicht nachgekommen. Das Kündigungsschreiben wurde mit der Post an die Heimatanschrift gesandt. Der Postbedienstete übergab es dem ihm bekannten, sich auf einem Spaziergang befindlichen Onkel der K. Dieser übergab es der Mutter der K, die im gleichen Hause wie K wohnte. Die Mutter gab das Schreiben ungeöffnet an die Post zurück. Am 17.6.2024 kam es zum Arbeitgeber B zurück. Dieser ließ es am 8.7.2024 dem Ehemann der K durch einen Boten übergeben.

Am 5.8.2024 wurde bei K überraschend eine in der fünften Woche bestehende Schwangerschaft festgestellt. Darüber unterrichtete sie B noch am gleichen Tage.

Mit der am 17.7. bei Gericht eingegangenen Klage begehrt die Klägerin Feststellung der Unwirksamkeit der Kündigung vom 12.6.2024 und beantragt die nachträgliche Zulassung ihrer Klage. Ist die Kündigung wirksam?[100]

Lösung: Die Kündigung könnte gemäß § 17 I 1 Nr. 1 MuSchG iVm § 134 BGB unwirksam sein. Voraussetzung dafür ist zunächst, dass K im Zeitpunkt der Kündigung, also bei Zugang der Kündigung, schwanger gewesen ist. K war seit Anfang Juli schwanger. Demnach wäre § 17 I 1 Nr. 1 MuSchG nur dann einschlägig, wenn die Kündigungserklärung erst mit Übergabe an den Ehemann der K am 8.7.2024 zugegangen ist. Wäre der Zugang hingegen mit Übergabe an Onkel und Mutter der K am 12.6.2024 erfolgt, so wäre die Kündigung mangels bestehender Schwangerschaft wirksam.

Nach § 130 I 1 BGB wird eine unter Abwesenden abgegebene verkörperte empfangsbedürftige Willenserklärung in dem Zeitpunkt wirksam, in welchem sie dem Empfänger zugeht. Eine schriftliche Willenserklärung ist danach zugegangen, sobald sie in verkehrsüblicher Weise in die tatsächliche Verfügungsgewalt des Empfängers bzw. eines empfangsberechtigten Dritten gelangt ist und für den Empfänger unter gewöhnlichen Verhältnissen die Möglichkeit besteht, von dem Inhalt Kenntnis zu nehmen. Soweit diese Möglichkeit besteht, ist es unerheblich, zu welchem Zeitpunkt tatsächlich Kenntnis genommen wird. Dabei genügt es, wenn der Brief an eine Person ausgehändigt wird, die nach der Verkehrsauffassung als ermächtigt anzusehen ist, den Empfänger in der Empfangnahme zu vertreten. Hierbei ist die Erteilung einer besonderen Vollmacht oder Ermächtigung

98 Vgl. dazu *Gomille/Milger*, JA 2011, 900 ff.
99 Vgl. *Leipold*, § 12 Rn. 37 f; NK-BGB/*Faust*, § 130 Rn. 70.
100 **Nach BGH NJW 1993, 1093 ff.**

nicht nötig. Wer als ermächtigt anzusehen ist, bestimmt sich nach der Verkehrssitte. Grundsätzlich werden Angehörige, die in derselben Wohnung leben, als ermächtigt angesehen (vgl. § 178 I Nr. 1 ZPO).

Unzweifelhaft ist also der Ehemann als ermächtigt anzusehen mit der Folge, dass die Kündigung spätestens mit Übergabe an ihn am 8.7.2024 wirksam zugegangen ist.[101] Fraglich ist aber, ob der Zugang nicht schon vorher durch Übergabe an den Onkel oder die Mutter der K erfolgte. Diese sind jedoch grundsätzlich nicht als ermächtigt anzusehen. Die bloße verwandtschaftliche Beziehung allein ist nicht ausreichend. Vielmehr muss eine gewisse räumliche Nähe hinzukommen.[102] Eine solche ist bei der Mutter der K zu bejahen, da sie mit K im selben Haus wohnt. Damit kann die Mutter als zur Entgegennahme ermächtigt angesehen werden.

Dem wirksamen Zugang könnte entgegenstehen, dass die Mutter der K die Annahme verweigert und den Brief zurückgeschickt hat. Lehnt der Empfänger grundlos die Annahme einer Willenserklärung ab, muss er sich jedoch grundsätzlich nach Treu und Glauben so behandeln lassen, als sei sie im Zeitpunkt der Ablehnung zugegangen. Verhindert jedoch ein als Empfangsbote in Betracht kommender Dritter den Zugang, so kann dies dem Adressaten nur dann zugerechnet werden, wenn er hierauf Einfluss genommen hat. Dafür liegen hier jedoch keine Anhaltspunkte vor. Ein Zugang ist daher mit der Annahmeverweigerung am 12.6.2024 nicht erfolgt.

Die Kündigung ist also erst am 8.7.2024 zugegangen und damit zu einem Zeitpunkt, in dem K bereits schwanger war. B wusste dies zwar zur Zeit der Kündigung nicht und es wurde ihm auch nicht innerhalb von zwei Wochen nach Zugang der Kündigung mitgeteilt. K hat aber dem B, nachdem sie überraschend von der Schwangerschaft erfahren hatte, unverzüglich informiert, sodass das Überschreiten der Frist unschädlich ist (§ 17 I 2 MuSchG).

Damit ist die Kündigung vom 8.7.2024 nach § 17 I 1 Nr. 1 MuSchG iVm § 134 BGB unwirksam.

e) Zugang nicht verkörperter Willenserklärungen

Auch bei empfangsbedürftigen Willenserklärungen, die gegenüber Anwesenden abgege- **86**
ben werden, können sich Zugangsprobleme ergeben. Hierunter fällt wegen § 147 I 2 BGB auch die mittels Fernsprechers oder einer sonstigen technischen Einrichtung von Person zu Person abgegebene Willenserklärung. Der Zugang erfolgt in dieser Konstellation nach der **Vernehmungstheorie** mit der **akustisch richtigen Vernehmung** durch den Empfänger. Da der Erklärende nach der reinen Vernehmungstheorie das Risiko von in der Person des Empfängers angelegten Defiziten, wie z.B. Schwerhörigkeit, zu tragen hat, bedarf die Vernehmungstheorie einer Einschränkung. Eine nicht oder falsch verstandene Willenserklärung ist zugegangen, wenn der Erklärende damit rechnen konnte und musste, richtig und vollständig verstanden zu werden, sog. **modifizierte Vernehmungstheorie**.[103]

---

101 Vgl. BAGE 138, 127 = NJW 2011, 2604 f (Übergabe einer Kündigung der Ehefrau an den Ehemann an dessen Arbeitsplatz; Zugang an Ehefrau am selben Tag); dazu auch *Petersen*, § 10 Rn. 8 ff.

102 Vgl. *Lindacher/Hau*, Fall 10 (S. 59, 62 f).

103 *Bork*, Rn. 609, 631; *Petersen*, § 10 Rn. 7.

f) Zugang von Telefax und E-Mail

87 Der Zugang einer Willenserklärung mittels Telefax setzt keinen Ausdruck durch das Empfangsgerät voraus. Es genügt, dass die elektronischen Signale in den Speicher des Faxgeräts übertragen worden sind. Entscheidend ist, dass der Empfänger sodann das Fax ausdrucken und zur Kenntnis nehmen kann. Anders zu beurteilen ist indes der Fall, dass das Faxgerät wegen eines technischen Defekts keine Übertragungssignale empfangen konnte. Dann ist die Willenserklärung nicht in den Machtbereich des Empfängers gelangt.[104] Zugegangen ist ein nach Geschäftsschluss eingegangenes Faxschreiben aber in der Regel erst am nächsten Geschäftstag. Erst dann ist üblicherweise mit der Kenntnisnahme zu rechnen.[105] Von einem privaten Empfänger kann eine laufende Eingangskontrolle nicht erwartet werden, sodass ein Zugang je nach den Umständen des Einzelfalles erst am Abend des Tages, an dem das Fax eingegangen ist,[106] oder sogar erst am nächsten Werktag anzunehmen ist.

Die **Beweislast** für den Zugang eines Telefax trägt derjenige, der sich auf die Fristwahrung beruft, also der Absender. Nach dem BGH erbringt das Sendeprotokoll mit o.k.-Vermerk keinen Anscheinsbeweis für den Zugang. Es kann also nicht von dem Vorliegen des Sendeprotokolls auf den Zugang der Erklärung geschlossen werden.[107] Eine elektronische Rückbestätigung des Eingangs ist dagegen beweiskräftig. Jedoch hat der BGH die Frage, ob infolge der technischen Weiterentwicklung auf dem Gebiet der Telekommunikation eine Rechtsprechungsänderung angezeigt ist, zuletzt offengelassen.[108]

Willenserklärungen, die per **E-Mail** verschickt werden, gelangen in den Machtbereich des Adressaten, sobald sie in der Mailbox des Empfängers oder für den Empfänger abrufbar auf dem Server des Providers eingehen.[109] Auch der Spam-Ordner gehört zum Machtbereich des Empfängers. Umstritten ist, wann die E-Mail so in den Machtbereich des Empfängers gelangt, dass der Adressat diese unter gewöhnlichen Umständen zur Kenntnis nehmen kann. Im **unternehmerischen Geschäftsverkehr** nimmt der BGH dies an, wenn die E-Mail dem Empfänger innerhalb der üblichen Geschäftszeiten auf dessen Mailserver abrufbereit zur Verfügung steht.[110] Dass die E-Mail tatsächlich abgerufen und zur Kenntnis genommen wird, ist für den Zugang nicht erforderlich. Ein Widerruf nach § 130 I 2 BGB ist dann nicht mehr möglich. Der BGH votiert damit für eine rechtssichere Lösung in dieser Konstellation.[111] In der Tat besteht zu diesem Zeitpunkt die Möglichkeit der Kenntnisnahme. Erforderlich ist allerdings nach der herkömmlichen Zugangsdefinition zudem, dass mit der Kenntnisnahme unter normalen Umständen zu rechnen ist. Daran lässt sich zweifeln, es sei denn man verzichtet generell auf das zweite Element der herkömmlichen Zugangsdefinition.[112]

Anders müsste der BGH entscheiden, wenn die E-Mail zur Unzeit oder außerhalb der üblichen Geschäftszeiten zugeht. Vorzugswürdig ist eine Parallele zu den Briefkastenfällen. Der Zugang der Willenserklärung ist dann zu Beginn des nächsten Geschäftstags anzu-

104 *Wertenbruch*, JuS 2020, 481, 484 m.w.N.
105 *Musielak/Hau*, Rn. 98; BeckOGK-BGB/*Gomille*, § 130 Rn. 74.
106 BeckOGK-BGB/*Gomille*, § 130 Rn. 74 zieht die Grenze bei 18 Uhr; *Musielak/Hau*, Rn. 98.
107 BGH NJW-RR 2014, 179. Zum Anscheinsbeweis Thomas/Putzo/*Reichold*, § 286 Rn. 12 ff; *Rosenberg/Schwab/Gottwald*, § 114 Rn. 16 ff.
108 BGH NJW-RR 2014, 683, 685.
109 Grüneberg/*Ellenberger*, § 130 Rn. 7a; *Thalmair*, NJW 2011, 14 ff; s. ferner *Beh*, ZJS 2019, 165 ff.
110 BGH NJW 2022, 3791, 3792; dazu *Herberger*, JA 2023, 332.
111 *Würdinger*, jurisPR-BGHZivilR 24/2022 Anm. 1.
112 In diesem Sinne etwa *Bachmann*, NJW 2022, 3793 m.w.N.; *Faust*, RDi 2023, 85.

nehmen. Auch im privaten, d.h. nichtunternehmerischen Bereich erscheint eine abweichende Lösung vorzugswürdig.[113] Solange die E-Mail noch nicht als Standard-Kommunikation angesehen werden kann, ist zudem Voraussetzung für einen rechtlich relevanten Zugang per E-Mail, dass der Empfänger im Rechtsverkehr mit der E-Mail-Adresse aufgetreten ist.[114] Die Darlegungs- und Beweislast für den Zugang trägt der Absender der E-Mail. Dieser kann über die Optionsverwaltung eines E-Mail-Programms eine Lesebestätigung anfordern und damit den Zugang nachweisen.[115]

Fall 24: K kauft bei V einen Gebrauchtwagen über das Internet. Wegen diverser Mängel des Fahrzeugs schaltet K den Anwalt R ein. Dieser schickt dem V eine E-Mail mit der Betreffzeile „Unser Zeichen: K./V. 67/20-EU". Die E-Mail enthält folgenden Text: 88

„Sehr geehrter Herr V, bitte beachten Sie anliegendes Dokument, das wir Ihnen situationsbedingt zur Entlastung der angespannten Infrastruktur im Versandwesen nur auf elektronischem Wege zur Verfügung stellen. MfG R".

Unterhalb dieses Textes befinden sich die Kontaktdaten des R; als Dateianhang ist der E-Mail außerdem eine PDF-Datei mit dem Dateinamen „2020000067EU12984.pdf" beigefügt, die auf eine anwaltliche Vertretung des K hinweist und neben einer Auflistung der geltend gemachten Mängel des Gebrauchtwagens auch eine Aufforderung zur Nachbesserung innerhalb von vier Wochen enthält. V liest zwar die Mail, öffnet den Anhang aber nicht. Nach erfolglosem Ablauf der Frist erklärt R gegenüber dem V telefonisch den Rücktritt vom Vertrag und verlangt die Rückzahlung des Kaufpreises an K. V tritt dem entgegen und erklärt, er habe von der E-Mail und ihrem Anhang keine Kenntnis erlangt.

Hat K gegen V einen Anspruch auf Rückzahlung des Kaufpreises?[116]

Lösung: K könnte gegen V einen Anspruch auf Rückzahlung des Kaufpreises aus **§ 346 I i.V.m. §§ 437 Nr. 2, 323 I Alt. 2 BGB** haben.

I. Der Telefonanruf des R bei V stellt eine Rücktrittserklärung nach § 349 BGB dar, bei dem R den K (anwaltlich) gemäß § 164 I 1 BGB vertrat. § 174 S. 1 BGB steht der Wirksamkeit der Rücktrittserklärung nicht entgegen, weil V den Rücktritt nicht unverzüglich (durch empfangsbedürftige Willenserklärung) zurückgewiesen, sondern sich überhaupt nicht erklärt hat.

II. Ein Rücktrittsrecht könnte sich aus §§ 437 Nr. 2, 323 I Alt. 2 BGB ergeben.

1. Zwischen V und K bestand ein Kaufvertrag über den Gebrauchtwagen, § 433 BGB.

2. Das Kfz war auch im Zeitpunkt des Gefahrübergangs der Übergabe (§ 446 S. 1 BGB) mangelhaft i.S.v. § 434 I, III 1 Nr. 2 lit. a BGB.

3. Ist damit der Anwendungsbereich der kaufrechtlichen Gewährleistungsrechte eröffnet, sind die weiteren Voraussetzungen des § 323 I Alt. 2 BGB zu prüfen. Insbesondere stellt sich die Frage, ob K dem V eine angemessene Frist zur Nacherfüllung gesetzt hat. Dies könnte durch den E-Mail-Anhang erfolgt sein, in dem R den V zu einer Nachbesserung innerhalb von vier Wochen aufforderte. Unabhängig von der rechtlichen Einordnung der Nachfristsetzung als Willenserklärung oder als geschäftsähnliche Handlung gelten die Vorschriften über Willenserklärungen – direkt oder zumindest analog. K konnte sich mit-

113 Für einen Zugang spätestens am Tag nach dem Eingang der E-Mail etwa *Brox/Walker*, AT, § 7 Rn. 13.
114 Vgl. *Köhler*, AT, § 6 Rn. 18; *Grigoleit/Herresthal*, Rn. 14 f.
115 BeckOK BGB/*Wendtland*, § 130 Rn. 35 mit Verweis auf BGH, NJW 2014, 556, 557.
116 **Nach OLG Hamm NJW 2022, 1822 ff.**

hin wirksam von R nach § 164 I 1 BGB (analog) vertreten lassen. Zudem bedarf die Fristsetzung gemäß § 130 I 1 BGB (analog) zu ihrer Wirksamkeit des Zugangs. Zu prüfen ist somit, ob der E-Mail-Anhang dem V zugegangen ist. Für den Zugang verkörperter bzw. in einer Datei gespeicherter (elektronischer) Erklärungen unter Abwesenden ist erforderlich, dass die Erklärung derart in den Machtbereich des Empfängers gelangt, dass dieser unter normalen Verhältnissen die Möglichkeit hat, vom Inhalt der Erklärung Kenntnis zu nehmen.[117]

Unterhält der Empfänger eine Empfangsvorrichtung in Form einer E-Mail-Adresse, die er zu Kommunikationszwecken verwendet, befindet sich eine E-Mail in dem Moment in seinem Machtbereich, in dem sie abrufbar in das Postfach gelangt.

Problematisch ist indessen, ob nach der Verkehrsanschauung mit einem zeitnahen Abrufen des E-Mail-Anhangs zu rechnen ist. Denkbar ist demgegenüber auch, den Zugang erst mit der tatsächlichen Kenntnisnahme durch das Öffnen des Anhangs zu bejahen. Denn der Vorverlagerung des Zugangs unter Berufung auf die Verkehrssitte könnte bei E-Mail-Anhängen entgegenstehen, dass von dem Empfänger nicht ohne weiteres erwartet werden kann, dass er über die erforderliche Software verfügt.[118] Darüber hinaus könnte das Herunterladen wegen potentieller Schadsoftware unzumutbar sein (Virengefahr).[119] Bei der Bestimmung des Zeitpunkts, in dem nach den gewöhnlichen Umständen üblicherweise mit einer Kenntnisnahme vom Inhalt der Erklärung zu rechnen ist, sind die Interessen des Erklärenden und des Empfängers gegeneinander abzuwägen, wobei aufseiten des Empfängers insbesondere zu berücksichtigen ist, dass er nicht von den Wirkungen einer Willenserklärung getroffen werden möchte, die er nicht mit zumutbarem Aufwand tatsächlich zur Kenntnis nehmen konnte.[120] Ausgehend hiervon wird sich das Öffnen von Dateianhängen in gängigen Formaten – PDF und TXT-Format – innerhalb des Zumutbaren halten, da die zum Öffnen dieser Dateianhänge benötigten Programme mittlerweile zur Standardausrüstung eines jeden Computers gehören oder zumindest als Freeware verfügbar sind.[121] Mit Blick auf die Gefahr vor potentieller Schadsoftware kann dem Empfänger unter Berücksichtigung von Treu und Glauben und der Verkehrssitte das Öffnen des Anhangs (erst) dann nicht mehr zugemutet werden, wenn die äußere Gestaltung der E-Mail oder des Anhangs darauf hindeuten, dass im konkreten Fall eine erhöhte Virengefahr besteht.[122] Das betrifft insbesondere E-Mails unbekannter Absender, weil von dem Empfänger in einem solchen Fall nicht verlangt werden kann, den Dateianhang zu öffnen.[123]

Entscheidend ist es, das Erscheinungsbild der E-Mail objektiv zu würdigen.[124] Vorliegend hatten V und R im Vorfeld der E-Mail keinerlei Kontakt; V konnte die Adresse des R also nicht zuordnen. Dies gilt umso mehr, als in der E-Mail selbst kein Hinweis darauf erfolgte, dass R in Vertretung des K handelte. Schließlich erlaubten sowohl die Betreffzeile der E-Mail als auch die Benennung des E-Mail-Anhangs keinerlei Rückschlüsse auf

117 BGH NJW 2022, 3791, 3792.
118 *Greiner/Kalle*, JZ 2018, 535, 539.
119 OLG Hamm NJW 2022, 1822; *Greiner/Kalle*, JZ 2018, 535, 539.
120 BeckOGK-BGB/*Gomille*, § 130 Rn. 65.
121 *Hengstberger*, NJW 2022, 1780, 1782 Rn. 8; *Greiner/Kalle*, JZ 2018, 535, 539 allerdings mit der Einschränkung, dass selbst verbreitete Formate nicht auf allen gängigen Betriebssystemen ohne zusätzliche Programme geöffnet werden können.
122 *Hengstberger*, NJW 2022, 1780, 1782 Rn. 9.
123 OLG Hamm NJW 2022, 1822.
124 *Mayer/Stein*, JA 2023, 359, 363.

den Anlass der Kontaktierung, sondern stellten sich im Gegenteil für den Empfänger V kryptisch dar. Das Öffnen des E-Mail-Anhangs war daher für V nicht zumutbar, sodass dessen Zugang nach den Vorgaben der Machtbereichsformel nicht bejaht werden kann. Der Anhang geht mithin erst im Zeitpunkt der tatsächlichen Kenntnisnahme zu, die hier nicht vorliegt. Mangels Zugangs war die Fristsetzung des K nicht wirksam, sodass die Voraussetzungen des § 323 I Alt. 2 BGB nicht vorliegen. Für die Entbehrlichkeit der Frist nach § 475d I BGB bzw. §§ 323 II, 440 S. 1 BGB bestehen keine Anhaltspunkte.

III. K hat keinen Anspruch gegen V auf Rückzahlung des Kaufpreises aus § 346 I i.V.m. §§ 437 Nr. 2, 323 I Alt. 2 BGB.

g) Zugang formbedürftiger Willenserklärungen

Besondere Fragen ergeben sich, wenn eine Erklärung einer gesetzlichen Form bedarf, dem Empfänger aber ein nicht der Form genügendes Schriftstück zugeht, etwa eine bloße Abschrift oder ein formloser Ausdruck. **89**

Fall 25: Ein Ehepaar hatte ein gemeinschaftliches wechselbezügliches Testament errichtet. Drei Jahre später wollte sich der Mann M von dem Testament lösen. Er ging zum Notar und ließ eine Widerrufserklärung beurkunden. Der Notar beauftragte einen Gerichtsvollzieher mit der Zustellung. Zugestellt wurde eine beglaubigte Abschrift der Ausfertigung, nicht jedoch die Ausfertigung selbst. Wenige Tage danach starb der Ehemann. Als der Notar nach etwa sieben Monaten seinen Fehler bemerkte, ließ er die Ausfertigung zustellen. Die Ehefrau F beantragt beim Nachlassgericht die Erteilung eines Erbscheins als Alleinerbin aufgrund des gemeinschaftlichen Testaments. Zu Recht?[125] **90**

Lösung: Nach § 2353 BGB hat F einen Anspruch auf Erteilung eines Erbscheins, wenn das gemeinschaftliche Testament nach §§ 2265 ff BGB wirksam ist und sie tatsächlich Alleinerbin des M geworden ist. Das Testament ist nur wirksam, wenn M es nicht erfolgreich widerrufen hat, §§ 2271 I 1, 2296 II BGB. Dies setzt gemäß § 2296 II BGB voraus, dass der Widerruf dem anderen Teil, also der F, in notariell beurkundeter Form zugegangen ist. Gemäß § 130 I 1 BGB wird der Widerruf wirksam, wenn er dem anderen Teil zugeht oder, was nach § 132 I 1 BGB gleichsteht, durch Vermittlung eines Gerichtsvollziehers zugestellt wird. Problematisch ist jedoch, dass nur eine beglaubigte Abschrift der Ausfertigung, nicht jedoch die Ausfertigung selbst zugegangen ist. § 2296 II BGB verlangt aber, dass die Ausfertigung selbst zugeht, eine bloße Abschrift genügt den dort gestellten Formerfordernissen nicht.

Zwar wurde die formgerechte Zustellung nachgeholt, jedoch war M mittlerweile verstorben. Grundsätzlich ist eine Widerrufserklärung nach § 130 II BGB auch dann wirksam, wenn sie der Erklärende zu Lebzeiten abgibt, sie aber dem Empfänger erst nach dem Tod des Absenders zugeht.[126] § 130 II BGB geht von dem Regelfall aus, dass sich die Willenserklärung im Zeitpunkt des Todes des Erklärenden bereits auf dem Weg zum Adressaten befindet, sodass die Zustellung alsbald erfolgt. Die Vorschrift dient dem Schutz des Erklärungsempfängers, der meist nicht oder nicht zur geeigneten Zeit erfährt, dass der Urheber der Willenserklärung verstorben ist. Dieser Gedanke des Vertrauensschutzes passt nur in der Konstellation, in der ein enger zeitlicher Zusammenhang zwischen dem Tod des Erklärenden und der Zustellung der Erklärung an den Erklärungsempfänger be-

125 **Nach BGHZ 48, 374 ff = NJW 1968, 496 ff.**
126 BGHZ 106, 359, 362 = NJW 1989, 2885.

steht. Vertrauensschutzgesichtspunkte sind jedoch nicht einschlägig, wenn sich die Willenserklärung im Zeitpunkt des Todes des Erklärenden noch gar nicht auf dem Weg zum Erklärungsempfänger befunden hat. So liegt der Fall hier: Im Todeszeitpunkt des M hat niemand an eine Zustellung der Erklärung gedacht. Erst etwa sieben Monate später wurde die Erklärung zum Zwecke der Zustellung (wieder) auf den Weg gebracht. Zu diesem Zeitpunkt war den Beteiligten der Tod des M längst bekannt. Zumindest für den Widerruf eines gemeinschaftlichen Testaments muss gelten, dass eine auf diese Weise verzögerte Zustellung die Aufhebung einer wechselbezüglichen Verfügung nicht bewirken kann. Ansonsten wäre der überlebende Ehegatte mit Rücksicht auf die Bindungswirkung Nachteilen ausgesetzt, die ihm nach dem Gesetz nicht zugemutet werden. Die im gemeinschaftlichen Testament getroffenen wechselbezüglichen Verfügungen kann jeder Ehegatte nur zu Lebzeiten des anderen widerrufen. Nach § 2271 II 1 Hs. 1 BGB erlischt das Widerrufsrecht des Überlebenden grundsätzlich mit dem Tod des anderen Ehegatten. Der dem anderen Ehegatten bis zu dessen Tod nicht zugegangene Widerruf kann auch dann nicht wirksam werden, wenn er vom Überlebenden noch zu Lebzeiten des Verstorbenen erklärt worden war. Der Gesetzgeber geht aufgrund dieser Regelungen ersichtlich davon aus, dass zum Zeitpunkt des Todes eines Ehegatten endgültig feststeht, dass die von dem verstorbenen Ehegatten getroffenen wechselbezüglichen Verfügungen Bestand haben werden. Dem würde es widersprechen, wenn auch noch nach diesem Zeitpunkt diesen Verfügungen die Wirkung jederzeit dadurch genommen werden könnte, dass der von dem vorverstorbenen Ehegatten zwar zu seinen Lebzeiten erklärte, bis zu seinem Tod dem anderen Ehegatten aber noch nicht zugegangene Widerruf diesem irgendwann nach dem Erbfall zugestellt wird. So wäre der überlebende Ehegatte schlechter gestellt als zu Lebzeiten des anderen Ehegatten. Er müsste, wenn er die Erbschaft angenommen hat, bis zu seinem eigenen Tod mit einem Widerruf rechnen, ohne selbst die Möglichkeit zu haben, sich von dem gemeinschaftlichen Testament lösen zu können. Eine solche einseitige Belastung des überlebenden Ehegatten ist nach § 130 II BGB nur dann hinzunehmen, wenn der Widerruf dem überlebenden Ehegatten alsbald nach dem Erbfall zu einem Zeitpunkt zugeht, zu dem er unter normalen Umständen noch damit rechnen kann.

Aus diesem Grund konnte durch die nachträgliche formgerechte Zustellung der Widerruf nicht wirksam werden. F hat damit einen Anspruch auf Erteilung eines Erbscheins, § 2353 BGB.

91 Zu beachten ist aber, dass die Parteien u.U. zwar nicht über die gesetzliche Form, wohl aber über den Zugang selbst disponieren können.

92 **Fall 26:** K und B waren zu je 50% an der C-GmbH beteiligt. Sie schlossen vor dem Landgericht Berlin einen Prozessvergleich, wonach sich B verpflichtete, innerhalb eines Monats nach Vorliegen des Verkehrswerts der Anteile dem K ein Übernahmeangebot zu diesem Wert zu unterbreiten. K verpflichtete sich, das Angebot anzunehmen. Außerdem erklärten sie im Vergleich, dass auf eventuell beachtliche Formalien soweit wie möglich verzichtet würde.

Am 11.2. ließ B vor dem Notar ein Übernahmeangebot zum Preis von 370.000 € beurkunden. K erhielt davon am 14.2. eine beglaubigte Abschrift mit einfachem Brief übersandt, was er mit Schreiben vom 21.2. bestätigte. Am 29.2. wurde eine beglaubigte Abschrift per Gerichtsvollzieher zugestellt. Am 24.3. erklärte K in einer notariellen Urkunde die Annahme des Angebots. K verlangt Zahlung des Kaufpreises. B macht geltend, ein Vertrag sei nicht zustande gekommen, weil seine eigene Vertragsofferte K nicht formgerecht zugegangen sei. Zu Recht?[127]

127 **Nach BGHZ 130, 71 ff = NJW 1995, 2217 f.**

Lösung: K kann nur dann Zahlung des Kaufpreises nach **§ 433 II BGB** verlangen, wenn ein wirksamer Kaufvertrag besteht. Der Vertrag könnte nach § 125 S. 1 BGB nichtig sein, wenn er die gesetzlich vorgeschriebene Form nicht erfüllt. § 15 IV 1 GmbHG verlangt für die Abtretung eines GmbH-Anteils die notarielle Beurkundung (§ 128 BGB). Da diese Vorschrift nicht zur Disposition der Vertragsparteien steht, konnten sie diese auch nicht durch ihre Vergleichsvereinbarung, wonach sie auf Formalien – soweit möglich – verzichten wollten, abbedingen.

Die gesetzlich vorgeschriebene Form ist hier jedoch gewahrt. B ließ das Angebot notariell beurkunden, ebenso war die Annahme des K notariell beurkundet.

Problematisch ist jedoch der ordnungsgemäße Zugang bei K, §§ 130 I 1, 132 I BGB. Eine empfangsbedürftige Willenserklärung, die der notariellen Beurkundung bedarf, wird erst wirksam, wenn dem Empfänger eine Ausfertigung der Notarurkunde zugeht; die beglaubigte Abschrift dieser Urkunde ist nicht ausreichend. Hierbei ist jedoch zu beachten, dass der Zugang einer der gesetzlichen Formvorschrift unterliegenden Willenserklärung anders als die gesetzliche Formvorschrift selbst dispositiv ist. Damit konnten die Parteien durch ihre Vergleichsvereinbarung, „auf beachtliche Formalien soweit wie möglich zu verzichten", abweichend von den gesetzlichen Vorschriften eine Zugangserleichterung vereinbaren. Der Zugang einer beglaubigten Abschrift war damit für den wirksamen Zugang der Willenserklärung ausreichend, der Vertrag ist folglich wirksam zustande gekommen.

Somit hat K gegen B einen Anspruch auf Kaufpreiszahlung aus § 433 II BGB.

3. Widerrufsrecht des Verbrauchers

Das Widerrufsrecht bei Verbraucherverträgen (§§ 312 I, 310 III BGB) nach § 355 BGB ist das Herzstück des zivilrechtlichen Verbraucherschutzrechts. Damit soll der Verbraucher vor übereilten vertraglichen Bindungen geschützt werden, die er ohne Abwägung und ohne den notwendigen Überblick eingegangen ist.[128] Das Widerrufsrecht beruht auf Vorgaben des europäischen Rechts und ist durch die Verbraucherrechterichtlinie vor einigen Jahren wesentlich geändert worden.[129] Die Gesetzeslage gilt für alle Verbraucherverträge, die ab dem **13.6.2014** geschlossen wurden (Art. 229 § 32 I EGBGB). Ziel der gesetzlichen Regelung ist es, zu einem hohen Verbraucherschutzniveau und zu einem besseren Funktionieren des Binnenmarktes zwischen Unternehmern und Verbrauchern beizutragen.[130] 93

➔ **Definition:** Das Widerrufsrecht ist als Gestaltungsrecht konzipiert. Es durchbricht den Grundsatz, dass Verträge einzuhalten sind *(pacta sunt servanda)*.[131] Das Widerrufsrecht kann ohne Angabe von Gründen (§ 355 I 4 BGB)[132] innerhalb einer Frist von 14 Tagen ab Vertragsschluss (§ 355 II BGB) ausgeübt werden. Nach § 355 I 1 BGB bedarf es einer Einräumung des Widerrufsrechts **durch Gesetz**. Dies ist beispielsweise in §§ 485, 495 I, 510 II BGB und in dem besonders relevan- 94

128 *Brox/Walker*, Allgemeines Schuldrecht, § 19 Rn. 19.

129 RL 2011/83/EU v. 25.10.2011 über die Rechte der Verbraucher; Umsetzung durch Gesetz vom 20.9.2013 (BGBl. I 2013, S. 3642 ff, dazu *Schärtl*, JuS 2014, 577 ff und *ders.*, JuS-Extra 2014, 12 ff.) u. RL 2014/17/EU v. 4.2.2014 über Wohnimmobilienkreditverträge für Verbraucher; Umsetzung durch Gesetz vom 16.3.2016 (BGBl. I 2016, S. 396 ff).

130 BT-Drs. 17/12637, S. 1.

131 *Looschelders*, Schuldrecht AT, § 41 Rn. 22.

132 Zum Einwand rechtsmissbräuchlichen Verhaltens vgl. BGH NJW 2016, 1951, 1952 m. Anm. *Wendehorst*.

ten § 312g I BGB der Fall. Darüber hinaus können die Parteien auch im Wege der **Vertragsfreiheit** ein Widerrufsrecht vereinbaren.[133]

Ein Deutungsproblem entsteht, wenn der Unternehmer dem Verbraucher eine objektiv nicht erforderliche Widerrufsbelehrung erteilt. Dann ist durch Auslegung unter Berücksichtigung der Umstände des Einzelfalls zu ermitteln, ob dies als Einräumung eines vertraglichen Widerrufsrechts verstanden werden kann.[134] Dabei bestimmt sich der Auslegungsmaßstab nicht nach den allgemeinen Regeln der §§ 133, 157 BGB. Maßgebend ist vielmehr der für die Auslegung von AGB geltende Grundsatz der objektiven Auslegung.[135] Hierbei gehen gemäß § 305c II BGB Zweifel bei der Auslegung von AGB zu Lasten des Verwenders.[136]

Besteht ein Widerrufsrecht, so gelten hinsichtlich der Rechtsfolgen die §§ 355 ff BGB, in denen der Gesetzgeber die Widerrufsfolgen abschließend (§ 361 I BGB) und zu Gunsten des Verbrauchers halbseitig zwingend (§ 361 II BGB) geregelt hat. Besondere Bestimmungen finden sich beispielsweise zu außerhalb von Geschäftsräumen geschlossenen Verträgen (§ 312b BGB) und Fernabsatzverträgen (§ 312c BGB) in den §§ 356, 357 BGB.

Hinsichtlich der Rechtsfolgen ist insbesondere zu beachten, dass in § 355 III 1 BGB das Rückgewährschuldverhältnis autonom geregelt ist (**eigene Anspruchsgrundlage**); damit ist die frühere Verweisung auf das Rücktrittsrecht entfallen. Rechtsfolge ist nach § 355 I 1 BGB der Wegfall der Bindungswirkung der auf den Abschluss des Vertrages gerichteten Willenserklärungen. Das Widerrufsrecht ist damit „in der Verteidigungssituation" eine **rechtsvernichtende Einwendung**. Es entfällt auch dann nicht, wenn der Vertrag bereits wegen Gesetzes- oder Sittenwidrigkeit (§§ 134, 138 BGB) nichtig ist (ausf. dazu Rn. 220 ff).[137]

95 **Fall 27:** Der in Hamburg lebende Verbraucher V entdeckt in einer Zeitungsannonce ein seltenes Teeservice, das von dem in München wohnenden Unternehmer U angeboten wird. V bittet U nach Hamburg zu kommen, um ihm das Teeservice zu präsentieren. In Hamburg wird am 22.10. ein schriftlicher Kaufvertrag über das Teeservice geschlossen; den Kaufpreis bezahlt V sofort. U hat allerdings vergessen, dem V eine Widerrufsbelehrung zu erteilen. Dies holt er am 25.10. nach und übersendet V zudem per E-Mail ein Muster-Widerrufsformular.

Doch schon bald findet V keinen Gefallen mehr an dem Teeservice und schickt es deshalb am 29.10. kommentarlos an U zurück. Am 30.10. ruft er zudem bei U an und verlangt die „Beendigung des Vertrages", die Rückzahlung des Kaufpreises und die Rückerstattung der Versandkosten für die Rücksendung. U verweigert die Rückzahlung des Kaufpreises und eine Erstattung der Versandkosten. Er macht geltend, dass V ihm vielmehr seinerseits die Anfahrtskosten für seine Fahrt nach Hamburg ersetzen müsse.

133 Grüneberg/*Grüneberg*, Vorb v § 355 Rn. 5; vgl. BGH NJW 2017, 1306, 1308 (Rn. 23 ff) zur vertraglichen Erweiterung der Bedingungen für das Anlaufen der Widerrufsfrist.

134 Dafür BGH NJW 2019, 356, 357 (Rn. 19) für eine einschränkungslos formulierte, im Rahmen des Vertragsschlusses durch Einbeziehung in die AGB des Verwenders erfolgte Belehrung; a.A. BGH NJW 2019, 1739, 1740 f (Rn. 17). Anders bei einer nach Vertragsschluss erfolgten Belehrung, da diese aus Sicht der anderen Vertragspartei offensichtlich nur der (verspäteten) Erfüllung einer vermeintlichen gesetzlichen Pflicht dient, so BGH NJW 2012, 1066, 1069 (Rn. 30).

135 BGH NJW 2016, 3518, 3522 (Rn. 43); BGH ZVertriebsR 2012, 251, 253.

136 BGH NJW 2019, 356, 357 (Rn. 19).

137 BGH NJW 2010, 610, 611; dazu *Würdinger*, JuS 2011, 769 ff.

Lösung:

I. V könnte gegen U einen Anspruch auf Rückzahlung des Kaufpreises und der Versandkosten aus **§§ 355 III 1, I 1, 357 I, 312g I, 312b, 356 BGB** haben.

Zwischen U und V ist ein Kaufvertrag (§ 433 BGB) über das Teeservice zustande gekommen und V hat den Kaufpreis bereits entrichtet. Fraglich ist, ob V ein verbraucherschützendes Widerrufsrecht zusteht. Ein solches könnte sich aus § 312g I BGB ergeben. Hierfür ist erforderlich, dass der zwischen U und V geschlossene Vertrag einen Verbrauchervertrag (§§ 312 I, 310 III BGB) darstellt und außerhalb von Geschäftsräumen geschlossen wurde, § 312b BGB. U ist Unternehmer (§ 14 I BGB) und V ist Verbraucher (§ 13 BGB), sodass es sich bei dem Kaufvertrag über das Teeservice um einen Verbrauchervertrag i.S.d. §§ 312 I, 310 III BGB handelt. Dieser Vertrag wurde auch außerhalb von Geschäftsräumen geschlossen (§ 312b I 1 Nr. 1 BGB). Damit bestünde prinzipiell ein Widerrufsrecht.

Fraglich ist jedoch, ob es dem Widerrufsrecht entgegensteht, dass V den U zu sich nach Hause bestellt hat. Nach der alten Rechtslage war dies gemäß § 312 III Nr. 1 BGB a.F. der Fall[138]: In einer solchen Konstellation wurde keine Überraschungssituation angenommen, die eine Schutzbedürftigkeit des Verbrauchers begründen könnte. Im Zuge der Erhöhung des Verbraucherschutzniveaus durch die Umsetzung der Verbraucherrechterichtlinie stehen durch den Verbraucher bestellte Besuche einem Widerrufsrecht jedoch grundsätzlich nicht mehr entgegen (Ausnahme in § 312g II Nr. 11 BGB, die *e contrario* auf den Grundsatz schließen lässt).[139]

V steht somit ein Widerrufsrecht nach §§ 312g I, 355 I 1 BGB zu.

V müsste den Widerruf auch ordnungsgemäß ausgeübt haben. Gemäß § 355 I 2 BGB erfolgt der Widerruf durch Erklärung gegenüber dem Unternehmer. In der Rücksendung des Teeservices könnte eine konkludente Widerrufserklärung liegen. Allerdings existiert gerade eine § 355 I 2 Hs. 1 BGB a.F. entsprechende Vorschrift, nach der die Rücksendung der Sache innerhalb der Widerrufsfrist genügt, nicht mehr.[140] Möglicherweise hat V aber am 30.10. telefonisch ordnungsgemäß widerrufen. Aus § 355 I 2 BGB ergibt sich, dass die Widerrufserklärung nicht notwendigerweise in Textform abgefasst sein muss. Ein Telefonanruf genügt. Demzufolge hat V den Widerruf am 30.10. bei U formgerecht erklärt. Allerdings hat er dabei von einer „Beendigung des Vertrages“ und nicht von einem „Widerruf“ gesprochen. Nach § 355 I 3 BGB ist es ausreichend, wenn aus der Erklärung der Entschluss des Verbrauchers zum Widerruf eindeutig hervorgeht. Nach § 355 I 4 BGB braucht der Widerruf zudem keine Begründung zu enthalten. Somit hat V den Widerruf ordnungsgemäß erklärt.

V müsste den Widerruf zudem fristgerecht erklärt haben. Die Widerrufsfrist beträgt 14 Tage (§ 355 II 1 BGB) und beginnt gemäß § 355 II 2 BGB grundsätzlich mit dem Vertragsschluss; bei Verbrauchsgüterkaufverträgen, die außerhalb von Geschäftsräumen oder im Fernabsatz geschlossen wurden, gilt nach § 356 II Nr. 1 BGB regelmäßig der Erhalt der Ware als Fristbeginn. Eine Modifikation ergibt sich allerdings gemäß § 356 III 1 BGB aus dem Umstand, dass es sich um einen Vertrag handelt, der außerhalb von Geschäftsräumen geschlossen wurde. Die Widerrufsfrist beginnt bei solchen Verträgen

138 § 312 BGB i.d.F. bis zum 12.6.2014.

139 BT-Drs. 17/12637, S. 49 zu § 312a I 1 Nr. 1 BGB.

140 Vgl. BT-Drs. 17/12637, S. 59 f zu § 355 I BGB; § 355 BGB i.d.F. bis zum 12.6.2014.

nicht, bevor der Unternehmer den Verbraucher entsprechend den Anforderungen des Art. 246a § 1 II 1 Nr. 1 EGBGB unterrichtet hat. U hat V erst am 25.10. (in einer Nachbelehrung) ordnungsgemäß über das Widerrufsrecht informiert. Folglich begann die Frist am 26.10. um 0 Uhr (§ 187 I BGB) und endete frühestens[141] am 8.11. um 24 Uhr (§ 188 I BGB).[142] V hat damit den Widerruf am 30.10. fristgerecht erklärt.

Rechtsfolge des wirksamen Widerrufs durch V ist, dass sich das Schuldverhältnis ex nunc in ein Rückgewährschuldverhältnis verwandelt. Nach § 355 III 1 BGB sind die bereits erbrachten Leistungen unverzüglich, also ohne schuldhaftes Zögern (§ 121 I 1 BGB) zurückzugewähren, wobei § 357 I BGB eine Höchstfrist von 14 Tagen festlegt.

V hat demzufolge gegen U einen Anspruch auf Rückzahlung des Kaufpreises Zug um Zug gegen Übergabe und Übereignung des Teeservices aus § 355 III 1 BGB.

II. V ist gemäß § 357 V 1 BGB nur zur Tragung der Kosten verpflichtet, die sich aus der Rücksendung der Ware ergeben, wenn er von U über diese Pflicht gemäß Art. 246a § 1 II 1 Nr. 2 EGBGB unterrichtet wurde. Dies ist jedoch nicht geschehen. Somit hat V gegen U auch einen Anspruch auf Erstattung der Rücksendekosten.

III. Fraglich ist, ob U gegen V einen Anspruch auf Erstattung seiner Fahrtkosten von München nach Hamburg aus **§§ 280 I, 311 II Nr. 1, 241 II BGB** hat.

Dem könnte die Regelung des § 361 I BGB entgegenstehen. Diese Norm schließt Ansprüche des Unternehmers gegen den Verbraucher aus, die „infolge" des Widerrufs entstehen.[143] Ansprüche aus *culpa in contrahendo* gegen den Verbraucher werden somit grundsätzlich ebenfalls ausgeschlossen. Dies ist nach der *ratio legis* des Gesetzes erforderlich, das einen Verbraucher, der sein Widerrufsrecht ausgeübt hat, von den Rechtsfolgen seiner Erklärung freistellen will.[144] Etwas anderes ist nur dann anzunehmen, wenn der Verbraucher das ihm zustehende Widerrufsrecht missbräuchlich ausübt oder den Unternehmer in einer über die Folgen des Widerrufs hinausgehenden Weise schädigt.[145] Dies ist hier jedoch nicht ersichtlich.

Somit hat U gegen V keinen Anspruch auf Erstattung der Fahrtkosten aus §§ 280 I, 311 II Nr. 1, 241 II BGB.

III. Antrag und Annahme

96 Ein Vertrag kommt durch übereinstimmende und aufeinander bezogene Willenserklärungen der Vertragsparteien, Antrag (§ 145 BGB) und Annahme (§§ 147 ff BGB), zustande (siehe auch § 151 S. 1 BGB). Damit ein wirksamer Antrag vorliegt, müssen der objektive und der notwendige subjektive Tatbestand der Willenserklärung gegeben sein; als empfangsbedürftige Willenserklärung muss dieser ferner abgegeben und zugegangen sein (§ 130 I 1 BGB). Der Antrag (das Angebot) kann gegenüber einer konkreten Person, aber auch gegenüber einer unbestimmten Vielzahl von Personen *(ad incertas personas)* erklärt werden.[146] Nach § 145 BGB ist der Antragende grundsätzlich an sein Angebot gebunden.

141 Sollte der 8.11. ein Samstag, Sonntag oder ein Feiertag sein, verlängert sich die Frist nach § 193 BGB. Um dies zum Ausdruck zu bringen, bietet sich die Formulierung „frühestens" an.

142 Vgl. zur Fristberechnung *Schroeter*, JuS 2007, 29 ff.

143 MüKo/*Fritsche*, § 361 Rn. 2.

144 BGH NJW 1996, 55, 57.

145 MüKo/*Fritsche*, § 361 Rn. 3.

146 *Faust*, § 3 Rn. 3 (Auslegen von Postkarten in der Kirche); *Fritzsche*, JA 2006, 674, 675.

Der Empfänger kann dieses Angebot annehmen, § 147 BGB. Für eine wirksame Annahme sind die gleichen Elemente erforderlich wie für das Angebot (objektiver und subjektiver Tatbestand der Willenserklärung und bei verkörperten Willenserklärungen Abgabe und Zugang). Durch bloßes Schweigen auf einen Vertragsantrag kommt daher grundsätzlich kein Vertrag zustande. Der Antragende kann den Vertragsschluss auch nicht durch Zusendung der (unbestellten) Ware erzwingen (vgl. § 241a I BGB).[147] Weder die Annahme der Sendung noch der Gebrauch oder das Wegwerfen der unbestellt zugesendeten Ware ist deshalb als konkludente Annahme eines Angebots auszulegen (s. Rn. 110).[148]

1. Annahme ohne Erklärung gegenüber dem Antragenden

Nach § 151 S. 1 BGB ist der **Zugang** der Annahmeerklärung ausnahmsweise entbehrlich, wenn nach der Verkehrssitte eine solche Erklärung nicht zu erwarten ist oder der Antragende auf sie verzichtet hat. Entbehrlich ist lediglich der Zugang der Annahmeerklärung, nicht aber die Annahme selbst.[149] Wer ein Hotelzimmer buchen will, kann nicht sicher erwarten, dass ein Zimmer verfügbar ist. Das Hotel muss deshalb die Buchung gegenüber dem Besteller „bestätigen“, sonst ist kein Beherbergungsvertrag geschlossen worden.[150] Ein Klassiker der Rechtspraxis und der Rechtsdogmatik ist die Konstellation der sog. **Erlassfalle**: Der Schuldner übersendet seinem Gläubiger einen Scheck über einen Teilbetrag und verbindet dies mit dem Hinweis, dass mit der Scheckeinlösung sämtliche Ansprüche erlöschen sollen. Eine Rückantwort des Gläubigers sei nicht erforderlich. Löst der Gläubiger daraufhin den Scheck bei seiner Bank ein, kommt es zum Streit, ob nur eine Teilerfüllung (§ 362 I BGB) anzunehmen ist oder ein Erlassvertrag (§ 397 I BGB) zustande gekommen und damit die gesamte Forderung erloschen ist: 97

Fall 28: Im Jahre 2024 schlossen B und K einen Wartungsvertrag für ein Kopiergerät mit einer Mindestlaufzeit von zwei Jahren, in dem sich B verpflichtete, einen Wartungsgrundpreis sowie 6 Cent pro Kopie zu zahlen. 98

B zahlte nicht. Daraufhin stellte K die Serviceleistungen aus dem Vertrag ein und verlangte von B die aufgelaufenen Gebühren in Höhe von 9.000 €. Das Landgericht gab der Klage statt. Nach Zustellung des Urteils bot B vergleichsweise die Zahlung von 6.000 € unter Kostenaufhebung an. In dem Brief hieß es weiter:

„Hiermit unterbreite ich Ihnen ein faires Angebot. Wenn Sie damit einverstanden sind, füge ich als Anlage einen Verrechnungsscheck über 6.000 € bei. Ich möchte die Angelegenheit damit abschließen. Da ich in den nächsten Wochen in Winterurlaub fahre, bitte ich Sie, von direkten Stellungnahmen abzusehen. Bitte unterrichten Sie auch Ihre Anwälte. Ich verzichte meinerseits auf Gegenbestätigung.“

K antwortete nicht, löste aber den Verrechnungsscheck ein. Mit Anwaltsschreiben vom Tag danach teilte K dem B mit, sie lehne das Vergleichsangebot ab und habe den Scheck als Abschlagszahlung auf die gerichtlich zuerkannte Forderung eingelöst. Zugleich erklärte sie vorsorglich die Anfechtung wegen Irrtums. Kann K von B weitere Zahlung verlangen?[151]

---

147 Vgl. *Fritzsche*, Fall 8 (S. 79 ff).

148 *Leenen/Häublein*, § 8 Rn. 65 ff; zur richtlinienkonformen Auslegung von § 241a BGB vgl. *Köhler*, JuS 2014, 865 ff. Zu der Frage, ob § 241a BGB richtlinienkonform ist, *Jäckel/Tonikidis*, JuS 2014, 1064 ff.

149 *Medicus/Petersen*, AT, Rn. 382 ff; *Fritzsche*, JA 2006, 674, 677; *Riehm*, Rn. 220; *Schwarze*, AcP 202 (2002), 607 ff.

150 A.A. *Boemke/Ulrici*, § 7 Rn. 46; differenzierend OLG Saarbrücken, Urt. v. 25.10.2001, 8 U 177/01.

151 **Nach BGHZ 111, 97 ff = NJW 1990, 1655 f.**

Lösung: K könnte von B keine weiteren Zahlungen verlangen, wenn sie das Vergleichsangebot des B wirksam angenommen hat. Die Gesamtforderung wäre dann durch einen Vergleich (§ 779 I BGB) auf 6.000 € beschränkt worden bzw. die Restforderung in Höhe von 3.000 € durch einen Erlassvertrag (§ 397 I BGB) erloschen. In Betracht kommt eine konkludente Annahme durch Einlösung des Verrechnungsschecks, wobei der Zugang der Annahmeerklärung nach § 151 S. 1 BGB entbehrlich gewesen sein könnte.

§ 151 S. 1 BGB regelt eine Ausnahme vom Grundsatz der Empfangsbedürftigkeit der Annahmeerklärung für den Fall, dass eine Erklärung nach der Verkehrssitte nicht zu erwarten ist oder der andere Teil darauf verzichtet hat. Erforderlich, aber auch ausreichend ist in diesem Fall die Annahme als solche, d.h. ein als Willensbetätigung zu wertendes, nach außen hervortretendes Verhalten des Angebotsempfängers, aus dem sich dessen Annahmewille unzweideutig ergibt. In welchen Handlungen eine Betätigung des Annahmewillens zu finden ist, lässt sich nur durch Würdigung des Einzelfalles entscheiden. Dabei ist mangels Empfangsbedürftigkeit nicht auf den Empfängerhorizont (§ 157 BGB) abzustellen. Vielmehr kommt es darauf an, ob ausgehend vom Standpunkt eines unbeteiligten objektiven Dritten das Verhalten des Angebotsempfängers aufgrund aller äußeren Indizien auf einen „wirklichen Annahmewillen" (§ 133 BGB) schließen lässt.

Die Anwendbarkeit des § 151 S. 1 BGB hängt nicht davon ab, ob der anbietende Vertragspartner dem anderen bewusst ein dessen Interesse objektiv widersprechendes Angebot unterbreitet. Anders als beispielsweise beim kaufmännischen Bestätigungsschreiben, bei dem für die Frage der Annahme auf die Redlichkeit abzustellen ist, kommt es im Rahmen des § 151 S. 1 BGB allein darauf an, ob das Verhalten des Angebotsempfängers objektiv als Annahme zu werten ist. Ein solcher Schluss ist in der Regel dann gerechtfertigt, wenn der Annehmende den Vertrag erfüllt oder der anbietende Vertragsteil eine mit der Erfüllung des Vertrags zusammenhängende Handlung gestattet und der Annehmende diese Handlung vornimmt.

Hier hat K durch die Einlösung des Schecks das Vergleichsangebot des B angenommen. In der widerspruchslosen Einlösung des Schecks ist die Annahme des Angebots zu sehen, da B dem K den Scheck zum Zweck der Erfüllung des Vergleichsvertrags mit der Bestimmung übergeben hatte, dass dieser nur bei Annahme des Vergleichsangebots eingelöst werden dürfe. Lediglich bei einem **krassen Missverhältnis** zwischen angebotener Abfindung und nicht bestrittener oder rechtskräftig festgestellter Schuld ist ein Annahmewille zu verneinen.[152] Ein derart krasses Missverhältnis liegt nicht vor. Der Vergleichsvertrag kam damit wirksam zustande. Unabhängig von der Frage, ob und unter welchen Voraussetzungen im Anwendungsbereich des § 151 S. 1 BGB eine Anfechtung möglich ist, scheidet sie vorliegend bereits mangels Anfechtungsgrundes aus. K kann keine weiteren Ansprüche mehr geltend machen.

2. Selbstbedienungsgeschäfte

99 Geben beide Beteiligte nur konkludente Erklärungen ab, so muss für die Frage des Vertragsschlusses auf die Verkehrssitte abgestellt werden. In einem Selbstbedienungsladen kommt ein Vertrag nach vorzugswürdiger Auffassung daher erst bei Vorlage der Ware an der Kasse (Angebot)[153] und entsprechendem Einscannen oder Eintippen durch das Ver-

152 BGH NJW 2001, 2324 f (hier 0,68% der Hauptforderung); vgl. *Säcker/Mohr*, Fall 5 (S. 81, 84 ff).
153 Zum Zugang des Angebots s. *Häublein*, JURA 2007, 728.

kaufspersonal (Annahme) zustande.[154] Vorher kann der Kunde Waren beliebig auswählen und auch wieder in das Regal zurücklegen. Das Auslegen der Waren ist eine unverbindliche Einladung an den Interessenten, eine Willenserklärung abzugeben (sog. ***invitatio ad offerendum***). Schließlich gibt derjenige, der eine Ware anpreist, damit noch nicht zu verstehen, dass er mit jedermann kontrahieren und sich rechtlich binden möchte. Vielmehr will er sich seinen Vertragspartner selbst aussuchen; in der Regel möchte er nur bei einer Bar- oder Kartenzahlung einen Kaufvertrag abschließen. Zudem hat er ein berechtigtes Interesse, nicht etwa an Konkurrenten zu verkaufen. Hinzu kommt, dass der Verkäufer das Risiko einer Falschauszeichnung nicht tragen möchte. Dies alles ist für den Käufer erkennbar.

Umgekehrt muss auch das Verkaufspersonal grundsätzlich das Angebot des Kunden nicht annehmen. Ist die Ware am Regal oder auf der Packung fehlerhaft ausgezeichnet, so kommt kein Kaufvertrag zu dem fehlerhaften Preis zustande.[155]

Zweifelhafter ist die Vertragskonstruktion beim Tanken an einer Selbstbedienungstank- 100
stelle.

Fall 29: B tankte an der von K betriebenen Selbstbedienungstankstelle Dieselkraftstoff zum 101
Preis von 10,01 €. B bezahlte dabei an der Kasse in bar lediglich einen Schokoriegel und zwei Vignetten zu einem Gesamtpreis von 25,30 €. K schaltete, nachdem er bemerkt hatte, dass der Kraftstoff nicht bezahlt worden war, ein Detektivbüro zur Ermittlung des dafür verantwortlichen Tankkunden ein. Hierfür sind ihm Kosten in Höhe von 137 € entstanden, die u.a. auf eine längere Videoauswertung zurückzuführen sind. Mit der Beitreibung des Kaufpreises und der Detektivkosten beauftragte er einen Rechtsanwalt. Dafür sind Rechtsanwaltsgebühren in Höhe von 39 € angefallen. K begehrt nun die Erstattung dieser Kosten. Kann K von B die angefallenen Rechtsanwalts- und Detektivkosten ersetzt verlangen?[156] Ansprüche aus §§ 823 ff BGB bleiben außer Betracht.

Lösung: K könnte gegenüber B einen Schadensersatzanspruch neben der Leistung unter dem Gesichtspunkt des Schuldnerverzuges aus **§§ 280 I, II, 286 BGB** haben.

I. Dazu müssten K und B einen wirksamen Kaufvertrag (§ 433 BGB) geschlossen haben. K hat an der Kasse *ausdrücklich* nur eine Willenserklärung zum Abschluss von Kaufverträgen hinsichtlich eines Schokoriegels und zweier Vignetten abgegeben. Der Kaufvertrag könnte jedoch bereits *konkludent* an der Zapfsäule geschlossen worden sein. Ob das Zurverfügungstellen des Kraftstoffes auf einen **Rechtsbindungswillen** des K und das Tanken auf einen Rechtsbindungswillen des B schließen lässt, ist nach dem **objektiven Empfängerhorizont** zu entscheiden (**§§ 133, 157 BGB analog**[157]).

Nach einer Auffassung kommt der Vertrag – ebenso wie in einem Selbstbedienungsladen – erst an der Kasse zustande.[158] Das Anpreisen des Kraftstoffes ist demnach – ebenso wie bei den Rechtsgeschäften in Selbstbedienungsläden – lediglich eine unverbindliche Einladung an den Interessenten, eine Willenserklärung abzugeben (sog. ***invitatio ad offerendum***).

154 *Leenen/Häublein*, § 8 Rn. 27; a.A. Grüneberg/*Ellenberger*, § 145 Rn. 8; *Schiemann*, Staudinger, Eckpfeiler des Zivilrechts, D Rn. 67.
155 *Fritzsche*, JA 2006, 674, 678.
156 **Nach BGH NJW 2011, 2871 f**; s. dazu *Faust*, JuS 2011, 929 ff; *Würdinger*, JuS 2023, 627, 631.
157 Wenn die Fragestellung lautet, ob die Parteien mit Rechtsbindungswillen handeln, sind die §§ 133, 157 BGB nur analog heranzuziehen; vgl. dazu *Paal/Kumkar*, JuS 2015, 707, 709.
158 *Deutscher*, NStZ 1983, 507 f.

Nach der Gegenmeinung schließt ein Kunde, der an einer Selbstbedienungstankstelle Kraftstoff in seinen Tank füllt, bereits zu diesem Zeitpunkt mit dem Tankstellenbetreiber[159] einen Kaufvertrag über die entnommene Menge Kraftstoff.[160] Dafür spricht, dass an der Selbstbedienungstankstelle durch das Einfüllen des Kraftstoffs in den Tank **ein praktisch unumkehrbarer Zustand** geschaffen wird. Es entspricht daher dem Interesse beider Parteien, dass bereits zu diesem Zeitpunkt ein Kaufvertrag zustande kommt.[161] Daher überzeugt auch eine Parallele zu den Rechtsgeschäften in Selbstbedienungsläden nicht. Dort kann eine Ware, die der Kunde aus dem Regal nimmt, in der Regel ohne Weiteres wieder zurückgelegt und anschließend an einen anderen Kunden verkauft werden.

Der Tankstellenbetreiber hat bei Abschluss des Tankvorgangs durch das Überlassen des Kraftstoffs bereits die Hauptpflicht des Verkäufers jedenfalls zur Besitzverschaffung (§ 433 I 1 BGB) erfüllt und wird hierzu ohne eine vertragliche Bindung regelmäßig nicht bereit sein. Ebenso hat aber auch der redliche Kunde ein Interesse daran, den Kraftstoff aufgrund eines – mit dem Einfüllen des Kraftstoffs in den Tank – geschlossenen Vertrags zu erlangen und ihn behalten zu dürfen. Aus der Sicht eines **objektiven Betrachters** in der Lage des jeweiligen Erklärungsgegners ist damit zum Zeitpunkt der Entnahme des Kraftstoffs durch den Kunden ein Kaufvertrag zustande gekommen.[162] B hat das als **Realofferte** in der Aufstellung der betriebsbereiten Zapfsäule liegende Angebot des K *(ad incertas personas)* durch die Entnahme des Kraftstoffs angenommen, wobei der Zugang der Annahme nach § 151 S. 1 BGB entbehrlich ist.

II. Mit dem Abschluss des Kaufvertrages entsteht die Pflicht des Käufers B, den Kaufpreis zu zahlen (§ 433 II BGB). Der Anspruch müsste fällig und durchsetzbar sein. Die Leistung ist sofort fällig (§ 271 I BGB). K hat seine Leistung bereits erbracht, sodass die Einrede des nicht erfüllten Vertrags (§ 320 I 1 BGB) nicht besteht.

III. B müsste eine Pflicht aus dem Kaufvertrag verletzt haben. Er hat den nach § 433 II BGB geschuldeten Kaufpreis nicht bezahlt. Die Pflichtverletzung besteht also in einer Nichtleistung, der Nichtvornahme der Leistungshandlung.

IV. K hat den B nicht i.S.d. § 286 I 1 BGB gemahnt. Die Mahnung könnte jedoch nach **§ 286 II Nr. 3 BGB** entbehrlich sein. B müsste die Leistung ernsthaft und endgültig verweigert haben. Dies ist der Fall, wenn B „das letzte Wort" hinsichtlich einer Leistungsverweigerung gesprochen hätte. Jedoch ist nicht auszuschließen, dass B aus Unachtsamkeit vergessen hat, die Tankrechnung zu bezahlen. Eine ernsthafte und endgültige Leistungsverweigerung liegt daher nicht vor.

Die Mahnung könnte nach **§ 286 II Nr. 4 BGB** entbehrlich sein. Dies ist der Fall, wenn aus besonderen Gründen unter Abwägung der beiderseitigen Interessen der sofortige Verzugseintritt gerechtfertigt ist. Der Gesetzgeber wollte mit dieser Vorschrift unter anderem solche Fälle erfassen, in denen der Schuldner durch sein Verhalten eine Mahnung verhindert.[163] Beim Tanken an einer Selbstbedienungstankstelle handelt es sich um ein **anonymes Massengeschäft**. Die Identität des Schuldners ist dem Gläubiger regelmäßig unbekannt und auch nicht ohne Weiteres zu ermitteln. Deshalb ist dem Tankstellenbetrei-

159 Oder durch Vermittlung des Tankstellenbetreibers mit dem Mineralölunternehmen (so der Regelfall in der Praxis): Kommissionsgeschäft, vgl. § 383 I HGB.
160 BGH NJW 2011, 2871 mit Rekurs u.a. auf OLG Köln NJW 2002, 1059 f.
161 BGH NJW 2011, 2871.
162 BGH NJW 2011, 2871; *Kellermann-Schröder*, JA 2016, 25, 28.
163 BT-Drucks. 14/6040, S. 146.

ber eine Mahnung des Kunden nicht bzw. zumindest nicht ohne erheblichen Aufwand möglich. Für ihn besteht daher ein gewichtiges erkennbares Interesse, dass der Verzug ohne eine Mahnung eintritt.[164] Dem steht auf Seiten des Schuldners, der durch das Wegfahren diese Situation herbeigeführt hat, kein schutzwürdiges Interesse entgegen. Es ist für den Kunden vielmehr offensichtlich, dass er unverzüglich nach dem Tanken den Kaufpreis zu entrichten hat.[165]

V. B müsste die Nichtleistung zu vertreten haben. Nach §§ 280 I 2, 286 IV BGB wird dieses Tatbestandsmerkmal (widerleglich) vermutet. B hat keine Exkulpation vorgetragen. Somit ist von einem Vertretenmüssen des B auszugehen.

VI. K kann den Verzugsschaden nach Maßgabe der §§ 249 ff BGB ersetzt verlangen. Problematisch ist, dass K den Detektiv und den Rechtsanwalt selbst eingeschaltet und so die Kosten verursacht hat. Jedoch durfte sich der Geschädigte hierzu herausgefordert[166] fühlen und kann im Wege des Schadensersatzes auch solche Aufwendungen ersetzt verlangen, die zur Wahrung und Durchsetzung seiner Rechte **erforderlich und zweckmäßig** sind.[167] Die Beauftragung des Detektivs war geeignet und zweckmäßig, um die Person des Tankkunden zu ermitteln, der sich von der Tankstelle entfernt hatte, ohne den Kaufpreis für den Kraftstoff zu entrichten. Die Kosten halten sich auch im Rahmen der Angemessenheit. Dabei ist nicht primär auf das Verhältnis der Ermittlungskosten zur Höhe des Kaufpreises abzustellen, sondern darauf, ob die Aufwendungen sich **im Rahmen dessen halten, was ein verständiger Mensch in der gleichen Lage aufgewandt hätte**. Die Einschaltung eines Detektivbüros war auch erforderlich, um die Identität des Beklagten zu ermitteln. Angesichts des festgestellten Umfangs der Ermittlungen, die unter anderem eine längere Videoauswertung erfordern, kann K nicht darauf verwiesen werden, dies mit eigenem Personal zu leisten.[168] Das Gleiche gilt für die vorgerichtlichen Anwaltskosten.

K hat gegenüber B einen Anspruch auf Schadensersatz in Höhe von 176 € aus §§ 280 I, II, 286 II BGB.

3. Vertragsschluss am Warenautomaten

Nach h.M. gibt der Automatenbetreiber mit einem betriebsbereiten Warenautomaten ein **102**
Angebot ***ad incertas personas*** ab, sodass jedermann daraufhin die Annahme durch ordnungsgemäßen Geldeinwurf und Warenauswahl erklären könnte. Sachgerechter erscheint es freilich anzunehmen, dass erst der Käufer mit dem Geldeinwurf das Angebot abgibt, das der Verkäufer durch den Automaten mit Ausgabe der Ware annimmt.[169]

Wirft der Käufer ausländische oder gefälschte Münzen ein, die der Automat „akzeptiert", so kommt dennoch kein Vertrag zustande, weil es am ordnungsgemäßen Münzeinwurf fehlt. Der Automatenbetreiber hat gegen den Empfänger der Ware in solchen Fällen

164 Eine ähnliche Wertung besteht, wenn die Sache deliktisch erlangt wurde. Der Dieb ist nicht schutzwürdig; er ist immer in Verzug (fur semper in mora). Siehe zu dieser Wertung im Deliktsrecht: § 848 BGB!

165 BGH NJW 2011, 2871 f; *Kellermann-Schröder*, JA 2016, 25, 29.

166 Vgl. zum Herausforderungsgedanken und dessen Voraussetzungen *Stadler*, JA 2012, 465, 466.

167 BGH NJW 2011, 2871, 2872.

168 BGHZ 111, 168, 175 = NJW 1990, 2060, 2062 zur Ersatzpflichtigkeit von Privatdetektivkosten, die der sorgeberechtigte Elternteil aufgewendet hat, um den Aufenthalt eines ihm von dem anderen Elternteil entzogenen Kindes in Erfahrung zu bringen.

169 Vgl. *Säcker/Mohr*, Fall 7 (S. 103 ff).

einen Anspruch nach § 812 I 1 Alt. 2 BGB und ggf. nach §§ 823 ff BGB.[170] Nimmt der Automat eine ordnungsgemäße Zahlung an, gibt aber keine Ware aus, so hat der Käufer nach einer Auffassung einen Anspruch auf Erfüllung (§ 433 I 1 BGB) bzw. einen Anspruch auf Schadensersatz (§§ 280 I, III, 281 I 1 Alt. 1, 249 I BGB).[171] Die Gegenposition stellt auf eine bereicherungsrechtliche Rückabwicklung (§ 812 I 1 Alt. 1 BGB) ab. Die Lösung hängt davon ab, wann in dieser Konstellation ein Kaufvertrag zustande kommt. Nach der hier vertretenen Ansicht nimmt der Verkäufer das Angebot des Käufers mit der Ausgabe der Ware an. Mangels wirksamen Vertrages scheidet damit ein Erfüllungsanspruch ebenso aus wie ein Anspruch auf Schadensersatz statt der Leistung. Der Käufer hat einen Anspruch nach § 812 I 1 Alt. 1 BGB und ggf. auch einen Anspruch aus c.i.c. (§§ 280 I, 311 II Nr. 2, 241 II BGB). Im praktischen Ergebnis unterscheiden sich die Ansichten nur, wenn dem Käufer (ausnahmsweise) eine Nachfristsetzung für die Lieferung (§ 281 I 1 Alt. 1 BGB) zuzumuten ist.

4. Bindung an das Angebot und freibleibendes Angebot

103 Nach § 145 BGB ist ein Anbieter an seinen Antrag gebunden, es sei denn, dass er die Gebundenheit ausgeschlossen hat.[172] Nach § 146 BGB erlischt ein Antrag, wenn er dem Antragenden gegenüber abgelehnt oder diesem gegenüber nicht rechtzeitig angenommen wird. Wie ein „**freibleibendes“ Angebot** zu verstehen ist, ist zweifelhaft.

104 **Fall 30:** Die Eisenwarenfabrik V bietet dem Heizkesselhersteller K 500 t Stahl mit genauen Größen- und Qualitätsangaben zum Preis von 400 € pro Tonne „freibleibend“ an. Mit Faxschreiben nimmt K dieses Angebot an. Erst zwei Monate später, kurz vor dem vorgesehenen Liefertermin, teilt V dem K mit, sie könne nicht liefern, weil ihr eigener Lieferant momentan nicht liefern könne. Deshalb widerrufe sie ihr Angebot. K hält diesen Widerruf für unwirksam. Er tätigt einen Deckungskauf bei einem dritten Händler zum Preis von 450 € pro Tonne und macht die Differenz als Schadensersatz geltend. Zu Recht?[173]

Lösung: K könnte gegen V einen Anspruch auf Schadensersatz statt der Leistung aus §§ 280 I, III, 281 I 1 Alt. 1 BGB geltend machen.

Problematisch ist, ob überhaupt ein wirksamer Kaufvertrag (§ 433 BGB) zustande gekommen ist. Fraglich ist insbesondere, ob die Erklärung des V unter Verwendung der Klausel „freibleibend“ als Angebot i.S.d. § 145 BGB zu verstehen ist. Dies ist umstritten.

Ein Teil der Literatur sieht im Anschluss an die Rechtsprechung des RG in einem „freibleibenden Angebot“ keinen Antrag nach § 145 BGB, sondern lediglich die Aufforderung an den Gegner, seinerseits ein Vertragsangebot abzugeben, sog. ***invitatio ad offerendum***. Der auf das freibleibende Angebot hin abgegebene Antrag wird durch Schweigen des Auffordernden angenommen.[174] Folgt man dieser Meinung, hat V den Antrag des K nach § 151 S. 1 BGB konkludent angenommen; der spätere Widerruf ist ohne Bedeutung.

Eine andere Auffassung möchte ein derartiges Angebot zwar als Antrag nach § 145 BGB auslegen, jedoch soll aufgrund eines mit dieser Klausel verbundenen Widerrufsvorbe-

170 Vgl. *Fritzsche*, JA 2006, 674, 679.
171 A.A. *Fritzsche*, Fall 10 (S. 90 ff: Warenvorrat und Funktionieren des Automaten als „Vorbehalt“ des Angebots des Betreibers).
172 Vgl. *Riehm*, Rn. 227, 230; *Stadler*, § 19 Rn. 8; *Lindacher/Hau*, Fall 11 (S. 67 ff).
173 **Nach BGH NJW 1984, 1885 f.**
174 BeckOK BGB/*Eckert*, § 145 Rn. 38.

halts das Angebot noch bis zum Zugang der Annahmeerklärung widerrufen werden können.[175] Demnach läge auch hier ein wirksamer Kaufvertrag vor, da K das Angebot des V durch sein Faxschreiben angenommen hat, bevor der Widerruf erfolgte.

Eine dritte Auffassung schließlich versteht unter einem freibleibenden Angebot einen Antrag unter Ausschluss der Bindungswirkung, der auch nach Zugang der Annahmeerklärung noch unverzüglich (vgl. § 121 I 1 BGB) widerrufen werden kann.[176] Das Vorliegen eines wirksamen Kaufvertrages hängt dann davon ab, ob der Widerruf seitens des V „unverzüglich" nach der Annahme durch K erfolgte. Auch nach dieser Ansicht besteht ein wirksamer Kaufvertrag, da V sein Angebot nicht unverzüglich nach der Annahme durch K, sondern erst zwei Monate später widerrufen hat.

Somit ist nach allen Auffassungen von einem Kaufvertrag (§ 433 BGB) auszugehen, sodass ein Streitentscheid entbehrlich ist.

Die Pflichtverletzung des V ist darin zu sehen, dass er eine fällige Leistung, nämlich die Lieferung von 500 t Stahl, nicht erbracht hat, § 281 I 1 Alt. 1 BGB. V kann sich auch nicht nach § 280 I 2 BGB exkulpieren: Ihn trifft nach § 276 I 1 BGB das Beschaffungsrisiko. Dass ein Lieferant ausfällt, gehört zum typischen Risiko einer marktbezogenen Gattungsschuld. Die an sich erforderliche Nachfristsetzung ist gemäß § 281 II Alt. 1 BGB wegen ernsthafter und endgültiger Erfüllungsverweigerung entbehrlich. Somit hat K gegen V einen Anspruch auf Schadensersatz statt der Leistung nach §§ 280 I, III, 281 I 1 Alt. 1 BGB in Höhe der Kosten für den Deckungskauf.

5. Vertragsschluss durch sozialtypisches Verhalten

Im Rahmen von Angebot und Annahme ist erneut auf den Vertragsschluss durch sozial- **105**
typisches Verhalten einzugehen. Denn nach der Lehre vom sozialtypischen Verhalten hat die Inanspruchnahme einer Leistung im Massenverkehr die sozialtypische Bedeutung einer Annahmeerklärung, und zwar ohne Rücksicht auf den Willen desjenigen, der eine Leistung in Anspruch nimmt. Diese Lehre wird heute von der ganz h.M. abgelehnt, weil diese Rechtsfigur eines „Vertragsschlusses durch sozialtypisches Verhalten" mit der allgemeinen Rechtsgeschäftslehre nicht im Einklang steht. Deshalb werden Alternativkonstruktionen diskutiert. Die Weigerung, bei Inanspruchnahme der Leistung eine Annahmeerklärung abzugeben, sei eine **protestatio facto contraria (§ 242 BGB)**. Jeder müsse die Bedeutung seines Verhaltens nach der Verkehrssitte gegen sich gelten lassen, auch wenn er ausdrücklich das Gegenteil erkläre. Es komme danach allein auf das konkludente Verhalten an. Teilweise wird bei ausdrücklicher Weigerung, den Vertrag abzuschließen, das Zustandekommen eines Vertrages aber auch ganz verneint, teilweise wird der Vorrang des Minderjährigenschutzes betont.[177] Als Klassiker gilt der **Hamburger Parkplatzfall**:

Fall 31: Die Stadt Hamburg hat einen Teil des Rathausmarktes, der im Eigentum der Stadt **106**
steht, zum entgeltpflichtigen Parkplatz erklärt und die Fläche zur Nutzung an das Unternehmen K verpachtet. B ist Halterin eines Mercedes B 250. Sie stellte ihr Auto mehrfach auf dem Rat-

175 *Köhler*, AT, § 8 Rn. 13; Grüneberg/*Ellenberger*, § 145 Rn. 4.
176 MüKo/*Busche*, § 145 Rn. 8: im Einzelfall ist zu klären, bis zu welchem Zeitpunkt der Antrag widerrufen werden kann.
177 Vgl. *Weth*, JuS 1998, 795 ff; *Stadler*, § 19 Rn. 32 ff; *Bork*, Rn. 744 f; *Grigoleit/Herresthal*, Fall 1 (S. 25 ff).

hausmarkt ab, erklärte den Mitarbeitern des Unternehmens K aber, dass sie die Bewachung ihres Fahrzeugs und die Bezahlung eines Entgelts ablehne. Das Unternehmen K klagt nun das Bewachungsentgelt für zehn Benutzungstage ein. Zu Recht?[178]

Lösung: K könnte einen Anspruch auf das Bewachungsentgelt aus dem Bewachungsvertrag nach **§ 611 I BGB** haben, wenn zwischen ihm und B an den zehn Benutzungstagen jeweils ein solcher Vertrag zustande gekommen ist.

In seiner früheren Rechtsprechung hat der BGH[179] unter Berufung auf die sozialtypische Bedeutung des Verhaltens einen faktischen Vertragsschluss bejaht. Mittlerweile wird die Lehre vom faktischen Vertrag allgemein abgelehnt,[180] da sie mit der auf Willensübereinstimmung basierenden Vertragskonzeption des BGB nicht zu vereinbaren ist.

Das Abstellen des Pkw auf dem Parkplatz könnte als **konkludente Willenserklärung** angesehen werden. Aus der Sicht eines objektiven Empfängers (§§ 133, 157 BGB analog) ist dieses Verhalten auf Abschluss eines Bewachungsvertrages mit dem Parkplatzpächter gerichtet. Problematisch ist hier aber, dass B gleichzeitig die Bezahlung eines Entgeltes abgelehnt hat *(protestatio facto contraria).* Die Behandlung dieses Verhaltens ist umstritten.

Eine Ansicht hält die protestatio facto contraria für völlig unbeachtlich,[181] weil der Erklärungswert des Verhaltens durch die mündliche Äußerung nicht wieder zunichte gemacht werden könne. Es gilt demnach der Satz: *Protestatio facto contraria non valet!* Ein dem eigenen Verhalten zuwiderlaufender Vorbehalt ist unwirksam. Die Gegenansicht stimmt dem für einen nachträglichen „Protest" zu, weil eine einseitige Lösung von einer vorher abgegebenen Erklärung nicht möglich sei. Bei zuvor oder gleichzeitig erklärtem „Protest" hingegen lehnt sie einen Vertragsschluss ab, da eine solche Annahme einen Verstoß gegen die **Privatautonomie** darstellen würde.[182]

Die zweite Ansicht ist vorzugswürdig. Ein objektiver Empfänger kann in dem Verhalten einer Person keine Willenserklärung sehen, wenn er weiß, dass diese eine solche gar nicht abgeben will. Auch würde man dann dem realen Tun eine stärkere Erklärungsbedeutung beimessen als einer verbalen Erklärung.

Folglich kam zwischen B und K mangels übereinstimmender Willenserklärungen kein Vertrag zustande. Ein Anspruch auf Zahlung des Bewachungsentgelts aus § 611 I BGB besteht nicht.

K steht dann allerdings ein Anspruch aus **Bereicherungsrecht** gemäß § 812 I 1 Alt. 2 BGB (Eingriffskondiktion) zu. B hat bewusst den Vertragsschluss verhindert und kann sich daher wegen §§ 819 I, 818 IV BGB nicht auf Entreicherung nach § 818 III BGB berufen, indem sie vorträgt, keine Aufwendungen erspart zu haben. Sie schuldet demzufolge Wertersatz gemäß § 818 II BGB in Höhe des Bewachungsentgeltes.

107 Derartige typische Verhaltensweisen kommen aber nicht nur im Massenverkehr vor. Auch sonst stellt sich die Frage, ob die Inanspruchnahme von Leistungen stets als Annahme eines Vertragsangebots zu werten ist.

178 **Nach BGHZ 21, 319 ff = NJW 1956, 1475 ff**; s. dazu auch *Würdinger*, JuS 2023, 627, 629.
179 BGHZ 21, 319 ff = NJW 1956, 1475 ff.
180 MüKo/*Busche*, Vor § 145 Rn. 40.
181 *Wieacker*, JZ 1957, 61 f; MüKo/*Armbrüster*, Vor § 116 Rn. 10.
182 *Köhler*, JZ 1981, 464 ff.

Fall 32: Die Immobilienmaklerin M bewirbt über das Internetportal „IA Immobilien" ein mit einem Zweifamilienhaus[183] bebautes Grundstück. Interessent K, der gewerblich mit Grundstücken handelt, wird auf die Online-Anzeige aufmerksam. K meldet sich über das Kontaktformular des Portals und bittet um weitere Informationen. Er erhält anschließend von M per E-Mail ein Exposé als PDF-Datei. Dieses enthält detailliertere Informationen über die Ausstattung der Immobilie sowie mitunter den Hinweis, dass der Käufer mit Abschluss des Kaufvertrages eine Courtage in Höhe von 5,5% des Kaufpreises inkl. gesetzlicher Mehrwertsteuer zu zahlen habe. K bestätigt M am 18.10. per E-Mail den Eingang des Exposés und bittet gleichzeitig um die Vereinbarung eines Besichtigungstermins. M besichtigt zusammen mit K das Hausgrundstück, nachdem sie ihm die Objektanschrift und die Identität des Verkäufers V mitgeteilt hat. Im Anschluss daran schließt K mit V am 3.11. einen notariellen Kaufvertrag über das Grundstück. Die Provisionsrechnung der M vom 4.11. bezahlt K nicht. Am 20.11. teilt K der M mit, dass er nicht von einem Maklervertrag zwischen ihm und M ausgehe. Er brauche nämlich als Käufer nicht damit zu rechnen, dass ein Vertrag in Folge einer bloßen Provisionserwähnung im Exposé zustande kommt. Hat M gegen K einen Anspruch auf Zahlung der Maklerprovision? **108**

Abwandlung: Wie wäre der Sachverhalt zu beurteilen, wenn das Provisionsverlangen in einer Zeitungsanzeige oder in einem Internetinserat enthalten wäre?

Lösung: M könnte gegen K einen Anspruch auf Zahlung einer Maklerprovision nach **§ 652 I 1 BGB** haben. Infolge eines Nachweises der M ist ein Hauptvertrag in Form eines Kaufvertrags zwischen K und V über die Immobilie zustande gekommen.[184] Fraglich ist, ob M und K einen Maklervertrag abgeschlossen haben. Ausdrücklich ist dies nicht geschehen. In Betracht kommt aber eine **konkludente** Vereinbarung.

Zunächst ist zu klären, an welchen Tatbestand für einen derartigen Vertragsschluss anzuknüpfen ist. Denkbar ist ein Vertragsschluss dadurch, dass sich K auf die Anzeige der M hin meldete. Weiterhin kann an die Besichtigung des Objekts angeknüpft werden oder daran, dass sich K Maklerdienstleistungen der M in Kenntnis der Provisionspflichtigkeit erbringen ließ, von der er mittels des Exposés erfahren hatte.

Nach der Rechtsprechung erklärt derjenige, der sich an einen Makler wendet, der mit „Angeboten" werbend im geschäftlichen Verkehr auftritt, allein hierdurch noch nicht bereits schlüssig seine Bereitschaft zur Zahlung einer Maklerprovision. Vielmehr darf er davon ausgehen, dass der Makler das Objekt von dem Verkäufer an die Hand bekommen hat und so eine Leistung für den Anbieter erbringt.[185] Auch durch eine Besichtigung des Objekts kommt es nicht zu einem Vertragsabschluss im Wege des schlüssigen Verhaltens.[186] Zu Recht geht der BGH im Ausgangspunkt davon aus, dass für einen konkludenten Vertragsschluss strenge Anforderungen gelten. Dahinter steckt der Gedanke, dass es der Makler in der Hand hat, sich unmissverständlich auszudrücken; in aller Regel ist der Makler auch der Geschäftserfahrenere.[187]

Ein konkludenter Vertragsabschluss soll nach ständiger Rechtsprechung aber darin zu sehen sein, dass der Makler den Kaufinteressenten unmissverständlich auf eine von ihm im Erfolgsfall zu zahlende Käuferprovision hingewiesen hat und der Kaufinteressent in Kenntnis des eindeutigen Provisionsverlangens die Dienste des Maklers in Anspruch

183 Beachte für Wohnungen und Einfamilienhäuser § 656a BGB.
184 Ausf. zu den Provisionsvoraussetzungen *Schrader*, JA 2015, 561 ff; *Würdinger*, JZ 2009, 349 ff.
185 BGH NJW-RR 2007, 400, 401.
186 BGH NJW 2005, 3779 m.w.N.
187 jurisPK-BGB/*Würdinger*, § 652 BGB Rn. 16.

nimmt.[188] Für einen solchen deutlichen Hinweis ist ein ausdrückliches Provisionsverlangen – wie hier im Exposé – grundsätzlich ausreichend.[189] Durch die Bitte des K um Vereinbarung eines Besichtigungstermins hat er dieses Angebot angenommen.[190]

M hat daher gegen K einen Provisionsanspruch nach § 652 I 1 BGB.

109 **Abwandlung:** Nach dem BGH kann ein ausdrückliches Provisionsverlangen auch in einer Zeitungsanzeige oder in einem Internetinserat enthalten sein, sofern der Hinweis seiner Gestaltung nach geeignet ist, dem durchschnittlichen Interessenten die entstehende Provisionspflicht unzweideutig vor Augen zu führen.[191]

Hinweis: Beachte für Wohnungen und Einfamilienhäuser § 656a BGB, wonach ein Maklervertrag, der den Nachweis der Gelegenheit zum Abschluss eines derartigen Kaufvertrags oder die Vermittlung eines solchen Vertrags zum Gegenstand hat, der Textform (§ 126b BGB) bedarf. Ein konkludenter Maklervertrag ist auch im Anwendungsbereich des § 656a BGB weiterhin möglich.[192] Die Textform ist zwar nicht gewahrt, wenn etwa ein Interessent bei einem Makler telefonisch einen Besichtigungstermin vereinbart und dies der Anknüpfungspunkt für eine konkludente Willenserklärung des Interessenten sein soll, wohl aber, wenn diese Terminanfrage per E-Mail erfolgt.[193]

6. Vertragsschluss bei unbestellt zugesendeter Ware

110 Werden einem Verbraucher Waren unbestellt zugesandt und erklärt der Absender dabei, er verzichte auf eine Annahmeerklärung, so könnte man annehmen, dass der Empfänger, der die Ware ohne Protest oder Aufforderung zur Rücknahme behält, das Vertragsangebot konkludent annimmt und der Zugang der Annahme nach § 151 S. 1 BGB entbehrlich ist. Zum Schutz des Verbrauchers schließt § 241a I BGB eine solche Auslegung jedoch aus (s. Rn. 96).[194] Ohne ausdrückliche oder konkludente Annahme (z.B. durch Überweisung des Kaufpreises nach Belehrung) kommt weder ein Vertrag zustande noch ist der Verbraucher gesetzlichen Ausgleichsansprüchen ausgesetzt.[195]

7. Vertragsschluss durch betriebliche Übung

111 Gewährt ein Arbeitgeber seinen Arbeitnehmern eine Leistung (ohne vertragliche Verpflichtung) mindestens drei Jahre lang (z.B. eine Weihnachtsgratifikation oder ein Ruhegehalt), so ist dieses Verhalten nach h.M. als **konkludentes Vertragsangebot** auf weitere Gewährung dieser Leistung anzusehen, das von den Arbeitnehmern nach § 151 S. 1 BGB stillschweigend angenommen wird.[196] Dieser Anspruch kann dann nur wie ein Arbeitsvertrag z.B. durch Änderungskündigung oder Änderungsvertrag beseitigt werden.[197]

---

188 BGH NJW 2017, 1024, 1025; BGH NJW 2002, 817; BGH NJW-RR 1999, 361, 362.
189 BGH NJW 2017, 1024, 1025; BGH NJW 2002, 1945.
190 BGH NJW 2017, 1024, 1026. Ausf. dazu sowie zum verbraucherschützenden Widerruf des Maklervertrags: *Würdinger*, NZM 2017, 545 ff.
191 BGH NJW 2017, 1024, 1025; BGH NJW 2012, 2268, 2269; zust. *H. Roth*, LMK 2012, 334936; *Hogenschurz*, ZfIR 2012, 545 ff.
192 OLG Karlsruhe NZM 2023, 430, 431.
193 *Würdinger*, JuS 2023, 627, 632.
194 PWW/*Kramme*, § 241a Rn. 13.
195 *Brox/Walker*, Allgemeines Schuldrecht, § 3 Rn. 7 ff; vgl. *Säcker/Mohr*, Fall 9 (S. 127 ff).
196 Vgl. *Walker*, JuS 2007, 1 ff; *Herberger*, jM 2015, 460 ff.
197 BAG AP BGB § 242 Betriebliche Übung Nr. 80; BAGE 118, 360, 369 = NZA 2006, 1174, 1177; BAGE 130, 21 (Rn. 13) = NJW 2009, 2475, 2476.

Allerdings kann ein Arbeitgeber eine betriebliche Übung nicht mit der Begründung anfechten, er habe um die Konsequenz nicht gewusst, da ein solcher Irrtum als bloßer Rechtsfolgenirrtum unbeachtlich ist. Ein Änderungsvertrag wird nicht konkludent dadurch geschlossen, dass der Arbeitgeber seine Zahlungen ausdrücklich unter einen Freiwilligkeitsvorbehalt stellt und die Arbeitnehmer die Leistung dennoch widerspruchslos annehmen. Denn nach § 308 Nr. 5 BGB ist eine an das Schweigen der Arbeitnehmer geknüpfte Fiktionswirkung (Zustimmung zu einem nachteiligen Änderungsangebot) unwirksam, wenn die drohende Fiktionswirkung dem Vertragspartner des Klauselverwenders nicht hinreichend bewusst gemacht (lit. b) und ihm keine angemessene Frist zur Abgabe einer ausdrücklichen Erklärung eingeräumt wird (lit. a).[198]

In der Literatur wird diese Vertragstheorie teilweise kritisiert, weil der Anspruch der Arbeitnehmer letztlich unabhängig von einem Verpflichtungswillen des Arbeitgebers bestehe. Abzustellen sei deshalb auf das berechtigte Vertrauen des Arbeitnehmers (Theorie der **Vertrauenshaftung**).[199] Nach dieser Lehre könnte der Arbeitgeber das Vertrauen aber ohne Weiteres durch einen Freiwilligkeitsvorbehalt zerstören.

8. Vertragsschluss im Internet

Auch im Internet kommt ein Vertrag durch Angebot und Annahme zustande.[200] Häufig 112 werden Waren oder Dienstleistungen im Internet nur inseriert, sodass von einer *invitatio ad offerendum* auszugehen ist und erst der Interessent, der entsprechende Felder oder Bestellformulare ausfüllt, rechtlich ein Angebot abgibt. Dessen Zugang hat der Unternehmer nach § 312i I 1 Nr. 3 BGB unverzüglich elektronisch zu bestätigen, was in der Regel durch einen Autoresponder erfolgt. Ob der Unternehmer den Antrag uno acto mit dem Absenden der Bestellung bzw. mit Erteilung der Eingangsbestätigung angenommen hat oder noch frei bleiben will, hängt entscheidend vom Inhalt seiner Erklärung ab.[201] Nach § 312j III, IV BGB kommt ein Vertrag zwischen einem Verbraucher und einem Unternehmer im elektronischen Geschäftsverkehr zudem nur zustande, wenn der Verbraucher den Vertragsschluss durch Anklicken einer Schaltfläche „zahlungspflichtig bestellen" o.ä. bestätigt (**Button-Lösung**). Dadurch soll Kosten- und Abofallen im Internet entgegengewirkt werden.[202] Spiegelbildlich dazu sieht § 312k II BGB einen sog. **Kündigungsbutton** für die Kündigung von Dauerschuldverhältnissen im elektronischen Rechtsverkehr vor.

Fall 33: V bietet über die Internet-Plattform eBay unter Nutzung der Festpreis-Funktion „Sofort-Kaufen" ein E-Bike zum Kauf an. An der dafür vorgesehenen Stelle auf der Angebotsseite trägt er einen Sofortkaufpreis von 100 € und Versandkosten von 39,90 € ein. Die auf der Angebotsseite unter Verwendung von Großbuchstaben und Fettdruck der Preisangabe unmittelbar vorangestellte Artikelbezeichnung lautet: „Pedelec neu einmalig 2.600 € Beschreibung lesen!!" Am Ende der Artikelbeschreibung fügt V – wiederum in Großbuchstaben – folgende Angaben hinzu: „[…] Bitte Achtung, da ich bei der Auktion nicht mehr als 100 € eingeben kann (wegen der hohen Gebühren), erklären Sie sich bei einem Gebot von 100 € mit einem Verkaufspreis von 2.600 € + Versand einverstanden. […]." 113

198 BAGE 130, 21 (Rn. 17 ff) = NJW 2009, 2475, 2477.

199 So ErfK/*Preis*, § 611a BGB Rn. 240.

200 Vgl. zum Vertragsschluss im Internet z.B. *Hergenröder*, ZJS 2017, 131 ff; zur vertragsrechtlichen Bedeutung von Emoticons *Freyler*, JA 2018, 732 ff.

201 *Leenen/Häublein*, § 8 Rn. 120 ff; *Paal*, JuS 2010, 953, 954; MüKo/*Wendehorst*, § 312i Rn. 96; vgl. *Lindacher/Hau*, Fall 6 (S. 33 ff); *Fritzsche*, Fall 12 (S. 102 ff): antizipierte Annahme.

202 Vgl. *Weiss*, JuS 2013, 590 ff.

K betätigt die Schaltfläche „Sofort-Kaufen", um das E-Bike zu erwerben. Noch am gleichen Tag weist V den K per E-Mail darauf hin, dass aus seiner Sicht der Kaufpreis in Höhe von 2.600 € maßgeblich sei. K hält dagegen den eingegebenen und ihm auch in der Kaufbestätigung von eBay einschließlich der Versandkosten angezeigten Kaufpreis von 139,90 € für maßgebend. Im Folgenden zahlt K 139,90 € und verlangt den Versand des E-Bikes an seine Anschrift.

K beruft sich auf folgenden Passus in den eBay-AGB, der unmittelbar zwischen V und K gelte: *„Angebote können unter bestimmten Voraussetzungen auch mit der Option Sofort-Kaufen (Festpreis) versehen werden. In diesem Fall kommt ein Vertrag über den Erwerb des Artikels unabhängig vom Ablauf der Angebotszeit und ohne Durchführung einer Auktion bereits dann zum Sofort-Kaufen-Preis (Festpreis) zustande, wenn ein Mitglied diese Option ausübt. Die Option kann von jedem Mitglied ausgeübt werden, solange noch kein Gebot auf den Artikel abgegeben wurde oder die Gebote einen vom Verkäufer festgelegten Mindestpreis noch nicht erreicht haben."*

Zu Recht?[203]

Lösung: K könnte gegen V einen Anspruch auf Übergabe und Übereignung des E-Bikes aus **§ 433 I 1 BGB** haben.

I. Voraussetzung hierfür ist ein wirksamer Kaufvertrag, der durch zwei übereinstimmende Willenserklärungen, Antrag und Annahme, zustande kommt (§§ 145 ff BGB). Auch bei Willenserklärungen, die im Internet abgegeben werden, gelten diese Vorschriften. Willenserklärungen können rechtswirksam online per Mausklick abgegeben werden, da dies als Erklärungszeichen für den äußeren Tatbestand der Willenserklärung ausreicht.

1. Fraglich ist, ob **in der Freischaltung der Angebotsseite durch V ein Angebot** zu sehen ist. Unter einem Angebot i.S.d. § 145 BGB ist jede empfangsbedürftige Willenserklärung zu verstehen, die auf den Abschluss eines Vertrages gerichtet ist, dessen Gegenstand und Inhalt in der Erklärung hinreichend bestimmt oder bestimmbar sind. Problematisch könnte hier der erkennbare Rechtsbindungswille sein. Möglicherweise ist in der Freischaltung der Angebotsseite durch V lediglich eine ***invitatio ad offerendum*** zu sehen. In der Regel ist das Warenangebot auf einer Website nicht anders als ein Angebot im Katalog oder Schaufenster zu beurteilen, also als bloße Aufforderung zur Abgabe eines Angebots einzuordnen.[204] Ob dem hier ebenfalls so ist, muss im Wege der Auslegung nach dem Verständnis eines objektiven Betrachters in der Situation des Empfängers analog §§ 133, 157 BGB beurteilt werden. Vorliegend hat V das E-Bike unter Nutzung der Festpreis-Funktion „Sofort-Kaufen" und mit einer genauen Artikelbeschreibung auf seiner Angebotsseite eingestellt. Diese Erklärung durfte K so verstehen, dass ein Vertrag unmittelbar mit demjenigen zustande kommen soll, der als erster die Schaltfläche „Sofort-Kaufen" betätigt. Der Rechtsbindungswille des V ist daher erkennbar, sodass von einem verbindlichen Angebot auszugehen ist.[205]

---

203 **Nach BGH NJW 2017, 1660 ff.**

204 *Dethloff*, JURA 2003, 730, 731 f.

205 Anmerkung: Es wäre nicht korrekt, zur Bestimmung des Erklärungswerts der Freischaltung des Angebots allein auf die eBay-AGB abzustellen. Denn nach der Rechtsprechung bilden die eBay-AGB, die von den Parteien bei ihrer Anmeldung akzeptiert worden sind, (lediglich) die Auslegungsgrundlage dafür, wie die Parteien als Erklärungsempfänger die jeweilig abgegebenen Erklärungen verstehen durften, s. nur BGHZ 149, 129 ff = NJW 2002, 363, 364; BGH NJW 2011, 2421, 2423 (Rn. 21); BGH NJW 2015, 1009, 1010 (Rn. 19). Gerade bei der Option „Sofort-Kaufen" folgt der Erklärungswert des Einstellens eines Artikels aber nicht erst aus der Auslegung der AGB, sondern bereits aus der Aufstellung der Warenpräsentation selbst. Der Klausel kommt damit nur eine klarstellende Bedeutung zu, s. *Föhlisch/Stariradeff*, NJW 2016, 353, 354.

2. Problematisch ist, welchen **Inhalt die von V abgegebene Willenserklärung** aufweist (Kaufpreis von 100 € oder von 2.600 €, jeweils zzgl. Versandkosten). Auslegungsmaßstab ist bei empfangsbedürftigen Willenserklärungen grundsätzlich der objektive Empfängerhorizont (§§ 133, 157 BGB).

a) V und K könnten einen Festpreis in Höhe von 100 € zzgl. Versand vereinbart haben. Hierfür sprechen die eBay-AGB, die unmittelbar zwischen den Kaufvertragsparteien einbezogen sein könnten. Gegen eine derartige Einbeziehungslösung spricht jedoch der Grundsatz der Relativität der Schuldverhältnisse. Die eBay-AGB sind nur im Verhältnis zwischen eBay und dem jeweiligen Inhaber des Mitgliedskontos vereinbart; sie gelten daher **nicht unmittelbar** zwischen V und K und entfalten keine Drittwirkung. Da jedoch beide Vertragsparteien vor der Teilnahme an der Verkaufsaktion diesen AGB zugestimmt haben, können sie für die (ergänzende) Auslegung ihrer jeweiligen (lückenhaften) Willenserklärungen fruchtbar gemacht werden (sog. **Auslegungslösung**).[206] Es ist nach dem objektiven Empfängerhorizont (§§ 133, 157 BGB) davon auszugehen, dass die Kaufvertragsparteien wollen, dass ihr Geschäft zu den eBay-Bedingungen zustande kommt. Hiernach hätten die Parteien den Sofort-Kaufen-Preis (Festpreis) in Höhe von 100 € vereinbart.

b) Anders verhält es sich jedoch, wenn – wie hier – einer der Teilnehmer an der Verkaufsaktion erkennbar von den Regelungen der eBay-AGB in bestimmter Hinsicht abgerückt ist. Maßgeblich ist das **individuell Vereinbarte**, selbst wenn es mit den eBay-AGB nicht in Einklang steht.[207] Dies wäre sogar dann so, wenn die eBay-AGB unmittelbar zwischen V und K gelten würden (Vorrang der Individualvereinbarung nach § 305b BGB).

Die Auslegung des von V geschalteten Angebots in seiner Gesamtheit ergibt, dass das E-Bike für 2.600 € zum Verkauf angeboten werden sollte. Zwar mag ein Kaufinteressent aufgrund der Gestaltung der Angebotsseite nach seinem Empfängerhorizont zunächst davon ausgehen, dass der neben der Schaltfläche „Sofort-Kaufen" erscheinende und optisch hervorgehobene Festpreis betragsmäßig dem Angebot des Verkäufers entspricht. Dabei darf er jedoch nicht stehenbleiben, sondern muss zur Bestimmung des wirklichen Erklärungstatbestands stets die insgesamt abgegebenen Erklärungen berücksichtigen und darf nicht nur einzelne Erklärungsbestandteile als vermeintlich maßgebend herausgreifen.

Vor diesem Hintergrund lässt sich auch kein Widerspruch in der von V abgegebenen Erklärung erkennen. Ein solcher löst sich schon dadurch unmissverständlich dahingehend auf, dass der genannte Angebotspreis von 100 € nur zwecks Einsparung von Verkaufsgebühren genannt, in Wirklichkeit aber nicht gewollt war, sondern auf 2.600 € lauten sollte. Zudem hatte V bereits in der direkt über dem Sofortkauf-Button platzierten Angebotsüberschrift einen Preis von 2.600 € deutlich sichtbar hervorgehoben und zur Erläuterung auf die nachgestellte Beschreibung verwiesen.

c) Möglicherweise steht diesem Auslegungsergebnis jedoch der Einwand entgegen, dass ein auf 2.600 € lautender Kaufpreis wegen der dann anfallenden höheren Transaktionsgebühren auf eine betrügerische Manipulation zulasten von eBay hinausliefe und gem. **§ 134 BGB** die Nichtigkeit einer solchen Preisvereinbarung zur Folge hätte. Es

206 BGHZ 149, 129 ff = NJW 2002, 363 ff; BGH NJW 2011, 2421, 2423 (Rn. 21); BGH NJW 2015, 1009, 1010 (Rn. 19).

207 BGH NJW 2017, 1660, 1661 (Rn. 13).

könnte davon auszugehen sein, dass die Parteien im Zweifel eine gesetzeskonforme Regelung gewollt hätten und deshalb diejenige Auslegung den Vorzug verdiene, bei der die Nichtigkeit des Rechtsgeschäfts vermieden werde.

Jedoch ist das Rechtsverhältnis der Parteien untereinander von ihrem Rechtsverhältnis zum Plattformbetreiber eBay unabhängig und abweichenden Regelungen zugänglich, sodass in dieser Rechtsbeziehung das individuell Vereinbarte gilt, auch wenn es mit den eBay-AGB nicht im Einklang steht. Daher ist bei der nach §§ 133, 157 BGB vorzunehmenden Auslegung der Preisvereinbarung von deren Wortlaut und deren erkennbarem Sinn und Zweck auszugehen, ohne dass es bei einem eindeutigen Auslegungsergebnis zusätzlich darauf ankommt, ob die sich hierbei ergebende Vertragsbestimmung gesetzeskonform ist.[208]

d) K müsste das Angebot durch die Kundgabe seiner uneingeschränkten Zustimmung zum Vertragsschluss angenommen haben. Ausgehend von dem nach §§ 133, 157 BGB maßgeblichen objektiven Empfängerhorizont durfte V davon ausgehen, dass K durch die vorbehaltlose Betätigung des Sofortkauf-Buttons die Annahme des vorstehend beschriebenen Angebots uneingeschränkt erklärt hat.

II. Der Anspruch des K gegen V könnte jedoch durch eine Anfechtung gem. **§ 142 I BGB** erloschen sein.

1. Eine Anfechtungserklärung i.S.d. § 143 I BGB ist jede Willenserklärung, die unzweideutig erkennen lässt, dass das Rechtsgeschäft rückwirkend beseitigt werden soll. Dazu bedarf es nicht des ausdrücklichen Gebrauchs des Wortes „anfechten". Es kann vielmehr nach den Umständen genügen, wenn eine Verpflichtung, die nach dem objektiven Erklärungswert der – gegebenenfalls durch schlüssiges Handeln getätigten – Willensäußerung übernommen worden ist, bestritten oder nicht anerkannt wird oder wenn ihr sonst widersprochen wird. Erforderlich ist nur, dass sich unzweideutig der Wille ergibt, das Geschäft gerade wegen des Willensmangels nicht bestehen lassen zu wollen.[209]

K hat *in casu* bereits in der unmittelbar nach Abschluss des Geschäfts mittels E-Mail geführten Korrespondenz gegenüber V zum Ausdruck gebracht, dass er nicht bereit sei, eine Verpflichtung zur Kaufpreiszahlung in der von V verlangten Höhe anzuerkennen und dies in der wenige Tage später erfolgten Zahlung von lediglich 139,90 € nachdrücklich wiederholt.

Problematisch ist jedoch, dass K in erster Linie die Erfüllung des Kaufvertrags durch V nach Maßgabe des von ihm angenommenen Vertragsinhalts begehrt und insoweit von einem (Fort-)Bestand des Vertrags ausgeht. Die Anfechtungserklärung steht daher unter der Bedingung, dass der Vertrag nicht im Sinne des K ausgelegt wird (sog. **Eventualanfechtung**). Fraglich ist, ob die grundsätzliche Bedingungsfeindlichkeit von Gestaltungserklärungen die Unwirksamkeit der Erklärung zur Folge hat. Doch ist vorliegend zu berücksichtigen, dass die Parteien über die Auslegung eines Rechtsgeschäfts streiten und eine Partei an den Vertrag nur gebunden sein will, wenn er in ihrem Sinne ausgelegt wird. Dann wird die Anfechtungserklärung nicht von einem zukünftigen ungewissen Ereignis abhängig gemacht. Die Wirkung der Anfechtung ergibt sich nämlich aus der künftigen gerichtlichen Klarstellung eines nur für die Parteien ungewissen, aber objektiv be-

208 BGH NJW 2017, 1660, 1662 (Rn. 22).

209 BGHZ 91, 324, 331 = NJW 1984, 2279, 2280; BGH NJW 2017, 1660, 1663 (Rn. 29); MüKo/*Busche*, § 143 Rn. 2.

reits bestehenden Rechtszustandes. Dies ist eine sog. Rechtsbedingung und keine Bedingung i.S.d. § 158 BGB.[210] Die Anfechtungserklärung (§ 143 I BGB) ist demzufolge wirksam.

2. K könnte bei der Abgabe seiner Annahmeerklärung einem Inhaltsirrtum i.S.d. § 119 I Alt. 1 BGB erlegen sein. K hat seine Erklärung zwar so, wie sie lautet, auch tatsächlich abgeben wollen (kein Irrtum in der Erklärungshandlung), sich aber über die Bedeutung, die dem Erklärten unter den gegebenen Umständen im Rechtsverkehr zukam, geirrt. Es handelt sich daher um einen Inhaltsirrtum i.S.d. § 119 I Alt. 1 BGB.

3. K hat die Anfechtung gegenüber dem Verkäufer V als dem richtigen Anfechtungsgegner (§ 143 II Var. 1 BGB) konkludent erklärt.

4. K hat zudem die Anfechtungsfrist des § 121 I 1 BGB beachtet, indem er die Anfechtungserklärung unverzüglich, d.h. ohne schuldhaftes Zögern, abgab.

Der Kaufvertrag ist aufgrund der wirksamen Anfechtung gem. § 142 I BGB ex tunc nichtig. K hat keinen Anspruch auf Übergabe und Übereignung des E-Bikes aus § 433 I 1 BGB gegen V.

Nota bene: Der Anfechtende K macht sich nach § 122 I BGB schadensersatzpflichtig. Abweichend von § 142 I BGB muss sich K am wirklich Gewollten (Kaufvertrag mit einem Kaufpreis von 100 € zzgl. Versandkosten) festhalten lassen, wenn V als Anfechtungsgegner sich darauf beruft; *in casu* ist dies aus verständlichen Gründen nicht erfolgt. Andernfalls würde sich der Anfechtende treuwidrig verhalten (§ 242 BGB, venire contra factum proprium).

Fall 34: V bietet über die Internet-Plattform eBay einen gebrauchten VW Golf im Auktionsformat mit einem Startpreis von 1,00 € an. Ein unbekannt gebliebener Dritter gibt ein Gebot in dieser Höhe ab. Im Folgenden gibt K als einziger weiterer Bieter mehrere Gebote ab. Dabei wird er von V, der über sein anderes Benutzerkonto Gebote auf seine eigene Auktion abgibt, immer wieder überboten. Im Zeitpunkt des Auktionsablaufs liegen zwei Gebote über 17.000 € sowohl von V als auch von K vor. Das Gebot des V ist dabei vorrangig vor dem des K, da es zeitlich früher abgegeben wurde. K verlangt dennoch die Übergabe und Übereignung des Kfz und zwar nach Bekanntwerden der Manipulation des V zum Kaufpreis von 1,50 €. V teilt ihm jedoch mit, dass er das Fahrzeug mittlerweile anderweitig verkauft und übereignet habe und der Käufer auf keinen Fall zur Herausgabe des Pkw bereit sei. Daraufhin tritt K vom Kaufvertrag zurück und verlangt Schadensersatz in Höhe des auf 16.500 € bezifferten Marktwerts des Fahrzeugs. Zu Recht?[211] **114**

Anmerkung: Die Auktion erfolgt auf Grundlage der zu diesem Zeitpunkt maßgeblichen AGB von eBay.

„§ 10. Auktion, Auktion mit Sofort-Kaufen-Option, Multiauktion und Angebot an unterlegene Bieter.

1. Stellt ein Anbieter auf der eBay-Website einen Artikel im Angebotsformat Auktion ein, gibt er ein verbindliches Angebot zum Abschluss eines Vertrags über diesen Artikel ab. Dabei bestimmt der Anbieter einen Startpreis und eine Frist (Angebotsdauer), binnen derer das Angebot per Gebot angenommen werden kann. Der Bieter nimmt das Angebot durch Abgabe eines Gebots über die Bieten-Funktion an. Das Gebot erlischt, wenn ein anderer Bieter während der Angebotsdauer ein höheres Gebot abgibt. Bei Ablauf der Auktion oder bei vorzeitiger Beendi-

210 BGH NJW 2017, 1660, 1663 (Rn. 31); s. schon BGH NJW 2007, 1282, 1284 (Rn. 17).
211 **Nach BGH NJW 2017, 468 ff**; dazu *Hennemann*, S. 5 ff.

gung des Angebots durch den Anbieter kommt zwischen Anbieter und Höchstbietendem ein Vertrag über den Erwerb des Artikels zustande, [...].

2. Jeder Bieter kann bei einer Auktion ein Maximalgebot abgeben. Das Maximalgebot stellt den Höchstbetrag dar, den der Bieter bereit ist, für den Artikel zu bezahlen. Das Maximalgebot bleibt dem Anbieter und anderen Bietern verborgen. Bieten weitere Mitglieder auf den Artikel, so wird das aktuelle Gebot automatisch schrittweise erhöht, sodass der Bieter so lange Höchstbietender bleibt, bis sein Maximalgebot von einem anderen Mitglied überboten wurde. [...]

6. Mitglieder dürfen den Verlauf einer Auktion nicht durch die Abgabe von Geboten unter Verwendung eines weiteren Mitgliedskontos oder durch die gezielte Einschaltung eines Dritten manipulieren. Insbesondere ist es dem Anbieter untersagt, selbst Gebote auf die von ihm eingestellten Angebote abzugeben. [...]"

Zugleich gibt eBay den Bietern bei solchen Auktionen abhängig von der Höhe des aktuellen Gebots sog. Erhöhungsschritte vor. Das ist der Mindestbetrag, um den die Teilnehmer das aktuelle Höchstgebot überbieten müssen, um selbst Höchstbietender werden zu können. Bis zu einer Gebotshöhe von 49,99 € beträgt dieser Erhöhungsschritt 0,50 € und steigert sich in Stufen. Ab einer 5.000 € überschreitenden Gebotshöhe beläuft sich der jeweilige Erhöhungsbetrag schließlich auf 50 €.

Lösung: K könnte einen Anspruch auf Schadensersatz gegen V aus §§ 280 I, III, 283 BGB haben. Dieser wird durch den Rücktritt nicht ausgeschlossen (§ 325 BGB).

I. 1. Zwischen K und V könnte ein Kaufvertrag (§ 433 BGB) zustande gekommen sein. Fraglich ist, ob sich der Vertragsschluss im Rahmen von Internetauktionen nach § 156 S. 1 BGB richtet. Die Vorschrift passt aber nur bei „Live-Auktionen", nicht jedoch bei „Langzeit-Auktionen", bei denen der Vertrag mit dem Höchstbietenden nicht durch Zuschlag, sondern durch bloßen Zeitablauf zustande kommt. Maßgebend sind daher die §§ 145 ff BGB.[212]

V hat dadurch, dass er die Auktion des zum Verkauf gestellten Fahrzeugs mit einem Anfangspreis von 1,00 € gestartet hat, ein verbindliches (aufschiebend bedingtes) Verkaufsangebot i.S.v. § 145 BGB abgegeben (keine bloße *invitatio ad offerendum*). Dieses war *ad incertas personas* an denjenigen gerichtet, der zum Ablauf der Auktionslaufzeit als der nach § 148 BGB bestimmten Annahmefrist das Höchstgebot abgegeben haben würde.[213]

2. Problematisch ist jedoch, dass bei Ablauf der Auktionslaufzeit V selbst das höchste, zeitlich vorrangige und damit möglicherweise maßgebende Gebot abgegeben hat. Bei derartigen preistreibenden Eigengeboten des Verkäufers spricht man von Lockvogel-Geboten (Gebotstreiberei, sog. **shill bidding**).

Es stellt sich die Frage, ob V mit einem derartigen Gebot eine wirksame Annahme erklärt hat. Dagegen spricht, dass das mit Eröffnung der Auktion erklärte Angebot des V von vornherein nur an von ihm personenverschiedene Bieter gerichtet war. Schließlich ist das in § 145 BGB geregelte Angebot bereits definitionsgemäß darauf angelegt, die Schließung eines Vertrags **„einem anderen"** als dem Anbietenden anzutragen. Dies steht in Einklang mit den eBay-AGB, die zwar nicht unmittelbar zwischen Käufer und Verkäufer wirken, aber im Wege der Auslegung zu berücksichtigen sind (sog. Auslegungslösung,

212 BGH NJW 2005, 53, 54; MüKo/*Säcker*, Einl. Rn. 212; *Oechsler*, NJW 2015, 665, 665; *Heinrich*, Klausur 3, S. 71 ff; *Petersen*, § 12 Rn. 31 f.

213 *Schmidt/Brunschier*, JuS 2017, 137, 138 f.

siehe Fall 33). Es entspricht dem gängigen, von § 10 Nr. 1 eBay-AGB vorausgesetzten Verständnis eines Vertrags als mindestens zweiseitigem Rechtsgeschäft. Das wird noch dadurch unterstrichen, dass der Plattformbetreiber es in § 10 Nr. 6 eBay-AGB verbietet, die innerhalb desselben Benutzerkontos technisch ausgeschlossene Abgabe von Eigengeboten durch Nutzung eines weiteren Mitgliedskontos zu umgehen. Ein Vertrag zwischen zwei Personen setzt deshalb zu seiner wirksamen Entstehung begrifflich mindestens zwei zustimmende Willenserklärungen verschiedener Rechtssubjekte voraus.[214] War danach das in die Auktion eingestellte Angebot des V zu seiner Annahmefähigkeit begriffsnotwendig an einen anderen gerichtet, konnte es von ihm selbst als vom Adressatenkreis Ausgeschlossenem bereits mangels Adressateneignung nicht wirksam angenommen werden. Insbesondere hat sein Auftreten unter verschiedenen Benutzernamen die einem wirksamen Vertragsschluss entgegenstehende Identität von Anbieter und Bieter nicht beseitigen können. Dies korrespondiert im Übrigen mit den Rechtsfolgen der Konfusion, also dem Erlöschen eines Schuldverhältnisses bei einem nachträglichen Zusammentreffen von Gläubiger- und Schuldnerstellung.

Die Annahmeerklärung des V ist damit rechtlich unbeachtlich, weil er sein eigenes Angebot nicht wirksam annehmen kann. Vielmehr hat K als Bieter mit dem höchsten Gebot bei Auktionsende eine wirksame Annahmeerklärung abgegeben. Zwischen V und K ist ein Kaufvertrag zustande gekommen.

3. Fraglich ist aber, auf welches Gebot des K vorliegend abzustellen ist. In Betracht kommen das erste von ihm abgegebene Gebot i.H.v. 1,50 € oder das letzte über 17.000 €. Die Beantwortung dieser Frage hat aufgrund einer umfassenden wertenden Betrachtung der Umstände des Vertragsschlusses unter Berücksichtigung der für den Auktionsablauf maßgebenden eBay-AGB zu erfolgen. Als ausschlaggebend erweist sich die Bestimmung des § 10 Nr. 2 eBay-AGB. Hiernach veranlasst ein Bieter durch die Eingabe eines den anderen Bietern und dem Anbieter (zunächst) verborgenen Maximalgebots, dass sein aktuelles Gebot automatisch schrittweise erhöht wird, wodurch der Bieter solange Höchstbietender bleibt, bis sein Maximalgebot **von einem anderen Bieter übertroffen** wird. Vor diesem Hintergrund ergibt die Auslegung der Maximalgebote und -erhöhungen, dass K keine unbedingten, betragsmäßig bezifferten Annahmeerklärungen abgegeben hat. Er hat vielmehr zunächst nur erklärt, das im Vergleich zum Mindestbetrag oder bereits bestehenden Geboten jeweils nächsthöhere Gebot abzugeben, um dadurch den Mindestbetrag zu erreichen oder bereits bestehende Gebote von Mitbietern um den jeweils vorgegebenen Bietschritt zu übertreffen und auf diese Weise bis zum Erreichen des von ihm vorgegebenen Maximalbetrags Höchstbietender zu werden oder zu bleiben. Den Geboten des K lag mithin die alleinige Intention zugrunde, (wirksame) vorangegangene Gebote zu überbieten. Da die Eigengebote des V aber von vornherein nicht geeignet waren einen Vertragsschluss herbeizuführen, handelte es sich bei ihnen nicht um Gebote, die K übertreffen musste und wollte, um Höchstbietender zu werden. Tatsächlich wurde das einzige reguläre Gebot während der gesamten Auktionsdauer, welches nicht von K stammte und von ihm zu überbieten war, von einem unbekannten Dritten i.H.v. 1,00 € abgegeben. K hat dies mit seinem Gebot von 1,50 € auch im Hinblick auf den erforderlichen Bietschritt überboten. Dieses Gebot wurde bis zum Auktionsende nicht wirksam übertroffen.[215] Etwas anderes folgt nicht aus § 156 S. 2 BGB. Die Vorschrift findet auf Online-Auktionen

214 BGH NJW 2017, 468, 469 (Rn. 21 ff); BGH NJW-RR 2016, 784, 785 (Rn. 18); OLG Frankfurt MMR 2021, 820, 821 f (Rn. 28).

215 BGH NJW 2017, 468, 469 f (Rn. 24 ff); OLG Frankfurt MMR 2021, 820, 821 (Rn. 26).

weder direkte noch analoge Anwendung. Zwischen V und K ist mithin ein Kaufvertrag (§ 433 BGB) über den VW Golf zu einem Kaufpreis i.H.v. 1,50 € zustande gekommen. Ein Schuldverhältnis liegt daher vor.

4. Der Kaufvertrag könnte jedoch wegen **Sittenwidrigkeit nach § 138 I BGB** nichtig sein. Nach § 138 I BGB ist ein Rechtsgeschäft nichtig, bei dem zwischen Leistung und Gegenleistung ein auffälliges Missverhältnis besteht, wenn weitere Umstände hinzutreten (z.B. verwerfliche Gesinnung, Ausbeutung einer schwierigen Lage, Unerfahrenheit des Partners). Ein grobes, besonders krasses Missverhältnis lässt auf eine verwerfliche Gesinnung schließen. Bei Kaufverträgen über Grundstücke oder vergleichbar wertvolle bewegliche Sachen wird ein solches Missverhältnis angenommen, wenn der Wert der Leistung etwa doppelt so hoch ist wie der Wert der Gegenleistung. Fraglich ist, inwiefern diese Maßstäbe auf Internetauktionen übertragen werden können. Der Kaufpreis für den Pkw beträgt 1,50 €, wobei der Wert des Fahrzeugs bei 16.500 € liegt. Ein grobes, besonders krasses Missverhältnis besteht also. Damit wäre der Schluss auf die verwerfliche Gesinnung gerechtfertigt. Hintergrund dieses Schlusses ist jedoch die Überlegung, dass außergewöhnliche Leistungen in der Regel nicht ohne Not zugestanden werden. Bei einer Internetversteigerung sind es aber andere Gründe, die Einfluss auf die Preisgestaltung haben. So liegt der Reiz einer Auktion gerade darin, durch die Abgabe eines niedrigen Gebots möglicherweise ein Schnäppchen zu ergattern. Dadurch, dass sich die potentiellen Käufer gegenseitig überbieten, hat der Verkäufer die Chance, einen für ihn vorteilhaften Kaufpreis zu erzielen. Damit kann bei Auktionen aus einem groben, besonders krassen Missverhältnis kein Schluss auf eine verwerfliche Gesinnung gezogen werden. Notwendig wären vielmehr zusätzliche Umstände, die eine positive Feststellung der verwerflichen Gesinnung ermöglichen. Solche sind *in casu* jedoch nicht ersichtlich. Somit ist der zwischen V und K geschlossene Kaufvertrag nicht nach § 138 I BGB nichtig.

II. Da der Dritte, dem V das Fahrzeug übereignete, zu einer Rückübertragung nicht bereit ist, ist die Leistung nachträglich subjektiv unmöglich im Sinne des § 275 I Alt. 1 BGB geworden.[216]

III. Das Vertretenmüssen wird nach § 280 I 2 BGB vermutet. Eine Exkulpation des V kommt nicht in Betracht.

IV. Der nach §§ 249 ff BGB zu bestimmende Schaden beläuft sich auf das positive Interesse (sog. Erfüllungsschaden) und ist nach der Differenzhypothese zu ermitteln. K ist so zu stellen, wie er stünde, wenn der Vertrag ordnungsgemäß erfüllt worden wäre. In diesem Fall hätte er einen Pkw mit einem objektiven Wert von 16.500 € erhalten und dafür einen Kaufpreis von 1,50 € zahlen müssen.

K hat damit gegen V einen Anspruch auf Schadensersatz in Höhe von 16.498,50 €.

115 *In casu* hatte der BGH sich auch mit der Frage auseinanderzusetzen, ob zur Ermittlung eines Höchstgebots stets die Wirksamkeit aller vorangegangenen Gebote festgestellt werden müsse. Der BGH verneinte dies und stellte ausdrücklich klar, dass dies nur für die spezielle Konstellation der vom Verkäufer mit Manipulationsabsicht abgegebener Eigengebote und **nicht generell für die Behandlung unwirksamer Zwischengebote** gelte.

216 Allein der Verlust der Dispositionsmöglichkeit begründet noch keine Unmöglichkeit, s. BeckOGK-BGB/*Riehm*, § 275 Rn. 143: „Subjektive Unmöglichkeit liegt erst dann vor, wenn der Dritte, in dessen Gewalt sich die geschuldete Sache befindet, unauffindbar, um keinen Preis zur Herausgabe bereit, oder selbst zur Leistung aus tatsächlichen oder rechtlichen Gründen außerstande ist.".

Denn letztere seien Gebote regulärer, vom Verkäufer personenverschiedener Bieter, die – beruhend etwa auf Defiziten bei der Geschäftsfähigkeit oder auf Willensmängeln – unwirksam sind oder werden, die aber – anders als Eigengebote – nicht den Anschein der Unwirksamkeit gleichsam „auf der Stirn tragen" und bei denen deshalb der Schutz des Rechtsverkehrs einen höheren Stellenwert beanspruchen kann. Bei ihnen handelt es sich im Gegensatz zu Eigengeboten oder zu in kollusivem Zusammenwirken mit dem Anbieter abgegebenen Scheingeboten Dritter jedenfalls zunächst um Gebote „anderer Bieter" mit dem ernst gemeinten Ziel, Höchstbietender zu werden oder zu bleiben, um bei Auktionsende den Versteigerungsgegenstand tatsächlich zu erwerben.[217] Die Unwirksamkeit und die damit einhergehende Nichtberücksichtigung von Eigengeboten im Auktionsverfahren stellt folglich eine Ausnahmekonstellation dar, die von den Fällen der auf Geschäftsunfähigkeit oder Anfechtung beruhenden Unwirksamkeit von Geboten zu unterscheiden ist.

Onlineversteigerungen zwischen einem Verbraucher (§ 13 BGB) und einem Unternehmer (§ 14 BGB) sind Fernabsatzverträge (§ 312c BGB). Dem Verbraucher steht ein Widerrufsrecht gem. § 355 BGB zu (§ 312g I BGB). Die **Ausnahme des § 312g II Nr. 10 BGB** greift **nicht** (kein „Bieter, der den Zuschlag erhalten hat"); es handelt sich bei der Online-Auktion gerade nicht um eine Versteigerung im Sinne des § 156 BGB. **116**

Fall 35: V bietet über die Internet-Plattform eBay einen Radsatz für einen Audi A6 im Auktionsformat mit einem Startpreis von 1,00 € an. Er beendet die Auktion vorzeitig. Zu diesem Zeitpunkt war K Höchstbietender mit einem Gebot von 201 €. K hat in den vorherigen Jahren in großem Umfang Gebote bei eBay-Auktionen abgegeben. Nach den zu diesem Zeitpunkt geltenden eBay-AGB kommt ein Kaufvertrag mit dem Höchstbietenden auch bei vorzeitiger Beendigung der Auktion zustande, außer wenn der Anbieter zur Rücknahme des Angebots „gesetzlich" berechtigt war. Dem mehrfach geäußerten Übereignungsverlangen des K hält V entgegen, dass der Radsatz aus seiner Garage entwendet worden sei, was er erst unmittelbar vor dem Abbruch der Auktion bemerkt habe, jedoch nicht nachweisen kann. Nachdem V auf die Setzung einer angemessenen Frist sowie das wiederholte Herausgabeverlangen des K nicht reagierte, tritt K vom Kaufvertrag zurück und verlangt Schadensersatz. Zu Recht?[218] **117**

Lösung: K könnte gegen V einen Anspruch auf Schadensersatz aus §§ 280 I, III, 281 I 1 Alt. 1 BGB haben. Dieser wird durch den Rücktritt nicht ausgeschlossen (§ 325 BGB).

I. 1. Zwischen K und V könnte ein Kaufvertrag zustande gekommen sein. Fraglich ist, ob sich der Vertragsschluss im Rahmen von Internetauktionen nach § 156 S. 1 BGB richtet. Die Vorschrift passt aber nur bei „Live-Auktionen", nicht jedoch bei „Langzeit-Auktionen", bei denen der Vertrag mit dem Höchstbietenden nicht durch Zuschlag, sondern durch bloßen Zeitablauf zustande kommt. Maßgebend sind daher die §§ 145 ff BGB. Da V nicht den Nachweis erbringen konnte, dass ihm der Radsatz gestohlen worden war, durfte er die Internetauktion auch nicht aus berechtigtem Grund vorzeitig abbrechen.[219] Der Kaufvertrag kam daher zum Preis von 201 € zustande. Eine Nichtigkeit wegen Sittenwidrigkeit (§ 138 I BGB) besteht mangels Schutzwürdigkeit des V bei einem eBay-Geschäft, das vom Reiz eines Schnäppchens bestimmt ist, nicht.[220]

217 BGH NJW 2017, 468, 470 (Rn. 37 f).

218 **Nach BGH NJW 2019, 2475 ff.**

219 S. die Fortgeschrittenenklausur von *Schmidt/Brunschier*, JuS 2017, 137 ff zum Abbruch einer eBay-Auktion.

220 S. ausf. dazu Fall 34.

2. V hat den fälligen und durchsetzbaren Anspruch des K aus § 433 I 1 BGB nicht erfüllt (Nichtleistung im Sinne des § 281 I 1 Alt. 1 BGB).[221]

3. K hat dem V eine angemessene Frist zur Übergabe und Übereignung des Radsatzes gesetzt, § 281 I 1 Alt. 1 BGB; diese ist erfolglos abgelaufen.

4. Das Vertretenmüssen wird nach § 280 I 2 BGB vermutet. Eine Exkulpation des V kommt nicht in Betracht.

5. Der nach §§ 249 ff BGB zu bestimmende Schaden beläuft sich auf das positive Interesse (sog. Erfüllungsschaden) und ist nach der Differenzhypothese zu ermitteln. K ist so zu stellen, wie er stünde, wenn der Vertrag ordnungsgemäß erfüllt worden wäre.

II. Fraglich ist jedoch, ob V dem K den Einwand des **Rechtsmissbrauchs gem. § 242 BGB** entgegenhalten kann. Die Annahme eines Rechtsmissbrauchs erfordert eine sorgfältige und umfassende Prüfung aller maßgeblichen Umstände des Einzelfalls und muss auf besondere Ausnahmefälle beschränkt bleiben.[222]

Möglicherweise ergibt sich ein solcher Ausnahmetatbestand unter dem Gesichtspunkt, dass K sich als sog. **Schnäppchenjäger** betätigt, der bei Internetauktionen gezielt auf Waren bietet, die zu einem weit unter Marktwert liegenden Mindestgebot angeboten werden, und sein Höchstgebot auf einen deutlich unter dem Marktwert der Ware liegenden Betrag begrenzt. Dem ist jedoch entgegenzuhalten, dass die Privatautonomie dem keine Grenzen setzt und es gerade den Reiz einer solchen Internetauktion ausmacht, dass der Bieter die Chance hat, den Auktionsgegenstand zu einem Schnäppchenpreis zu erwerben, während umgekehrt der Veräußerer die Chance wahrnimmt, durch den Mechanismus des Überbietens einen für ihn vorteilhaften Preis zu erzielen.[223] Hieran ändert sich auch dann nichts, wenn ein Bieter sich in einer Vielzahl von Fällen solche für den Verkäufer riskanten Auktionsangebote zunutze macht, um ein für ihn günstiges „Schnäppchen" zu erzielen, weil allein die Quantität eines von der Rechtsordnung im Einzelfall gebilligten Vorgehens in der Regel nicht zu dessen Missbilligung führt. Die Versuche des K, ein für ihn günstiges „Schnäppchen" zu erzielen, begründen damit für sich noch nicht die Annahme eines Rechtsmissbrauchs.

Ein solcher könnte aber dann vorliegen, wenn K als sog. **„Abbruchjäger"** anzusehen ist. Dies wäre dann der Fall, wenn seine Absicht von vornherein nicht auf den Erfolg des Vertrags, sondern auf dessen Scheitern gerichtet ist, er also den angebotenen Gegenstand gar nicht erwerben will, sondern auf den Abbruch der Auktion abzielt, um daraufhin Schadensersatzansprüche geltend machen zu können. Allerdings lassen sich abstrakte, verallgemeinerungsfähige Kriterien, die den zwingenden Schluss auf ein Vorgehen als „Abbruchjäger" in diesem Sinne zuließen, nicht aufstellen. Es hängt vielmehr von der dem Tatrichter obliegenden Gesamtwürdigung der konkreten Einzelfallumstände ab, ob die jeweils vorliegenden Indizien einen solchen Schluss tragen.[224] Dementsprechend ist zunächst festzuhalten, dass der Rückschluss auf ein rechtsmissbräuchliches Verhalten

221 Im Unterschied zu Fall 34 liegt *in casu* keine subjektive Unmöglichkeit vor. Da nämlich V den behaupteten Diebstahl nicht beweisen konnte, handelt es sich hier lediglich um einen Fall der (angeblich) fehlenden Dispositionsmöglichkeit, der gerade nicht zur Unmöglichkeit der Leistung im Sinne des § 275 I Alt. 1 BGB führt, s. BeckOGK-BGB/*Riehm*, § 275 Rn. 143.

222 BGH NJW 2015, 548, 549 (Rn. 11).

223 BGH NJW 2015, 548, 549 (Rn. 10); BGH NJW 2012, 2723 (Rn. 20 f); OLG Frankfurt MMR 2021, 820, 822 (Rn. 38).

224 BGH NJW 2019, 2475 (Rn. 24 f); OLG Frankfurt MMR 2021, 820, 822 (Rn. 38).

des K nicht aus der Vielzahl seiner Gebote in verschiedenen Auktionen gezogen werden kann, weil er bei einem normalen Verlauf der Auktionen nicht damit rechnen muss, die Gesamtsumme seiner Angebote auch aufbringen zu müssen. Seine Vorgehensweise zielt nämlich gerade darauf ab, nur bei einer geringen Anzahl von Auktionen, dann aber zu einem für ihn aufbringbaren „Schnäppchenpreis", zum Zuge zu kommen.

Allerdings ist die Teilnahme des K an einer sehr großen Anzahl von Auktionen zumindest als wichtiges Indiz für eine mögliche rechtsmissbräuchliche Absicht zu werten. Jedoch hat K den V nach dem Vertragsschluss wiederholt zur Übereignung und Herausgabe des Radsatzes aufgefordert und hierdurch sein **Interesse an der Durchführung des Vertrags** hinreichend deutlich zum Ausdruck gebracht. Dieses Verhalten lässt keine Rückschlüsse auf eine etwa fehlende Erwerbsabsicht im Zeitpunkt der Internet-Auktion zu und widerlegt mithin die beschriebene indizielle Wirkung der häufigen Teilnahme des K an Internetauktionen.

V kann dem K daher nicht den Einwand der unzulässigen Rechtsausübung entgegenhalten.

K hat folglich gegen V einen Anspruch auf Schadensersatz aus §§ 280 I, III, 281 I 1 Alt. 1 BGB.

9. Vorvertrag und Hauptvertrag

Die Parteien können sich auch zunächst über einen Vorvertrag einigen, durch den sie sich **118**
wechselseitig zum späteren Abschluss des Hauptvertrages verpflichten. Der Abschluss eines Vorvertrages bezweckt eine vorzeitige Bindung der Parteien, wenn dem sofortigen Abschluss des Hauptvertrages noch tatsächliche oder rechtliche Hindernisse entgegenstehen. Werden die Hindernisse behoben, ist jede Seite zum Abschluss des Hauptvertrages verpflichtet und kann sich von dieser Verpflichtung nicht mehr einseitig lösen.[225]

IV. Konsens und Dissens

Ein Vertrag setzt eine Einigung der Parteien über alle wichtigen Umstände des Vertrages, **119**
die **essentialia negotii**, voraus. Dazu gehören die **Vertragsparteien** und die von diesen zu erbringenden **Leistungen**, z.B. bei einem Kaufvertrag: Käufer und Verkäufer, Kaufgegenstand, Kaufpreis. Können sich die Parteien insoweit nicht einigen, kommt kein Vertrag zustande. Es liegt dann ein **Totaldissens** vor. Ausnahmsweise kann ein Vertrag aber auch bei einer fehlenden Vergütungsvereinbarung zustande kommen: Bei manchen Verträgen, wie z.B. einem Dienstvertrag (§ 612 I BGB), einem Behandlungsvertrag (§§ 630b, 612 I BGB), einem Werkvertrag (§ 632 I BGB) oder einem Maklervertrag (§ 653 I BGB) gilt eine Vergütung stillschweigend als vereinbart, wenn die entsprechende Leistung nur gegen eine solche zu erwarten ist („Ob" der Vergütung). Hinsichtlich der Höhe („Wie" der Vergütung) ist dann beim Bestehen einer „Taxe" die taxmäßige Vergütung bzw. die übliche Vergütung als vereinbart anzusehen (siehe z.B. § 612 II BGB, § 632 II BGB, § 653 II BGB). Dazu zählen die nach Bundes- oder Landesrecht zugelassenen und festgesetzten Gebühren; bei Ärzten ist dies etwa die Gebührenordnung für Ärzte (GoÄ). Diese Vorschriften sowie die §§ 315 ff BGB zeigen, dass sich die Parteien

225 LAG Hamm NZA 2004, 210, 213 f (Vorvertrag über Einstellung eines Gymnasiallehrers).

ausnahmsweise auch ohne Einigung über den Preis vertraglich binden können, wenn sie das wirklich wollen.[226]

Kommt zwischen den Parteien keine Einigung über die Nebenpunkte, die **accidentalia negotii**, zustande, so hängt es vom Willen der Parteien ab, ob und wann der Vertrag geschlossen sein soll. Der Parteiwille kann u.U. mit Hilfe der **ergänzenden Vertragsauslegung** festgestellt werden. Nur wenn der Wille der Parteien nicht eindeutig festgestellt werden kann, kommt es auf die **Auslegungsregeln der §§ 154, 155 BGB** an, deren Anwendungsbereich ausschließlich den Fall der fehlenden Einigung über Nebenpunkte beinhaltet.[227] Beim **offenen Dissens** (§ 154 BGB) ist den Parteien bewusst, dass sie sich nicht über alles geeinigt haben, beim **versteckten Dissens** (§ 155 BGB) meinen sie, sie hätten sich geeinigt, obwohl das gar nicht der Fall ist.[228]

120 In der Praxis ergeben sich hieraus Probleme, weil der Einigungsmangel häufig nicht evident ist.

121 **Fall 36:** K hatte B ein Preisverzeichnis mit den von ihr geführten Waren freibleibend übersandt. Darin war auch Weinsteinsäure zu einem Preis von 34,25 € aufgeführt.

Am 20.3. schrieb B der K: „Erbitten Limit über 100 kg Weinsteinsäuregrieß bleifrei.“ K antwortete: „Weinsteinsäuregrieß bleifrei kg 64 € netto bei hiesiger Übernahme“. Darauf schrieb B erneut: „100 kg Weinsteinsäuregrieß bleifrei geordert, briefliche Bestätigung folgt.“

Nach Erhalt der Bestätigung stellte sich heraus, dass jede Seite die Weinsteinsäure verkaufen wollte. B verweigert Abnahme und Zahlung der Ware. K ließ sie öffentlich versteigern und verlangt die Differenz zum vereinbarten Kaufpreis als Schadensersatz. Zu Recht?[229]

Lösung: K könnte gegen B einen Anspruch auf Schadensersatz statt der Leistung aus §§ 280 I, III, 281 I 1 Alt. 1 BGB wegen endgültiger Erfüllungsverweigerung haben. Dazu müsste zwischen K und B ein Kaufvertrag nach § 433 BGB zustande gekommen sein.

Das ist fraglich, da beide Parteien Weinsteinsäure verkaufen wollten. Somit wurde keine Übereinstimmung hinsichtlich der Kaufvertragsparteien, Käufer und Verkäufer, erzielt. Es liegt daher keine Einigung über die essentialia negotii vor (sog. Totaldissens). In diesem Fall kommt kein Vertrag zustande.[230]

Ein Anspruch aus §§ 280 I, III, 281 I 1 Alt. 1 BGB scheidet daher aus.

K könnte gegen B aber einen Schadensersatzanspruch nach §§ 280 I, 311 II Nr. 1, 241 II BGB haben. Ob diese Grundsätze hier zur Anwendung kommen können, ist umstritten.

Nach der ablehnenden Ansicht[231] hat sich jeder Vertragspartner die aus dem Dissens resultierenden Nachteile selbst zuzuschreiben. Die befürwortende Ansicht[232] stützt sich auf Billigkeitserwägungen und den Verkehrsschutz. Letzterer Ansicht ist zuzustimmen. Da das Vertrauen in die Äußerungen der Gegenpartei im Geschäftsverkehr sehr wichtig ist, besteht eine Verpflichtung, durch klare Ausdrucksweise eine Irreführung des Verhand-

226 OLG Stuttgart NJW-RR 2011, 202, 203; vgl. *Bork*, Rn. 764 ff.
227 Erman/*Armbrüster*, § 154 Rn. 2, § 155 Rn. 1.
228 *Brox/Walker*, AT, § 11 Rn. 10 ff; *Petersen*, § 13 Rn. 5 f.
229 **Nach RGZ 104, 265 ff.**
230 Grüneberg/*Ellenberger*, § 155 Rn. 1; *Petersen*, § 13 Rn. 3; *Riehm*, Rn. 238.
231 MüKo/*Busche*, § 155 Rn. 15; *Flume*, § 34, 5.
232 RGZ 104, 265 ff; Staudinger/*Bork*, § 155 Rn. 17; *Medicus/Petersen*, AT, Rn. 439.

lungspartners zu vermeiden. Da B diese Pflicht fahrlässig (§ 276 II BGB) verletzt hat, ist er zum Ersatz des Vertrauensschadens der K verpflichtet.

Ihre eigene undeutliche Ausdrucksweise muss sich K allerdings gemäß § 254 I BGB als Mitverschulden anrechnen lassen.

K kann demnach von B einen anteilig gekürzten Schadensersatz nach §§ 280 I, 311 II Nr. 1, 241 II BGB verlangen.

Fall 37: Die Spritfresser-AG schließt mit der Täuscher-GmbH einen langfristigen Vertrag über den Alleinvertrieb von Spritfresser-Pkws. Dieser Vertrag war mit erheblichen Investitionen für die Täuscher-GmbH verbunden. Aus nicht mehr aufklärbaren Gründen unterblieb die Vereinbarung einer konkreten Vertragsdauer. Schon nach sechs Monaten kündigt die Spritfresser-AG den Vertrag zum Jahresende. Die Täuscher-GmbH widerspricht dieser Kündigung und begehrt die gerichtliche Feststellung, dass der Vertriebsvertrag frühestens nach fünf Jahren zum Jahresende beendet werde. Zu Recht?[233] **122**

Lösung: Die gerichtliche Feststellung, dass der Vertrag frühestens nach fünf Jahren beendet werden kann, kann von der Täuscher-GmbH nur dann erfolgreich begehrt werden, wenn sich dies aus dem geschlossenen Vertrag ergibt. Eine Vereinbarung über die Vertragsdauer wurde nicht ausdrücklich getroffen. Falls nicht im Wege der ergänzenden Vertragsauslegung ermittelt werden kann, welche Vereinbarung die Parteien getroffen hätten, ist auf die Auslegungsregeln der §§ 154, 155 BGB abzustellen. Voraussetzung für eine ergänzende Vertragsauslegung ist das Bestehen einer Regelungslücke im Vertrag, das Fehlen von dispositivem Gesetzesrecht und ein entsprechender hypothetischer Wille der Parteien.[234]

Eine Regelungslücke ist dann gegeben, wenn ein Vertrag einen offen gebliebenen Punkt enthält, dessen Ergänzung zwingend und selbstverständlich geboten ist, um einen offenbaren Widerspruch zwischen der tatsächlichen Lage und dem vertraglich Vereinbarten zu beseitigen.[235] Die Spritfresser-AG und die Täuscher-GmbH haben einen langfristigen Vertrag ohne Endzeitpunkt geschlossen. Bei Dauerschuldverhältnissen ist für beide Parteien die Beendigungsmöglichkeit wichtig, da sie sich auch wirtschaftlich auf die Vertragserfüllung einstellen müssen. Deshalb besteht hier eine Regelungslücke im Vertrag.

Eine dispositive gesetzliche Regelung existiert nicht. Insbesondere kann nicht § 89 I HGB herangezogen werden, da die Parteien einen langfristigen Vertrag über mehrere Jahre und keinen auf unbestimmte Zeit anstrebten.

Für den hypothetischen Willen der Parteien ist anhand aller in Betracht kommenden Umstände eine angemessene Interessenabwägung durchzuführen, um die Regelung zu finden, die redliche Vertragspartner vereinbart hätten.[236] Dabei ist vorliegend sowohl der geäußerte Wille zum Abschluss eines langfristigen Vertrages als auch die Tatsache zu berücksichtigen, dass die Täuscher-GmbH erhebliche Investitionen getätigt hat. Eine Mindestlaufzeit von fünf Jahren erscheint dabei dem hypothetischen Willen der Parteien am besten gerecht zu werden.

Die Täuscher-GmbH verlangt deshalb die gerichtliche Feststellung zu Recht.

---

233 **Nach BGH NJW 1975, 1116 f.**
234 MüKo/*Busche*, § 157 Rn. 38 ff; *Bork*, Rn. 532 ff.
235 Staudinger/*Roth*, § 157 Rn. 15.
236 Grüneberg/*Ellenberger*, § 157 Rn. 7; *Medicus/Petersen*, AT, Rn. 342 ff.

V. Vertragsschluss unter Verwendung Allgemeiner Geschäftsbedingungen

123 Die Verwendung von Allgemeinen Geschäftsbedingungen (§§ 305 ff BGB) ist aus dem Alltag des Geschäftslebens nicht mehr wegzudenken. Fast jeder Unternehmer verwendet sie, um einheitliche, auf seine besonderen Bedürfnisse abgestimmte Verträge zu schließen, ohne deren Details stets erneut aushandeln zu müssen.

Allgemeine Geschäftsbedingungen sind alle für eine Vielzahl von Verträgen vorformulierten Vertragsbedingungen, die eine Vertragspartei (Verwender) der anderen Vertragspartei bei Abschluss eines Vertrags stellt (§ 305 I 1 BGB).[237] Im Einzelfall kann es zweifelhaft sein, ob ein Vertragsmuster der Gegenseite wirklich „gestellt" ist. Bei Verträgen zwischen Unternehmer und Verbraucher wird nach § 310 III Nr. 1 BGB vermutet, dass der Unternehmer die AGB gestellt hat, wenn sie nicht durch den Verbraucher in den Vertrag eingeführt wurden. Bei Verträgen zwischen Verbrauchern gibt es keine derartige Vermutung. Als Verwender ist die Partei anzusehen, die die AGB in die Verhandlungen einführt. Werden aber verschiedene Musterverträge erörtert und entscheiden sich beide Seiten für einen bestimmten, sind die §§ 305 ff BGB nicht anwendbar.[238]

1. Einbeziehung in den Vertrag

124 Allgemeine Geschäftsbedingungen sind keine Rechtsnormen; deshalb gelten sie nur, wenn sie im Einzelfall in den jeweiligen Vertrag einbezogen werden. Hierzu muss der Verwender die andere Vertragspartei bei Vertragsschluss grundsätzlich ausdrücklich auf die AGB hinweisen (§ 305 II Nr. 1 BGB) und ihr die Möglichkeit geben, in zumutbarer Weise vom Inhalt der AGB Kenntnis zu erlangen (§ 305 II Nr. 2 BGB).[239]

125 **Fall 38:** K betreibt ein Gebäudereinigungsunternehmen. Er mietet ein Großzelt, das er als zusätzliche zeitlich befristete Lagermöglichkeit für Gerätschaften seines Unternehmens benötigt. Auf Anfrage unter seiner Unternehmensanschrift unterbreitet ihm das Unternehmen V ein Angebot: 500 € Mietzins pro Monat zuzüglich Kosten für Lieferung und Aufstellung. Außerdem heißt es in dem Schreiben:

„Für alle Aufträge gelten die AGB des Bundesverbandes der Schwergewebekonfektion."

Diese sind dem Angebot beigefügt. Unter Ziff. 14 heißt es darin:

„Der Mieter eines Zeltes hat dieses von Schnee zu räumen und ausreichend zu beheizen."

K glaubt, das Angebot sei günstig; er ruft daher bei dem Unternehmen V an und bestellt das Zelt entsprechend dem Angebot zum Aufbau Ende Oktober für ein halbes Jahr. Nach einigen Tagen erhält er ein Schreiben vom Unternehmen V mit der Überschrift: „Auftragsbestätigung". Darin heißt es:

„Wir danken für Ihren geschätzten Auftrag, den wir zu den Bedingungen des Bundesverbandes der Schwergewebekonfektion ausführen. Wir weisen darauf hin, dass das Zelt nicht für Schneelast ausgelegt ist, sondern bei Schneefall ausreichend zu räumen und zu beheizen ist."

Ist K zum Räumen von Schnee auf dem Zelt verpflichtet?

---

237 Ausf. *Löhnig/Gietl*, JuS 2012, 393 f; *Lorenz/Gärtner*, JuS 2013, 199 ff; *Wendland*, JURA 2019, 41 ff u. 486 ff.

238 BGHZ 184, 259 ff = NJW 2010, 1131 ff.

239 Vgl. *Faust*, § 29 Rn. 19 f; *Heinrich*, Klausur 6, S. 144; *Köhler*, AT, § 16 Rn. 15 ff; *Riehm*, Rn. 673 ff. Beachte aber die Fälle des § 310 I 1, IV 2 Hs. 2 BGB, in denen § 305 II BGB nicht anzuwenden ist.

Lösung: K könnte zum Räumen des Schnees auf dem Zelt aus dem Mietvertrag (§ 535 BGB) verpflichtet sein.

Ein Mietvertrag über das Zelt ist durch das Angebot von V und die Annahme durch K zustande gekommen. Nach § 535 I 2 BGB hat der Vermieter die vermietete Sache während der Mietzeit in einem vertragsgemäßen Zustand zu erhalten. Die Schneeräumpflicht ist deshalb grundsätzlich Sache des Vermieters. Das Unternehmen V könnte diese Pflicht aber durch vertragliche Vereinbarung auf K abgewälzt haben.[240]

In dem von K angenommenen Angebot des V wurde auf die beigefügten Allgemeinen Geschäftsbedingungen verwiesen, in deren Ziff. 14 eine Räum- und Heizpflicht des Mieters enthalten war. Um eine entsprechende Verpflichtung des K auszulösen, müssten diese AGB wirksam in den Mietvertrag einbezogen worden sein. Auf die Einbeziehung der Allgemeinen Geschäftsbedingungen gemäß § 305 II BGB kommt es aber nur an, wenn nicht § 310 I 1 BGB einschlägig ist. K ist Unternehmer (§ 14 BGB). Somit findet § 305 II BGB wegen § 310 I 1 BGB keine Anwendung. Damit genügen für die Einbeziehung der AGB in den Mietvertrag die übereinstimmenden Willenserklärungen von K und V, ohne dass es auf die strengeren Voraussetzungen von § 305 II BGB ankommt.

Bedenken gegen eine wirksame Einbeziehung ergeben sich aber, weil überraschende Klauseln nach § 305c I BGB nicht Bestandteil eines Vertrages werden können. Das Heizen und Schneeräumen eines großen Zeltes erfordert erhebliche Vorkehrungen und verursacht hohe Kosten. Wenn daher ein spezifisches Angebot über die Mietkosten gemacht wird, erhebliche Zusatzkosten darin aber nicht wenigstens andeutungsweise erwähnt sind, so ist es für den Empfänger überraschend, wenn ihm durch Allgemeine Geschäftsbedingungen zusätzliche erhebliche wirtschaftliche Pflichten auferlegt werden sollen. Hiermit muss er selbst dann nicht rechnen, wenn eine entsprechende Auferlegung von Pflichten wirtschaftlich sinnvoll ist. Somit wurde Ziff. 14 der AGB nicht wirksam in den Mietvertrag zwischen K und V einbezogen.

Überdies könnte die Überbürdung der Instandhaltungsgefahr auf den Mieter gegen § 307 I 1, II Nr. 1 BGB verstoßen und damit zur Unwirksamkeit von Ziff. 14 der AGB führen. § 307 I 1, II Nr. 1 BGB sind i.S.v. § 307 III 1 BGB anwendbar, weil mit der Überbürdung der Instandhaltungsgefahr von § 535 I 2 BGB abgewichen wird. Die Instandhaltungspflicht des Vermieters (§ 535 I 2 BGB) findet ihre Rechtfertigung darin, dass der Mieter nicht einem erheblichen Kostenrisiko ausgesetzt werden soll. Die Gefährdung des Mietgegenstandes durch Schnee ist von der vereinbarten Gebrauchsüberlassung des Zeltes unabhängig, sodass – anders als bei Schönheitsreparaturen – eine solche Überwälzung der Instandhaltungspflicht mit den Grundgedanken des Mietvertragsrechtes nicht vereinbar ist.[241] Ziff. 14 der AGB wäre so – selbst bei wirksamer Einbeziehung – nach § 307 I 1, II Nr. 1 BGB unwirksam.

Die Schneeräumpflicht könnte aber auf den Mieter K im Wege der „Auftragsbestätigung", in der das Unternehmen V nochmals ausdrücklich auf diese hingewiesen hatte, übertragen worden sein. Dieser ausdrückliche Hinweis könnte als individuelle Vertragsabrede gültig sein, wenn der Inhalt der Auftragsbestätigung bindend geworden ist.

Das wäre der Fall, wenn es sich bei dem Schreiben des Unternehmens V um ein **kaufmännisches Bestätigungsschreiben** gehandelt hat, durch das der Vertragsinhalt verän-

240 Vgl. Grüneberg/*Weidenkaff*, § 535 Rn. 32, 37 f; PWW/*Elzer*, § 535 BGB Rn. 136, 140.
241 OLG Dresden NJW-RR 1997, 395, 396.

dert wird (konstitutives kaufmännisches Bestätigungsschreiben), ohne dass es einer ausdrücklichen Zustimmung des Vertragspartners bedarf.[242] Darauf, dass V sein Schreiben als „Auftragsbestätigung“ bezeichnet hat, kommt es nicht an. Vielmehr ist allein die rechtliche Bedeutung entscheidend. Während die modifizierte Auftragsbestätigung ein verändertes Angebot i.S.d. § 150 II BGB darstellt, bezieht sich das kaufmännische Bestätigungsschreiben auf eine bereits wirksam getroffene Vereinbarung. Da K und das Unternehmen V bereits einen Vertrag geschlossen hatten, kommt hier nur ein kaufmännisches Bestätigungsschreiben in Betracht.

Als Inhaber eines Gebäudereinigungsunternehmens ist K Kaufmann gemäß § 1 I HGB.

K hätte unverzüglich dem Inhalt des kaufmännischen Bestätigungsschreibens, das kurze Zeit nach Vertragsschluss bei ihm eingegangen ist, widersprechen müssen. Da er das nicht getan hat, ist der Vertrag grundsätzlich zu den veränderten Bedingungen zustande gekommen, also unter Einbeziehung der Schneeräumpflicht.[243] Etwas anderes könnte nur gelten, wenn die Änderung derart von der vorherigen Vereinbarung abweichen würde, dass sie für K nicht zumutbar war und V deshalb nicht mit dessen Einverständnis rechnen konnte.[244] Das war hier aber gerade nicht der Fall.

Die Schneeräumpflicht ist somit zwar nicht als Allgemeine Geschäftsbedingung, wohl aber als Individualvereinbarung (§ 305 I 3 BGB)[245] im Wege des kaufmännischen Bestätigungsschreibens Vertragsbestandteil geworden.

Möglicherweise kann K seine Willenserklärung jedoch anfechten. Eine Irrtumsanfechtung nach § 119 I Alt. 1 BGB ist aber weder wegen eines Irrtums über die Bedeutung des Schweigens[246] noch wegen eines Irrtums über die mangelnde Übereinstimmung des Vertrages mit dem Bestätigungsschreiben[247] möglich. Der Irrtum über die Bedeutung des Schweigens stellt einen bloßen unbeachtlichen Rechtsfolgeirrtum dar. Auch eine Anfechtung wegen Irrtums über die mangelnde Übereinstimmung des Vertrages mit dem Bestätigungsschreiben kommt nicht in Betracht, denn das kaufmännische Bestätigungsschreiben soll gerade zur Klarstellung und Regelung möglicher Ungenauigkeiten und Unstimmigkeiten dienen. Eine Anfechtung wegen eines (konkreten) Irrtums über den Inhalt des Bestätigungsschreibens ist dagegen zulässig.[248] Dass sich K über die Bedeutung der Regelungen selbst geirrt hat, ist indes nicht ersichtlich. Daher scheidet eine Anfechtung aus.

Im Ergebnis ist die Räumpflicht Vertragsbestandteil geworden. K ist zur Räumung des Schnees auf dem Zelt verpflichtet.

2. Kollidierende AGB

126 Verwenden beide Vertragsparteien AGB mit unterschiedlichem Inhalt (**„battle of forms“**), so stellt sich die Frage, ob § 150 II BGB ohne Einschränkung Anwendung findet, ob also die Annahme unter Änderungen eine Ablehnung verbunden mit einem neuen Angebot darstellt. Dies würde bedeuten, dass die Vertragspartei, die nicht mehr wider-

242 Vgl. zum kaufmännischen Bestätigungsschreiben bereits Rn. 61 ff.
243 A.A. aber *Medicus/Petersen*, AT, Rn. 443.
244 Vgl. Hopt/*Leyens*, § 346 Rn. 27; MüKo/*Busche*, § 147 Rn. 22.
245 Zur Abgrenzung s. *Miethaner*, NJW 2010, 3121 ff.
246 Hopt/*Leyens*, § 346 Rn. 33; *Petersen*, § 23 Rn. 8.
247 BGH NJW 1972, 45.
248 MüKo/*Armbrüster*, § 119 Rn. 70; BeckOK BGB/*Eckert*, § 146 Rn. 14.

spricht, mit den zuletzt übersandten AGB einverstanden ist (**Theorie des letzten Wortes**).[249]

Kritik erfährt diese Lösung jedoch deshalb, weil sie zu zufälligen Ergebnissen führt. Daher geht die Rechtsprechung mittlerweile davon aus, dass die Bedingungen nur insoweit nicht Vertragsbestandteil werden, als sie einander widersprechen. In dieser Hinsicht liegt ein offener bzw. versteckter Dissens vor. Wenn der Vertrag aber tatsächlich durchgeführt wird, gilt für den Bereich divergierender AGB in Anwendung von § 306 II BGB dispositives Gesetzesrecht. Soweit sich AGB-Klauseln dagegen nicht widersprechen, werden sie Vertragsinhalt.[250]

Fall 39: Der Bauunternehmer A trat im Januar 2024 mit dem Baustofflieferanten B in Verhandlung über Zementlieferungen. Am 13.5.2024 sandte A dem B ein Bestellschreiben, in dem formularmäßig auf seine umseitig abgedruckten „Einkaufsbedingungen" Bezug genommen war. Nr. 1 der Einkaufsbedingungen lautet: **127**

„Unsere Aufträge ... erfolgen aufgrund unserer Einkaufsbedingungen. Anderslautende AGB des Auftragnehmers haben keine Gültigkeit."

Diesen Auftrag bestätigte B mit Schreiben vom 22.5.2024 „unter Zugrundelegung unserer beigefügten Lieferungs- und Zahlungsbedingungen". Diese enthielten abweichend von den Einkaufsbedingungen des A eine Gerichtsstandsklausel, durch die die ausschließliche Zuständigkeit des LG München I begründet wurde, sowie folgende Klausel:

„Widersprechen sich Lieferungs- und Zahlungsbedingungen der Vertragspartner, so gelten nur die vorliegenden Bedingungen."

Danach fand kein weiterer Schriftwechsel zwischen den Parteien statt. Ende Juli kam es zur ersten Teillieferung, die A annahm. In einem Rechtsstreit vor einem anderen Gericht über Folgelieferungen macht B unter Berufung auf die Gerichtsstandsklausel in seinen Lieferungs- und Zahlungsbedingungen die Unzuständigkeit dieses Gerichts geltend. Zu Recht?

Lösung: Das Gericht ist unzuständig, wenn eine Gerichtsstandsvereinbarung nach § 38 I ZPO vorliegt (sog. Prorogation).[251] Beide Parteien sind Kaufleute. Weiterhin müssten die Lieferungs- und Zahlungsbedingungen des B Vertragsbestandteil geworden sein. Dabei handelt es sich begrifflich um AGB.

Zwar ist § 305 II BGB wegen § 310 I 1 BGB nicht anwendbar. Die Notwendigkeit rechtsgeschäftlicher Einbeziehung der AGB in den Vertrag zwischen Unternehmern – auch mittels stillschweigend erklärter Willenserklärungen – bleibt davon jedoch unberührt.

Die AGB des B sind nicht unter dem Gesichtspunkt des Schweigens auf ein kaufmännisches Bestätigungsschreiben Inhalt des Kaufvertrages geworden. Kaufmännische Bestätigungsschreiben erfordern eine schriftliche Bezugnahme auf eine wirklich oder vermeintlich getroffene Vereinbarung. Diese Voraussetzung liegt nicht vor. Das Schreiben vom 22.5.2024 ging seinem Inhalt nach davon aus, dass bislang noch kein Vertrag abgeschlossen worden sei, die Auftragsbestätigung den Abschluss vielmehr erst herbeiführen solle.

Die widerspruchslose Hinnahme einer modifizierten Auftragsbestätigung allein stellt noch keine Annahmeerklärung dar, da Schweigen auch im kaufmännischen rechtsge-

249 Vgl. *Bork*, Rn. 1767; *Ebel*, NJW 1978, 1033 ff; *Petersen*, § 14 Rn. 7.

250 Vgl. BGHZ 61, 282 = NJW 1973, 2106, 2107 und BGH NJW 1995, 1671, 1672; BGH NJW 1985, 1838, 1839 f; *Lindacher/Hau*, Fall 13 (S. 77 ff, S. 80 f): auch die Bedingungen, die nur die Gegenpartei begünstigen.

251 Vgl. zum Thema „Prorogation" z.B. *Huber*, JuS 2012, 974 f.

schäftlichen Verkehr nur in Ausnahmefällen als Zustimmung zu werten ist, z.B. nach § 362 I HGB.[252]

Als Annahme durch A käme die widerspruchslose Teilabnahme der Ware in Betracht. Der ursprüngliche Lösungsansatz der Rechtsprechung ging von der Vorschrift des § 150 II BGB aus. Diejenige Vertragspartei, die sich zuletzt unter Berufung auf ihre eigenen AGB geäußert hatte, setzte diese dann durch, wenn ihr Gegner nicht mehr widersprach, sondern in die Vertragsabwicklung eintrat. Nach dieser sog. **Theorie des letzten Wortes** kam es also immer darauf an, welche Vertragspartei zuletzt auf ihre Bedingungen verwiesen hatte.[253]

Die Rechtsprechung des BGH hat diesen Lösungsweg mittlerweile eingeschränkt, ohne ihn allerdings grundsätzlich in Frage zu stellen. Festgehalten wird daran, dass die Annahme des in einer modifizierten Auftragsbestätigung liegenden geänderten Antrags (§ 150 II BGB) auch stillschweigend erfolgen und insbesondere in der widerspruchslosen Entgegennahme der Vertragsleistung liegen könne. Voraussetzung dafür sei jedoch, dass die Verkehrssitte und die gesamten Umstände ein solches Verhalten hinreichend deutlich als Einverständnis erkennbar machen würden.[254] Auch für einen modifizierten Antrag nach § 150 II BGB sind §§ 146, 147 BGB zu beachten: Der neue Antrag kann also nur bis zu dem Zeitpunkt angenommen werden, in dem der Antragende den Eingang der Antwort unter regelmäßigen Umständen erwarten durfte.[255]

A hatte bei der Bestellung mit der allgemeinen Abwehrklausel in seinen Einkaufsbedingungen eindeutig darauf hingewiesen, dass er keine anderen Vertragsbedingungen gelten lassen werde. Für B bestand bei diesem Verhalten des A kein Anlass für die Annahme, A wolle nach zwei Monaten von seiner bisherigen Haltung abweichen und sich mit der Abnahme der Lieferung seinen AGB unterwerfen. Er hat sich zudem in diesem Zeitraum nicht darum bemüht herauszufinden, wessen AGB nun gelten sollten, sondern nur die Bestellung des A ausgeführt. Damit hat B zu erkennen gegeben, dass er dieser Frage für den Abschluss und die Ausführung des Vertrages keine entscheidende Bedeutung beilegt. Er durfte deshalb auch nicht ohne Weiteres davon ausgehen, dass A bei der Abnahme des gelieferten Zements dachte, die Frage sei noch unbeantwortet. Deshalb konnte B in der Annahme der Vertragsleistung durch A nicht die bisher fehlende Antwort des A sehen. Die Entgegennahme der vertraglichen Leistung ist in dieser Hinsicht nach Treu und Glauben mit Rücksicht auf die Verkehrssitte nicht als eine stillschweigende Billigung der AGB des B zu werten.

Dass bei nicht behobener Unklarheit über die Geltung kollidierender AGB keine Einigung zustande kommt, führt allerdings nicht über § 139 BGB zur Unwirksamkeit des Vertrages insgesamt. Denn die Vertragsdurchführung durch die Parteien zeigt, dass sie den Vertrag gerade nicht an dem Einigungsmangel lediglich über konkurrierende Klauseln scheitern lassen wollen. Diejenigen Teile der AGB, die sich nicht widersprechen, haben Vorrang vor dispositivem Recht; dieses ersetzt lediglich die einander widersprechenden und daher nicht verbindlichen Klauseln.[256]

---

252 St. Rspr., vgl. BGHZ 61, 282, 285 = NJW 1973, 2106.

253 Siehe z.B. BGHZ 18, 212 ff = NJW 1955, 1794 ff.

254 MüKo/*Busche*, § 150 Rn. 12.

255 BGH WM 1977, 451.

256 *Köhler*, AT, § 16 Rn. 18; *Brox/Walker*, AT, § 10 Rn. 12; *Leipold*, § 14 Rn. 60; *Neuner*, § 47 Rn. 35; PWW/*Brinkmann*, § 150 BGB Rn. 7.

Daraus folgt, dass eine ausschließliche Gerichtsstandsvereinbarung i.S.v. § 38 I ZPO nicht zustande gekommen ist. Die Klage an einem gesetzlichen Gerichtsstand ist daher zulässig.

3. Überraschende Klausel

Durch § 305 II BGB wird der Empfänger der AGB noch nicht ausreichend geschützt, da **128** er die AGB in der Regel nicht liest, sondern davon ausgeht, darin sei „das Übliche" enthalten. Gleichsam als Sanktion gegen ein missbrauchtes Vertrauen bestimmt § 305c I BGB, dass überraschende Klauseln nicht Vertragsinhalt werden.[257]

Fall 40: F war Inhaberin eines Erbbaurechts an einem Grundstück, auf dem sich eine kommer- **129** ziell genutzte Tennishalle befand. Nachdem diese abgebrannt war, erbat ihr Ehemann E, ein Kaufmann, bei der Sparkasse S einen Kredit für seine Frau über 100.000 € zum Wiederaufbau der Tennishalle. Der Kredit sollte durch eine noch anzusparende Kapitallebensversicherung über 128.000 € zurückbezahlt werden. Im Anschluss daran gewährte die Sparkasse F ein Darlehen über 128.000 € und ließ sich von ihr eine Grundschuld über 150.000 € bestellen. In der von F und ihrem Ehemann unterschriebenen Zweckerklärung übernahmen die Ehegatten die persönliche Haftung für das Darlehen. Außerdem hieß es darin im Kleindruck, dass „die Grundschuld zur Sicherung aller bestehenden und künftigen Ansprüche der Sparkasse gegen beide Eheleute" diene.

Nach dem Wiederaufbau der Tennishalle pachtete der Ehemann die Tennishalle von seiner Frau, machte aber sonst verlustreiche Geschäfte, sodass die Sparkasse das Darlehen kündigte. F bezahlte daraufhin das Darlehen zurück. Die Sparkasse ist der Ansicht, dass die Grundschuld auch als Sicherungsmittel für die Tilgung weiterer Schulden des Ehemanns in Höhe von 100.000 € bestellt wurde und macht gegen F einen Anspruch auf Duldung der Zwangsvollstreckung in das Erbbaurecht geltend. Zu Recht?[258]

Lösung: S könnte gegen F einen Anspruch auf Duldung der Zwangsvollstreckung aus §§ 1192 I, 1191 I, 1147 BGB haben. Die Grundschuld wurde wirksam bestellt, §§ 1192 I, 1191 I, 1116, 1117, 873 I BGB. Möglicherweise kann F aber die dingliche Einrede des mangelnden Sicherungsfalles erheben, § 1157 S. 1 BGB,[259] wenn die Verbindlichkeiten ihres Mannes nicht wirksam in die Sicherungsabrede einbezogen wurden. Hier erfolgte die Einbeziehung durch AGB. Die entsprechende Klausel könnte nach §§ 305 ff BGB unwirksam sein bzw. schon gar nicht Eingang in den Vertrag gefunden haben.

Der sachliche und persönliche Anwendungsbereich i.S.d. § 310 BGB sind eröffnet. S hat vorformulierte Klauseln i.S.d. § 305 I 1 BGB in den Vertrag einbezogen, § 305 II BGB. Die hier verwendete Klausel wäre gemäß § 305c I BGB jedoch dann nicht Vertragsbestandteil geworden, wenn sie überraschend ist. Nach gefestigter Rechtsprechung ist eine formularmäßige Erweiterung dann überraschend, wenn sie den Sicherungszweck über den durch den Anlass des Geschäfts bestimmten Rahmen hinaus in einem nicht zu erwartenden Ausmaß erweitert (sog. **Anlassrechtsprechung**). Ist Anlass der Zweckerklärung die Absicherung bestimmter Forderungen des Sicherungsnehmers gegen den Sicherungsgeber durch eine Grundschuld, so verstößt die Erweiterung der dinglichen Haftung für al-

257 Vgl. BGHZ 102, 152, 158 = NJW 1988, 558, 560 (Erweiterung der Sicherung auf Darlehen eines Gesellschafters) zu § 3 AGBG, der dem heutigen § 305c I BGB entspricht.

258 **Nach BGH NJW 1992, 1822 ff.**

259 *Medicus/Petersen*, Bürgerliches Recht, Rn. 496; vgl. *Prütting*, Rn. 767 ff.

le bestehenden und künftigen Schulden eines Dritten grundsätzlich gegen § 305c I BGB. Hierbei ist unerheblich, dass es sich bei dem Dritten um den Ehemann der F handelt, denn der überraschende Charakter der Klausel entfällt erst dann, wenn Sicherungsgeber und Dritter persönlich und wirtschaftlich so eng verbunden sind, dass das Risiko künftiger von der Grundschuldhaftung erfasster Verbindlichkeiten für den Sicherungsgeber berechenbar und vermeidbar ist. Dies wäre jedoch nur der Fall, wenn F die rechtliche Möglichkeit hätte, die Aufnahme von Krediten durch ihren Ehemann zu verhindern oder zu beeinflussen.

Hier wurde die Grundschuld allein aus dem Anlass der Darlehensaufnahme für den Wiederaufbau der Tennishalle gewährt. Die darüber hinausgehende Einbeziehung aller gegenwärtigen und künftigen Forderungen des Ehemannes war folglich überraschend, § 305c I BGB. Da F keinerlei Möglichkeit hat, auf die Geschäfte ihres Mannes einzuwirken, spielt die Tatsache, dass es um Forderungen gegen den eigenen Ehemann geht, keine Rolle.

Die Klausel wurde also wegen ihres überraschenden Charakters schon nicht Bestandteil des Vertrages, sodass die Grundschuld zur Sicherung der Forderungen gegen den Ehemann der F nicht herangezogen werden kann. S hat gegen F keinen Anspruch auf Duldung der Zwangsvollstreckung aus §§ 1192 I, 1191 I, 1147 BGB.

4. Inhaltskontrolle bei AGB

130 Das Gesetz gewährt den Parteien zwar Vertragsfreiheit, will die Gegenseite eines AGB-Verwenders aber vor unbilligen Regelungen schützen. AGB sind deshalb unter dem Gesichtspunkt der Inhaltskontrolle an den Maßstäben der §§ 307 ff BGB zu messen. Verstößt eine AGB-Klausel gegen diese Maßstäbe, so ist sie unwirksam. Das Vertragsverhältnis besteht aber im Übrigen fort, § 306 I BGB. Dabei tritt die dispositive Gesetzesregelung an die Stelle der missbilligten Klausel, § 306 II BGB. Gibt es keine gesetzliche Regelung, ist die Lücke durch ergänzende Vertragsauslegung zu schließen.[260] Ein wichtiger Fall, in dem der BGH den Vertragsinhalt im Wege ergänzender Vertragsauslegung korrigiert hat, ist die Entscheidung des Großen Senats zum Freigabeanspruch bei revolvierenden Mobiliarsicherheiten.[261]

Die Inhaltskontrolle nach §§ 307 ff BGB hat als lex specialis Vorrang gegenüber § 138 BGB. Eine Sittenwidrigkeitskontrolle erfolgt daher nur dann, wenn eine Klausel aus anderen als den in §§ 307 ff BGB genannten Gründen zu beanstanden ist. Für Individualabreden i.S.v. § 305 I 3 BGB gilt § 138 BGB ohne Weiteres.[262] Bevor eine Inhaltskontrolle in der Reihenfolge vom Speziellen zum Allgemeinen (§ 309 BGB, hilfsweise § 308 BGB, hilfsweise § 307 I, II BGB) erfolgt, ist die Kontrollfähigkeit der Klausel gem. § 307 III BGB zu eruieren.

131 **Fall 41:** Der Kläger ist ein eingetragener Verein zur Bündelung und Verfolgung wirtschaftlicher und rechtlicher Interessen freier Architekten. Die Beklagte vergibt in großem Umfang Bau- und Planungsleistungen in Deutschland unter Beachtung der Richtlinien für die Durchführung von Bauaufgaben des Bundes. In einem Vertragsmuster heißt es:

---

260 Zur Auslegung bei unwirksamen Preisanpassungsklauseln s. *Säcker/Mengering*, BB 2013, 1859 ff.
261 Vgl. BGHZ 137, 212 ff = NJW 1998, 671 ff.
262 *Bork*, Rn. 1775 ff; *Köhler*, AT, § 13 Rn. 34; BeckOK BGB/*Wendtland*, § 138 Rn. 10.

„[1]Die Baukosten für die Baumaßnahme dürfen den Betrag von ___ Euro brutto/Euro netto nicht überschreiten. [2]Die genannten Kosten umfassen die Kostengruppen 200–600 nach DIN 276–1: 2008–12 .... [3]Der Auftragnehmer hat seine Leistungen so zu erbringen, dass diese Kostenobergrenze eingehalten wird."

Der Kläger hält diese Bestimmung für eine unangemessene Benachteiligung des jeweiligen Auftragnehmers und daher nach § 307 I 1 BGB für unwirksam. Zu Recht?[263]

Lösung: Fraglich ist, ob die streitgegenständliche Klausel eine unangemessene Benachteiligung i.S.v. § 307 I 1 BGB darstellt.

I. Damit der Anwendungsbereich der Inhaltskontrolle nach §§ 307-309 BGB eröffnet ist, muss die Klausel eine Allgemeine Geschäftsbedingung (AGB) darstellen. Dies ist nur dann der Fall, wenn es um eine für eine Vielzahl von Verträgen vorformulierte Vertragsbedingung geht, die von einer Vertragspartei (Verwender) der anderen Vertragspartei bei Abschluss eines Vertrags gestellt wurde, § 305 I 1 BGB. Die Klausel wurde von der Beklagten vorformuliert und in die Vertragsverhandlungen eingeführt, also „gestellt". Fraglich ist, ob die Klausel für eine Vielzahl von Verträgen gedacht ist. Insofern ist jeder Satz der Klausel einzeln zu analysieren.

1. Satz 1 der Klausel normiert eine Baukostenobergrenze, die für jedes Bauvorhaben als Brutto- oder Nettogrenze individuell festzulegen ist. Für die Einstufung solcher zu vervollständigender Lückentexte als AGB bzw. als Individualvereinbarung ist zwischen selbständigen und unselbständigen Ergänzungen zu unterscheiden: Liegt der eigentliche Gehalt der Regelung in der für jeden Vertrag neu vorgenommenen Lückenfüllung, steht der Individualcharakter im Vordergrund. Liegt hingegen der Kernregelungsgehalt im ausformulierten Textteil, der durch die Lückenfüllung lediglich konkretisiert wird, so ist die gesamte Klausel samt der Ergänzung eine AGB-Klausel.[264] Da die Vertragsbestimmung zur Baukostenobergrenze ohne Nennung eines Betrages, der diese Grenze bilden soll, keinen eigenständigen Sinn beinhaltet, wurde die Klausel nicht für eine Vielzahl von Verträgen vorformuliert.

2. Satz 2 der Klausel stellt eine Erläuterung von Satz 1 dar und hat damit keinen von Satz 1 zu trennenden eigenständigen Regelungsgehalt.

II. Selbst wenn man hinsichtlich Satz 1 und Satz 2 der Klausel von einer AGB ausgehen würde, käme § 307 I 1 BGB nicht zur Anwendung. Nach § 307 III 1 BGB gilt § 307 I 1 BGB nämlich nur für Bestimmungen in AGB, durch die von Rechtsvorschriften abweichende oder diese ergänzende Regelungen vereinbart werden. Klauseln über die Bestimmung der Hauptleistung und ihres Preises (Leistungsbeschreibungen) sind also von der Inhaltskontrolle ausgenommen. Etwas anderes gilt lediglich für bloße leistungsausgestaltende Klauseln, also insbesondere Preisnebenabreden. Die vereinbarte Baukostenobergrenze stellt eine Beschaffenheitsvereinbarung der zu erreichenden Planungsziele dar, die der Architekt als Hauptleistungspflicht zu erfüllen hat. Damit ist § 307 III 1 BGB einschlägig.

III. Fraglich ist, ob Satz 3 der Klausel, also die Regelung zur Einstandspflicht des Architekten für die Einhaltung der Kostenobergrenze zu einer unangemessenen Benachteiligung i.S.v. § 307 I 1 BGB führt. Insofern handelt es sich um eine AGB i.S.v. § 305 I 1

---

263 Nach BGH NJW 2019, 2997 ff m. Anm. *Mäsch*, JuS 2020, 356.

264 So *Mäsch*, JuS 2020, 356, 357; kritisch *Ostendorf*, NJW 2020, 3000.

BGB. Möglicherweise steht allerdings erneut § 307 III 1 BGB einer Inhaltskontrolle entgegen. Das wäre dann der Fall, wenn die Klausel nicht von Rechtsvorschriften abweicht. Nach §§ 650q I, 633 II 1 BGB hat ein Architekt seine Leistung so zu erbringen, dass sie der vereinbarten Beschaffenheit entspricht. Da in der festgelegten Kostenobergrenze eine Beschaffenheitsvereinbarung hinsichtlich der von dem Architekten zu erreichenden Planungsziele i.S.d. § 650p I BGB liegt, wiederholt die Klausel nur die in § 633 II 1 BGB normierte Verpflichtung, der Beschaffenheitsvereinbarung nachzukommen und weicht somit nicht vom Gesetz ab. Einer Inhaltskontrolle steht demnach § 307 III 1 BGB entgegen.

IV. Für eine Intransparenz der Klausel bestehen keine Anhaltspunkte, §§ 307 III 2, I 2 BGB.

Die Klausel ist also nicht nach § 307 I 1 BGB wegen unangemessener Benachteiligung unwirksam.

132 **Fall 42:** K nahm an einem Fahrerlehrgang teil, der vom Internationalen Verband der Rennfahrerclubs e.V. veranstaltet wurde. Am ersten Lehrgangstag verlor der Rennfahrer R bei einer Demonstrationsfahrt die Herrschaft über das von ihm benutzte, bei der beklagten Haftpflichtversicherung versicherte Fahrzeug. Der Wagen erfasste K, der am Rand der Strecke vor einer Leitplanke stand. K wurde schwer verletzt; ihm musste das rechte Bein amputiert werden. K verlangt von der Versicherung die Zahlung eines Schmerzensgeldes. Diese verweist dagegen auf die Ausschreibungsbedingungen des Lehrgangs. Darin heißt es:

„Jeder Teilnehmer trägt die zivilrechtliche Verantwortung für die von ihm und mit seinem Fahrzeug verursachten Schäden jeder Art. Der Veranstalter lehnt für sich, den Fahrer und Beifahrer jegliche Haftung für Schäden jeder Art, die vor, während oder nach der Veranstaltung eintreten, ab. Die Teilnehmer fahren in jeder Hinsicht auf eigene Gefahr."

Stehen K gleichwohl Ansprüche gegen die Versicherung des R zu?[265]

Lösung: K könnte gegen den Versicherer des R einen Anspruch gemäß § 115 I 1 Nr. 1 VVG iVm § 1 PflVG iVm §§ 823 I, 253 II BGB bzw. §§ 18 I 1, 7 I, 11 S. 2 StVG haben. Diesen kann er jedoch nur geltend machen, wenn kein wirksamer Haftungsausschluss vereinbart wurde.

Fraglich ist, ob der in den AGB enthaltene Haftungsausschluss wirksam ist. Der Haftungsausschluss umfasst nach seiner umfassenden Formulierung auch vorsätzliches und grob fahrlässiges Verhalten. Eine solche Klausel ist gemäß § 309 Nr. 7 BGB unwirksam. An die Stelle der unwirksamen Klausel treten nach § 306 II BGB die gesetzlichen Bestimmungen. Eine Anpassung der Klausel an den Inhalt, der nach §§ 305 ff BGB noch zulässig ist (sog. **geltungserhaltende Reduktion**), ist **nicht** möglich. Damit würde nämlich der Zweck des Gesetzes, den Vertragspartner vor unbilligen Klauseln zu schützen und einen die beiderseitigen Interessen berücksichtigenden Vertragsinhalt zu erhalten, nicht erreicht werden können.

Ein Sonderfall, der ein anderes Ergebnis aufgrund der Interessenlage verlangen würde, ist ebenfalls nicht gegeben. Ein Fahrerlehrgang ist nicht mit einem Rennsportereignis vergleichbar, bei dem die Teilnehmer bewusst ein wesentlich höheres Risiko in Kauf nehmen.

---

265 **Nach BGHZ 96, 18 ff = NJW 1986, 1610 ff.**

Das eigene Verhalten des K kann aber im Rahmen des Mitverschuldens (§ 254 I BGB bzw. § 9 StVG) und bei der Bestimmung der Höhe des Schmerzensgeldes berücksichtigt werden.

K steht damit der geltend gemachte Anspruch gegen den Versicherer jedenfalls dem Grunde nach zu.

VI. Auslegung von Willenserklärungen und Verträgen

1. Allgemeine Auslegungsgrundsätze

Bei der Auslegung nicht empfangsbedürftiger Willenserklärungen, z.B. eines Testaments, ist grundsätzlich auf den wirklichen Willen des Erklärenden abzustellen (**natürliche Auslegung**), **§ 133 BGB**.[266] Dieser Grundsatz bedarf einer Einschränkung, wenn schutzwürdige Belange Dritter berührt werden, so z.B. bei einer Auslobung (§ 657 BGB) oder einer Annahmebetätigung i.S.d. § 151 S. 1 BGB.[267] Es besteht ein Spannungsverhältnis zwischen der **Privatautonomie** einerseits und dem **Verkehrsschutz** andererseits. Die Auslegung erfolgt daher nach den Regeln für empfangsbedürftige Willenserklärungen, deren Inhalt sich nach **§§ 133, 157 BGB** bestimmt. Maßgeblich ist danach der objektive Erklärungstatbestand; ein innerlich gebliebener Wille bleibt außer Betracht. Außerdem ist zu beachten, dass die Belange des Empfängers zu schützen sind. Weicht die Erklärung objektiv vom tatsächlichen Geschäftswillen des Erklärenden ab, so muss der Empfänger auf einen dem allgemeinen Sprachgebrauch und der Verkehrssitte entsprechenden Sinn der Erklärung vertrauen dürfen, sofern er nicht tatsächlich erkennt, dass der Erklärende etwas anderes gewollt hat. Die Erklärung ist deshalb grundsätzlich – in wertender Betrachtung – nach dem **objektiven Empfängerhorizont** auszulegen. Es kommt darauf an, wie der Empfänger die Erklärung aus der Sicht eines objektiven Beobachters verstehen durfte.[268] Dies verdeutlicht der **„Bordeaux-Fall“**[269], der zu einem humoristischen Klassiker geworden ist: Eine in Schwaben lebende Sächsin wollte telefonisch einen Flug nach Porto (in Portugal) buchen. Sie sprach das Reiseziel in sächsischem Dialekt aus. Dies führte dazu, dass ihr die Mitarbeiterin des Reisebüros, die nicht aus Sachsen kam, nach zweimaliger Wiederholung des Zielorts in korrekter hochdeutscher Sprache einen Flug nach Bordeaux (in Frankreich) buchte. Abzustellen ist bei dieser mündlichen Willenserklärung auf eine Auslegung nach dem objektiven Empfängerhorizont (§§ 133, 157 BGB) sowie bei der Frage des Zugangs auf die modifizierte Vernehmungstheorie (Rn. 86). Die Sächsin trägt danach das Risiko, dass der Adressat das ausgesprochene Reiseziel so verstanden hat und so verstehen durfte, wie es nach der hochdeutschen Aussprache zu erwarten ist. Vertragsinhalt war daher die Vermittlung einer Reise nach Bordeaux. **133**

§§ 133, 157 BGB verbieten eine ausschließlich am Wortlaut orientierte Auslegung.[270] Auch ein klarer und eindeutiger Wortlaut einer Erklärung bildet keine Grenze für die Auslegung anhand der Gesamtumstände. Dies gilt sowohl für die einfache als auch für **134**

266 *Köhler*, AT, § 9 Rn. 5; *Bork*, Rn. 512 ff.

267 Vgl. *Bork*, Rn. 513 ff; *Köhler*, AT, § 9 Rn. 6.

268 *Köhler*, AT, § 9 Rn. 7; *Leipold*, § 15 Rn. 11 f; *Löhnig/Fischinger*, Rn. 211; *Leenen/Häublein*, § 5 Rn. 50 ff; vgl. *Stöhr*, JuS 2010, 292.

269 AG Stuttgart-Bad Cannstatt BeckRS 2012, 17508; dazu *Bayer/Sarakinis/Unglaube*, JuS 2018, 871 ff.

270 Vgl. BGH NJW 2002, 1260, 1261.

die ergänzende Auslegung.[271] In die Auslegung müssen daher alle relevanten Umstände, wie z.B. die Vorgeschichte, die konkrete Situation der Erklärung und die Interessenlage der Parteien einbezogen werden.[272]

2. Ergänzende Vertragsauslegung

135 Vertragslücken können entweder durch dispositives Gesetzesrecht oder durch ergänzende Vertragsauslegung geschlossen werden. Auslegungsbedarf besteht nur, wenn tatsächlich eine **Regelungslücke** vorliegt und damit eine **Lückenfüllung notwendig** ist. Regelmäßig wird die Lücke durch dispositives Recht ausgefüllt. Dies gilt aber nicht, wenn die Parteien die durch dispositives Recht getroffene Regelung nicht wollten oder ihre Vertragsgestaltung von dem gesetzlichen Vertragstypus oder der Verkehrsübung abweicht. Dann erst ist die ergänzende Vertragsauslegung als Möglichkeit der Lückenfüllung heranzuziehen. Die Lücke ist so auszufüllen, wie sie ausgefüllt worden wäre, wenn die Parteien die Frage in ihre Überlegungen einbezogen hätten **(hypothetischer Parteiwille)**. Der Zweck des Vertrages und die Interessenlage der Beteiligten sind zu beachten.[273] Der Vertrag ist gleichsam im Sinne der Parteien „zu Ende zu denken“.[274]

Zu beachten ist, dass eine ergänzende Vertragsauslegung nicht nur in Betracht kommt, wenn die Parteien einen Punkt übersehen haben, sondern auch dann, wenn sie ihn offengelassen haben, weil sie – aus welchen Gründen auch immer – eine Regelung dieses Punktes für nicht erforderlich hielten.[275] Eine ergänzende Vertragsauslegung scheidet jedoch aus, wenn die Parteien bewusst eine „negative Entscheidung“ getroffen haben. Dann enthält der Vertrag keine Lücke, die durch eine ergänzende Vertragsauslegung auszufüllen wäre. Es liegt eine bewusste Lücke vor.

136 **Fall 43:** B erwarb 2017 von E ein gewerblich genutztes Grundstück unter Ausschluss jeder Gewährleistung für 2,3 Mio. €. 2024 veräußerte er es ebenfalls unter Gewährleistungsausschluss an K für 5,3 Mio. €. Später stellte K fest, dass der Boden mit Ölrückständen von ca. 10.000 l Heizöl verunreinigt war, deren Beseitigung etwa 350.000 € kosten würde. Der Erstverkäufer E hatte von dem Heizölschaden gewusst, ihn B aber beim Grundstücksverkauf nicht offenbart. Auch bis zum Weiterverkauf hatte B keine Kenntnis von dem Ölschaden. K verlangt von B die Abtretung der Gewährleistungsansprüche gegenüber dem Erstverkäufer E. Zu Recht?[276]

Lösung: K könnte ein vertraglicher Anspruch gegen B auf Abtretung von dessen Gewährleistungsansprüchen gegen den Erstverkäufer E zustehen.

Gemäß § 444 BGB kann sich E nicht auf den mit B vereinbarten Gewährleistungsausschluss berufen. Er hat B nämlich den Ölschaden arglistig verschwiegen. B steht daher ein Schadensersatzanspruch gegen E aus §§ 437 Nr. 3, 434 I, III 1 Nr. 2 b), 280 I, III, 281 I 1 Alt. 2 BGB zu. B selbst hatte allerdings keine Kenntnis von dem Ölschaden. Er kann sich gegenüber K daher auf den vereinbarten Gewährleistungsausschluss berufen. Fraglich ist aber, ob sich ein Abtretungsanspruch aus einer ergänzenden Vertragsauslegung ergibt.

271 Vgl. BGH NJW 2002, 1260, 1261.
272 BGHZ 86, 41, 47 = NJW 1983, 672, 673; *Bork*, Rn. 549 ff.
273 Vgl. BGH NJW 2002, 2310, 2311; BGH NJW-RR 2013, 494, 495; *Cziupka*, JuS 2009, 103; *Kötz*, JuS 2013, 289, 295; *Medicus/Petersen*, AT, Rn. 338 ff; *Neuner*, § 35 Rn. 67 ff; *Stadler*, § 18 Rn. 25 ff.
274 *Würdinger*, ZfIR 2006, 6.
275 Vgl. BGH NJW 2002, 1260, 1262; BGH NJW 2002, 2310.
276 **Nach BGH NJW 1997, 652.**

Hierfür müsste zunächst eine vertragliche Regelungslücke bestehen. Die Parteien haben bei der Vereinbarung des Gewährleistungsausschlusses nur das allgemeine Mängelrisiko eines bebauten Grundstücks berücksichtigt. Ein Anlass zur Beachtung möglicher Schadstoffbelastungen des Bodens bestand dagegen nicht. Weiterhin ist erforderlich, dass B und K bei Kenntnis der Situation die Abtretung der Gewährleistungsansprüche vereinbart hätten. Dies ist dann anzunehmen, wenn eine Abtretung bei sachgerechter Abwägung den Interessen beider Parteien am besten gerecht wird (hypothetischer Parteiwille). B hat von K den vollen Kaufpreis erhalten. Gleichzeitig hat er einen Gewährleistungsanspruch gegen den Erstverkäufer E. K hat einen Schaden, aber keinen Anspruch. Der Erstverkäufer E hat den Schaden arglistig verschwiegen, braucht aber wegen des Zweitverkaufs eine Inanspruchnahme nicht zu fürchten. Einhellig wird daher davon ausgegangen, dass in einem solchen Fall aufgrund der bestehenden Interessenlage ein Anspruch des Zweitkäufers auf Abtretung des dem Erstkäufer zustehenden Anspruchs besteht.[277] Der BGH gelangt zu dieser an die Drittschadensliquidation erinnernden Lösung im Wege der ergänzenden Vertragsauslegung.

Eine andere Ansicht erreicht das gleiche Ergebnis über eine analoge Anwendung von § 285 I BGB. Diese Ansicht unterscheidet sich sachlich nicht von der Lösung des BGH, da diese Vorschrift eine kodifizierte Form der ergänzenden Vertragsauslegung darstellt.[278]

K steht daher ein vertraglicher Anspruch gegen B auf Abtretung von dessen Gewährleistungsansprüchen gegen den Erstverkäufer E zu.[279]

Kommen verschiedene Möglichkeiten einer hypothetischen Regelung in Betracht, so scheidet eine ergänzende Vertragsauslegung aus. **137**

Fall 44: Der Bauer B verkaufte dem Bauern K 6,5 ha Ackerland für 64.000 €. In dem Vertrag hieß es: „Die mit dem Kaufgegenstand verbundenen Rechte und Nutzungen ... gehen auf den Käufer über." Sowohl B als auch K haben Betriebslieferrechte für Zuckerrüben der Zucker AG. K meint, B sei verpflichtet mitzuwirken, dass die Zucker AG die mit der veräußerten Fläche verbundenen Rübenlieferrechte auf K übertrage. Zu Recht?[280] **138**

Lösung: Eine Mitwirkungsverpflichtung zur Übertragung der Lieferrechte würde dann bestehen, wenn der Kaufvertrag, § 433 BGB, diese Lieferrechte mit umfasst.

Eine ausdrückliche Regelung bzgl. der Lieferrechte fehlt. Diese sind keine Nutzungen i.S.d. § 100 BGB. Auch § 311c BGB hilft nicht weiter, da diese Norm nur für Zubehör gilt, worunter gemäß § 97 I 1 BGB allein bewegliche Sachen und keinesfalls Rechte fallen.

Ob eine Mitwirkungspflicht besteht, ist daher durch (einfache) Auslegung des Vertrages zu ermitteln, §§ 133, 157 BGB. Eine Auslegung nach Treu und Glauben und der Verkehrssitte ergibt jedoch, dass die Lieferrechte vom Kaufvertrag nicht erfasst werden. Der im Vertrag vereinbarte Übergang der „verbundenen Rechte" kann sich allein auf Rechte

277 Vgl. MüKo/*Westermann*, § 444 Rn. 9; *Reinicke/Tiedtke*, ZIP 1997, 1093.

278 *Reinicke/Tiedtke*, ZIP 1997, 1093, 1095; *Medicus/Lorenz*, Schuldrecht II, § 7 Rn. 95.

279 E kann sich nicht erfolgreich auf die Einrede der Verjährung (§ 214 I BGB) berufen, da für den Fall des arglistigen Verschweigens eines Mangels gemäß § 438 III 1 BGB die regelmäßige Verjährungsfrist (§ 195 BGB) gilt, die erst mit Kenntnis der den Anspruch begründenden Umstände zu laufen beginnt (§ 199 I BGB).

280 **Nach BGHZ 111, 110 ff = NJW 1990, 1723 ff.**

i.S.d. § 96 BGB beziehen, nicht aber auf schuldrechtliche Lieferrechte, die nicht mit dem Eigentum am Grundstück verbunden sein können. Dafür wäre eine ausdrückliche Vereinbarung nötig, die hier nicht erfolgt ist. Die Lieferrechte werden somit vom Kaufvertrag nicht erfasst.

Die Mitwirkungspflicht könnte sich jedoch aus ergänzender Vertragsauslegung ergeben. Eine solche kommt in Betracht, wenn der Vertrag eine Regelungslücke aufweist. In diesem Fall ist durch ergänzende Auslegung zu ermitteln, was die Parteien bei angemessener Abwägung ihrer Interessen nach Treu und Glauben als redliche Vertragspartner vereinbart hätten, wenn sie den nicht geregelten Fall bedacht hätten. Für eine ergänzende Vertragsauslegung ist jedoch dann kein Raum, wenn verschiedene Gestaltungsmöglichkeiten zur Ausfüllung der Vertragslücke in Betracht kommen und keine Anhaltspunkte dafür bestehen, welche Regelung die Parteien getroffen hätten. Gerade dies ist hier der Fall: Es sind keinerlei Anhaltspunkte dafür ersichtlich, ob die Parteien die Übertragung der Lieferrechte in den Vertrag einbezogen hätten oder nicht und welche Auswirkungen dies möglicherweise auf die übrigen Vertragspflichten gehabt hätte. Eine ergänzende Vertragsauslegung scheidet also aus.

Daher besteht keine Pflicht zur Übertragung der Lieferrechte.

3. (Communis) falsa demonstratio non nocet

139 Eine gewisse Ausnahme zu den oben beschriebenen Auslegungsgrundsätzen bildet die Regel **„(communis) falsa demonstratio non nocet“**. Eine (übereinstimmende) Falschbezeichnung schadet nicht. Der Fallklassiker hierzu ist der sog. **„Haakjöringsköd-Fall“**, den das Reichsgericht zu entscheiden hatte.[281] Ein Käufer wollte eine bestimmte Schiffsladung Walfischfleisch erwerben. Käufer und Verkäufer verwendeten hierfür die Bezeichnung „Haakjöringsköd“. Sie gingen beide davon aus, dass dies der norwegische Ausdruck für Walfischfleisch sei. Tatsächlich bedeutet Haakjöringsköd in norwegischer Sprache aber „Haifischfleisch“. In einem solchen Fall, in dem die Beteiligten den Vertragsgegenstand subjektiv übereinstimmend und eindeutig, aber objektiv falsch bezeichnet haben, gilt das wirklich Gemeinte.[282] Bei übereinstimmendem Parteiverständnis wird mittels der natürlichen Auslegung der tatsächliche Rechtsfolgewille ermittelt. Mangels schutzwürdiger Interessen Dritter kommt es auf den objektiven Erklärungsgehalt nicht an. Eine erläuternde Auslegung, sowie eine Lückenschließung mittels dispositiven Gesetzesrechts oder im Wege der ergänzenden Auslegung sind daher nicht notwendig: „Der wirkliche Wille des Erklärenden geht, wenn alle Beteiligten die Erklärung übereinstimmend in eben diesem selben Sinn verstanden haben, nicht nur dem Wortlaut, sondern jeder anderweitigen Interpretation vor.“[283]

4. (Communis) falsa demonstratio bei Grundstücksgeschäften

140 Grundstücksgeschäfte müssen **formgerecht** abgeschlossen werden (§ 311b I 1 BGB). Ansonsten sind sie nach § 125 S. 1 BGB nichtig.

Bei der Auslegung formbedürftiger Willenserklärungen ist zweistufig vorzugehen. Zunächst ist der Sinn der Erklärung zu ermitteln. Hierbei finden die allgemeinen Ausle-

281 **RGZ 99, 147, 148** – Haakjöringsköd.
282 Vgl. RGZ 99, 147, 148; *Massari*, NJW 2023, 2916 m.w.N.
283 BGH NJW 1984, 721; dazu *Schubert*, JR 1984, 194 f.

gungsmethoden uneingeschränkt Anwendung. Zur Auslegung können auch außerhalb der Erklärung liegende Umstände herangezogen werden.[284]

In einem zweiten Schritt ist dann zu prüfen, ob der ermittelte Sinn auch formgerecht erklärt wurde. Hinsichtlich der Frage der Formwirksamkeit vertritt die herrschende Meinung die sog. **Andeutungstheorie**.[285] Nach ihr ist eine formgebundene Erklärung aus sich selbst heraus auszulegen. Außerhalb der Urkunde liegende Umstände dürfen zur Ermittlung des Willens nur herangezogen werden, wenn sie in der Urkunde angedeutet sind, darin also einen – wenn auch nur unvollkommenen – Ausdruck gefunden haben.[286]

Freilich ist stets der **Formzweck** zu beachten. Deshalb gilt auch bei formbedürftigen Geschäften der Grundsatz *„(communis) falsa demonstratio non nocet"*.[287] Im Schrifttum wird demgegenüber nach dem Zweck der Formvorschrift differenziert: Gehe es um einen Schutz vor Übereilung oder um eine Vermeidung von Beweisschwierigkeiten, so bedürfe es der Andeutung nicht. Anders verhalte es sich bei einem intendierten Schutz einer Partei vor den besonderen Gefahren dieses Rechtsgeschäfts oder einer Interessenwahrung Dritter oder der Allgemeinheit. Hier müsse der wesentliche Inhalt des Rechtsgeschäfts aus der Urkunde selbst ersichtlich sein.[288]

Fall 45: Der Kläger K war Eigentümer der Flurstücke Nr. 64/2 und Nr. 66/2. Das benachbarte Flurstück Nr. 64/1 stand im Eigentum der Stadt W. Der Kläger K nutzte seit 2016 aufgrund eines privatschriftlichen und damit formunwirksamen Tauschvertrages mit der Stadt W eine etwa 20 m² große, an sein Grundstück angrenzende, Teilfläche dieses Flurstücks Nr. 64/1. Der Kläger hatte der Stadt W im Gegenzug eine 8 m² große Teilfläche des Flurstücks Nr. 64/2 überlassen. Der Geländetausch wurde weder im Liegenschaftskataster noch im Grundbuch eingetragen. Das Flurstück Nr. 64/1 hatte, nach dem Liegenschaftskataster, eine tatsächliche Grundfläche von ca. 645 m². Am 4.11.2022 schlossen die Stadt W und der Beklagte B einen notariell beurkundeten Kaufvertrag über das Flurstück Nr. 64/1 mit einer Größe von 633 m². Die Stadt W und der Beklagte B vereinbarten einen Preis von 50 €/m² und einen Gesamtpreis für Grund und Boden in Höhe von 31.650 €. Vor Vertragsschluss besichtigten Vertreter der Stadt W und der Beklagte B das Flurstück Nr. 64/1. Zu diesem Zeitpunkt war von dem Kläger die Hoffläche der ihm gehörenden Grundstücke und die von ihm genutzte Teilfläche von Nr. 64/1 einheitlich mit roten Steinen gepflastert worden. Zusätzlich setzte er im Anschluss an eine auf der Grenze verlaufende halbhohe Mauer zwei massive Steinpoller. Die übrige Fläche des Flurstücks Nr. 64/1 bestand aus grauen, bogenförmig verlegten Natursteinen. Erst nach der Beurkundung erhielt der Beklagte von der Stadt W eine Kopie der Katasterkarte. Nach Eintragung des Beklagten B als Eigentümer des Flurstücks Nr. 64/1 nahm er die vom Kläger K genutzte Teilfläche im Sommer 2024 in Besitz. Der Kläger K ist der Ansicht, der Beklagte B sei nicht Eigentümer dieser Teilfläche geworden. Kaufobjekt habe nur das Grundstück sein sollen, wie es sich bei der Besichtigung tatsächlich dargestellt habe. Er verlangt von dem Beklagten Zustimmung zur Eintragung der Stadt W als Eigentümerin der näher beschriebenen umstrittenen Teilfläche im Wege der Grundbuchberichtigung. Die Stadt W hat K ihren Berichtigungsanspruch am 30.9.2024 „abgetreten". Wie ist zu entscheiden?[289] 141

Lösung: K könnte gegen B einen Anspruch auf Zustimmung zur Grundbuchberichtigung gemäß § 894 BGB im Wege der gewillkürten Prozessstandschaft für die Stadt W geltend machen.

284 BGH NJW 2011, 218; *Medicus/Petersen*, AT, Rn. 330.
285 Vgl. *Bork*, Rn. 562; *Köhler*, AT, § 9 Rn. 14 ff; *Säcker/Mohr*, Fall 6 (S. 93, 98 ff).
286 *Bitter/Röder*, § 7 Rn. 26 f; Grüneberg/*Ellenberger*, § 133 Rn. 19.
287 BGH NJW 2023, 2942, 2943; *Schrader*, JA 2024, 70; *Massari*, NJW 2023, 2916 m.w.N.
288 *Bork*, Rn. 562.
289 **Nach BGH NJW 2002, 1038 ff**; vgl. auch BGH NJW-RR 2013, 789, 790 f.

Ein eigener Anspruch des K gegen B gemäß § 894 BGB scheidet aus, da K nicht Eigentümer der umstrittenen Teilfläche wurde.

K darf im Prozess ein fremdes Recht auf Grund einer ihm von dem Berechtigten erteilten Ermächtigung im eigenen Namen geltend machen, sofern er hieran ein eigenes schutzwürdiges Interesse hat. Nach dem BGH gilt dies selbst dann, wenn ein nicht selbstständig abtretbarer Anspruch auf Zustimmung zur Grundbuchberichtigung geltend gemacht werden soll.[290] Die Ermächtigung des Klägers ist in schlüssiger Weise durch die von der Stadt W erklärte Abtretung erfolgt. Das eigene schutzwürdige Interesse ist nach der beschriebenen Sachlage hinsichtlich der Nutzung der Teilfläche des Flurstücks Nr. 64/1 durch den Kläger K gegeben.

Ein Anspruch gemäß § 894 BGB setzt voraus, dass das Grundbuch unrichtig ist, d.h. dass die im Grundbuch dargestellte (formelle) Rechtslage nicht mit der tatsächlichen (materiellen) Rechtslage übereinstimmt.

Das Grundbuch weist den Beklagten B als Eigentümer des gesamten Flurstücks Nr. 64/1 aus.

Die wirkliche Rechtslage würde vom Grundbuch nur dann abweichen, wenn sich die Auflassung zwischen der Stadt W und dem Beklagten B nicht auf das gesamte Grundstück erstreckt hätte und damit die im Streit befindliche Teilfläche nicht deren Gegenstand war.

Eine solche Auslegung der notariellen Urkunde vom 4.11.2022 ist jedoch nur dann möglich, wenn die Vertragsparteien – entgegen dem ausdrücklichen Wortlaut der Urkunde – den Gegenstand der Auflassung versehentlich falsch bezeichnet haben. Nach dem Wortlaut der Urkunde ist die Auflassung auf die Übereignung des gesamten Flurstücks Nr. 64/1 gerichtet.

Fraglich ist, ob die allgemeinen Regeln zur rechtlichen Behandlung einer Falschbezeichnung auch dann angewendet werden können, wenn die Beteiligten den Gegenstand der Auflassung versehentlich falsch bezeichnen. In diesem Fall würde das von beiden Parteien übereinstimmend wirklich Gewollte gelten (in Form einer ***(communis) falsa demonstratio non nocet***), da die Parteien sich nicht an etwas festhalten lassen müssen, wenn sie übereinstimmend etwas anderes gewollt haben.[291] Problematisch ist, ob dies auch bei formbedürftigen Rechtsgeschäften (§§ 125 S. 1, 311b I 1 BGB) gelten kann. Der notarielle Vertrag wahrt die Schutz- und Warnfunktion der Formvorschrift. Lediglich die Beweisfunktion wäre nicht gewahrt. Jedoch ist bei jeder unklar oder mehrdeutig formulierten Urkunde die Beweisfunktion beeinträchtigt. Der Inhalt der Urkunde ist in solchen Fällen ebenfalls anhand des wirklichen Willens (§ 133 BGB) und nicht allein durch ihren objektiven Erklärungsinhalt zu ermitteln. Hierfür sind alle, auch außerhalb der Urkunde liegende Umstände heranzuziehen, die zur Aufdeckung und Aufhellung des Parteiwillens dienlich sind. Im Ergebnis gilt daher auch bei formbedürftigen Rechtsgeschäften das tatsächlich Gewollte, wenn unbewusst eine unrichtige Erklärung beurkundet wurde.[292] Dabei kommt die Andeutungstheorie nicht zur Anwendung.

290 BGH NJW-RR 1988, 126, 127.

291 *Medicus/Petersen*, AT, Rn. 327; *Riehm*, Rn. 190.

292 BGHZ 87, 150 = NJW 1983, 1610, 1611; BGH NJW 2008, 1658, 1659; OLG Stuttgart NJOZ 2012, 1250, 1251 (Tiefgaragenplatz zu einer Eigentumswohnung); *Faust*, § 8 Rn. 11.

Im vorliegenden Fall müsste ein tatsächlicher Wille der Stadt W zur Auflassung des Flurstücks Nr. 64/1 ohne die umstrittene, vom Kläger K genutzte Teilfläche festgestellt werden. Dieser tatsächliche Wille müsste vom Beklagten erkannt und das Geschäft müsste in Kenntnis dessen abgeschlossen worden sein.

Tritt wie hier einem Erwerbsinteressenten bei der Besichtigung des Objekts auf Grund der tatsächlichen Situation klar vor Augen, welche Flächen Teil eines Nachbargrundstücks sind, so kann er ohne weitere Anhaltspunkte nicht davon ausgehen, dass ihm der Veräußerer weitergehendes Eigentum verschaffen kann und will, als sich das Grundstück nach seiner faktischen Umgrenzung darstellt. Hier ist eine zweifelsfreie Zuordnung möglich. Zudem hat der Beklagte B erst nach der Beurkundung eine Kopie der Katasterkarte erhalten.

Letztlich haben die Vertragsparteien bei der Auflassung des Flurstücks Nr. 64/1 eine Größe von 633 m^2 vereinbart, die tatsächliche Grundfläche betrug jedoch 645 m^2.

Der Anspruch gemäß § 894 BGB ist daher gegeben. Der Beklagte B muss der Eintragung der Stadt W als Eigentümerin der umstrittenen Teilfläche zustimmen.

5. Andeutungstheorie bei Testamenten

Besonderheiten bestehen auch bei der Auslegung von Testamenten. Diese enthalten nicht **142**
empfangsbedürftige Willenserklärungen des Erblassers (Testament als einseitiges Rechtsgeschäft). Sie sind daher rein subjektiv nach § 133 BGB auszulegen; maßgebend ist der wirkliche Wille des Erblassers. Auf den objektiven Empfängerhorizont (§ 157 BGB), d.h. auf das Verständnis des Inhalts durch die Bedachten, kommt es nicht an.

Fall 46: Der Erblasser E hatte in einem ersten notariellen Testament seine Ehefrau zur Allein- **143**
erbin eingesetzt. Während des Scheidungsverfahrens verfügte er ebenfalls in notarieller Form, dass seine Frau nicht Erbin werden sollte; im Übrigen sollte die gesetzliche Erbfolge gelten. Zu dem damaligen Beurkundungstermin beim Notar war E mit seiner verwitweten Mutter erschienen. Er hatte dem Notar erklärt, seine Mutter M solle Alleinerbin werden. Bald darauf starb der Erblasser. Seine Mutter und die nunmehr aufgetauchte, aus einer außerehelichen Beziehung stammende Tochter T streiten darum, wer Erbe ist. Beide stellen einen Antrag auf Erteilung eines Erbscheins als Alleinerbin. Wie ist zu entscheiden?[293]

Lösung: Das Nachlassgericht hat dem Erben auf Antrag den Erbschein zu erteilen (§ 2353 BGB). Nach der gesetzlichen Erbfolge wäre die Tochter T Erbin, da sie als Erbin erster Ordnung (§ 1924 I BGB) der Mutter als Erbin zweiter Ordnung (§ 1925 I BGB) nach § 1930 BGB vorgehen würde. Der Mutter wäre der Erbschein nur dann zu erteilen, wenn sie in einem Testament als Erbin bedacht worden wäre (§ 1937 BGB), weil diese Regelung vorrangig vor der gesetzlichen Erbfolge ist.

Der Erblasser hat sein ursprüngliches Testament, in dem er seine Ehefrau bedacht hat, durch ein neues Testament widerrufen (§§ 2253, 2254 BGB). In dem neuen Testament hat er seine Mutter nicht zur Erbin eingesetzt.

Ein Fall der unschädlichen Falschbezeichnung *(falsa demonstratio non nocet)* liegt nicht vor, da der Erblasser mit der Verwendung des Begriffs „gesetzliche Erbfolge" lediglich auf die gesetzliche Regelung verweist.

293 **Nach BGHZ 80, 246 ff = NJW 1981, 1736 f**; *Lipp*, Rn. 261 ff; *Medicus/Petersen*, AT, Rn. 329.

Zwar schließt die Beurkundung von Willenserklärungen nicht aus, dass der nach § 133 BGB zu ermittelnde tatsächliche Wille des Erklärenden auch anhand von außerhalb der Urkunde liegenden Umständen ermittelt wird. Der so ermittelte Inhalt muss, um dem Schutzzweck der testamentarischen Formvorschriften gerecht zu werden, aber in der Urkunde angedeutet sein (Andeutungstheorie).[294] Der Wille des Erblassers hätte also, wenn auch unvollkommen, in dem zweiten Testament zum Ausdruck kommen müssen. Das ist nicht der Fall, weil der Begriff „gesetzliche Erbfolge" lediglich auf die §§ 1924 ff BGB verweist.

Der Erbschein (§ 2353 BGB) ist deshalb der Tochter T als Alleinerbin auszustellen.

VII. Pflichten aus Geschäftsverbindung

144 Im HGB wird die Geschäftsverbindung in einzelnen Normen als Tatbestandselement genannt (§§ 89b I 1 Nr. 1, 355 I, 362 I 1 Hs. 1 HGB). Die Frage ist daher, ob die Geschäftsverbindung über diese Einzelnormen hinaus eine rechtliche Bedeutung im Vertragsrecht hat.

Eine laufende Geschäftsverbindung schafft **besondere Schutzpflichten** zwischen den Beteiligten, die den vertraglichen Schutzpflichten vergleichbar sind und begründet mithin **ein gesetzliches Schuldverhältnis** ohne primäre Leistungspflicht. Das gesetzliche Schuldverhältnis ist ein Vertrauensverhältnis und kann damit Grundlage einer Vertrauenshaftung bei einer Pflichtverletzung sein. Diese Vertrauenshaftung geht jedoch nicht auf Erfüllung, sondern wie bei der culpa in contrahendo nur auf Ersatz des **Vertrauensschadens** (negatives Interesse). Wer also Schutzpflichten aus einer laufenden Geschäftsverbindung verletzt, schuldet Schadensersatz nach §§ 280 I, 311 II Nr. 3 BGB, wenn er die Verletzung zu vertreten hat. Pflichtverletzungen seiner Erfüllungsgehilfen sowie deren Verschulden werden ihm nach § 278 BGB (analog) zugerechnet.

145 Die Geschäftsverbindung hat vor allen Dingen Einfluss auf den Vertragsinhalt, und zwar für die Auslegung und Ergänzung von Verträgen. Die **Konkretisierung von vertraglichen Nebenpflichten** ergibt sich gerade aus der laufenden Geschäftsverbindung. Selbst vorhandene Vertragsbestimmungen, etwa AGB, können durch die Vertragspraxis suspendiert werden. Eine Beurkundung von Vertragsänderungen, die verabredet und nach § 154 II BGB notwendig wäre, kann entbehrlich werden. Vertraglich fixierte Rügefristen können durch die praktische Übung gelockert werden. Der durch die Geschäftsverbindung begründete Brauch bzw. die Individualübung unter den Parteien geht also einer früheren vertraglichen Übereinkunft vor. Dabei kommt es nicht darauf an, ob sich der Vertragsbrauch selbst auf Willenserklärungen zurückführen lässt. Seine Geltung ergibt sich vielmehr aus § 242 BGB bzw. § 157 BGB.

1. Vertragliche Sorgfaltspflichten

146 Durch das Schuldrechtsmodernisierungsgesetz wurde die culpa in contrahendo in § 311 II BGB kodifiziert. Mit Aufnahme von Vertragsverhandlungen (Nr. 1), der Anbahnung eines Vertrages (Nr. 2) oder ähnlicher geschäftlicher Kontakte (Nr. 3) entsteht ein

294 Grüneberg/*Ellenberger*, § 133 Rn. 19; *Gerhards*, JuS 1994, 642 ff; *Köhler*, AT, § 9 Rn. 14 ff; *Medicus/Petersen*, AT, Rn. 328 ff; *Neuner*, § 35 Rn. 49; kritisch *Petersen*, § 11 Rn. 31 ff.

Schuldverhältnis mit der Pflicht, das in Anspruch genommene Vertrauen des Gegners nicht zu enttäuschen. Nach § 311 III BGB werden sowohl Dritte einbezogen (S. 1) als auch die bisher durch die Rechtsprechung entwickelte Sachwalterhaftung (S. 2) geregelt. Es gibt Verhaltenspflichten und Schutzpflichten, insbesondere Aufklärungs- und Rücksichtnahmepflichten.

Fall 47: O ist Filialleiter der B-Bank. Er hat der Bankkundin K eine hochverzinsliche Festgeld- **147**
anlage angeboten, obgleich dieses Geschäft jenseits seiner Vollmacht lag. K empfing er in einem separaten Beratungszimmer, wobei K ihm 20.000 € in bar übergab. Diesen Betrag vereinnahmte O für sich. K verlangt nun Schadensersatz von der B-Bank. Zu Recht?[295] Von einer Strafbarkeit des O gem. § 263 I StGB ist auszugehen.

Lösung:

I. K könnte gegen die B-Bank einen Anspruch auf Schadensersatz wegen Verschuldens bei Vertragsschluss (c.i.c.) gemäß **§§ 280 I, 311 II Nr. 1, 241 II BGB** haben.

Dadurch, dass zwischen O und K Vertragsverhandlungen bezüglich einer Festgeldanlage stattfanden, ist zwischen K und der B-Bank ein Schuldverhältnis nach § 311 II Nr. 1 BGB zustande gekommen. Das Verhalten des O stellt eine Pflichtverletzung gegenüber K dar, die er auch zu vertreten hat, § 280 I BGB. Fraglich ist, ob sich die B-Bank die Pflichtverletzung und das Vertretenmüssen des O nach § 278 S. 1 BGB (analog) zurechnen lassen muss.[296] Aus der Sicht eines Außenstehenden ist O hier im sachlichen Zusammenhang mit seiner Tätigkeit als Filialleiter der B-Bank aufgetreten. Ein Fall des nur bei Gelegenheit handelnden Gehilfen ist nicht gegeben. Das Innenverhältnis zwischen der B-Bank und O und dessen fehlende Bevollmächtigung sind nicht relevant.[297] Durch die Pflichtverletzung ist K zudem ein Schaden entstanden, sodass der Anspruch auf Schadensersatz gegeben ist.

II. In Betracht kommt außerdem eine Haftung der B-Bank nach **§§ 823 II, 31, 30 S. 1 BGB iVm § 263 I StGB**.

Ausschlaggebend für eine Eigenhaftung der B-Bank nach § 823 II BGB ist die Frage, ob O als ihr besonderer Vertreter gemäß § 30 S. 1 BGB analog angesehen werden kann. Dem Filialleiter einer Bank sind wesensmäßige Funktionen der Bank zur selbstständigen und eigenverantwortlichen Erfüllung zugewiesen.[298] Dabei kommt es nur darauf an, dass der Filialleiter die Bank nach außen repräsentiert, das Innenverhältnis spielt insoweit keine Rolle. Somit ist O ein besonderer Vertreter bzw. Repräsentant der B-Bank i.S.v. § 30 S. 1 BGB analog, womit der Anspruch gegeben ist. Das deliktische Verhalten des O (Betrug gem. § 263 StGB) ist der B-Bank gemäß § 31 BGB analog zuzurechnen.

III. Ein Anspruch nach **§ 831 I 1 BGB** scheidet aus. O ist als besonderer Vertreter bzw. Repräsentant der B-Bank anzusehen und damit nicht bloßer Verrichtungsgehilfe.

Im Ergebnis steht K gegen die B-Bank ein Schadensersatzanspruch sowohl aus §§ 280 I, 311 II Nr. 1, 241 II BGB als auch aus §§ 823 II, 31, 30 S. 1 BGB iVm § 263 I StGB zu.

---

295 **Nach BGH NJW 1977, 2259 ff.**

296 Es geht bei § 278 BGB nicht nur um eine Zurechnung des Vertretenmüssens, sondern um eine Zurechnung des Verhaltens als solchen, vgl. z.B. *Lorenz*, JuS 2007, 983, 984.

297 Vgl. MüKo/*Grundmann*, § 278 Rn. 43; *Medicus/Lorenz*, Schuldrecht I, § 31 Rn. 10.

298 BGH NJW 1984, 921, 922.

2. Haftung aus Auskunftsvertrag zugunsten Dritter

148 Die Problematik der Geschäftsverbindung zeigt sich auch bei Bankauskünften über die Kreditwürdigkeit Dritter.

Aus einer Geschäftsverbindung können je nach den Umständen auch konkludente vertragliche Pflichten entstehen, selbst gegenüber Dritten.

149 **Fall 48:** Ein unbekannter Herr erscheint beim Juwelier J, wählt einen Brillantring im Wert von 15.000 € aus und möchte per Scheck bezahlen. Der Juwelier will sich zuvor bei der Bank vergewissern, ob das Konto gedeckt ist. Er ruft daher bei seiner J-Bank an; diese fragt bei der K-Bank des Kunden an, ob der Scheck gedeckt sei. Der Angestellte M, der dort den Anruf entgegennimmt, ruft den Kontostand ab und bejaht die Frage. Die eigene Bank gibt dem Juwelier die entsprechende Auskunft weiter. Der Juwelier J kehrt in den Verkaufsraum zurück und händigt dem Kunden Ring und Quittung aus.

Drei Tage später kommt der Scheck von der K-Bank als nicht einlösbar zurück: Der Kunde hatte zwar zur Zeit des Anrufs ein Guthaben, an diesem Tag aber seiner K-Bank bereits Überweisungsaufträge gegeben, die den verfügbaren Betrag vollständig erschöpften. Eine Bezahlung des Ringes konnte der J nicht mehr erreichen. J verlangt nun von der K-Bank Schadensersatz wegen fahrlässig falsch erteilter Auskunft. Die K-Bank beruft sich dagegen auf ihre AGB. Danach erteilt die Bank Auskunft nach bestem Wissen, aber nur unter Ausschluss jeder Verbindlichkeit, auch der Haftung aus den §§ 276, 278 BGB. Wie ist zu entscheiden?[299]

Lösung: Der Juwelier J könnte gegen die K-Bank einen Schadensersatzanspruch aus Verletzung des Auskunftsvertrages gemäß **§ 280 I BGB in Verbindung mit den Grundsätzen des Vertrages mit Schutzwirkung zugunsten Dritter**[300] haben; ob § 311 III 1 BGB als sedes materiae angesehen werden kann, ist umstritten.

Einem solchen Anspruch steht § 675 II BGB nicht entgegen, weil sich diese Vorschrift nicht auf einen abgeschlossenen Auskunftsvertrag bezieht.[301]

Zwischen der J-Bank und der K-Bank müsste ein Auskunftsvertrag zustande gekommen sein. Wenn – wie hier – keine ausdrückliche Vereinbarung vorliegt, kommt nur ein konkludenter Vertragsschluss in Betracht. Dies setzt voraus, dass die Auskunft der K-Bank für die J-Bank erkennbar von erheblicher Bedeutung war und dass sie diese zur Grundlage wesentlicher Vermögensdispositionen machen wollte.[302] Das ist bei einer Scheckanfrage regelmäßig der Fall, weil Banken den Einreicher bei positiver Auskunft über den Scheckbetrag verfügen lassen, bevor die Einlösung durch die bezogene Bank erfolgt ist. Sie gehen dadurch ein Ausfallrisiko bei Nichteinlösung ein. Ein Auskunftsvertrag zwischen der J-Bank und der K-Bank ist daher gegeben.

J müsste in den Schutzbereich dieses Vertrages einbezogen worden sein. Er akzeptierte im Vertrauen auf die erteilte Auskunft von einem unbekannten Herrn einen Scheck als Zahlung, sodass seine Leistungsnähe gegeben ist. Das Kriterium der Gläubigernähe ist hier zwar nach der „Wohl und Wehe-Formel" nicht erfüllt, gleichwohl ist es aufgrund des Interesses der J-Bank an der Einbeziehung des J zu bejahen,[303] da die J-Bank die Aus-

299 **Nach BGHZ 49, 167 ff = NJW 1968, 588 ff.**

300 Vgl. zum Vertrag mit Schutzwirkungen zugunsten Dritter z.B. *Brockmann/Künnen*, JA 2019, 729 ff; *Höhne/Kühne*, JuS 2012, 1063 ff; *Hübner/Sagan*, JA 2013, 741 ff.

301 Grüneberg/*Grüneberg*, § 675 Rn. 33 f.

302 BGH NJW 1989, 2882, 2884.

303 Grüneberg/*Grüneberg*, § 328 Rn. 17a; MüKo/*Gottwald*, § 328 Rn. 186 ff.

kunft im Auftrag des J eingeholt hat. Die Einbeziehung des J müsste zusätzlich für die K-Bank erkennbar sein. Zwar wusste die K-Bank nicht, dass die Auskunft gerade für J eingeholt wird, ihr war aber bewusst, dass solche Auskünfte auch im Interesse von Kunden eingeholt werden. Auf eine Individualisierung der einbezogenen Partei kommt es nicht an. J ist wegen fehlender eigener vertraglicher Ansprüche zudem schutzwürdig. Er ist daher in den Schutzbereich des Vertrages einbezogen.[304]

Die Auskunft der K-Bank war fehlerhaft, weil sie die bereits eingereichten Überweisungen in ihre Prüfung hätte einbeziehen müssen. Nur dann kann der Zweck der Auskunft, dem Anfragenden eine sichere Dispositionsgrundlage zu geben, erfüllt werden. Da diese Pflicht durch den Erfüllungsgehilfen M (§ 278 S. 1 BGB [analog]) in zu vertretender Weise verletzt wurde (§ 280 I 2 BGB), sind die Voraussetzungen für den Schadensersatzanspruch erfüllt.

Möglicherweise hat sich die K-Bank jedoch durch ihre AGB wirksam von einer Haftung freigezeichnet. Fraglich ist aber, ob die Freizeichnungsklausel überhaupt Anwendung finden kann. Wegen der möglichen Wechselseitigkeit der Auskunftsbeziehungen muss angenommen werden, dass beide Seiten ein besonderes Interesse an der Zuverlässigkeit und Richtigkeit der erteilten Auskünfte haben. Die Klausel kann daher für Auskünfte zwischen Banken nicht zur Anwendung kommen. Darüber hinaus verstößt die Klausel in ihrem Umfang gegen § 307 I 1 BGB, da sie auch die Haftung bei vorsätzlichem und grob fahrlässigem Verhalten ausschließt (§§ 310 I 2, 309 Nr. 7 BGB). Die K-Bank konnte sich damit nicht durch ihre AGB von der Haftung freizeichnen.

J hat gegen die K-Bank wegen der Verletzung des Auskunftsvertrages gemäß § 280 I BGB in Verbindung mit den Grundsätzen des Vertrages mit Schutzwirkung zugunsten Dritter einen Anspruch auf Schadensersatz.

3. Abbruch von Vertragsverhandlungen

Solange ein Vertrag nicht geschlossen worden ist, kann jede Seite die Vertragsverhandlungen grundsätzlich grundlos abbrechen, wenn nicht gesetzliche Vorgaben entgegenstehen. Die Vertragsfreiheit garantiert nämlich jedem Vertragspartner bis zum Vertragsabschluss das Recht, den Vertrag nicht abzuschließen. Tätigt die Gegenseite aber im Vertrauen auf den Vertragsschluss Aufwendungen, so sind diese zu ersetzen, wenn das Vertrauen erweckt wurde, der in Aussicht genommene Vertrag werde mit Sicherheit zustande kommen. Diese Ersatzpflicht stützt sich dann auf §§ 280 I, 311 II Nr. 1, 241 II BGB. Bei formbedürftigen Rechtsgeschäften muss darauf geachtet werden, dass der Zweck der Formvorschrift nicht unterlaufen wird. Eine mit der Abstandnahme vom angebahnten Vertrag begründete Verpflichtung zum Ersatz des Vertrauensschadens stellt nämlich indirekt einen Zwang zum Vertragsabschluss dar. Werden Verhandlungen über ein formbedürftiges Rechtsgeschäft abgebrochen, so besteht daher nach der Rechtsprechung nur dann eine Ersatzpflicht, wenn ein schwerer, in der Regel vorsätzlicher Verstoß gegen die Pflicht zum redlichen Verhalten gegeben ist.[305] **150**

304 A.A. gut vertretbar. S. hierzu die Rechtsprechungskehrtwende des BGH (BGHZ 176, 281 ff = NJW 2008, 2245 ff), wonach im bargeldlosen Zahlungsverkehr die Vertragsverhältnisse zwischen den beteiligten Banken keine Schutzwirkung zugunsten Dritter entfalten.

305 Vgl. BGH NJW 1996, 1884, 1885; krit. *Kaiser*, JZ 1997, 448 ff; BGH NZM 2018, 295, 296; OLG Brandenburg ZfBR 2012, 508, 511 f; OLG Saarbrücken NJW-RR 2014, 1331, 1332.

§ 3 Rechts- und Geschäftsfähigkeit

I. Rechtsfähigkeit

151 ➔ **Definition:** Unter Rechtsfähigkeit versteht man die Fähigkeit von Rechtssubjekten, Träger von Rechten und Pflichten zu sein. Zu unterscheiden sind natürliche und juristische Personen.[1]

152 1. Die Rechtsfähigkeit des **Menschen** beginnt mit Vollendung der Geburt (§ 1 BGB). Das Kind muss vollständig aus dem Mutterleib ausgetreten sein und in diesem Zeitpunkt gelebt haben. Die Rechtsfähigkeit des Menschen endet mit seinem Tod. Nach h.M. ist heute nicht auf den Herztod, sondern auf das vollständige Aussetzen der Hirnströme (Gesamthirntod, vgl. § 3 II Nr. 2 TPG) abzustellen.[2]

153 2. Prägend für das Gesellschaftsrecht ist eine Zweispurigkeit: Man unterscheidet Körperschaften (Prototyp im BGB ist der rechtsfähige Verein, §§ 21 ff BGB) und Personengesellschaften (Prototyp im BGB ist die Gesellschaft bürgerlichen Rechts [GbR], §§ 705 ff BGB). Die Rechtsfähigkeit der **GmbH** ergibt sich aus § 13 I GmbHG; die Rechtsfähigkeit der **AG** folgt aus § 1 I 1 AktG. Diese juristischen Personen können nicht selbst rechtsgeschäftlich handeln, sondern müssen von ihren Organen vertreten werden (die GmbH durch die Geschäftsführer gemäß § 35 I 1 GmbHG, die AG durch den Vorstand gemäß § 78 I 1 AktG).

154 3. Die **OHG** und die **KG** sind rechtsfähige Gesellschaften, die nach § 105 II HGB (iVm § 161 II HGB) Rechte erwerben und Verbindlichkeiten eingehen können (zur Vertretung siehe §§ 124, 170 HGB). Die rechtsfähige GbR (Außengesellschaft) ist mittlerweile in §§ 705 II, 706 ff. BGB geregelt (dazu Rn. 157, zur Vertretung siehe § 720 BGB). Die **Erbengemeinschaft** (§ 2032 BGB) ist demgegenüber nicht rechtsfähig. Diese Gesamthandsgemeinschaft ist nicht auf Dauer angelegt, sondern auf Auseinandersetzung gerichtet.[3] Im Übrigen verfügt sie nicht über eigene Organe, die für sie im Rechtsverkehr handeln könnten.[4]

1. Rechtsstellung des nasciturus

155 Schwierigkeiten ergeben sich bei unfallbedingten Verletzungen der Leibesfrucht. Der nasciturus ist nach § 1 BGB noch nicht rechtsfähig, weil er noch nicht geboren ist. Schutz erfährt der nasciturus aber durch eine Reihe von Sondervorschriften, z.B. § 1923 II BGB.

Problematisch ist der Deliktsschutz des ungeborenen Kindes.

156 **Fall 49:** F erlitt durch Alleinverschulden des B einen Verkehrsunfall. F war zu dieser Zeit im 6. Monat schwanger. Bei dem Unfall wurde sie erheblich verletzt; neben mehreren Knochenbrüchen erlitt sie eine schwere Gehirnerschütterung. Als sie drei Monate später ihre Tochter T zur Welt brachte, zeigte sich, dass diese an spastischen Lähmungen und an einem Hirnschaden litt. T, vertreten durch ihre Eltern, klagt nun auf Feststellung, dass B ihr alle künftigen Schäden zu ersetzen hat. Wie ist zu entscheiden?[5]

---

1 *Riehm*, Rn. 2.
2 Vgl. OLG Frankfurt NJW 1997, 3099, 3100; BeckOK BGB/*Bamberger*, § 1 Rn. 20.
3 BGH NJW 2006, 3715, 3716.
4 BGH NJW 2006, 3715, 3716.
5 **Nach BGHZ 58, 48 ff** = JZ 1972, 363 ff m. Anm. *Stoll*.

Lösung: Die Klage hat Erfolg, wenn sie zulässig und begründet ist.

I. Im Rahmen der Zulässigkeit der Klage ist allein problematisch, ob das nach § 256 I ZPO erforderliche Feststellungsinteresse gegeben ist. Die Pflicht zum Ersatz eines Unfallschadens ist ein Rechtsverhältnis: Durch das Delikt entsteht ein gesetzliches Schuldverhältnis zwischen den Beteiligten. Soweit ein Geschädigter Leistungsklage erheben kann, ist die Feststellungsklage in der Regel subsidiär und daher unzulässig. Dafür sprechen prozessökonomische Erwägungen: Ein Feststellungsurteil hat nämlich keinen vollstreckungsfähigen Inhalt. Die Feststellungsklage kann somit häufig einen Rechtsstreit nicht dauerhaft beenden, sodass sie ihrerseits eine gesonderte Leistungsklage nach sich zieht. Die Leistungsklage ist aber nur in bezifferter Form möglich. T, vertreten durch ihre Eltern nach § 51 I ZPO iVm §§ 1626 I, 1629 I BGB, kann aber hier ihren Schaden im Einzelnen noch nicht beziffern. Das Feststellungsinteresse ergibt sich deshalb aus der Gefahr einer drohenden Verjährung (§§ 195, 199 I, 197 I Nr. 3 BGB). Danach verjährt ein Anspruch in drei Jahren ab Kenntnis (oder grob fahrlässiger Unkenntnis) von Tat und Täter, ein rechtskräftig festgestellter Anspruch jedoch erst in 30 Jahren.

II. Die Klage ist begründet, wenn T gegen B einen Anspruch aus § 823 I BGB wegen Verletzung ihrer Gesundheit hat. § 823 I BGB verlangt die Gesundheitsverletzung „eines anderen". Im Sinne dieser Haftungsnorm ist nach allgemeiner Auffassung auch das ungeborene Kind vor Vollendung seiner Geburt ein Mensch, vorausgesetzt das Kind wird lebend geboren und erlangt damit nach § 1 BGB die Rechtsfähigkeit. Nach Ansicht des BGH schützt § 823 I BGB das Recht des geborenen Menschen auf körperliche Unversehrtheit und Gesundheit. Ob auch die in zahlreichen Einzelvorschriften des BGB geschützte Leibesfrucht (vgl. z.B. § 844 II 2 BGB) einen Anspruch auf Unversehrtheit genießt, hat der BGH nicht entschieden. T verlangt hier nur Ersatz des Schadens, den sie als Kind erleidet, nachdem sie krank zur Welt gekommen ist. Die Leibesfrucht sei dazu bestimmt, als Mensch ins Leben zu treten. Sie und der später geborene Mensch seien identische Wesen. Dem müsse das Haftungsrecht Rechnung tragen. Verletzungen der Leibesfrucht werden daher jedenfalls mit Vollendung der Geburt zu einer Verletzung der Gesundheit des Menschen.

Die sonstigen Voraussetzungen von § 823 I BGB unterstellt, steht T daher ein eigener Anspruch auf Schadensersatz zu.

2. Rechtsfähigkeit der GbR

Lange Zeit war die Frage umstritten, ob die GbR rechtsfähig ist. In einer Jahrhundertentscheidung hat sich der BGH im Jahre 2001 dafür ausgesprochen, dass die GbR (teil-)rechtsfähig und parteifähig ist, soweit sie als Teilnehmer am Rechtsverkehr eigene (vertragliche) Rechte und Pflichten begründet.[6] Seit dem 1.1.2024 ist die GbR als „Grundform aller rechtsfähigen Personengesellschaften ausgestaltet"[7]: Gem. § 705 II BGB kann die GbR entweder selbst Rechte erwerben und Verbindlichkeiten eingehen, wenn sie nach dem gemeinsamen Willen der Gesellschafter am Rechtsverkehr teilnehmen soll (**rechtsfähige Gesellschaft**, §§ 706-739 BGB), oder sie kann den Gesellschaftern zur Ausgestaltung ihres Rechtsverhältnisses untereinander dienen (**nicht rechtsfähige Gesellschaft**, §§ 740-740c BGB). 157

6 BGHZ 146, 341, 344 = NJW 2001, 1056.
7 BT-Drs. 19/27635, S. 2; s. zum neuen Personengesellschaftsrecht *K. Schmidt*, JuS 2024, 1 ff.

3. Haftung für GmbH in Gründung

158 Eine juristische Person entsteht jeweils erst mit Abschluss der Gründung und der konstitutiven Eintragung in das Handels- bzw. Vereinsregister (vgl. § 21 BGB, § 11 I GmbHG, § 41 I 1 AktG). Eine GmbH entsteht in mehreren Stufen: Entscheidende Stationen der Entstehung sind der **Abschluss des notariellen Gründungsvertrages** (§ 2 I 1 GmbHG) und die **Eintragung** der GmbH in das Handelsregister (§ 10 GmbHG). Danach unterscheidet man die **Vorgründungsgesellschaft**, die **Vor-GmbH** und die **GmbH**. Probleme treten meist dann auf, wenn die Geschäfte bereits aufgenommen werden, bevor die GmbH tatsächlich wirksam entstanden ist.

159 **Fall 50:** A und B sind Gesellschafter der künftigen C-GmbH. Handelnd für die „C-GmbH in Gründung" erwarben sie von K ein Handelsgeschäft mit Warenbestand für 150.000 €. Zwei Tage später wurde die GmbH durch notariell beurkundeten Vertrag gegründet und einen Monat später in das Handelsregister eingetragen. Die GmbH zahlte auf den Kaufpreis 50.000 €. K fordert von A und B als Gesamtschuldner den Restkaufpreis. Zu Recht?[8]

Lösung: Eine Haftung der nicht im eigenen Namen handelnden A und B nach § 11 II GmbHG scheidet jedenfalls wegen der späteren Handelsregistereintragung der GmbH gemäß § 13 II GmbHG aus.

Haben A und B unter dem Namen eines (noch) nicht bestehenden Rechtsträgers gehandelt, so wird der wahre Träger des betriebsbezogenen Rechtsgeschäfts verpflichtet.

Zur Zeit des Vertragsschlusses mit K bildeten A und B eine Vorgründungsgesellschaft, die – je nachdem, ob sie bereits ein Handelsgewerbe betrieb oder nicht – eine GbR oder eine OHG war. Aus dem für sie geschlossenen Geschäft haften A und B persönlich und unbeschränkt als Vorgründungsgesellschafter (§ 126 HGB [OHG] bzw. § 721 BGB [GbR]). Es ist nicht ersichtlich, dass K das Risiko eingehen wollte, lediglich die zukünftige Rechtsperson GmbH verpflichten zu wollen. Allein die Tatsache des Handelns für die „GmbH in Gründung" begründet dabei nicht schon die Vereinbarung einer Haftungsbeschränkung auf das zu erbringende Gesellschaftskapital. Dies ist ohne Individualvereinbarung erst bei der Vorgesellschaft (die mit notarieller Beurkundung des Gesellschaftsvertrages entsteht, § 2 I 1 GmbHG) anzunehmen, da nur diese eine notwendige Vorstufe zur rechtlich mit ihr identischen GmbH darstellt.

Dasselbe gilt für eine etwaige zeitliche Begrenzung der Haftung von A und B auf die Zeit bis zur Eintragung der GmbH.

Als Mitglieder der Vorgründungsgesellschaft haften A und B aus § 126 HGB bzw. § 721 BGB, wenn es sich um eine OHG bzw. eine GbR (so die Akzessorietätstheorie) handelt.[9] Eine Haftungsbegrenzung ist zwar möglich, muss aber vereinbart werden.

Diese Haftung ist nicht entfallen, als die C-GmbH anschließend gegründet wurde. Rechte und Pflichten aus dem Kaufvertrag gingen schließlich nicht automatisch auf die GmbH über. Insoweit hätte es einer Schuldübernahme (§§ 414, 415 BGB) oder einer Vertragsübernahme bedurft.[10] In der Teilzahlung des Kaufpreises durch die GmbH kann man zwar ein konkludentes Angebot zum Abschluss eines Schuld- oder Vertragsübernahme-

8 **Nach BGH NJW 1983, 2822 f.**
9 BGHZ 146, 341 = NJW 2001, 1056, 1061; *Peifer*, JuS 2008, 490, 491.
10 BGH NJW 1998, 1645.

vertrages sehen. In der bloßen Entgegennahme der (Dritt-)Zahlung liegt aber keine Annahme dieses Angebots. K kann daher von A und B Zahlung des Restkaufpreises nach § 433 II BGB iVm § 126 HGB bzw. § 721 BGB verlangen.

II. Geschäftsunfähigkeit

Geschäftsunfähige sind zu ihrem eigenen Schutz nicht in der Lage, selbst am rechtsge- **160**
schäftlichen Verkehr teilzunehmen; ihre Willenserklärungen sind gemäß § 105 I BGB **nichtig**. Für sie muss ein **gesetzlicher Vertreter** handeln (bei § 104 Nr. 1 BGB die Eltern [§ 1629 BGB] bzw. ein Vormund [[§ 1789 II 1 BGB], bei § 104 Nr. 2 BGB ein Betreuer [§§ 1814 ff, 1823 BGB]). § 104 BGB enthält eine negative Regelung, wer die Geschäftsfähigkeit nicht besitzt. Die Altersgrenze von sieben Jahren (§ 104 Nr. 1 BGB) ist einfach zu bestimmen, schwierig ist dagegen die Bestimmung des Momentes, ab dem eine krankhafte Störung der Geistestätigkeit die freie Willensbestimmung ausschließt (§ 104 Nr. 2 BGB). Eine nur vorübergehende Störung der Geistestätigkeit führt nicht zur generellen Geschäftsunfähigkeit, vielmehr ist in diesen Fällen lediglich die in diesem gestörten Zustand abgegebene Willenserklärung nichtig, § 105 II BGB, so z.B. bei Volltrunkenheit, Medikamentenvergiftung oder Hypnose. Der **gute Glaube an die Geschäftsfähigkeit** des Vertragspartners ist **nicht** geschützt.[11] Der Schutz Geschäftsunfähiger bzw. beschränkt Geschäftsfähiger hat Vorrang vor den Interessen des Rechtsverkehrs.[12] Dies ergibt sich aus dem Wortlaut der §§ 104 ff BGB sowie dem Sinn und Zweck dieser Schutzvorschriften.

Fall 51: E ist Eigentümer einer Uhr. Auf der Passauer Dult (einem Jahrmarkt mit Volksfestcha- **161**
rakter) konsumiert er alkoholische Getränke in so erheblichen Mengen, dass er sich in einem die freie Willensbestimmung vollständig ausschließenden Zustand befindet. In diesem Zustand schenkt und übergibt E seine Uhr spontan dem ihn unbekannten U. U ist, was E nicht wusste, zufälligerweise Uhrenhändler. Einen Monat später veräußert und übergibt U die Uhr in seinem Ladengeschäft zu einem marktüblichen Preis an B, der von dem Vorgeschehen keinerlei Kenntnis hat. Wer ist Eigentümer der Uhr?

Lösung: 1. Ursprünglich war E Eigentümer der Uhr. Er könnte sein Eigentum an U nach § 929 S. 1 BGB verloren haben. Allerdings befand sich E zum Zeitpunkt der Übergabe in einem die freie Willensbestimmung vollständig ausschließenden Zustand. Dieser war vorübergehend, so dass kein Fall der §§ 104 Nr. 2, 105 I BGB vorliegt. Vielmehr ist die auf Abschluss der dinglichen Einigung gerichtete Willenserklärung des E gem. § 105 II Alt. 2 BGB nichtig. E hat die Uhr damit nicht an U übereignet.

2. a) Allerdings könnte E sein Eigentum dadurch verloren haben, dass U die Uhr wirksam an B gem. § 929 S. 1 BGB übereignet hat. Einigung und Übergabe liegen vor. Über eine Sache wirksam verfügen kann jedoch nur der Eigentümer oder ein von einem verfügungsberechtigten Eigentümer Ermächtigter (§ 185 I BGB). U war aber nicht Eigentümer der Uhr und auch nicht zur Verfügung berechtigt.

b) B könnte gem. §§ 929 S. 1, 932 I 1, II BGB gutgläubig das Eigentum an der Uhr erworben haben. Am guten Glauben des B (hinsichtlich der Eigentümerstellung des U) be-

11 Zu einer Ausnahme im Internationalen Privatrecht siehe Art. 13 Rom I-VO sowie Art. 12 EGBGB.
12 BGH NJW 2015, 2497, 2498 (Rn. 19); *Janda*, FamRZ 2013, 16, 21.

stehen keine Zweifel. Allerdings könnte der gutgläubige Erwerb gem. § 935 I 1 BGB daran scheitern, dass die Uhr dem U gestohlen worden, verlorengegangen oder sonst abhanden gekommen ist. Abhanden gekommen ist eine Sache, wenn der Eigentümer den unmittelbaren Besitz unfreiwillig, also ohne, aber nicht notwendigerweise gegen seinen Willen verloren hat. E hat den unmittelbaren Besitz zwar freiwillig auf U übertragen, allerdings befand er sich zu diesem Zeitpunkt in einem die freie Willensbestimmung ausschließenden Zustand i.S.v. § 105 II Alt. 2 BGB.

Die h.M. geht davon aus, dass der Geschäftsunfähige in analoger Anwendung der §§ 104, 105 I, II BGB keinen wirksamen Besitzaufgabewillen bilden kann, und daher ein Abhandenkommen immer bei einer Übergabe durch einen Geschäftsunfähigen vorliegt.[13] Gegen eine analoge Anwendung der §§ 104 f. BGB spricht jedoch, dass es sich bei der Übertragung des Besitzes nicht um ein rechtsgeschäftliches Handeln, sondern um einen bloßen Realakt handelt. Nach der Gegenauffassung ist daher nicht der rechtsgeschäftliche Wille maßgeblich, sondern allein ein natürlicher Wille zur Besitzaufgabe. Dieser setzt die – im Einzelfall festzustellende – Einsichtsfähigkeit hinsichtlich der Bedeutung der Besitzaufgabe voraus. Der Streit kann an dieser Stelle jedoch offen bleiben: In Folge seiner Trunkenheit fehlte es E vorübergehend an der Fähigkeit, die Bedeutung der Besitzaufgabe zu erkennen, so dass nach beiden Auffassungen von einem Abhandenkommen i.S.v. § 935 I 1 BGB auszugehen ist. Ein gutgläubiger Eigentumserwerb durch B scheidet damit aus. E ist nach wie vor Eigentümer der Uhr.

1. Geschäfte des täglichen Lebens

162 Vielfach gibt es einen Bereich von Alltagsgeschäften, den ein Kranker oder Alter trotz krankheits- oder altersbedingt bestehender mentaler Einschränkungen durchaus noch versteht, während er bei komplexeren, unbekannten Geschäften möglicherweise völlig hilflos ist. Von dieser Lage geht auch § 1825 III 2 BGB aus, wonach ein Betreuungsbedürftiger trotz Einwilligungsvorbehalts Geschäfte über „eine geringfügige Angelegenheit des täglichen Lebens“ tätigen kann. Für die Wirksamkeit solcher Geschäfte besteht ein praktisches Bedürfnis. Die Betreuung ändert aber nichts an einer vorhandenen Geschäftsfähigkeit bzw. Geschäftsunfähigkeit. Auch für letzteren Fall sieht § 105a S. 1 BGB vor, dass Geschäfte des täglichen Lebens, die mit geringwertigen Mitteln bewirkt werden, als wirksam gelten, sobald Leistung und Gegenleistung erbracht sind.[14] Ausgenommen sind nach § 105a S. 2 BGB Geschäfte mit erheblicher Gefahr für die Person oder das Vermögen des Geschäftsunfähigen. § 105a BGB eröffnet auch dem Geschäftsunfähigen einen kleinen eigenen Wirkungskreis und hat daher Vorrang vor § 1825 III 2 BGB.[15] Es geht darum, die soziale Integration erwachsener Menschen mit geistigen Behinderungen zu fördern. Der Vertrag ist nichtig, sodass keine vertraglichen Ansprüche gegen den Geschäftsunfähigen erwachsen. Das Gesetz sieht jedoch eine partielle Wirksamkeit vor, sobald Leistung und Gegenleistung bewirkt worden sind. Die Fiktion der Wirksamkeit soll eine Rückforderung der erbrachten Leistung nach §§ 812 ff BGB ausschließen.[16]

13 Zum Streitstand: *Neuner*, JuS 2007, 401, 404.

14 Vgl. *Lipp*, FamRZ 2003, 721, 725 ff; *Heim*, JuS 2003, 141 ff; *Ulrici*, JURA 2003, 520; *Ludyga*, FPR 2007, 3 ff.

15 *Löhnig/Schärtl*, AcP 204 (2004), 25, 30 f; a.A. *Lindacher/Hau*, Fall 2 (S. 7 f).

16 Jauernig/*Mansel*, § 105a Rn. 6; *Riehm*, Rn. 271.

2. Relative und partielle Geschäftsunfähigkeit

Die Frage ist aber, ob es darüber hinaus eine relative Geschäftsunfähigkeit bzw. Geschäftsfähigkeit gibt.[17] Zu unterscheiden sind die sog. partielle Geschäftsunfähigkeit und die relative Geschäftsunfähigkeit. Die partielle Geschäftsunfähigkeit bezieht sich auf einen bestimmten gegenständlich abgegrenzten Bereich von Angelegenheiten,[18] z.B. bei Querulantenwahn hinsichtlich der Prozessführung. Eine relative Geschäftsunfähigkeit, die sich nur bei besonders schwierigen Geschäften auswirken würde, ist dagegen abzulehnen, weil dies aufgrund der damit einhergehenden Abgrenzungsprobleme zu erheblicher Unsicherheit für den Rechtsverkehr führen würde.[19] **163**

Fall 52: K und B sind Brüder. Ihr Vater V hat durch notariellen Erbvertrag von 2022 den B als Alleinerben eingesetzt. 2023 veräußert V sein Grundstück an K. Zu dieser Zeit litt V bereits an altersbedingtem Hirnabbau, aufgrund dessen er schwierigere Zusammenhänge nicht mehr erfassen konnte. V starb einige Monate später Ende 2023. K, der mittlerweile im Grundbuch als Eigentümer eingetragen ist, verlangt nun von B Räumung des Hauses und Herausgabe des Grundstücks. B weigert sich und beruft sich darauf, dass die Übereignung an K unwirksam sei und sein Recht als Vertragserbe unzulässig beeinträchtige. Wie ist zu entscheiden?[20] **164**

Lösung: K könnte einen Anspruch auf Räumung gegenüber B nach §§ 985, 986 I 1 BGB haben, wenn K Eigentümer des Grundstücks und B Besitzer ohne Recht zum Besitz wäre. Die Herausgabe eines Grundstücks erfolgt durch Einräumung des Besitzes, d.h. durch Räumung seitens des Verpflichteten.

Ursprünglich war V Eigentümer des Grundstücks. Er könnte sein Eigentum aber an K gemäß §§ 873 I, 925 I 1 BGB durch Auflassung und Eintragung in das Grundbuch übertragen haben. Dem steht nicht entgegen, dass V mit B einen Erbvertrag geschlossen hatte, da dieser nach § 2286 BGB Verfügungsgeschäfte unter Lebenden nicht hindert. Die Übereignung wäre indes nach § 105 I BGB nichtig, wenn V zur Zeit des Vertragsschlusses nach § 104 Nr. 2 BGB geschäftsunfähig war und deshalb keine wirksame Willenserklärung zur dinglichen Einigung abgeben konnte. Um Geschäftsunfähigkeit gemäß § 104 Nr. 2 BGB anzunehmen, hätte V außerstande sein müssen, seinen Willen frei zu bestimmen, also seine Entscheidungen von vernünftigen Erwägungen abhängig zu machen. Die Unfähigkeit, die volle Tragweite der Erklärung abzuschätzen, reicht dafür aber nicht. Eine nur relative Geschäftsunfähigkeit für schwierige Geschäfte ist wegen der damit verbundenen Abgrenzungsprobleme und der für den Verkehr entstehenden Rechtsunsicherheit abzulehnen.

Eine wirksame Auflassung (§ 925 I 1 BGB) liegt demnach vor. Weiterhin ist die Eintragung (§ 873 I BGB) erfolgt, sodass K Eigentümer des Grundstücks geworden ist. Da B Besitzer des Grundstücks ist, ohne ein Recht zum Besitz vortragen zu können, ist der Anspruch aus § 985 BGB gegeben.

---

17 Vgl. *Köhler*, PdW, AT, Fall 26; *Riehm*, Rn. 264.
18 BGH NJW-RR 2002, 1424 (Telefonsex); BayObLG NJW 1992, 2100, 2101.
19 BayObLG NJW 1989, 1678, 1679; *Petersen*, § 20 Rn. 12.
20 **Nach BGH NJW 1970, 1680.**

3. Haftung für Schäden aus eigener Geschäftsunfähigkeit

165 Das Risiko mit einem unerkannt Geschäftsunfähigen zu kontrahieren, trägt jedermann selbst. Findige Kautelarjuristen haben deshalb überlegt, ob man nicht im zurechnungsfähigen Zustand die Haftung für Schäden aus der eigenen Unzurechnungsfähigkeit übernehmen könnte.

166 **Fall 53:** K eröffnete bei B 2003 ein Privatgirokonto unter Anerkennung der AGB der Bank. 2012 erkrankte er an einer Psychose, derentwegen er mehrfach in ärztlicher Behandlung war. Von Mai bis August 2020 zahlte er 60-mal mit seiner ec-Karte und überzog sein Konto auf diese Weise mit über 20.000 €.

K behauptet, er sei ab dem 1.5.2020 geisteskrank und geschäftsunfähig gewesen; die ec-Zahlungen seien die Folge unsinniger Gaststättenbesuche gewesen. Die Bank verweist auf Nr. 3 ihrer Geschäftsbedingungen, wonach der Kunde den Schaden trägt, der daraus entsteht, dass die Bank von einem eintretenden Mangel in der Geschäftsfähigkeit des Kunden unverschuldet keine Kenntnis erlangt. Muss K seine Schulden bezahlen?[21]

Lösung: Die Bank hat keinen Anspruch gegen K auf Zahlung der 20.000 € aus dem Girovertrag. K konnte infolge seiner Geschäftsunfähigkeit nach § 104 Nr. 2 BGB bei den ec-Zahlungen (auf Kredit) keine wirksame Willenserklärung abgeben, § 105 I BGB.

Für den Schaden, den die Bank durch die Buchungen ohne Begründung eines Aufwendungsersatzanspruches erlitten hat, könnte aber ein Ersatzanspruch aus Nr. 3 der AGB des 2003 mit der Bank geschlossenen Vertrages bestehen. Dazu müsste die Klausel mit § 307 BGB, der nach § 305 I BGB anwendbar ist, vereinbar sein. Da sie aber eine verschuldensunabhängige Haftung begründet, widerspricht sie nach § 307 II Nr. 1 BGB dem Grundgedanken der gesetzlichen Haftungsregelung, wonach grundsätzlich nur bei Verschulden gehaftet wird. Zudem unterläuft sie den vom Gesetzgeber in §§ 104 f BGB ausgestalteten Schutz des Geschäftsunfähigen, der aufgrund dieser Klausel nahezu so schlecht stünde wie bei Wirksamkeit seiner Rechtsgeschäfte. Ein solches Ergebnis vermag auch der Gedanke der Haftungsverteilung nach Gefahrenbereichen nicht zu rechtfertigen. Nach § 307 I 1, II Nr. 1 BGB ist die Klausel daher nichtig, ein Ersatzanspruch besteht nicht.

III. Beschränkte Geschäftsfähigkeit

167 Beschränkt geschäftsfähig sind Minderjährige zwischen dem 7. und dem nicht vollendeten 18. Lebensjahr, §§ 2, 106 BGB. Gleichgestellt sind (noch geschäftsfähige) Volljährige, soweit für sie ein Betreuer mit Einwilligungsvorbehalt bestellt wurde, § 1825 I BGB. Wurde ein Minderjähriger wirksam ermächtigt, ein Erwerbsgeschäft zu betreiben oder ein Arbeitsverhältnis[22] einzugehen (§§ 112, 113 BGB), ist er insoweit (partiell) voll geschäftsfähig.

Bei Rechtsgeschäften von Minderjährigen ist das **Trennungs- und Abstraktionsprinzip** besonders zu beachten, d.h. es ist streng zwischen Verpflichtungs- und Verfügungsgeschäft zu unterscheiden. Ferner ist die Differenzierung zwischen **Verträgen** und **einseitigen Rechtsgeschäften** (wie z.B. einer Kündigung) wesentlich. Schließt der Minderjähri-

21 **Nach BGHZ 115, 38 ff = NJW 1991, 2414 ff.**

22 Berufsbildungsverhältnisse sind nicht erfasst, NK-BGB/*Baldus*, § 113 Rn. 7.

ge einen Vertrag ohne die erforderliche Einwilligung des gesetzlichen Vertreters, so hängt nach **§ 108 I BGB** die Wirksamkeit des Vertrags von der Genehmigung des Vertreters ab. Ein einseitiges Rechtsgeschäft, das der Minderjährige ohne die erforderliche Einwilligung des gesetzlichen Vertreters vornimmt, ist aus Gründen der Rechtssicherheit nach **§ 111 S. 1 BGB** unwirksam.

1. Wirksamkeit der Willenserklärung eines Minderjährigen

Die Willenserklärung eines Minderjährigen setzt nach § 107 BGB eine Einwilligung des gesetzlichen Vertreters voraus, es sei denn der Minderjährige erlangt durch das Rechtsgeschäft **einen lediglich rechtlichen Vorteil.**[23] Lediglich rechtlich vorteilhaft ist das Rechtsgeschäft, wenn sich die Rechtsstellung des Minderjährigen ausschließlich verbessert. Auf eine wirtschaftliche Betrachtungsweise kommt es dabei nicht an.[24] Eine Verpflichtung ist für den Minderjährigen nachteilig, bedarf also nach § 107 BGB der Einwilligung des gesetzlichen Vertreters. Dies gilt selbst dann, wenn es wirtschaftlich günstige Rechtsgeschäfte sind, und betrifft alle synallagmatischen Verträge (z.B. § 433 BGB, § 535 BGB), aber auch alle unvollkommen zweiseitig verpflichtenden Verträge, wie etwa den Leihvertrag (§ 598 BGB), bei dem eine Rückgabepflicht nach § 604 I BGB für den Entleiher besteht, und alle einseitig verpflichtenden Verträge (z.B. § 516 BGB), wenn eine Verpflichtung für den Minderjährigen existiert. § 105a BGB ist auf Minderjährige nicht analog anwendbar.[25] Der Erwerb durch Verfügungsgeschäft ist dagegen lediglich rechtlich vorteilhaft, also auch ohne Zustimmung des gesetzlichen Vertreters wirksam, § 107 BGB. Der gesetzliche Vertreter kann vorab zustimmen, § 107 BGB (Einwilligung, § 183 S. 1 BGB), oder nachträglich zustimmen, § 108 I BGB (Genehmigung, § 184 I BGB). Ein **Vertrag** ist bei fehlender erforderlicher Einwilligung des gesetzlichen Vertreters nach § 108 I BGB schwebend unwirksam,[26] d.h. der Vertrag ist zunächst unwirksam; genehmigt der gesetzliche Vertreter den Vertrag, so wird er wirksam von Anfang an (ex-tunc-Wirkung der Genehmigung nach § 184 I BGB). Ein **einseitiges Rechtsgeschäft** des Minderjährigen ist ohne die erforderliche Einwilligung unwirksam, § 111 S. 1 BGB. Der Oberbegriff für die Einwilligung und die Genehmigung ist die Zustimmung (§ 182 BGB). **Gesetzliche Vertreter** sind grundsätzlich die Eltern (§§ 1626 I, 1629 I 1 BGB) bzw. der Vormund (§ 1789 II 1 BGB), s. im Einzelnen Rn. 171. **168**

Jede Verfügung eines Minderjährigen, bei der die Rechtsänderung zu dessen Lasten geht, bedarf nach diesen Grundsätzen ebenfalls der Zustimmung des gesetzlichen Vertreters.[27] Veräußert etwa ein beschränkt Geschäftsfähiger sein Fahrrad ohne Zustimmung des gesetzlichen Vertreters, so sind Kauf und Übereignung zunächst schwebend unwirksam (§ 108 I BGB). Ein Dritter kann aber vom Käufer gutgläubig Eigentum erwerben (§§ 929 S. 1, 932 I 1 BGB), da das Fahrrad dem Minderjährigen nicht abhandengekommen ist (§ 935 I 1 BGB), zumindest wenn der Minderjährige eine hinreichende Urteilsfähigkeit hatte.[28]

23 Vgl. *Leenen/Häublein*, § 9 Rn. 24 ff; *Petersen*, § 20 Rn. 14.
24 BGHZ 205, 90, 93 = NJW 2015, 2497, 2498.
25 NK-BGB/*Baldus*, § 105a Rn. 8 f.
26 Gegen diese Begrifflichkeit *Hageböke/Ruholl*, JA 2022, 975, 980.
27 Vgl. *Thümmler/Zech/Blumert*, JuS 2010, 514 ff.
28 PWW/*Prütting*, § 935 Rn. 4. a.A. BeckOK BGB/*Kindl*, § 935 Rn. 8; MüKo/*Oechsler*, § 935 Rn. 7 (Rechtsgedanke des § 105 BGB).

a) Lediglich rechtlicher Vorteil

169 **aa) Schenkung von Grundstücken.** Grundstücksschenkungen an Minderjährige sind nicht stets als lediglich rechtlich vorteilhafte Geschäfte i.S.d. § 107 BGB anzusehen. Denn dem Minderjährigen wird zwar etwas unentgeltlich zugewendet, doch können mit dem Erwerb des Geschenks weitgehende Verpflichtungen einhergehen.[29]

Grundsätzlich benötigt der Minderjährige zum Abschluss des Schenkungsvertrages (§§ 516, 518 BGB), aber auch zum Erwerb des geschenkten Gegenstandes (bei beweglichen Sachen §§ 929 ff BGB, bei unbeweglichen Sachen §§ 873 ff BGB) nicht der Zustimmung des gesetzlichen Vertreters. Verpflichtungsgeschäft und Verfügungsgeschäft werden isoliert betrachtet. Dies gilt auch beim Erwerb von Grundstücken, obwohl mit dem Erwerb die Grundsteuerpflicht und die Pflicht zur Leistung anderer öffentlicher Abgaben verbunden sind.[30] Anders entscheidet die Rechtsprechung, wenn es um den Erwerb einer Eigentumswohnung geht (wegen der persönlichen Verpflichtungen als Mitglied der Wohnungseigentümergemeinschaft nach dem WEG) oder wenn das zu verschenkende Grundstück vermietet oder verpachtet ist, weil der Minderjährige sonst mit dem Erwerb des Grundstücks aus dem Miet- oder Pachtvertrag unbeschränkt verpflichtet würde (§§ 566 I, 581 II, 593b BGB).[31]

170 **Fall 54:** Der verwitwete E möchte seinem 16-jährigen Sohn S eine von ihm vermietete Eigentumswohnung schenken. Mit notariellem Vertrag zwischen E und S überließ E das Eigentum an der Wohnung dem S. Die Beteiligten erklärten in der Vertragsurkunde ihre Einigung über den Rechtsübergang. In der Urkunde heißt es auch, dass der Erwerber von der für die Wohnanlage bestehenden Gemeinschafts- und Hausordnung Kenntnis habe und in diese eintrete. Die Gemeinschaftsordnung ist gemäß den Vorschriften des WEG zum Inhalt des Sondereigentums gemacht worden. Sind die von E und S geschlossenen Verträge wirksam?

Lösung: I. Die Willenserklärungen zum Abschluss des schuldrechtlichen Schenkungsvertrags wurden notariell beurkundet, sodass die Formvorgaben der §§ 518 I 1, 311b I 1 BGB gewahrt sind und keine Formnichtigkeit gem. § 125 S. 1 BGB besteht. Der Schenkungsvertrag als solcher begründet auch ausschließlich einen Anspruch des S gegen E ohne weitere Verpflichtungen für S.[32] Damit erlangt S mit der von ihm selbst abgegebenen Willenserklärung für den schuldrechtlichen Schenkungsvertrag lediglich einen rechtlichen Vorteil (§ 107 BGB), sodass die Willenserklärung des nach §§ 2, 106 BGB beschränkt geschäftsfähigen S nicht gem. § 108 I BGB unwirksam ist. Der schuldrechtliche Schenkungsvertrag ist wirksam zustande gekommen.

bb) Im Rahmen der dinglichen Einigung ist die von S abgegebene Willenserklärung jedoch nur dann unmittelbar nach § 107 BGB wirksam, wenn er auch durch die Auflassung (§§ 873 I, 925 I BGB) lediglich einen rechtlichen Vorteil erlangt hätte. Dies kann aber bereits wegen des mit dem Eigentumserwerb verbundenen Eintritts in die Wohnungsei-

29 Vgl. *Haslach*, JA 2017, 490 ff; zur Schenkung einer Eigentumswohnung *Obergfell/Hauck*, JA 2012, 178 ff.

30 BGHZ 161, 170, 177 = NJW 2005, 415, 417; krit. *J. Wilhelm*, NJW 2006, 2353 ff; *Riehm*, Rn. 290; *Röthel/Krackhardt*, JURA 2006, 161, 163.

31 BGHZ 162, 137, 140 f = NJW 2005, 1430 f; BGHZ 187, 119, 123 = NJW 2010, 3643, 3644; dazu *Kölmel*, FamRZ 2011, 206; a.A. *Heuser*, JR 2013, 125; vgl. dazu die Fall-Lösung bei *Eickelmann*, JuS 2011, 997 ff. Zur Schenkung eines Tieres an einen beschränkt Geschäftsfähigen, *Timme*, JA 2010, 174 ff mit Erwiderung von *Scholl/Claeßens*, JA 2010, 765 ff und Gegenerwiderung von *Timme*, JA 2010, 848 f.

32 MüKo/*Spickhoff*, § 107 Rn. 41.

gentümergemeinschaft, mit dem vielfältige Verpflichtungen verbunden sind (§§ 10 ff, 20 ff WEG), nicht angenommen werden. Außerdem würde S mit der dinglichen Verfügung nach § 566 I BGB in die Rechte und Pflichten aus dem bestehenden Mietvertrag eintreten (gesetzliche Vertragsübernahme). S ist danach zur Überlassung des vermieteten Grundstücks verpflichtet (§ 535 I BGB); zudem können ihn auch Schadensersatz- und Aufwendungsersatzpflichten gem. §§ 536a BGB sowie die Pflicht zur Rückgewähr einer vom Mieter geleisteten Sicherheit gem. § 566a BGB treffen.[33]

Allerdings hat E als gesetzlicher Vertreter (§§ 1626 I, 1629 I 1, 1680 I BGB) zumindest konkludent seine Einwilligung auch zur dinglichen Einigung erteilt. Das Verbot des Selbstkontrahierens nach § 181 BGB würde nicht entgegenstehen, wenn die Einwilligung lediglich dazu dienen würde, das Schenkungsversprechen zu erfüllen (§ 181 letzter Hs. BGB). Dieser Ausnahmetatbestand ist allerdings zu weit gefasst, da es auch bei der Erfüllung einer wirksamen Verbindlichkeit zu Interessenkollisionen kommen kann.[34] Der Vertretene soll durch § 181 BGB vor möglichen Nachteilen durch einen Interessenkonflikt in der Person des Vertreters geschützt werden. Während das schuldrechtliche Geschäft für S lediglich rechtlich vorteilhaft ist, bringt das Verfügungsgeschäft für S aber durchaus erhebliche Rechtsnachteile. Würde man nun uneingeschränkt den Ausnahmetatbestand in § 181 letzter Hs. BGB zur Anwendung bringen, könnte die im Verfügungsgeschäft damit durchaus noch drohende Interessenkollision nicht verhindert werden. Zu Recht nimmt die h.M. daher insoweit eine teleologische Reduktion des Ausnahmetatbestands von § 181 a.E. BGB an.[35]

Zum selben Ergebnis kommt man, wenn man der Gesamtbetrachtungslehre folgt. Der BGH hat früher die rechtlichen Folgen von Verpflichtungs- und Verfügungsgeschäft bei der Prüfung der rechtlichen Vorteilhaftigkeit des Verpflichtungsgeschäfts zusammen in den Blick genommen.[36] Stuft man auf diese Weise den Schenkungsvertrag als rechtlich nachteilhaft ein, führt dies dazu, dass § 181 a.E. BGB nicht einschlägig ist. Diese Lösung ist jedoch mit dem Trennungsprinzip unvereinbar und daher abzulehnen.[37]

E war somit an der Erteilung der Einwilligung rechtlich „verhindert", sodass die dingliche Einigung gem. § 108 I BGB schwebend unwirksam ist, solange nicht die Zustimmung eines nach § 1809 I 1 BGB bestellten Ergänzungspflegers vorgelegt wird.

Fall 55: Abwandlung 1 zu Fall 54: Wie ist der Fall zu beurteilen, wenn E dem S nicht die gesamte vermietete Eigentumswohnung schenken möchte, sondern ihm schenkweise nur einen Miteigentumsanteil von 20/100 an der Wohnung überlassen will? **171**

Abwandlung 2: Wie im Ausgangsfall, nur möchte der E dem S anstelle der Eigentumswohnung nun ein mit einem Einfamilienhaus bebautes Grundstück schenken. Für dieses Grundstück hatte E jedoch zuvor wirksam und unter Ausschluss jeder Verwendungsersatzansprüche einen Nießbrauch zugunsten seines Bruders B bestellt, welcher das Grundstück mitsamt Haus dauerhaft an M vermietet hat. Sind die von E und S geschlossenen Verträge nun wirksam?[38]

Lösung: Abwandlung 1: Bezüglich des schuldrechtlichen Schenkungsvertrags ergibt sich keine andere Bewertung; dieser ist auch hier wirksam zustande gekommen.

33 BGH NJW-RR 2022, 1027 Rn. 8.
34 *Medicus/Petersen*, Bürgerliches Recht, 28. Aufl. 2021, Rn. 172a.
35 *Kuhn*, JuS 2016, 104, 105 f.
36 Noch BGHZ 78, 28; aufgegeben in BGHZ 187, 119.
37 Jauernig/*Mansel*, § 107 Rn. 2.
38 **Nach BGH NJW-RR 2022, 1027 ff**; dazu *Würdinger*, JuS 2023, 172 ff u. *Hinz*, JR 2023, 281 ff.

Die dingliche Einigung ist hingegen auch hier bis zur Genehmigung durch einen Ergänzungspfleger schwebend unwirksam. Zwar bleibt E als Miteigentümer weiterhin Mitglied der Wohnungseigentümergemeinschaft und Vermieter. Der Mieterschutz gebietet jedoch auch hier die Anwendung des § 566 I BGB. S tritt anteilig sowohl in die Pflichten nach dem WEG als auch nach § 566 I BGB in die Pflichten des bestehenden Mietvertrags ein.[39] Damit ist die Willenserklärung des S auch hier nicht lediglich rechtlich vorteilhaft i.S.d. § 107 BGB.

Abwandlung 2: Der schuldrechtliche Schenkungsvertrag ist auch hier wirksam zustande gekommen.

Das zugunsten des B bestehende Nutzungsrecht könnte jedoch zur Folge haben, dass sich die Willenserklärung gerichtet auf die dingliche Einigung für S nun als lediglich rechtlich vorteilhaft darstellt und damit gem. § 107 BGB wirksam ist. S hätte aufgrund des Ausschlusses der Verwendungsersatzansprüche abgesehen von der Überlassung der Nutzungen aus dem Grundstück gegenüber B zunächst keine weiteren Verpflichtungen, für die er mit seinem übrigen Vermögen haften würde.[40] Auch tritt S nicht unmittelbar nach § 566 I BGB in den zwischen B und M bestehenden Mietvertrag ein, da dem B als der Nießbrauchsberechtigte weiterhin der Vermieter bleibt. Problematisch ist jedoch, dass S in jedem Fall bei Beendigung des Nießbrauchs nach §§ 1056 I, 566 I BGB in die bestehenden Pflichten aus dem Mietvertrag eintritt. Selbst wenn noch keine Anhaltspunkte für eine zeitnahe Beendigung des Nießbrauchs gegeben sind, genügt die in dieser Konstellation gegebene, hinreichend konkrete Möglichkeit des Eintritts des S in den Mietvertrag, um einen Rechtsnachteil i.S.d. § 107 BGB anzunehmen.[41] Anders wäre dies nur dann zu beurteilen, wenn der Mietvertrag zwischen B und M so ausgestaltet ist, dass er im gleichen Zeitpunkt wie der Nießbrauch des B endet.[42] Unabhängig von der Frage, ob eine solche Vertragsgestaltung im Wohnraummietrecht überhaupt zulässig wäre, bestehen hierfür jedenfalls keine Anhaltspunkte im Sachverhalt. Damit ist auch hier die dingliche Einigung bis zur Genehmigung durch einen Ergänzungspfleger entsprechend § 177 I BGB schwebend unwirksam.

172 **bb) Rechtlich neutrale Geschäfte.** Rechtlich neutrale Geschäfte tangieren die Rechtssphäre des Minderjährigen nicht. Deshalb kann der Minderjährige Willenserklärungen im fremden Namen wirksam abgeben und empfangen (§ 165 BGB).[43] Dieser Rechtsgedanke des § 165 BGB ist auch bei § 107 BGB zu beachten. § 107 BGB ist bei rechtlich neutralen Rechtsgeschäften teleologisch zu reduzieren: Auch hier ist eine Einwilligung des gesetzlichen Vertreters nicht erforderlich.

Ein Minderjähriger kann daher nach h.M. als Nichtberechtigter einem gutgläubigen Dritten wirksam Eigentum an einer beweglichen Sache nach §§ 929 S. 1, 932 I 1 BGB verschaffen.[44] Die Einigungserklärung des Minderjährigen bedarf dieser Auffassung nach nicht der Zustimmung des gesetzlichen Vertreters, da sie für den Minderjährigen ein neutrales Geschäft darstelle. Daran ändere auch der Umstand nichts, dass der Minderjährige zum Bereicherungsausgleich verpflichtet sein könne und sich ggf. wegen Unterschlagung

39 Vgl. zur Problematik BGH NJW-RR 2022, 1027 Rn. 9.
40 Vgl. MüKo/*Spickhoff*, § 107 Rn. 58.
41 BGH NJW-RR 2022, 1027, Rn. 12 f; BGHZ 162, 137, 141 f = NJW 2005, 1430, 1431.
42 Vgl. BGH NJW-RR 2022, 1027 Rn. 15.
43 Vgl. *Petersen*, § 21 Rn. 17; *Staudinger/Steinrötter*, JuS 2012, 97, 100.
44 *Bork*, Rn. 1008; *Neuner*, § 34 Rn. 33 f.

(§ 246 StGB) strafbar mache. Dafür sprechen die unterschiedlichen Schutzrichtungen des Minderjährigenrechts einerseits und des Gutglaubensrechts andererseits.

Die Gegenmeinung lehnt einen gutgläubigen Erwerb hingegen ab. Der gutgläubige Erwerber dürfe nicht besser stehen als bei einer Verfügung des Minderjährigen über eigene Gegenstände. Wäre der Minderjährige Berechtigter, stünde dem Erwerb § 107 BGB entgegen.[45] Insofern seien §§ 932 ff BGB teleologisch zu reduzieren.

b) Einwilligung

Gesetzliche Vertreter eines Minderjährigen sind gemäß §§ 1626 I, 1629 I 1 BGB **die Eltern**, und zwar grundsätzlich gemeinschaftlich (§ 1629 I 2 Hs. 1 BGB). In den Fällen der §§ 1629 II 1, 1824 I BGB ist ihre Vertretungsmacht zur Vermeidung von Interessenkonflikten ausgeschlossen. Es ist ein Ergänzungspfleger zu bestellen (§ 1809 BGB). Auch hier ist eine teleologische Reduktion bei rechtlich lediglich vorteilhaften Rechtsgeschäften zugunsten des Minderjährigen angebracht (Rechtsgedanke des § 107 BGB). In bestimmten Fällen (Schutz bei besonders bedeutsamen Rechtsgeschäften) bedürfen die Eltern der Genehmigung des Familiengerichts, § 1643 I BGB iVm §§ 1850–1854 BGB. Ein **Vormund** (§§ 1773, 1789 II 1 BGB) bedarf in größerem Umfang der Genehmigung[46] des Familiengerichts (§ 1799 I BGB iVm §§ 1848–1854 Nr. 1–7 BGB). 173

aa) Bankverträge. Schließt ein Minderjähriger einen **Girovertrag** (Zahlungsdiensterahmenvertrag, § 675f II BGB) mit einer Bank, so ist dieser als gegenseitiger Vertrag mit Vergütungspflicht gemäß § 675f V 1 BGB nur mit Zustimmung des gesetzlichen Vertreters wirksam, es sei denn, der Minderjährige ist partiell geschäftsfähig, §§ 112, 113 BGB. 174

Bareinzahlungen sind wegen des damit einhergehenden dinglichen Rechtsgeschäfts zur Eigentumsübertragung an Geldscheinen und -münzen für den Minderjährigen nachteilig, also nach § 108 I BGB schwebend unwirksam. **Barabhebungen** ohne Einwilligung des gesetzlichen Vertreters sind nach § 111 S. 1 BGB unwirksam. **Überweisungen** sind für den Minderjährigen nicht nur rechtlich vorteilhaft, da die Bank zur Durchführung der Überweisung einen Anspruch auf Vorschuss bzw. Aufwendungsersatz hat (§§ 675c I, 669 BGB bzw. §§ 675c I, 670 BGB) und der Minderjährige nach Ausführung seine Forderung gegen die Bank verliert. Die Überweisung ist daher ohne Zustimmung nach § 111 S. 1 BGB unwirksam.[47]

bb) Überlassung von Mitteln. Der gesetzliche Vertreter kann seine Zustimmung zu einem Verpflichtungsgeschäft des Minderjährigen konkret durch (begrenzte) Generaleinwilligung oder durch Überlassung von Mitteln zu einem bestimmten Zweck erteilen. Liegt eine Zustimmung vor, so ist der Schuldvertrag von Anfang an wirksam, auch wenn der Minderjährige die Gegenleistung nicht oder nicht vollständig erbracht hat. Um den Minderjährigen (und seine gesetzlichen Vertreter) vor unnützen oder mehrfachen Aufwendungen (bei Verlust der Mittel) zu schützen, sieht § 110 BGB vor, dass ein Verpflichtungsgeschäft erst mit vollständiger Leistung durch den Minderjährigen wirksam wird. „Mit Mitteln bewirkt" i.S.d. § 110 BGB heißt also „erfüllt hat" i.S.d. §§ 362 ff BGB. Ratenverträge sind daher erst mit Zahlung der letzten Rate wirksam. 175

45 *Faust*, § 18 Rn. 22; *Medicus/Petersen*, AT, Rn. 568; *Kindler/Paulus*, JuS 2013, 393, 394 f; *Petersen*, § 21 Rn. 18.

46 Die Terminologie des Vormundschaftsrechts weicht von den Legaldefinitionen der §§ 183, 184 BGB ab.

47 Vgl. *Kunkel*, Rpfleger 1997, 1 ff.

Die h.M. sieht in § 110 BGB eine gesetzliche Konkretisierung der Einwilligung in das Verpflichtungsgeschäft (§ 110 BGB als Sonderfall des § 107 BGB): „Ohne Zustimmung" i.S.d. § 110 BGB heißt „ohne ausdrückliche Zustimmung". Diese werde bedingt durch die nachträgliche Leistung durch den Minderjährigen erteilt.[48]

Die Gegenansicht bezieht § 110 BGB dagegen auf das Verfügungsgeschäft. Der Minderjährige dürfe über die ihm überlassenen Mittel verfügen. Der Verpflichtungsvertrag werde dann bei vollständiger Erfüllung kraft Gesetzes wirksam.[49]

Im praktischen Ergebnis unterscheiden sich beide Ansichten nicht. Denn auch die zweite Ansicht erstreckt die Einwilligung in das Verfügungsgeschäft nur auf das übliche, nicht auf Verfügungen über einen Lotteriegewinn aus dem ersten Geschäft (Surrogatfälle).[50] Die Mittelverwendung muss also (auch bei Surrogaten) vom **Verwendungszweck** gedeckt sein. Das ist etwa nicht der Fall bei einem Kauf von Horrorfilmen, ebenso wenig bei einem Werkvertrag mit einem Tätowierer[51].

176 **Fall 56:** Die 16-jährige Schülerin S beauftragte den Tätowierer T – ohne Einwilligung ihrer Eltern – ihr ein sog. koptisches Kreuz auf die Innenseite eines Handgelenks zu tätowieren, was dieser auch tat. Da S in ihrer Freizeit (im Einverständnis mit ihren Eltern) in einer Eisdiele arbeitete, konnte sie die Kosten für die Tätowierung iHv 50 € aus eigenen Mitteln begleichen. Ist zwischen S und T ein wirksamer Vertrag zustande gekommen?[52]

Lösung: Zwischen S und T könnte ein Werkvertrag nach § 631 BGB zustande gekommen sein.

1. Eine vertragliche Einigung kommt durch zwei inhaltlich übereinstimmende und in Bezug aufeinander abgegebene Willenserklärungen (Angebot und Annahme) zustande, §§ 145, 147 BGB. S könnte ein Angebot abgegeben haben, als sie T um die Tätowierung der Innenseite ihres Handgelenks mit einem koptischen Kreuz als geschuldeten Erfolg gegen Zahlung von 50 € bat. Damit sind die *essentialia negotii* des Werkvertrages, nämlich das herzustellende Werk – Tätowierung des Handgelenks mit einem koptischen Kreuz – und die vereinbarte Vergütung – 50 € – bestimmt.

2. Fraglich ist aber, wie es sich auswirkt, dass S im Zeitpunkt des Vertragsschlusses erst 16 Jahre alt und damit nur beschränkt geschäftsfähig war, §§ 2, 106 BGB. Der Werkvertrag könnte nach § 108 I BGB (schwebend) unwirksam sein.

a) S könnte jedoch für dieses Rechtsgeschäft unbeschränkt geschäftsfähig i.S.d. § 113 BGB sein. S arbeitet im Einverständnis mit ihren Eltern in einer Eisdiele, sodass ein Arbeitsverhältnis i.S.d. § 113 BGB besteht. Die Vornahme der Tätowierung müsste in einem Zusammenhang mit der Tätigkeit in der Eisdiele stehen (siehe Wortlaut: „für solche Rechtsgeschäfte"). Dies ist aber nicht der Fall, sodass es sich bei Abschluss des Tätowiervertrags nicht um die Erfüllung einer sich aus dem Arbeitsverhältnis ergebenden

48 *Faust*, § 18 Rn. 30; *Köhler*, AT, § 10 Rn. 25; *Neuner*, § 34 Rn. 42 ff; *Leipold*, § 11 Rn. 53; *Musielak/Hau*, Rn. 351 ff; s. zur Dogmatik auch *Modrzyk*, JA 2012, 407.

49 So *Leenen*, FamRZ 2000, 863, 867; *Brehm*, Rn. 296; *Boecken*, Rn. 588.

50 Vgl. RGZ 74, 234, 236; dazu *Kalscheuer*, JURA 2011, 44 ff. Vgl. auch *Piras/Stieglmeier*, JA 2014, 893 ff.

51 *Hauck*, NJW 2012, 2398, 2399; *Kalscheuer/Bünger*, JURA 2012, 874, 875 (teleologische Reduktion des § 110 BGB bei höchstpersönlichen Rechten).

52 **Nach AG München NJW 2012, 2452**; vgl. auch *Heinemeyer*, JuS 2014, 612 ff; *Kalscheuer/Bünger*, JURA 2012, 874 f.

Verpflichtung handelt. Für den Abschluss des Werkvertrags ist S deswegen nicht gem. § 113 I 1 BGB partiell geschäftsfähig.

b) In concreto handelt es sich nicht um ein lediglich rechtlich vorteilhaftes Geschäft i.S.v. § 107 BGB, weil S durch den Werkvertrag nicht nur berechtigt, sondern auch verpflichtet würde, den Werklohn zu zahlen. Erforderlich wäre folglich eine Einwilligung, d.h. vorherige Zustimmung (§ 183 S. 1 BGB) der gesetzlichen Vertreter der S, was nach §§ 1626 I 1, 1629 I 1, 2 Hs. 1 BGB ihre Eltern sind. Eine Einwilligung der Eltern der S war nicht gegeben.

c) Fraglich ist, ob das Rechtsgeschäft nach § 110 BGB als von Anfang an wirksam gelten kann.[53] Dazu müsste S, die den Vertrag ohne Zustimmung ihrer gesetzlichen Vertreter geschlossen hat, die vertragsmäßige Leistung mit Mitteln bewirkt haben, die ihr zu diesem Zweck oder zu freier Verfügung von dem Vertreter oder mit dessen Zustimmung von einem Dritten überlassen worden sind. S hat die 50 € beglichen und damit die geschuldete Leistung (im Sinne einer Erfüllung nach § 362 I BGB) mit Mitteln bewirkt.

Problematisch ist aber, ob die Verwendung der Mittel für eine Tätowierung noch von dem Willen der gesetzlichen Vertreter gedeckt ist. In den Fällen des § 110 BGB handelt es sich nämlich um eine besondere, nicht von § 107 BGB erfasste Form der Einwilligung der gesetzlichen Vertreter. Trotz einer Generaleinwilligung ist z.B. davon auszugehen, dass der Minderjährige mit überlassenen Mitteln keine gefährlichen Gegenstände erwerben darf. Für eine Einschränkung der Generaleinwilligung spricht, dass eine Tätowierung zu einer dauerhaften Veränderung der Körperoberfläche führt. Eine solch weitreichende Veränderung des eigenen Körpers wollen gesetzliche Vertreter in aller Regel nicht der eigenmächtigen Entscheidung durch ihre minderjährigen Kinder überlassen.[54] § 110 BGB ist also nicht einschlägig. Deshalb ist der Werkvertrag bis zur Genehmigung durch die gesetzlichen Vertreter der S schwebend unwirksam, §§ 107, 108 I BGB. Eine Genehmigung durch die Eltern der S erfolgte nicht, §§ 184 I, 182 I BGB. Zwischen S und T ist kein wirksamer Werkvertrag (§ 631 BGB) zustande gekommen.

cc) Minderjährige als Gesellschafter einer Personengesellschaft. Nimmt eine Gesell- **177**
schaft am Rechtsverkehr teil, obwohl ihre vertragliche Grundlage nicht wirksam ist, so entsteht eine fehlerhafte Gesellschaft (auch faktische Gesellschaft). Zweifelhaft ist, ob diese Regeln auch zu Lasten von Minderjährigen gelten.[55]

Fall 57: Vater V hat mit seiner Frau F, seiner Tochter T und dem Sohn S einen Gesellschafts- **178**
vertrag über die Errichtung einer Kommanditgesellschaft abgeschlossen. V sollte Komplementär, die anderen Beteiligten Kommanditisten werden. Die Einlage der Kommanditisten in Höhe von 50.000 € wurde diesen von V unentgeltlich als Schenkung zur Verfügung gestellt. Der Vertrag wurde privatschriftlich geschlossen; zur Eintragung in das Handelsregister wurden sämtliche Unterschriften notariell beglaubigt. Eine Genehmigung des Familiengerichts wurde nicht eingeholt. V und T entfremden sich nach kurzer Zeit. Nach Erlangung der Volljährigkeit beruft sich T darauf, der Gesellschaftsvertrag sei für sie nicht gültig. Sie verweigert ausdrücklich, nunmehr die Genehmigung zu erteilen und verlangt Auszahlung ihrer Einlage einschließlich des darauf entfallenen Gewinns. Zu Recht?[56]

53 Vgl. zu § 110 BGB *Piras/Stieglmeier*, JA 2014, 893 ff.

54 Str., so wie hier im Ergebnis z.B. *Hauck*, NJW 2012, 2398 f; *Kalscheuer/Bünger*, JURA 2012, 874, 875; a.A. aber ohne nähere Begründung AG München NJW 2012, 2452.

55 Vgl. *Windbichler/Bachmann*, § 6 Rn. 101.

56 **Nach BGH NJW 1955, 1067 ff.**

Lösung: Fraglich ist, ob der Gesellschaftsvertrag trotz fehlender Bestellung eines Ergänzungspflegers (§§ 1629 II 1, 1824 I Nr. 1, II iVm §§ 181, 1809 I 1 BGB) und Fehlens der betreuungsgerichtlichen Genehmigung nach § 1813 I iVm § 1852 Nr. 2 BGB wirksam geschlossen wurde.

Da die Beteiligung als Kommanditist nicht nur eine reine Kapitalbeteiligung darstellt, sondern auch eine Unternehmensträgerschaft begründet, also zu einer Mitunternehmerschaft des Minderjährigen führt, und zudem nach § 171 I Hs. 2 HGB die beschränkte Haftung des Kommanditisten erst nach Leistung der Hafteinlage eintritt, war eine Genehmigung erforderlich.

Infolge ihres Fehlens war der Vertrag zunächst schwebend unwirksam, mit ausdrücklicher Genehmigungsverweigerung durch T nach Volljährigkeit (§ 108 III BGB) endgültig unwirksam. Wurde ihr das eingelegte Geld (50.000 €) wirksam geschenkt, hat sie daher einen Anspruch auf Rückzahlung nach § 812 I 1 Alt. 1 BGB.

Den auf den Geschäftsanteil entfallenden Gewinn könnte T verlangen, wenn die Beteiligten nach den Grundsätzen der in Vollzug gesetzten fehlerhaften Gesellschaft auch im Innenverhältnis bis zur Genehmigungsverweigerung als Beendigungstatbestand schuldrechtlich wie bei einem wirksamen Vertrag verbunden gewesen wären. Dies ist grundsätzlich bei Vorliegen übereinstimmender aber unwirksamer Willenserklärungen auf Abschluss eines Gesellschaftsvertrages, der in Vollzug gesetzt wird, zu bejahen. Bei Beteiligung Minderjähriger gilt dies aber jedenfalls nicht zu deren Lasten, da die tatsächliche schuldrechtliche Bindung mit den Grundgedanken des durch das Gesetz intendierten starken Minderjährigenschutzes unvereinbar wäre.[57] Nach umstrittener, aber zur Vermeidung einer ungerechtfertigten, die Rechtssicherheit beeinträchtigenden „Rosinentheorie" vorzugswürdiger Ansicht, muss dies auch soweit gelten, als dem Minderjährigen günstige Folgen im Einzelfall im Raum stehen.[58] Ein Anspruch auf Gewinnbeteiligung besteht daher nicht.

179 **dd) Grenzen der Einwilligung.** Um dem wachsenden Reifeprozess des Minderjährigen Rechnung zu tragen wird die Einwilligung in eine ärztliche Heilbehandlung (§ 630d BGB), insbesondere in körperliche Eingriffe nicht als Willenserklärung angesehen. Die Einwilligung in die darin tatbestandlich liegende Körperverletzung kann daher nur der Minderjährige selbst erteilen, wenn er Bedeutung und Tragweite des Eingriffs nach seiner Reife zu erkennen vermag.[59]

180 Der gesetzliche Vertreter kann nicht in alle Rechtsgeschäfte des Minderjährigen einwilligen und nicht alle Rechtsgeschäfte, die der Minderjährige einseitig abschließt, nachträglich genehmigen. Es darf nicht zu einer Aushöhlung des Minderjährigenschutzes kommen.

Vor allem die Fortführung ererbter Unternehmen der Eltern etc. hat nicht selten dazu geführt, dass Minderjährige bei Eintritt der Volljährigkeit kein Vermögen, sondern eine große Schuldenlast zu tragen hatten. Nach Beanstandung durch das BVerfG[60] hat der Gesetzgeber deshalb die Haftung des Minderjährigen in § 1629a BGB auf den Bestand des bei Eintritt der Volljährigkeit vorhandenen Vermögens des Kindes beschränkt.[61]

57 *Maultzsch*, JuS 2003, 544 ff; *Odemer*, JuS 2016, 109, 113.
58 *Saenger*, Rn. 88.
59 BGHZ 105, 45, 47 = NJW 1988, 2946, 2947; *Boecken*, Rn. 175.
60 BVerfGE 72, 155 ff = NJW 1986, 1859 ff.
61 *Bittner*, FamRZ 2000, 325; *Habersack*, FamRZ 1999, 1; *Petersen*, § 22 Rn. 11 ff.

c) Widerrufsrecht des Geschäftsgegners

Hat ein Minderjähriger einen Vertrag ohne die erforderliche Einwilligung geschlossen, kann der andere Teil seine eigene Willenserklärung bis zur Genehmigung widerrufen, § 109 I 1 BGB, und zwar auch durch Erklärung gegenüber dem Minderjährigen, § 109 I 2 BGB.[62] War ihm die Minderjährigkeit bekannt, kann er nur widerrufen, wenn der Minderjährige behauptet hatte, die Einwilligung des gesetzlichen Vertreters liege vor, § 109 II Hs. 1 BGB. Er kann auch in diesem Falle nicht widerrufen, wenn ihm das Fehlen der Einwilligung bei dem Abschluss des Vertrags bekannt war, § 109 II Hs. 2 BGB. Streitig ist, ob der Geschäftsgegner trotz Aufforderung des gesetzlichen Vertreters sogleich widerrufen kann[63] oder nach § 242 BGB erst eine angemessene Bedenkzeit abwarten muss.[64] **181**

d) Genehmigung durch den gesetzlichen Vertreter oder den volljährig Gewordenen

Bei einem Vertragsschluss eines Minderjährigen ohne die erforderliche Einwilligung hängt die Wirksamkeit davon ab, ob der gesetzliche Vertreter dem Rechtsgeschäft nachträglich zustimmt (Genehmigung, § 184 I BGB). Die Genehmigung wirkt ex tunc: Der Vertrag ist dann von Anfang an als wirksam anzusehen. Bis zur Genehmigung existiert ein Schwebezustand, den der Vertragspartner durch eine Aufforderung an den gesetzlichen Vertreter beheben kann (§ 108 II BGB). Zudem kann er den Vertrag grundsätzlich auch widerrufen (§ 109 BGB, siehe Rn. 179). Ist der Minderjährige unbeschränkt geschäftsfähig geworden, so tritt seine Genehmigung an die Stelle der Genehmigung des Vertreters (§ 108 III BGB). Rückabwicklungsfragen können sich ergeben, wenn der gesetzliche Vertreter den Vertrag nicht genehmigt: **182**

Fall 58: Die privat krankenversicherte 16-jährige Schülerin S ist bei einem Spaziergang mit ihrem rechten Fuß umgeknickt. Glücklicherweise befand sich keine 100 Meter weiter die Praxis des Arztes A, zu der S gerade noch so humpeln konnte. A nahm die notwendige medizinische Behandlung vor, ohne zuvor mit S über die anfallenden Kosten gesprochen zu haben. Als S kurze Zeit später eine Rechnung von A iHv 180 € erhält, fragt sie sich, ob sie diese begleichen muss. Die Eltern von S erklären ihr, dass sie nicht damit einverstanden sind, dass S ohne Rücksprache einen Arzt aufgesucht hat. Hat A gegen S einen Anspruch auf Zahlung von 180 €? **183**

Lösung: A könnte gegen S einen Anspruch auf Zahlung von 180 € haben.

1. Dieser Anspruch könnte sich aus § 630a I BGB ergeben. Dazu müsste S mit A einen wirksamen Behandlungsvertrag i.S.v. § 630a I BGB geschlossen haben.[65] Eine vertragliche Einigung kommt durch zwei inhaltlich übereinstimmende und in Bezug aufeinander abgegebene Willenserklärungen (Angebot und Annahme) zustande, §§ 145, 147 BGB. Dadurch, dass S den Arzt aufgesucht und dieser die Behandlung vorgenommen hat, liegen zwei konkludente Willenserklärungen vor, die auf den Abschluss eines Behandlungsvertrages gerichtet sind.

a) Allerdings müssten sich S und A über alle wesentlichen Vertragsbestandteile *(essentialia negotii)* geeinigt haben. Problematisch ist, dass S und A weder darüber gesprochen haben, dass für die Behandlung Kosten anfallen, noch darüber, wie teuer die Behandlung sein wird. Nach §§ 630b, 612 I BGB gilt eine Vergütung jedoch stillschweigend als ver-

62 Vgl. *Th. Ludwig*, JURA 2011, 9; *Petersen*, § 19 Rn. 4.
63 *Wilhelm*, NJW 1992, 1666, 1667; MüKo/*Spickhoff*, § 109 Rn. 10.
64 BeckOK BGB/*Wendtland*, § 109 Rn. 2; PWW/*Völzmann-Stickelbrock*, § 108 Rn. 5.
65 Vgl. zum Behandlungsvertragsrecht *Makowsky*, JuS 2019, 332 ff; *Schneider/Stein*, JA 2020, 12 ff.

einbart, wenn die Behandlung den Umständen nach nur gegen eine Vergütung zu erwarten ist. Was die Höhe der Vergütung angeht, normiert § 612 II BGB, dass in den Fällen, in denen die Höhe der Vergütung nicht bestimmt ist, die taxmäßige Vergütung – bei Ärzten nach der Gebührenordnung für Ärzte (GoÄ) – als vereinbart gilt.

b) Fraglich ist aber, wie es sich auswirkt, dass S im Zeitpunkt des Vertragsschlusses erst 16 Jahre alt war; sie war damit nur beschränkt geschäftsfähig, §§ 2, 106 BGB.[66] Der Vertrag könnte nach § 108 I BGB unwirksam sein. In concreto handelt es sich nicht um ein lediglich rechtlich vorteilhaftes Geschäft i.S.v. § 107 BGB, weil S durch den Behandlungsvertrag nicht nur berechtigt, sondern auch verpflichtet würde, die Behandlungskosten zu tragen. Erforderlich wäre folglich eine Einwilligung der gesetzlichen Vertreter der S, was nach §§ 1626 I 1, 1629 I 1, 2 Hs. 1 BGB ihre Eltern sind. Eine Einwilligung der Eltern der S war nicht gegeben, weil S den Arzt spontan – ohne Rücksprache mit ihren Eltern – aufgesucht hat. Deshalb ist der Behandlungsvertrag bis zur Genehmigung durch die gesetzlichen Vertreter der S schwebend unwirksam, §§ 107, 108 I BGB. Eine Genehmigung durch die Eltern der S fehlt, §§ 184 I, 182 I BGB. Ganz im Gegenteil haben die Eltern der S die Bezahlung der Rechnung gegenüber S ausdrücklich verweigert. Die Verweigerung der Genehmigung kann sowohl dem Minderjährigen als auch dessen Vertragspartner gegenüber erklärt werden, § 182 I BGB. Durch die Verweigerung der Genehmigung wurde der Behandlungsvertrag endgültig unwirksam, § 108 I BGB.

Ein Anspruch auf Zahlung von 180 € ergibt sich damit nicht aus einem Behandlungsvertrag, § 630a I BGB.

2. Der Zahlungsanspruch könnte aber unter dem Gesichtspunkt der Geschäftsführung ohne Auftrag gegeben sein, §§ 677, 683 S. 1, 670 BGB.[67] A könnte als Arzt die übliche Vergütung analog § 1877 III BGB zustehen.

a) Dazu müsste A ein Geschäft der S besorgt haben, ohne von ihr dazu beauftragt oder ihr gegenüber sonst dazu berechtigt zu sein. Unter einer Geschäftsführung versteht man jedes tatsächliche oder rechtsgeschäftliche Handeln. Die Vornahme einer medizinischen Behandlung stellt also eine Geschäftsführung dar.

b) Weiterhin müsste es sich um ein fremdes Geschäft gehandelt haben. Objektiv fremde Geschäfte sind solche Tätigkeiten, die nach außen erkennbar im Rechtskreis eines anderen erfolgen. Ein auch-fremdes Geschäft ist ein solches, das jemand nicht ausschließlich im Interesse eines Dritten führt, sondern auch im Eigeninteresse. So liegt der Fall hier. A behandelte S, wurde also im Interessenkreis der S tätig. Gleichzeitig übte er aber auch seine Berufstätigkeit aus, wurde also gleichfalls im eigenen Interesse tätig.

c) A müsste mit Fremdgeschäftsführungswillen gehandelt haben (arg. e contrario zu § 687 II BGB). Bei einem objektiv-fremden Geschäft wird der Fremdgeschäftsführungswille vermutet.[68] Ob diese Vermutung bei einem auch-fremden Geschäft einschlägig ist, wird unterschiedlich beurteilt. Während die Rechtsprechung und Teile der Literatur die Vermutung bei auch-fremden Geschäften heranziehen,[69] wird in anderen Teilen der Literatur vielfach vertreten, dass der Fremdgeschäftsführungswille bei einem auch-fremden Geschäft positiv festzustellen sei[70]. Da A davon ausging, mit S einen wirksamen Behand-

66 Vgl. zu Minderjährigen im Zivilrecht *Staudinger/Steinrötter*, JuS 2012, 97 ff.
67 Vgl. zur Geschäftsführung ohne Auftrag *Kupfer/Weiß*, JA 2018, 894 ff; *Lorenz*, JuS 2016, 12 ff.
68 So schon BGH NJW 1963, 1825, 1826; vgl. aus neuerer Zeit z.B. BGH NJW-RR 2014, 439.
69 Vgl. z.B. BGH NJW 2007, 63, 64.
70 Vgl. z.B. Staudinger/*Bergmann*, 2015, BGB Vorbem. zu §§ 677 ff. Rn. 140.

lungsvertrag geschlossen zu haben, wurde er aufgrund einer vermeintlichen vertraglichen Verpflichtung tätig. A ging es primär darum, die vermeintliche eigene vertragliche Verpflichtung zu erfüllen. Er wollte also alleine im eigenen Rechtskreis tätig werden. Für einen Fremdgeschäftsführungswillen besteht kein Raum. Würde man dies anders sehen, bestünde die Gefahr, dass die Regelungen über die Leistungskondiktion und die damit verbundenen Wertungen (insbesondere die Einwendungen nach §§ 814, 817 S. 2 BGB) durch einen Rückgriff auf die Geschäftsführung ohne Auftrag unterlaufen werden könnten. Der von A geltend gemachte Zahlungsanspruch ergibt sich somit nicht aus §§ 677, 683 S. 1, 670 BGB.

3. A könnte aber aus § 812 I 1 Alt. 1 BGB (*condictio indebiti*)[71] einen Anspruch auf Zahlung von 180 € haben.

a) S hat ein vermögenswertes Etwas, nämlich eine medizinische Behandlung, erlangt.

b) A wollte bewusst und zweckgerichtet das Vermögen der S mehren, weswegen zwischen A und S eine Leistungsbeziehung besteht. A leistete *solvendi causa*, d.h. zur Erfüllung seiner Schuld aus dem vermeintlich bestehenden Behandlungsvertrag.

c) Ein Rechtsgrund war nicht vorhanden. Zwischen A und S bestand weder ein wirksamer Behandlungsvertrag (§ 630a I BGB) noch war eine berechtigte Geschäftsführung ohne Auftrag gegeben (§§ 677, 683 S. 1 BGB).

d) Nach § 812 I 1 Alt. 1 BGB muss S dasjenige herausgeben, was sie erlangt hat. Da die medizinische Behandlung nicht in natura herausgegeben werden kann, muss S nach § 818 II BGB Wertersatz leisten, also die übliche Vergütung – die taxmäßigen Behandlungskosten – bezahlen.

Somit hat A gegen S einen Anspruch auf Zahlung von 180 € aus § 812 I 1 Alt. 1 BGB.

2. Leistung an den Minderjährigen

Wird an den Minderjährigen aufgrund eines wirksam begründeten Anspruchs eine Leistung erbracht, so kann er zwar nach § 107 BGB Eigentum an den Leistungsstücken erwerben, doch tritt **keine Erfüllung** des Leistungsanspruchs nach § 362 I BGB ein, da dem Minderjährigen (nach der Theorie der realen Leistungsbewirkung) analog § 107 BGB die **Empfangszuständigkeit** fehlt[72]; nur bei Leistung an den gesetzlichen Vertreter bzw. an den Minderjährigen mit Einwilligung des gesetzlichen Vertreters erlischt der Erfüllungsanspruch. Der Verlust einer Forderung durch Erfüllung ist ein rechtlicher Nachteil.[73] **184**

3. Rechtliche Betreuung

➔ Definition: Die Anordnung einer rechtlichen Betreuung setzt nach § 1814 BGB voraus, dass ein Volljähriger als Folge einer psychischen Krankheit oder einer körperlichen, geistigen oder seelischen Behinderung ganz oder teilweise unfähig ist, seine Angelegenheiten selbst zu besorgen. Außerdem muss die Betreuung erforderlich sein, § 1814 III 1 BGB. Sie ist entbehrlich, wenn ein Bevollmächtigter ebenso gut für den Betreuungsbedürftigen sorgen kann, § 1814 III 2 Nr. 1 BGB (s. Rn. 299). **185**

---

71 Vgl. zu einer Einführung in das Bereicherungsrecht *Musielak*, JA 2020, 161 ff.
72 *Petersen* § 21 Rn. 5 f; *Staudinger/Steinrötter*, JuS 2012, 97, 102.
73 Vgl. *Köhler*, PdW AT, Fall 31; *Riehm*, Rn. 284.

186 Dem Betreuer werden zur Wahrnehmung seiner Betreuungspflichten (§ 1821 BGB) bestimmte Befugnisse erteilt, vor allem die gesetzliche Vertretung innerhalb seines Aufgabenkreises gemäß § 1815 BGB (siehe aber auch §§ 1829 ff BGB). Trotz der bestehenden Vertretung durch den Betreuer bleibt der Betreute grundsätzlich rechtlich selbst voll handlungsfähig. Zu Problemen kann es kommen, wenn z.B. Betreuter und Betreuer nebeneinander handeln. Die rechtliche Handlungsfähigkeit des Betreuten kann zu seinem Schutz unter strengen Voraussetzungen eingeschränkt werden, indem das Betreuungsgericht (§ 23c I GVG) einen Einwilligungsvorbehalt gemäß § 1825 BGB mit der Folge anordnet, dass insoweit die für beschränkt Geschäftsfähige geltenden Vorschriften Anwendung finden, § 1825 I 3 BGB.[74]

74 Vgl. *Schwab*, Familienrecht, Rn. 1139; *Muscheler*, Familienrecht, Rn. 808.

§ 4 Wirksamkeitserfordernisse des Rechtsgeschäfts

I. Formanforderungen

Gesetzliche Formvorschriften sind Ausnahmen vom Grundsatz der Formfreiheit, der natürlichen Folge der Privatautonomie.[1] Sie rechtfertigen sich aus verschiedenen Formzwecken. **187**

Die Formvorschriften sollen in der Regel vor Leichtsinn und Übereilung schützen. Die Form hat also **Warn- und Beweisfunktion**. Soweit notarielle Beurkundung (§ 128 BGB) vorgeschrieben ist, ergibt sich die Beweisfunktion aus § 415 I ZPO, da die notarielle Urkunde vollen Beweis erbringt. Hinzu tritt in diesem Falle eine **Belehrungsfunktion**, § 17 BeurkG. Nach § 154 II BGB ist ein zu beurkundender Vertrag vor der Beurkundung im Zweifel noch nicht geschlossen.[2] Im Einzelfall kann die Form auch dem Schutz Dritter, etwa im Fall des § 550 BGB dem Schutz eines Grundstückserwerbers,[3] oder schließlich der **öffentlich-rechtlichen Kontrolle** dienen.

§ 125 S. 1 BGB gilt nicht, soweit Sondervorschriften eingreifen:

- Verbraucherdarlehensverträge bedürfen nach **§ 492 I BGB** einer (abgeschwächten) Schriftform.[4] Die Rechtsfolgen eines Verstoßes in § 494 BGB weichen aber zum Teil von § 125 S. 1 BGB ab.
- Nach **§ 550 S. 1 BGB** gelten Mietverträge über Wohnraum, Grundstücke und sonstige Räume, § 578 BGB, sowie Pachtverträge, § 581 II BGB, die für längere Zeit als ein Jahr geschlossen werden, als auf unbestimmte Zeit geschlossen, wenn sie nicht der Schriftform genügen.[5] Die Vorschrift möchte neben den Vertragsparteien in erster Linie den Erwerber schützen, der nach § 566 I BGB in den Mietvertrag eintritt. Diesem soll es möglich sein, den Mietgegenstand zu identifizieren und seinen Umfang festzustellen.[6] Gerade bei Zeitmietverträgen im Gewerberaummietrecht ist die Formvorschrift von überragender Bedeutung. Ein Formmangel führt nämlich dazu, dass der an sich befristete Mietvertrag zu einem unbefristeten Mietvertrag wird und so ordentlich kündbar ist. Damit drohen eine vorzeitige Beendigung des Mietvertrags und ein Verlust der Planungssicherheit. Diese Gefahr ist für einen Investor und Erwerber, der nach § 566 I BGB in den Mietvertrag eintritt, ein wichtiger Faktor bei der Bestimmung des Kaufpreises und daher im Rahmen einer due diligence zu eruieren.
- Eine § 550 S. 1 BGB vergleichbare Vorschrift existiert auch im Arbeitsrecht: Genügt ein befristeter Arbeitsvertrag nicht der Schriftform, gilt er als auf unbestimmte Zeit geschlossen **(§§ 14 IV, 16 S. 1 Hs. 1 TzBfG)**.[7]
- Nach **§ 518 II BGB** wird die fehlende notarielle Beurkundung eines Schenkungsversprechens (§ 518 I 1 BGB) durch die Bewirkung der versprochenen Leistung geheilt.
- Nach **§ 311b I 2 BGB** wird ein formunwirksamer Grundstückskaufvertrag (§ 311b I 1 BGB) durch wirksamen Vollzug des dinglichen Verfügungsgeschäfts, die formun-

---

1 *Neuner*, § 44 Rn. 3. Vgl. zu zentralen Form- und Heilungsvorschriften des BGB *Wais*, JuS 2020, 7 ff.

2 Vgl. *Leenen/Häublein*, § 8 Rn. 28; LAG München BeckRS 2019, 33917.

3 BGHZ 176, 301, 304 = NJW 2008, 2178, 2179.

4 Vgl. zum Unterschied zwischen „Schriftlich" und „Schriftform" *Lützen*, NJW 2012, 1627 ff.

5 Vgl. zur Diskussion rund um § 550 BGB *Günter*, NZM 2019, 561 ff.

6 BGH NJW 2014, 2102, 2103; vgl. zur Schriftform bei Mietvertragsänderungen BGH NJW 2016, 311 ff; vgl. zur Unwirksamkeit von Schriftformheilungsklauseln bei Mietverträgen BGH NJW 2017, 3772, 3775.

7 Vgl. zum Schriftformerfordernis des § 14 IV TzBfG BAG NZA 2018, 507, 513.

wirksame Verpflichtung zur Abtretung eines GmbH-Anteils (§ 15 IV 1 GmbHG) durch die formwirksame Abtretung geheilt (**§ 15 IV, III GmbHG**), sofern zu diesem Zeitpunkt noch eine Einigung über das Kausalgeschäft besteht.[8]

Der Schriftform unterliegen auch **wesentliche Nachträge**, und zwar so, dass die Urkundeneinheit der zusammengehörenden Schriftstücke deutlich wird.[9] Wird ein Mietvertrag von einem Vertreter unterzeichnet, sind Angaben zur Vertretungsmacht nicht erforderlich, um die Schriftform zu wahren. Bei einer GbR, Erbengemeinschaft und Aktiengesellschaft gilt aber folgendes: Unterzeichnen nicht alle Gesellschafter, Miterben bzw. Vorstandsmitglieder, so ist ein Vertretungszusatz für diejenigen erforderlich, die nicht mit unterzeichnen.[10] Unterschreibt bei einer GbR jedoch ein Gesellschafter unter Zusatz des Betriebsstempels, so ergibt sich aus der Erklärung für den Geschäftsverkehr sinngemäß, dass er mit Vertretungsmacht handelt. Ein solches Vorgehen genügt daher der Schriftform.[11]

Nach **§ 623 Hs. 1 BGB** bedürfen die Kündigung eines Arbeitsvertrages und der Abschluss eines Auflösungsvertrages der Schriftform. Dies gilt auch für einen entsprechenden Vorvertrag zum Auflösungsvertrag, weil sich das Schriftformerfordernis nicht in einer Klarstellungs- und Beweisfunktion erschöpft, sondern auch dem Schutz der Vertragsparteien vor Übereilung dient (Warnfunktion).[12] Auch die Kündigung eines Bauvertrags bedarf der schriftlichen Form (**§ 650h BGB**). Nach **§ 2 I 2 WoVermRG** (Gesetz zur Regelung der Wohnungsvermittlung) bedarf im Maklerrecht ein Wohnungsvermittlungsvertrag der Textform (§ 126b BGB) sowie (seit 23.12.2020) ein Maklervertrag, der den Nachweis der Gelegenheit zum Abschluss eines Kaufvertrags über eine Wohnung oder ein Einfamilienhaus oder die Vermittlung eines solchen Vertrags zum Gegenstand hat (**§ 656a BGB**).

Eine Blankounterschrift genügt grundsätzlich dem Erfordernis der Schriftform.[13] Ausnahmen gelten für die Bürgschaftserklärung (Nichtigkeit nach §§ 766 S. 1, 125 S. 1 BGB[14]) und den Verbraucherdarlehensvertrag (Nichtigkeit nach §§ 492 I, 494 I BGB[15]), weil die Formvorschrift in beiden Fällen Warnfunktion hat.

Ein Verstoß gegen gesetzliche Formvorschriften hat grundsätzlich gemäß § 125 S. 1 BGB die **Gesamtnichtigkeit des Rechtsgeschäfts** zur Folge. § 125 S. 1 BGB stellt eine **rechtshindernde Einwendung** dar und unterliegt daher nicht der Disposition der Parteien.[16]

1. Formnichtigkeit und Treu und Glauben

188 Wird die gesetzliche Form nicht eingehalten, so ist die entsprechende Willenserklärung (sofern nichts anderes bestimmt ist) nichtig, § 125 S. 1 BGB. In Ausnahmefällen kann es treuwidrig (§ 242 BGB) sein, sich auf einen Formmangel zu berufen. Das Ergebnis muss

---

8 BGHZ 127, 129, 134 f = NJW 1994, 3227, 3229; vgl. auch *Leenen/Häublein*, § 6 Rn. 62 ff.
9 Vgl. OLG Karlsruhe BeckRS 2016, 127347; BGH NJW 2008, 2181, 2182; dazu *Lindner-Figura*, NJW 2009, 1861 f.
10 BGHZ 183, 67, 70 = NJW 2010, 1453.
11 BGH NJW 2013, 1082 f; OLG Rostock, NJOZ 2019, 89, 90.
12 BAG NZA 2010, 273, 276.
13 MüKo/*Einsele*, § 126 Rn. 12.
14 BGHZ 132, 119, 122 ff = NJW 1996, 1467, 1468 f; dazu *Fischer*, JuS 1998, 205 ff; *Grigoleit/Herresthal*, Fall 5 (S. 169 ff); *Musielak*, JuS 2017, 949, 953.
15 BGH MDR 2005, 1153; *Schultheiß*, JuS 2017, 628, 631.
16 *Boemke/Ulrici*, § 14 Rn. 3; *Petersen*, § 25 Rn. 15.

dazu für die betroffene Partei nicht nur hart, sondern **schlechthin untragbar** sein. Das ist beispielsweise bei einer Existenzgefährdung einer Partei sowie bei einer besonders schweren Treuepflichtverletzung des anderen Teils anzunehmen.[17]

Fall 59: K veräußerte an B ein Grundstück für 250.000 € durch notariellen Vertrag. Noch vor der Beurkundung übergab B dem K 200.000 € in bar. K verweigerte aber die Erteilung einer Quittung. Beim Notar erwähnten die Parteien diese Zahlung nicht. Zur Eintragung der Eigentumsänderung in das Grundbuch kam es nicht. B wurde aber in den Besitz eingewiesen und wohnte seit der Beurkundung auf dem Grundstück. Als B nach Zahlung des Restkaufpreises Auflassung verlangte, berief sich K darauf, dass der Kaufpreis falsch beurkundet sei und tatsächlich 250.000 € plus 200.000 € = 450.000 € bezahlt werden sollten. K trägt weiterhin vor, dass B den Kaufpreis bisher weder teilweise noch vollständig gezahlt habe. B bestreitet den Vortrag des K. K verlangt nun Herausgabe des Grundstücks. Wie ist zu entscheiden, wenn B nachweisen kann, dass der Kaufpreis tatsächlich nur 250.000 € betragen sollte?[18] **189**

Lösung: Der Herausgabeanspruch des K nach § 985 BGB besteht, wenn er Eigentümer und B Besitzer des Grundstücks ohne Recht zum Besitz ist (§ 986 I 1 Alt. 1 BGB). Da B nicht als Eigentümer in das Grundbuch eingetragen wurde (§ 873 I BGB), ist K immer noch Eigentümer. B ist unmittelbarer Besitzer (§ 854 I BGB). Fraglich ist, ob B ein Recht zum Besitz hat, § 986 I 1 Alt. 1 BGB. Ein solches könnte sich aus dem Grundstückskaufvertrag ergeben, vorausgesetzt, dieser ist wirksam zustande gekommen. Da der Kaufpreis nicht richtig beurkundet war, ist der Kaufvertrag nach §§ 125 S. 1, 311b I 1, 139 BGB im Zweifel nichtig. Jedoch kann sich K nach § 242 BGB nicht auf die Nichtigkeit berufen. K hat hier eine Vorauszahlung von 200.000 € angenommen, deren Erhalt bestritten und einen höheren Kaufpreis behauptet. Sein Verhalten ist daher in hohem Maße widersprüchlich und arglistig, verstößt also gegen § 242 BGB. Deshalb darf er sich nicht auf die Formnichtigkeit des Vertrages berufen; B hat aus dem Kaufvertrag ein Recht zum Besitz (§ 986 I 1 Alt. 1 BGB), die Herausgabeklage ist abzuweisen.

Eine andere Frage ist die, ob B die Auflassung des Grundstücks erreichen kann.[19] Wer die Unwirksamkeit eines Vertrages schuldhaft verursacht, haftet in der Regel gemäß §§ 280 I, 311 II Nr. 2, 241 II BGB auf Schadensersatz. Daraus folgt jedoch nicht, dass ein Anspruch auf Auflassung nach § 433 I 1 BGB entstehen kann. Das wäre nämlich Vertragserfüllung und nicht Schadensersatz. Außerdem würde dies auf eine Außerkraftsetzung der Formvorschriften hinauslaufen. Vielmehr ist K daher verpflichtet, B in Geld so zu stellen, dass er sich ein gleichwertiges anderes Grundstück zu beschaffen vermag.

2. Schriftform und Telefax

Soweit das Gesetz einfache Schriftform verlangt, wie z.B. bei Bürgschaft (§ 766 S. 1 **190**
BGB), Verbraucherdarlehen (§ 492 I BGB), Kündigung des Arbeitsvertrages (§ 623 Hs. 1 BGB), Schuldanerkenntnis (§ 781 S. 1 BGB) oder Abtretung einer hypothekarisch gesicherten Forderung (§ 1154 I 1 Hs. 1 BGB) stellt sich die Frage, ob eine Erklärung durch Telefax oder E-Mail der gesetzlichen Schriftform genügt. Problemlos ist dies nur, soweit Bürgschaft, Schuldversprechen und Schuldanerkenntnis von Kaufleuten formlos (§ 350 HGB) erklärt werden können. Ansonsten hat die Rechtsprechung im **materiellen**

17 BGH NJW-RR 2017, 596, 597; *Riehm*, Rn. 349 f.
18 **Nach BGHZ 85, 315 ff = NJW 1983, 563 f.**
19 Zu einer solchen Konstellation BGH NJW 1965, 812 ff.

Recht ausnahmslos daran festgehalten, dass dies nicht der Fall sei. Eine per Fax übermittelte Erklärung bzw. eine E-Mail mit dem eingescannten Text als Anlage trage allenfalls die **Kopie der Originalunterschrift**. Damit sei die Authentizität nicht gewährleistet.[20] Im **Prozessrecht** ist dagegen anerkannt, dass Schriftsätze bei Gericht per Telefax eingereicht werden können (§ 130 Nr. 6 ZPO). Prozessual ist deshalb die Nachreichung eines zunächst per Telefax versandten Schriftsatzes nicht angezeigt.[21] Den neuen elektronischen Möglichkeiten trug das Justizkommunikationsgesetz aus dem Jahre 2005[22] dadurch Rechnung, dass es in § 130a ZPO das elektronische Dokument regelte und es Bundesregierung und Landesregierungen für ihren Bereich freistellte, durch Rechtsverordnung den Zeitpunkt festzulegen, von dem an elektronische Dokumente bei den Gerichten eingereicht werden können. Mit dem „Gesetz zur Förderung des elektronischen Rechtsverkehrs mit den Gerichten“[23] (sog. **eJustice-Gesetz**) ist zum 1.1.2020 der vollständige elektronische Rechtsverkehr eingeführt worden.[24] Für Rechtsanwälte und Behörden besteht seit 1.1.2022 eine aktive Nutzungspflicht (§ 130d S. 1 ZPO: „sind als elektronisches Dokument zu übermitteln“). Ein **Formverstoß** führt zur **Unwirksamkeit** der Prozesserklärung.[25]

191 Die gesetzlich vorgeschriebene schriftliche Form kann durch eine elektronische Form (§ 126a BGB) ersetzt werden, wenn sich nicht aus dem Gesetz ein anderes ergibt (§ 126 III BGB). Nach § 126a I BGB erfordert die elektronische Form, dass der Aussteller der Erklärung dieser seinen Namen hinzufügt und das elektronische Dokument mit einer **qualifizierten elektronischen Signatur** versieht. Einzelheiten ergaben sich aus dem Signaturgesetz, das mit Wirkung vom 29.7.2017 aufgehoben wurde (siehe nunmehr die Verordnung (EU) Nr. 910/2014 über elektronische Identifizierung und Vertrauensdienste für elektronische Transaktionen im Binnenmarkt und zur Aufhebung der Richtlinie 1999/93/EG (**eIDAS-VO**) sowie das **Vertrauensdienstegesetz** [Art. 1 des eIDAS-Durchführungsgesetzes]).

Einen Formtyp mit noch geringeren Anforderungen stellt die **Textform** nach § 126b BGB dar. Die Textform soll für den Rechtsverkehr eine Erleichterung sein, wenn es bloß um die Dokumentation der Weitergabe bestimmter Informationen geht. Sie hat mangels einer Unterschrift weder eine Warn- noch eine Beweisfunktion.[26]

192 **Fall 60:** Die B-Bank verlangt für ein S gewährtes Darlehen eine Sicherheit in Form einer Bürgschaft. Der Vater (V) von S ist bereit, die Bürgschaft zu übernehmen. Um die Angelegenheit möglichst schnell abzuwickeln, schickt V der B-Bank eine E-Mail, in der er sich verpflichtet, für das Darlehen seines Sohns selbstschuldnerisch einzustehen. Er versieht aus Angst vor „Hackern“ die Mail mit einer qualifizierten elektronischen Signatur. Kann V aus der Bürgschaft in Anspruch genommen werden?

Lösung: V ist aus der Bürgschaft zwischen der B-Bank und V gemäß § 765 I BGB verpflichtet, wenn ein wirksamer Bürgschaftsvertrag zustande gekommen ist. Fraglich ist dabei allein, ob die E-Mail des V dem Formerfordernis von § 766 S. 1 BGB genügt.

---

20 BGHZ 121, 224, 229 ff = JR 1993, 318 ff m. Anm. *K. Schmidt*; vgl. *Köhler*, PdW AT, Fall 76.
21 *Toussaint*, NJW 2015, 3207.
22 BGBl. I 2005, 837 ff.
23 BGBl. I 2013, 3786 ff.
24 Siehe dazu *Müller*, JuS 2015, 609 ff; *Berlit*, JurPC Web-Dok. 173/2013.
25 BGH NJW 2023, 2484 (Rn. 6); BGH NJW 2023, 456 (Rn. 6).
26 *Boemke/Ulrici*, § 10 Rn. 32; *Riehm*, Rn. 337.

§ 766 S. 1 BGB verlangt für die Bürgschaftserklärung Schriftform, d.h. der Aussteller muss die Bürgschaftserklärung gemäß § 126 I Alt. 1 BGB eigenhändig durch Namensunterschrift unterzeichnen.[27] Dies ist bei einer E-Mail nicht der Fall. Die Schriftform könnte aber durch die elektronische Form des § 126a BGB ersetzt worden sein, § 126 III BGB. Dazu muss der Aussteller der Erklärung seinen Namen hinzufügen und das elektronische Dokument mit einer qualifizierten elektronischen Signatur versehen. Dies hat V getan, sodass die Voraussetzungen der elektronischen Form nach § 126a I BGB erfüllt sind.

Allerdings ersetzt die elektronische Form die Schriftform nur dann, „wenn sich nicht aus dem Gesetz ein anderes ergibt", § 126 III BGB. § 766 S. 2 BGB verbietet jedoch die elektronische Form. Der Gesetzgeber hat in vielen sensiblen Bereichen einen Ausschluss der elektronischen Form angeordnet (z.B. in §§ 623 Hs. 2, 630 S. 3, 766 S. 2, 780 S. 2, 781 S. 2 BGB), um die Rechtssicherheit und die Warnfunktion der Schriftformerfordernisse zu gewährleisten. Folglich kann die in § 766 S. 1 BGB angeordnete Schriftform nicht durch die elektronische Form ersetzt werden. Ein Bürgschaftsvertrag ist somit nicht formwirksam zustande gekommen, sodass V nicht aus der Bürgschaft (§ 765 I BGB) in Anspruch genommen werden kann.

II. Bedingung und Befristung

1. Bedingung

Zukunftsgerichtetes Handeln hängt immer auch von ungewissen Ereignissen ab. Damit die Parteien dafür vorsorgen können, gestattet das BGB, dass ein Rechtsgeschäft unter einer **aufschiebenden Bedingung** (Suspensivbedingung, § 158 I BGB) oder einer **auflösenden Bedingung** (Resolutivbedingung, § 158 II BGB) vorgenommen werden kann.[28] 193

Eine Bedingung ist ein zukünftiges ungewisses Ereignis. Davon zu unterscheiden ist die Vereinbarung eines bestimmten **Anfangs- und/oder Endtermins**, § 163 BGB.

Rechtsgeschäfte können grundsätzlich bedingt oder befristet abgeschlossen werden, sofern das Gesetz nicht aus Gründen der Rechtssicherheit im Einzelfall ausdrücklich die Bedingungsfeindlichkeit anordnet, wie etwa bei der Aufrechnung, § 388 S. 2 BGB, oder bei der Auflassung, § 925 II BGB. Nach Sinn und Zweck sind aber auch einseitige Gestaltungserklärungen, wie Anfechtung, Rücktritt oder Kündigung in der Regel bedingungsfeindlich.[29]

Zulässig ist es jedoch, primär einen bestimmten Vertragsinhalt zu behaupten und den Vertrag hilfsweise anzufechten (Eventualanfechtung) oder hilfsweise aufzurechnen (Eventualaufrechnung).[30] Dies ist eine typische Konstellation im Prozess. Es handelt sich um ein innerprozessuales Ereignis, bei dem aufgrund der feststehenden Rechtslage keine Ungewissheit besteht.

Wird ein Rechtsgeschäft aufschiebend bedingt geschlossen, so tritt seine Wirkung erst mit dem Eintritt der Bedingung ein, § 158 I BGB. Wer eine bewegliche Sache unter Eigentumsvorbehalt veräußert, übereignet sie im Zweifel unter der aufschiebenden Bedin- 194

27 Nur die Bürgschaftserklärung des Bürgen bedarf der Schriftform, nicht der ganze Bürgschaftsvertrag.

28 Vgl. *Lorenz/Eichhorn*, JuS 2017, 393 ff. Grundfälle zu Bedingung und Befristung finden sich bei *Martens*, JuS 2010, 481 ff u. 578 ff.

29 BGH NJW 2015, 934, 935 Rn. 34; *Bork*, Rn. 1258.

30 BGH NJW 2017, 1660, 31; BGH BeckRS 2013, 20849; *Leenen/Häublein*, § 14 Rn. 19 ff.

gung vollständiger Zahlung des Kaufpreises, §§ 929 S. 1, 158 I; § 449 I BGB.[31] Der Veräußerer bleibt mithin bis zur vollständigen Zahlung des Kaufpreises Eigentümer und kann die Sache in dieser Zeit auch nach Übergabe an den Käufer gemäß §§ 929 S. 1, 930, 868 BGB bzw. §§ 929 S. 1, 931 BGB anderweitig veräußern. Tritt die Bedingung nicht ein, so ist gegen die Wirksamkeit der zweiten Veräußerung nichts einzuwenden. Tritt die Bedingung dagegen ein, so bedarf es des Schutzes des bedingt Berechtigten.

195 Nach § 161 I 1 BGB ist die Zweitverfügung, die der Berechtigte trifft, im Fall des Bedingungseintritts insoweit unwirksam, als sie die erste Verfügung vereiteln oder beeinträchtigen würde. Mit Zahlung des Kaufpreises wird daher der Ersterwerber Eigentümer. Der Zweiterwerber verliert sein Eigentum wieder. Etwas anderes gilt lediglich, wenn der Zweiterwerber entsprechend §§ 161 III, 932 ff BGB gutgläubig Eigentum erwerben konnte. Solange der Erstkäufer aber Besitzer der Sache ist, scheidet ein gutgläubiger Erwerb nach § 933 BGB bzw. nach §§ 934 Alt. 1, 936 III BGB aus. Ein gutgläubiger Erwerb kommt danach nur in Betracht, wenn der Erstkäufer die Sache dem Veräußerer zeitweise zurückgegeben hat und dieser die Gelegenheit zur Übergabe an den Zweitkäufer nutzt.

196 Vereitelt der Veräußerer den Eintritt der Bedingung, so kann der Erstkäufer nach § 160 I BGB Schadensersatz verlangen. Verhindert der Berechtigte treuwidrig den Eintritt der Bedingung, z.B. durch Nichtannahme des Restkaufpreises, so gilt die Bedingung als eingetreten, § 162 I BGB.

197 Hat ein Eigentümer eine Sache aufschiebend bedingt veräußert, so kann sie von seinen Gläubigern zwar noch gepfändet werden, dies allerdings nur unter Beachtung von § 809 ZPO, der insofern dem Vorbehaltskäufer zur Seite steht. Tritt die Bedingung ein, so wird das Pfändungspfandrecht zugunsten des Erwerbers unwirksam, § 161 I 2 BGB.

198 Die Rechtsstellung des aufschiebend bedingt Berechtigten ist daher weitgehend unentziehbar. Man spricht deshalb von einem **dinglichen Anwartschaftsrecht**. Das Anwartschaftsrecht ist bei beweglichen Sachen eine Folge der Bedingungslehre und kommt insbesondere bei einem **Eigentumsvorbehalt** in der Variante einer aufschiebenden Bedingung (§ 158 I BGB) und ggf. bei einer **Sicherungsübereignung** in der Form einer auflösenden Bedingung (§ 158 II BGB) vor.[32] Ein Anwartschaftsrecht ist weniger als das Vollrecht und mehr als eine bloße Erwerbsaussicht. Es setzt voraus, dass von dem mehraktigen Entstehungstatbestand eines Rechts schon so viele Erfordernisse erfüllt sind, dass sich von einer gesicherten Rechtsposition des Erwerbers sprechen lässt, die der Veräußerer nicht mehr einseitig zerstören kann. Dieser Schutz zeigt sich in §§ 161, 162 BGB. Es handelt sich daher beim Anwartschaftsrecht nicht um ein aliud, sondern um ein **„wesensgleiches Minus“** zum Vollrecht Eigentum, das nach den gleichen Regeln wie dieses übertragen wird (bei beweglichen Sachen etwa nach §§ 929 ff BGB **analog** und nicht nach §§ 398, 413 BGB).[33]

---

31 Vgl. *Hofmann*, JA 2014, 178; zum konkludenten Eigentumsvorbehalt bei Zurückbehalten des Fahrzeugbriefs: BGH NJW 2006, 3488, 3489; *Fritsche/Würdinger*, NJW 2007, 1037 ff.

32 *Würdinger*, NJW 2008, 1422 ff; vgl. zum Eigentumsvorbehalt *Lorenz*, JuS 2011, 199 ff; vgl. zur Sicherungsübereignung *Lorenz*, JuS 2011, 493 ff.

33 Vgl. BGH NJW 1984, 1184, 1185; *Bork*, Rn. 1281 ff; *Köhler*, AT, § 14 Rn. 22, § 17 Rn. 17; *Prütting*, Rn. 392 ff.

2. Befristung

Eine Befristung ist ein zukünftiges gewisses Ereignis. Bei Dauerschuldverhältnissen haben Befristungen erhebliche Bedeutung. Nach § 163 BGB gelten für Anfangs- und Endtermin die Regeln über aufschiebende und auflösende Bedingungen entsprechend. Vor Eintritt des Anfangstermins besteht daher noch kein Leistungsanspruch. Nach Eintritt des Endtermins ist der Anspruch auf die Leistung erloschen. Auch bei Befristungen gilt der Schutz des Erstberechtigten vor Zweitverfügungen. Allerdings hat der Schutz hier geringere Bedeutung, da das befristete Rechtsgeschäft häufig eine Gattungsschuld betrifft oder der Erstbesteller die Reihenfolge der Bestellungen nicht nachweisen kann. 199

Endet die Wirkung eines Rechtsgeschäfts durch den Eintritt eines Endtermins, so schließt dies jedoch eine **konkludente Fortsetzung des Vertragsverhältnisses** nicht aus. Setzt etwa ein Mieter nach Ablauf der Mietzeit den Gebrauch der Mietsache fort, so verlängert sich das Mietverhältnis gemäß § 545 S. 1 BGB auf unbestimmte Zeit, sofern nicht eine der Parteien ihren entgegenstehenden Willen dem anderen Teil innerhalb von zwei Wochen erklärt.[34] Zieht ein Hotelgast am vereinbarten Abreisetag nicht bis zur vereinbarten Abreisezeit aus, so verlängert sich der Beherbergungsvertrag um einen Tag, sofern der Hotelier dem nicht widerspricht. Wird ein Arbeitsverhältnis nach Ablauf der Zeit, für die es eingegangen ist, mit Wissen des Arbeitgebers fortgesetzt, so gilt es nach § 15 VI TzBfG als auf unbestimmte Zeit verlängert, wenn der Arbeitgeber nicht unverzüglich widerspricht. 200

III. Verstoß gegen gesetzliche Verbote oder die guten Sitten

1. Verstoß gegen ein gesetzliches Verbot

§ 134 BGB markiert eine Grenze der Privatautonomie. Danach ist ein Rechtsgeschäft, das gegen ein gesetzliches Verbot verstößt, nichtig, wenn sich nicht aus dem Gesetz ein anderes ergibt. Maßgebend ist der Sinn und Zweck des jeweiligen Gesetzes (Auslegungsfrage). 201

➔ **Definition:** Verbotsgesetze sind alle Rechtsnormen (Art. 2 EGBGB), die sich gegen die Vornahme eines Rechtsgeschäfts wegen dessen Inhalts richten.

In einer sozialen Marktwirtschaft verbietet die Rechtsordnung Verhaltensweisen, die sozialschädlich sind.[35] Ein diesem Zweck dienendes Gesetz ist das **Schwarzarbeitsbekämpfungsgesetz**. Lässt ein Bauherr ein Haus unter Verstoß gegen dieses Gesetz errichten, so hat er keine Gewährleistungsansprüche gegen den Handwerker. Dieser kann auch keinen Arbeitslohn verlangen. Hat der Bauherr den Werklohn allerdings bereits gezahlt, so ist es nicht möglich, diesem vom Handwerker unter dem Gesichtspunkt einer ungerechtfertigten Bereicherung zurückzuverlangen.[36] Nichtigkeit tritt beim Verstoß gegen das Schwarzarbeitsbekämpfungsgesetz nicht nur dann ein, wenn beide Seiten gegen das

---

34 Vgl. zu einer konkludenten Widerspruchserklärung BGH NJW-RR 2018, 714, 715 Rn. 17. Der Widerspruch kann auch schon im Kündigungsschreiben erklärt werden, ohne dass es eines zeitlichen Zusammenhangs mit dem Vertragsende bedarf (vgl. BGH NJW 2010, 2124, 2125).

35 Zum umfassenden Überblick über die wichtigsten Verbotsgesetze s. NK-BGB/*Looschelders,* § 134 Rn. 89–278.

36 BGH NJW 2015, 2406 f.

Verbot verstoßen, sondern auch dann, wenn nur eine Seite gegen das Verbot verstößt und die andere Seite den Verstoß kennt und bewusst zu ihrem Vorteil ausnutzt.[37]

202 Richtet sich ein gesetzliches Verbot nur gegen das Erfüllungsgeschäft, so muss auch das dazu gehörige Verpflichtungsgeschäft nach § 134 BGB nichtig sein.

Tritt beispielsweise ein Rechtsanwalt die Honorarforderung gegen einen Mandanten ohne dessen Zustimmung ab, verstößt dies gegen § 203 I Nr. 3 StGB (Verletzung von Privatgeheimnissen), weil der Anwalt als Zedent nach § 402 BGB verpflichtet wäre, dem Zessionar die zur Geltendmachung der Forderung nötige Auskunft zu erteilen. Deshalb muss auch der Kaufvertrag über die Forderung unwirksam sein.[38] Anders ist die Rechtslage, wenn der Rechtsanwalt die Honorarforderung an einen anderen Rechtsanwalt oder eine rechtsanwaltliche Berufsausübungsgemeinschaft abtritt. § 49b IV 1 BRAO stellt nämlich einen Erlaubnistatbestand dar, der eine Strafbarkeit des Zedenten nach § 203 I Nr. 3 StGB und eine Unwirksamkeit der Verfügung nach § 134 BGB ausschließt.[39]

203 **Fall 61:** B beauftragte K, Elektroinstallationsarbeiten auszuführen. Es wurde ein Werklohn in Höhe von 18.800 € vereinbart, von denen 5.000 € in bar ohne Ausstellung einer Rechnung gezahlt werden sollten. K verlangte von B – nach Erbringung der Werkleistungen und Begleichung von 9.896 € per Überweisung und 2.300 € in bar – Zahlung der noch ausstehenden 6.604 €. Zu Recht?[40]

Lösung:

I. K könnte gegen B einen Anspruch auf Zahlung von Werklohn in Höhe von 6.604 € aus **§ 631 I BGB** haben.

Der Werkvertrag (§ 631 BGB) könnte aber nach § 134 BGB wegen Verstoßes gegen § 1 II 1 Nr. 2 SchwarzArbG nichtig sein. K hat gegen § 1 II 1 Nr. 2 SchwarzArbG verstoßen, indem er für die Barzahlung der 5.000 € keine Rechnung ausstellen und keine Umsatzsteuer abführen wollte. Diese Vorschrift ist keine reine Ordnungsvorschrift, sondern ein Verbotsgesetz, das nicht nur den tatsächlichen Vorgang der Schwarzarbeit eindämmen will, sondern darauf abzielt, im Interesse der wirtschaftlichen Ordnung den zugrunde liegenden Vereinbarungen die rechtliche Wirkung zu nehmen. Dabei genügt der einseitige Verstoß des K für die Annahme der Nichtigkeit, da B die Absicht des K kannte und diese zu seinem Vorteil ausnutzen wollte. Daran ändert auch die Tatsache nichts, dass die Steuerhinterziehung nur in Bezug auf die 5.000 € erfolgen sollte, denn bei dem geschlossenen Werkvertrag handelt es sich um ein einheitliches Rechtsgeschäft, das allenfalls dann als teilwirksam angesehen werden kann, wenn dem jeweiligen Teilwerklohn konkrete Einzelleistungen zugeordnet worden wären. Damit ist der Werkvertrag insgesamt nichtig, sodass ein Anspruch auf Zahlung des Werklohns in Höhe von 6.604 € nach § 631 I BGB nicht besteht.

37 BGH NJW 2013, 3167, 3168; *Leenen/Häublein*, § 9 Rn. 211 ff. Vgl. zur Nichtigkeit eines Werkvertrags wegen nachträglicher Schwarzarbeitsabrede BGH NJW 2017, 1808 ff.

38 BGH NJW 1995, 2026. Eine Ausnahme wird für den Fall angenommen, dass die in § 402 BGB normierten Informationspflichten des Schuldners abbedungen worden sind, vgl. BGH NJW 2019, 2156, 2158 Rn. 21 ff.

39 BGH NJW 2007, 1196, 1197 Rn. 22.

40 **Nach BGHZ 201, 1 ff = NJW 2014, 1805 ff**; ausf. *Temming*, AL 2016, 244 ff.

II. Ein Zahlungsanspruch könnte sich ferner aus **§§ 670, 683 S. 1, 677 BGB** ergeben. Nach § 1877 III BGB analog sind berufstypische Tätigkeiten des Geschäftsführers zu vergüten. Aber sowohl die Literatur als auch die Rechtsprechung verneinen bei nichtigen Verträgen einen Anspruch aus GoA. Nach der vorzugswürdigen Ansicht der h.L. sind nichtige Verträge ausschließlich nach Bereicherungsrecht rückabzuwickeln. Hierfür spricht, dass die Wertungen der §§ 812 ff BGB (insbesondere die Kondiktionssperren der §§ 814, 817 S. 2 BGB) nicht umgangen werden dürfen. Selbst wenn man der Rechtsprechung folgt, führt dies zu keinem anderen Ergebnis. Der BGH hält die Regeln über die GoA bei nichtigen Verträgen zwar für anwendbar, verneint aber die Erforderlichkeit der Aufwendungen bei einem Verstoß gegen ein Verbotsgesetz.[41]

III. K könnte gegen B einen Anspruch auf Wertersatz aus **§§ 812 I 1 Alt. 1, 818 II BGB** haben.

1. Mit den Werkleistungen hat B durch die Leistung des K ein vermögenswertes Etwas ohne Rechtsgrund erlangt, sodass der Anspruch nach § 812 I 1 Alt. 1 BGB entstanden ist, der sich nach § 818 II BGB auf Wertersatz richtet.

2. Der Anspruch könnte nach § 814 BGB ausgeschlossen sein. § 814 BGB ist ein Spezialfall des § 242 BGB (venire contra factum proprium) und daher eng auszulegen. Kenntnis i.S.d. § 814 BGB meint Tatsachen- und Rechtsfolgenkenntnis. K hatte keine positive Kenntnis davon, dass sie nicht zur Leistung verpflichtet war. § 814 BGB ist daher nicht einschlägig.

3. Der Anspruch könnte aber nach § 817 S. 2 BGB ausgeschlossen sein.

Zwar bezieht sich § 817 S. 2 BGB systematisch nur auf § 817 S. 1 BGB. Es ist jedoch allgemein anerkannt, dass § 817 S. 2 BGB auch auf § 812 I 1 Alt. 1 BGB anwendbar ist, weil § 817 S. 2 BGB sonst jedwede Bedeutung verlöre.

Auch wenn § 817 S. 2 BGB dem Wortlaut nach einen beiderseitigen Verstoß erfordert, ist die Norm erst recht anwendbar, wenn nur dem Leistenden ein Verstoß angelastet werden kann (argumentum a fortiori). Somit muss nicht entschieden werden, ob auch der Empfänger der Schwarzarbeit gegen ein gesetzliches Verbot verstößt.

Voraussetzung für § 817 S. 2 BGB ist, dass der Leistende gegen ein gesetzliches Verbot verstoßen hat. Die Erbringung von Elektroinstallationsarbeiten ist wertneutral. Der Verstoß gegen § 1 II 1 Nr. 2 SchwarzArbG folgt jedoch daraus, dass K schon bei Abschluss des Werkvertrags die Absicht hatte, die steuerlichen Pflichten nicht zu erfüllen. Nach der Zielsetzung des Schwarzarbeitsbekämpfungsgesetzes, das nicht allein fiskalischen Interessen dient, sondern zugleich Wettbewerbsverzerrungen verhindern soll, verstößt auch die Leistungserbringung in Ausführung einer solchen Vereinbarung gegen § 1 II 1 Nr. 2 SchwarzArbG.

Fraglich ist aber, ob § 817 S. 2 BGB nicht nach Sinn und Zweck des Verbotsgesetzes einschränkend auszulegen ist.

Zum Schutz des Leistenden ist eine solche einschränkende Auslegung nicht erforderlich. Das Schwarzarbeitsbekämpfungsgesetz dient in erster Linie der Wahrung öffentlicher Belange, nämlich der Vermeidung von erhöhter Arbeitslosigkeit und von Steuerausfällen, und – damit verbunden – der Vermeidung einer Beeinträchtigung des Beitragsauf-

41 Vgl. BGH NJW 2019, 1147, 1150 Rn. 27.

kommens der Sozial- und Arbeitslosenversicherung. Außerdem soll der Besteller vor Pfuscharbeiten geschützt werden.

Eine einschränkende Auslegung könnte jedoch erforderlich sein, wenn die Aufrechterhaltung des verbotswidrig geschaffenen Zustandes mit Sinn und Zweck des Verbotsgesetzes nicht vereinbar ist und deshalb von der Rechtsordnung nicht hingenommen werden kann. § 1 II 1 Nr. 2 SchwarzArbG ist aber nur auf die Ausführung der Elektroinstallationsarbeiten anwendbar und nicht auf deren Erfolg, die Elektroinstallation selbst.

Der Anwendung von § 817 S. 2 BGB könnten schließlich noch die Grundsätze von Treu und Glauben (§ 242 BGB) entgegenstehen.

Würde man jedoch von der strikten Anwendung des § 817 S. 2 BGB absehen und den Ausschluss vertraglicher Ansprüche verbunden mit der Gefahr einer Strafverfolgung und der Nachzahlung von Steuern und Sozialabgaben bei Bekanntwerden der Schwarzarbeit als Sanktion ausreichen lassen, würde die **vom Gesetzgeber angestrebte generalpräventive Wirkung** nicht erreicht.

Auch die Überlegung, dass der selbst an dem Gesetzesverstoß mitwirkende Besteller die Leistung ohne Gegenleistung erhält, rechtfertigt keine einschränkende Auslegung. Nach der Intention des Gesetzgebers soll derjenige schutzlos bleiben, der bewusst gegen das Schwarzarbeitsbekämpfungsgesetz verstößt. Daran ändert es nichts, dass das Verhalten des Bestellers ebenso verwerflich ist wie das des Unternehmers. Der Besteller wird nicht besser als der Schwarzarbeiter behandelt. Ihm stehen weder Mängelgewährleistungsansprüche noch vertragliche Mangelfolgeansprüche zu.

Damit ist ein Anspruch des K gegen B aus § 812 I 1 Alt. 1 BGB nach § 817 S. 2 BGB ausgeschlossen.

IV. Ein Anspruch des K gegen B aus **§ 817 S. 1 BGB** scheitert gleichfalls bereits an § 817 S. 2 BGB.

V. Aus **§§ 951 I, 812 I 1 Alt. 2 BGB** ergibt sich ebenfalls kein Anspruch des K. Selbst wenn die Voraussetzungen für einen solchen Anspruch vorliegen würden, wäre der Ausschlussgrund des § 817 S. 2 BGB einschlägig.

K hat damit gegen B keinen Zahlungsanspruch.

2. Verstoß gegen die guten Sitten

204 § 138 I BGB begrenzt ebenfalls die Privatautonomie. Danach ist ein Rechtsgeschäft nichtig, das gegen die guten Sitten verstößt.

➔ **Definition:** Sittenwidrigkeit liegt vor, wenn das Rechtsgeschäft „dem Anstandsgefühl aller billig und gerecht Denkenden widerspricht“[42].

Bei der Auslegung dieser Generalklausel sind die Grundrechte zu berücksichtigen (mittelbare Drittwirkung der Grundrechte). Ein Rechtsgeschäft ist sittenwidrig und damit nichtig, wenn ein sittenwidriges Verhalten gegenüber dem Vertragspartner[43] (Sonderfall und vorrangig zu prüfen ist der **Wucher** gemäß § 138 II BGB), ein sittenwidriges Ver-

42 Seit RGZ 48, 114, 124 st. Rspr.; s. etwa BGH NJW 2019, 3635, 3637 Rn. 24; *Herberger*, JA 2023, 510 (zur Schenkung aufgrund einer Zwangslage).

43 Zur Sittenwidrigkeit von Eheverträgen s. BGH NJW 2017, 1883 ff.

halten gegenüber der Allgemeinheit oder Dritten vorliegt. Begründet erst ein Motiv oder Zweck die objektive Sittenwidrigkeit, so ist auch ein **subjektiver Tatbestand** erforderlich (Kenntnis oder grob fahrlässige Unkenntnis derjenigen Umstände, die die Sittenwidrigkeit begründen).[44]

Im Hinblick auf den unterschiedlichen Schutzzweck sowie aus prozessökonomischen Gründen können nichtige Rechtsgeschäfte dennoch wegen Irrtums oder arglistiger Täuschung angefochten oder etwa bei einem Fernabsatzgeschäft (§§ 312g I, 312c, 355 BGB) vom Verbraucher widerrufen werden.[45]

Grundsätzlich ist nur das Verpflichtungsgeschäft nach § 138 I BGB nichtig, nicht aber das wertneutrale und sittlich indifferente Erfüllungsgeschäft. Zu beachten ist das **Abstraktionsprinzip**. Das Verfügungsgeschäft ist ausnahmsweise ebenfalls nichtig, „wenn die Unsittlichkeit gerade auch im Vollzug des sittenwidrigen Vertrags liegt, wenn also mit dem dinglichen Rechtsvorgang sittenwidrige Zwecke verfolgt werden oder in ihm die Sittenwidrigkeit begründet ist".[46] Beim Wucher ergibt sich die Nichtigkeit des Erfüllungsgeschäfts des Bewucherten zugunsten des Wucherers[47] aus dem Wortlaut des § 138 II BGB („oder gewähren lässt"). Die abstrakte Formel der Sittenwidrigkeit hat die Rechtsprechung durch die Entwicklung von Fallgruppen konkretisiert.

a) Sittenwidrigkeit von Bierbezugsverpflichtungen

Eine zwischen einem Gaststätteninhaber und einer Brauerei vereinbarte Bierbezugsverpflichtung ist sittenwidrig, wenn eine grobe Interessenverletzung von erheblicher Stärke vorliegt. Dass ein Vertrag keine Möglichkeit zur vorzeitigen Beendigung vorsieht, stellt keine solche Interessenverletzung dar, weil ein Bierlieferungsvertrag – wie alle Dauerschuldverhältnisse – aus wichtigem Grund auch ohne vertragliche Regelung fristlos gekündigt werden kann. Aufgrund der in der Regel von der Brauerei zu Beginn des Vertrages erbrachten Leistungen werden an das Vorliegen eines Kündigungsgrundes jedoch hohe Anforderungen gestellt.[48] **205**

b) Vertragsschluss aufgrund Bestechung

Auch eine Bestechung kann unter bestimmten Umständen zur Sittenwidrigkeit des anschließend abgeschlossenen Rechtsgeschäfts führen. **206**

Fall 62: Der Architekt K hat mit dem Geschäftsführer der Wohnbaugesellschaft B am 30.4.2022 einen schriftlichen, als Rahmenvertrag ausgestalteten Architektenvertrag über die Sanierung einiger im Eigentum der B stehender Wohnblöcke abgeschlossen. K hat dem Geschäftsführer von B ein Bestechungsgeld von monatlich 5.000 € zugesagt, das ab Mai 2022 auch zehnmal gezahlt wurde. Im Architektenvertrag haben die Parteien unter anderem Abschlagszahlungen für die Leistungen des K in Höhe von monatlich 100.000 € vereinbart. Die Parteien legten eine Honorarzahlung nach den Mittelsätzen der Honorarordnung für Architekten und Ingenieure (HOAI) fest. K arbeitete auf dieser Grundlage für B bis 2023. Nachdem B an K keine Ab- **207**

44 Jauernig/*Mansel*, § 138 Rn. 11.
45 BGHZ 183, 235, 240 ff = NJW 2010, 610, 614 (Kauf eines Radarwarn-Geräts); dazu *Würdinger*, JuS 2011, 769, 771; siehe dazu auch Fall 68 f.
46 BGH WM 2023, 742 Rn. 50 (zu „Sale and rent back"-Verträgen, dazu *Omlor*, JuS 2023, 262).
47 *Kuhn*, JURA 2023, 1376, 1378 („nicht dagegen das Erfüllungsgeschäft in der Gegenrichtung").
48 BGHZ 147, 279, 287 = NJW 2001, 2331, 2332; zu Bierlieferungsverträgen als Finanzierungsinstrument vgl. *Jesgarzewski/Buntrock*, DStR 2012, 145 ff.

schlagszahlungen mehr geleistet hatte und K die B über die Zahlungen der Bestechungsgelder informiert hatte, kündigte B den Rahmenvertrag fristlos und verweigerte die Zahlung des ausstehenden Architektenlohnes. K verlangt von B die Zahlung des restlichen Architektenhonorars in Höhe von 3.679.793,37 €. B meint, der Architektenvertrag sei aufgrund der Bestechungsgelder nichtig; K habe daher keinen vertraglichen Honoraranspruch. Wie ist zu entscheiden?[49]

Lösung: K könnte gemäß §§ 631 I, 650p I, 650q I BGB gegen B einen Anspruch auf Zahlung der vertraglich vereinbarten Vergütung haben.

Dazu müsste zwischen K und B ein wirksamer Architektenvertrag (§ 650p I) geschlossen worden sein.

Die Einigung zwischen K und dem Geschäftsführer der B wäre B jedoch nur dann zurechenbar, wenn eine wirksame Stellvertretung des Geschäftsführers im Sinne der §§ 164 ff BGB vorliegen würde. Problematisch ist in diesem Zusammenhang nur, ob der Geschäftsführer innerhalb der Vertretungsmacht gehandelt hat, § 164 I 1 BGB. Nach Ansicht des BGH ist ein Geschäftsführer im Zweifel nicht befugt, ohne vorherige Information seines Geschäftsherrn für diesen einen Vertrag mit dem Verhandlungspartner abzuschließen, der den Geschäftsführer zuvor bestochen hat. Der zwischen K und dem Geschäftsführer der B abgeschlossene Architektenvertrag ist daher wenigstens schwebend unwirksam und genehmigungsbedürftig, §§ 177 I, 184 I BGB.

Der Architektenvertrag könnte aber darüber hinaus gegen die guten Sitten verstoßen und damit nach § 138 I BGB nichtig sein.

Für die Beurteilung der Sittenwidrigkeit ist zwischen dem Rechtsgeschäft der Bestechung und dem Folgegeschäft zu unterscheiden. Die Vereinbarung über die Schmiergeldzahlung selbst ist ohne Weiteres sittenwidrig und damit nichtig (§ 138 I BGB; Nichtigkeit auch nach § 134 BGB iVm § 299 II Nr. 1 StGB). Die Wirksamkeit des Folgegeschäftes ist aber unabhängig davon zu beurteilen. Das Folgegeschäft ist nur dann sittenwidrig, wenn die Schmiergeldzahlung zu einer für den Geschäftsherrn nachteiligen Vertragsgestaltung geführt hat. Fehlt ein solcher Nachteil, so ist der Vertrag trotz der Bestechung nicht sittenwidrig. Falls ein Anhaltspunkt für einen Nachteil gegeben ist, gelten die Grundsätze des prima facie-Beweises. Derjenige, der bestochen hat, hätte daher das Fehlen eines Nachteils zu beweisen.

Allein die Zahlung des Schmiergeldes reicht für sich noch nicht zur Behauptung eines Nachteils aus. Es kann nicht ohne Weiteres davon ausgegangen werden, dass ohne die Zahlung eines Bestechungsgeldes das Honorar des Architekten um dessen Höhe gemindert worden wäre. Vielmehr haben die Parteien im vorliegenden Fall die Honorarzahlung nach den Mittelsätzen der HOAI vereinbart. Die Vereinbarung von Mittelsätzen enthält im Allgemeinen keinen Hinweis auf einen zur Sittenwidrigkeit führenden Nachteil. Die Höhe des Honorars wurde von B nicht beanstandet. Zudem handelt es sich um kein Bauvorhaben, welches eine Vergütung nach Mittelsätzen nicht rechtfertigen würde.

B kann daher keinen Anhaltspunkt für einen Nachteil geltend machen. Der Architektenvertrag ist somit nicht sittenwidrig.[50]

49 **Nach BGH NJW 1999, 2266 ff.**

50 Beispiele für eine Sittenwidrigkeit durch Bestechung: BGH NJW 1989, 26 f: 10%iger Aufschlag auf den normalen Kaufpreis; RGZ 136, 359 ff: Der Beklagte hat die Überteuerung der in Rechnung gestellten Preise geltend gemacht.

Der vertragliche Anspruch auf Zahlung der Vergütung hängt also von einer Genehmigung durch B gemäß §§ 177 I, 184 I BGB ab. Verweigerte B diese, so hätte K nur einen gesetzlichen Anspruch gegen B auf Wertersatz für die eingetretene Bereicherung unter Berücksichtigung der Grundsätze der aufgedrängten Bereicherung gemäß § 812 I 1 Alt. 1 BGB.

c) Vertragsbruchtheorie

Die Umstände, die die Sittenwidrigkeit begründen, können sich auch aus einem Verleiten des Vertragspartners zum Vertragsbruch ergeben. Im Zusammenhang mit den Problemen der Globalzession im Verhältnis zu den Lieferanten, die unter verlängertem Eigentumsvorbehalt leisten, hat der BGH entschieden, dass eine unzulässige Verleitung des Globalzedenten zum Vertragsbruch jedenfalls dann nicht vorliegt, wenn entweder der Abtretungsempfänger nach den Umständen des Einzelfalles – insbesondere wegen der Unüblichkeit des verlängerten Eigentumsvorbehalts in der betreffenden Wirtschaftsbranche – eine Kollision für ausgeschlossen halten darf, oder wenn dem verlängerten Eigentumsvorbehalt nach dem Willen der Vertragspartner von Anfang an Vorrang eingeräumt werden soll. Dies muss durch eine dingliche Teilverzichtsklausel (Vorrangklausel) vereinbart werden. Eine bloß schuldrechtliche Vorrangklausel genügt nicht.[51] **208**

d) Wucherähnliche Geschäfte

Vorrangig zu prüfen ist eine Nichtigkeit wegen **Wucher** nach § 138 II BGB. Sittenwidriger Lohnwucher liegt vor, wenn die Arbeitsvergütung nicht zwei Drittel des in der betreffenden Branche und Wirtschaftsregion üblichen Tariflohns erreicht.[52] Gegenseitige Verträge können als wucherähnliche Geschäfte sittenwidrig und damit nach § 138 I BGB nichtig sein, wenn zwischen Leistung und Gegenleistung objektiv ein **auffälliges Missverhältnis** besteht und eine **verwerfliche Gesinnung** des begünstigten Teils hervorgetreten ist, weil er die wirtschaftlich schwächere Lage des anderen Teils zu seinem Vorteil ausgenutzt oder sich zumindest leichtfertig der Erkenntnis verschlossen hat, dass sich der andere Teil nur aufgrund seiner schwächeren Lage auf nachteilige Vertragsbedingungen eingelassen hat.[53] Ein auffälliges, grobes Missverhältnis, das den Schluss auf eine verwerfliche Gesinnung zulässt, ist regelmäßig anzunehmen, wenn der Wert der Leistung annähernd **doppelt so hoch** ist wie der Wert der Gegenleistung.[54] Ein Kreditgeschäft ist wucherähnlich, wenn der effektive Vertragszins den marktüblichen Effektivzinsrelativ um etwa 100 % oder absolut um 12 Prozentpunkte übersteigt, wobei in Einzelfällen die Voraussetzungen des § 138 I BGB aufgrund einer Gesamtwürdigung aller weiteren Geschäftsumstände auch zu bejahen sein können, wenn die relative Zinsdifferenz nur zwischen 90 % und 100 % beträgt.[55] **209**

Fall 63: V bot bei einer eBay-Auktion ein als „Vertu" bezeichnetes Handy zu einem Startpreis von 1 € an. Derartige Handys haben einen Wert von 24.000 €. K gab ein Maximalgebot von 1.999 € ab und erhielt für 782 € den Zuschlag. Ist der Kaufvertrag nach § 138 I BGB nichtig?[56] **210**

51 BGH NJW 1999, 2588, 2589; vgl. *Omlor/Spies*, JuS 2011, 56 ff.
52 BAG BeckRS 2017, 128351 Rn. 39.
53 BGH NJW 2017, 2403, 2404 Rn. 15; *Bork*, Rn. 1193 ff; *Riehm*, Rn. 386.
54 BGH WM 2023, 742 Rn. 33.
55 BGH NJW 2018, 848, 850 Rn. 25.
56 **Nach BGH NJW 2015, 548 ff** u. **NJW 2012, 2723 f**; zum „Vertu"-Fall ausf. *Martinek*, jM 2014, 51 ff.

Lösung: Der zwischen V und K geschlossene Kaufvertrag könnte unter dem Gesichtspunkt des wucherähnlichen Geschäfts nach § 138 I BGB nichtig sein. Nach § 138 I BGB ist ein Rechtsgeschäft nichtig, bei dem zwischen Leistung und Gegenleistung ein auffälliges Missverhältnis besteht, wenn weitere Umstände hinzutreten (z.B. verwerfliche Gesinnung, Ausbeutung einer schwierigen Lage, Unerfahrenheit des Partners). Ein grobes, besonders krasses Missverhältnis lässt auf eine verwerfliche Gesinnung schließen. Bei Kaufverträgen über Grundstücke oder vergleichbar wertvolle bewegliche Sachen wird ein solches Missverhältnis angenommen, wenn der Wert der Leistung etwa doppelt so hoch ist wie der Wert der Gegenleistung.

Fraglich ist, inwiefern diese Maßstäbe auf Internetauktionen übertragen werden können. Der Kaufpreis für das Handy beträgt 782 €, wobei das Handy – unterstellt es wäre ein echtes Vertu-Handy – einen Wert von 24.000 € hätte. Ein grobes, besonders krasses Missverhältnis besteht also. Damit wäre der Schluss auf die verwerfliche Gesinnung gerechtfertigt. Hintergrund dieses Schlusses ist jedoch die Überlegung, dass außergewöhnliche Leistungen in der Regel nicht ohne Not zugestanden werden. Bei einer Internetversteigerung sind es aber andere Gründe, die Einfluss auf die Preisgestaltung haben. So liegt der Reiz einer Auktion gerade darin, durch die Abgabe eines niedrigen Gebots möglicherweise ein Schnäppchen zu ergattern. Dadurch, dass sich die potentiellen Käufer gegenseitig überbieten, hat der Verkäufer die Chance, einen für ihn vorteilhaften Kaufpreis zu erzielen. Dass der Bieter zunächst nur ein niedriges Gebot abgibt, kann auch taktische Gründe haben. So kann die Auktion beobachtet werden und – falls notwendig – kurz vor dem Ablauf der Auktion noch ein höheres Gebot abgegeben werden. Damit kann bei Auktionen aus einem groben, besonders krassen Missverhältnis kein Schluss auf eine verwerfliche Gesinnung gezogen werden. Notwendig wären vielmehr zusätzliche Umstände, die eine positive Feststellung der verwerflichen Gesinnung ermöglichen.

Somit ist der zwischen V und K geschlossene Kaufvertrag nicht nach § 138 I BGB nichtig.

e) Sittenwidrige Umkehr der Beweislast

211 **Fall 64:** Ein Mann besucht in einer Winternacht den Nachtclub Château d'amour. Dort ließ er es sich gut gehen. Für die anwesenden Damen und andere Beschäftigte bestellte er zahlreiche Runden Champagner, die Flasche für 300 €. Während seines nächtlichen Aufenthaltes unterschrieb er fünf Belastungsbelege als Inhaber einer American Express Card über insgesamt 70.000 €, den Ersten über 4.600 €. Am nächsten Morgen wurde er von den Angestellten des Nachtclubs in sein Hotel gebracht. Dort unterzeichnete er ein abstraktes Schuldanerkenntnis über 70.749 € zuzüglich 10 % Verzugszinsen. Da die Express Card Slips nicht eingelöst wurden und auch das Schuldanerkenntnis nicht honoriert wurde, klagt der Nachtclubbesitzer auf Zahlung. Wie ist zu entscheiden?[57]

Lösung: Aus dem Schuldanerkenntnis ergibt sich ein selbständiger Zahlungsanspruch, § 781 S. 1 BGB. Das Schuldanerkenntnis könnte möglicherweise nach § 105 II BGB nichtig sein. Dies ist freilich eine Beweisfrage. Einfacher ist die Nichtigkeit nach § 138 I BGB zu beurteilen. Dabei ist zu berücksichtigen, dass ein Schuldanerkenntnis zur Umkehr der Darlegungs- und Beweislast für das Bestehen der Ansprüche aus dem Grundgeschäft führt. Wenn ein Wirt seine Gäste Schuldanerkenntnisse unterzeichnen lässt, will er

57 **Nach BGH ZIP 1987, 519 ff.**

sich von der Beweislast befreien und den Gästen den Beweis des Gegenteils auferlegen. Eine solche Verhaltensweise verstößt nicht immer gegen die guten Sitten. Es kommt entscheidend darauf an, ob sich der anerkannte Betrag innerhalb bestimmter Grenzen hält. Wenn sich der Wirt ein Schuldanerkenntnis von über 70.000 € unterschreiben lässt, ist diese Grenze jedenfalls überschritten. Es kann nicht gebilligt werden, dass der Wirt die eigentlich ihn treffende Darlegungs- und Beweislast in so gravierender Weise auf den gerade in der Nachtclub-Situation damit völlig überforderten Gast abwälzt.

Grundsätzlich ergreift die Nichtigkeit, wenn bei einem Rechtsgeschäft die Grenzen des nach § 138 I BGB Erlaubten überschritten werden, das ganze Rechtsgeschäft. Unter Heranziehung von § 139 BGB sind aber Ausnahmen zuzulassen. Eine solche Ausnahme ist hier geboten: Dem abstrakten Schuldanerkenntnis lagen trennbare Einzelverträge zugrunde. Soweit Wirt und Gast ohne Verstoß gegen § 138 I BGB Schuldanerkenntnisse über Teilbeträge hätten vereinbaren können, tritt die Nichtigkeitsfolge für solche Teilbeträge nicht ein.

Damit ist der auf das Schuldanerkenntnis gestützten Klage in Höhe von 4.600 € stattzugeben. Ein Schuldanerkenntnis in dieser Höhe kann noch nicht als sittenwidrig angesehen werden. Das gilt auch für den vereinbarten Verzugszinssatz von 10 %.

Soweit die Klageforderung 4.600 € übersteigt ist die Klage abzuweisen. Das Schuldanerkenntnis (§ 781 S. 1 BGB) ist insoweit nichtig.

f) Sittenwidrige Mitverpflichtung von Familienangehörigen

In der Praxis stellt sich häufig die Frage, inwieweit Banken die Mitverpflichtung von einkommens- und vermögenslosen Ehepartnern oder Kindern in Form einer Bürgschaft oder eines Schuldbeitritts verlangen und hieraus vorgehen können. 212

Fall 65: Die K-Bank (Klägerin) gewährte dem Ehemann der Beklagten, dem Alleininhaber eines Montagebetriebes, ein Darlehen über 47.000 € zu einem auf fünf Jahre festgeschriebenen Zinssatz von 9%, rückzahlbar in monatlichen Raten von 800 €. Die Beklagte erklärte auf der Darlehensurkunde ihren Schuldbeitritt. Mit dem Kredit sollten die Geschäftsverbindlichkeiten des Ehemannes der Beklagten umgeschuldet und gemeinsame Restschulden der Eheleute in Höhe von 9.000 € abgelöst werden. Zur Sicherung des Darlehens wurden der Klägerin eine Lebensversicherung der Beklagten und zwei Lebensversicherungen ihres Ehemannes übertragen. Die Beklagte betreute ihre vier Kinder im Alter von einem bis acht Jahren und half gegen ein geringes Entgelt im Betrieb ihres Ehemannes aus. Nach der Insolvenz des Ehemannes und der Verwertung der Lebensversicherungen verblieb eine Restschuld von ca. 20.000 €. Die Bank verlangt von der Beklagten Zahlung dieser Restschuld. Zu Recht?[58] 213

Lösung: Die Bank hat einen Zahlungsanspruch aus dem gesetzlich nicht geregelten Schuldbeitritt, § 311 I BGB, sofern dieser nicht nach § 138 I BGB nichtig ist.[59] Dass ein Schuldbeitritt einen Lebenspartner oder Ehegatten finanziell überfordert, macht den Schuldbeitritt noch nicht sittenwidrig. Es müssen vielmehr weitere Umstände hinzukommen, durch die ein unerträgliches Ungleichgewicht zwischen den Vertragspartnern hervorgerufen wird, das die Mitverpflichtung – auch unter Berücksichtigung der berechtigten Belange des Gläubigers – als nicht mehr hinnehmbar erscheinen lässt (Störung der Vertragsparität). Dies wäre etwa der Fall, wenn die Entscheidungsfreiheit des Mitver-

58 **Nach BGHZ 146, 37 ff = JZ 2001, 1036 ff = NJW 2001, 815 ff.**
59 Vgl. zum Schuldbeitritt *Lorenz*, JuS 2019, 424, 425 f.

pflichteten in rechtlich anstößiger Weise beeinträchtigt würde und der Gläubiger sich dies zurechnen lassen müsste.

Eine solche Beeinträchtigung ist gegeben, wenn ein **krasses Missverhältnis** zwischen dem Haftungsumfang und der Leistungsfähigkeit des Schuldbeitretenden besteht. Denn dann ist zu vermuten, dass sich der Familienangehörige auf diese Verpflichtung infolge mangelnder Geschäftsgewandtheit und Rechtskundigkeit nur aufgrund seiner emotionalen Bindung an den Hauptschuldner eingelassen und die Bank dies verwerflich ausgenutzt hat.

Ein solches Missverhältnis ist grundsätzlich erst dann zu bejahen, wenn der Betroffene aus seinem pfändbaren Einkommen voraussichtlich nicht einmal die laufenden Zinsen der Hauptschuld aufzubringen vermag.[60]

Zur Beurteilung der finanziellen Überforderung können anderweitige Sicherheiten des Kreditgebers allein dann berücksichtigt werden, wenn von Beginn an gewährleistet ist, dass der Mitverpflichtete im Sicherungsfalle nur noch in einem ihn nicht mehr unzumutbar belastenden Umfang haften würde.[61] Dies ist hier nicht der Fall.

Freilich sind sämtliche sonstigen Umstände des Einzelfalles mit zu berücksichtigen. So nimmt die Rechtsprechung an, es sei legitim, wenn sich ein Kreditgeber durch eine die finanziellen Verhältnisse des Ehegatten übersteigende Mitverpflichtung dagegen sichere, dass Vermögensverlagerungen vom Hauptschuldner auf den Partner erfolgen. Dies rechtfertige eine Sicherung aber nur in Höhe möglicher Verlagerungen, nicht darüber hinaus. Dieser beschränkte Haftungszweck muss außerdem vertraglich festgelegt werden.[62] Der Anspruch kann entfallen, wenn der Mitverpflichtete kein Vermögen erlangt hat oder die Gefahr von Vermögensverlagerungen nicht mehr besteht, z.B. wegen Aufhebung der Lebensgemeinschaft.[63]

Somit ergibt sich aus der krassen finanziellen Überforderung der Beklagten die Vermutung, dass sie sich bei der Übernahme der Mithaftung von ihrer emotionalen Bindung an ihren Ehemann hat leiten lassen.

Die Sittenwidrigkeit entfällt aber, wenn der Schuldbeitretende eigenverantwortliche unternehmerische Absichten gehabt und unmittelbare Vorteile erlangt hat. Allein der Erwerb bloßer mittelbarer Vorteile aus einem vom Hauptschuldner aufgenommenen Betriebsmittelkredit (in Form höheren Unterhalts) kann die Sittenwidrigkeit nicht beseitigen.[64] Die Mithaftungserklärung der Beklagten verstößt also gegen die guten Sitten und ist nichtig, § 138 I BGB.

Ausnahmsweise kann die Mithaftungsabrede jedoch nach § 139 BGB teilweise aufrechterhalten werden. Grundsätzlich sind sittenwidrige Rechtsgeschäfte als Einheit zu werten und können nicht durch eine geltungserhaltende Reduktion oder Umdeutung (§ 140 BGB) mit einem zulässigen Inhalt aufrechterhalten werden. Etwas anderes ergibt sich jedoch, wenn der sittenwidrige Teil der Mitverpflichtung aufgrund der objektiven Umstände genau bestimmt ist und ohne Weiteres ausgesondert werden kann. In einem solchen

60 Vgl. dagegen *Säcker/Mohr*, Fall 17 (S. 249, 254); vgl. zu Höchstbetragsbürgschaften BGH NJW 2013, 1534.
61 BGH NJW-RR 2017, 241, 243 Rn. 23; BGH NJW 2009, 2671, 2672.
62 BGH NJW 1999, 58, 60.
63 BGH NJW 2000, 1182, 1185; BGHZ 128, 230, 237 = NJW 1995, 592, 594.
64 Vgl. BGH NJW 1999, 2584, 2588.

Fall wird eine geltungserhaltende Reduktion nicht durch richterliches Ermessen, sondern durch den genau feststellbaren Parteiwillen bestimmt. Im vorliegenden Fall hätten die Parteien bei Kenntnis der Unwirksamkeit des Schuldbeitritts, die Mitverpflichtung auf die gemeinsamen Restschulden der Eheleute begrenzt.

Die Beklagte ist daher nur zur Zahlung von 9.000 € verpflichtet.

Die dargestellten Grundsätze gelten, wenn zwischen dem Bürgen und dem Schuldner eine emotionale Verbundenheit besteht,[65] daher auch für Verlobte[66], für Partner einer nichtehelichen Lebensgemeinschaft[67] und für Bürgschaften von Kindern[68]. Auf Geschwister finden sie nur Anwendung, wenn zwischen ihnen zur Zeit der Verpflichtung eine vergleichbar enge Beziehung vorhanden war.[69] Zwischen einem Arbeitgeber und einem Arbeitnehmer besteht in aller Regel kein von Emotionen geprägtes, einer Ehe, einer eheähnlichen Partnerschaft oder einer engen Verwandtschaft oder Freundschaft vergleichbares persönliches Näheverhältnis, sodass sich die beschriebenen Grundsätze nicht übertragen lassen.[70] **214**

g) Sittenwidrigkeit von Gesellschafter- oder Geschäftsführerbürgschaften

Ein Kreditinstitut, das einer GmbH ein Darlehen gewährt, hat grundsätzlich ein berechtigtes Interesse daran, die persönliche Haftung maßgeblich beteiligter Gesellschafter sowie der Geschäftsführer für die Geschäftskredite zu verlangen. Es entspricht gängiger Bankpraxis eine Kreditgewährung davon abhängig zu machen, dass die rechtlich und wirtschaftlich verantwortlichen Personen für die entstehenden Forderungen eintreten. **215**

In der Regel handeln diese Personen aus wirtschaftlich vernünftigen, nur von ihnen selbst zu verantwortenden Gründen. Allein eine finanzielle Überforderung, ohne das Hinzutreten weiterer Umstände kann für sich genommen daher noch keine Sittenwidrigkeit eines Bürgschaftsvertrages begründen.

Etwas anderes könnte sich allenfalls dann ergeben, wenn die Bürgschaft für die Gesellschafter oder Geschäftsführer ein wirtschaftlich sinnloses Rechtsgeschäft darstellen würde, weil sie diese nur aus emotionalen Gründen abgeschlossen haben. Dies könnte dann der Fall sein, wenn der Gesellschafter oder Geschäftsführer ausschließlich Strohmannfunktion hatte und die Mithaftung oder Bürgschaft nur aus emotionaler Verbundenheit mit der hinter ihm stehenden Person übernommen hat.

Fall 66: Der Beklagte B war seit September 2017 Alleingesellschafter der C-GmbH. Mit Vertrag vom 23.9.2020 gewährte die Klägerin K der C-GmbH einen Kredit bis zum Betrag von 200.000 €. In einer Urkunde vom selben Tage verbürgte sich B für alle bestehenden und künftigen Forderungen aus der Geschäftsverbindung der Gesellschaft. Am 4.1.2023 nahm die C-GmbH ein Festzinsdarlehen in Höhe von 355.000 € bei K auf. **216**

B erteilte seinem Vater am 10.10.2021 in notarieller Form uneingeschränkte Vollmacht zur Vertretung der C-GmbH. Am 29.12.2023 kündigte K die Geschäftsverbindung. Die C-GmbH ist insolvent. Am 23.1.2024 wurde B als Geschäftsführer abberufen und dessen Vater zum Geschäftsführer bestellt.

65 BGH NJW 2000, 1182, 1184.
66 BGHZ 136, 347, 350 f = NJW 1997, 3372, 3373.
67 BGH NJW 1997, 1005.
68 BGHZ 125, 206 ff = FamRZ 1994, 688 ff; vgl. BVerfGE 89, 214 = NJW 1994, 36, 39.
69 BGHZ 137, 329, 334 ff = NJW 1998, 597, 598.
70 Vgl. zu Arbeitnehmerbürgschaften BGH NJW 2018, 3637, 3639; BGH NJW 2004, 161, 162.

K verlangt nun von B die Zahlung einer Bürgschaftssumme, für genau belegte Forderungen der K gegen die C-GmbH, in Höhe von 100.000 €. B macht geltend, dass der Bürgschaftsvertrag sittenwidrig sei. K sei bekannt gewesen, dass B nur als Strohmann für seinen Vater tätig geworden sei. B selbst habe die Bürgschaft nur nach den Vorgaben seines Vaters geleistet. Zudem habe der Vater von B nach dem Vertragsschluss sämtliche Verhandlungen mit der K geführt. Er selbst war zudem zum damaligen Zeitpunkt noch in Ausbildung und verfügte nur über geringe Einkünfte, sodass er finanziell nie in der Lage gewesen sei, die Hauptforderung in nennenswerten Umfang zu tilgen. Wie ist zu entscheiden?[71]

Lösung: Ein Anspruch der K gegen B auf Zahlung der verlangten Bürgschaftssumme besteht nach § 765 I BGB (akzessorisch zur Hauptforderung), sofern der Bürgschaftsvertrag nicht gemäß § 138 I BGB sittenwidrig und damit nichtig ist.

Bei Bürgschaften von Verwandten oder Lebenspartnern hat der BGH in ständiger Rechtsprechung eine Sittenwidrigkeit bereits bei einer krassen finanziellen Überforderung des Bürgen angenommen. Aufgrund der krassen finanziellen Überforderung wird widerleglich vermutet, dass die Bürgschaft nur aus emotionaler Verbundenheit mit dem Hauptschuldner übernommen wurde.

Diese Rechtsprechung könnte auch auf sog. Gesellschafterbürgschaften angewendet werden.

Gehört die Gesellschaft wirtschaftlich gesehen zu wesentlichen Teilen einer mit dem Bürgen eng verbundenen Person, so befindet sich derjenige, der die Haftung übernehmen soll, nicht selten in einer für Verwandten- oder Ehegattenbürgschaften typischen Konfliktsituation. Die Bürgschaft könnte dann nicht auf wirtschaftlichen, sondern nur auf emotionalen Gründen beruhen. Der Bürge würde daher in einem solchen Fall denselben Gefahren wie bei einer unmittelbaren Haftung für Verbindlichkeiten des ihm nahestehenden Hauptschuldners unterliegen. Der Bürge könnte daher in vergleichbarer Weise schutzbedürftig sein.

Anders als bei den Fällen der reinen Verwandten- oder Ehegattenbürgschaft ist jedoch die besondere Lage zu berücksichtigen, die der Mithaftung von Gesellschaftern zu Grunde liegt.

Es entspricht einer gängigen Bankpraxis, die Kreditgewährung davon abhängig zu machen, dass die rechtlich und wirtschaftlich verantwortlichen Personen für die entstehenden Forderungen eintreten. Die Banken dürfen dabei im Allgemeinen davon ausgehen, dass derjenige, der sich an einer Gesellschaft beteiligt, dies aus eigenen finanziellen Interessen tut und schon deshalb durch die Haftung kein ihm unzumutbares Risiko auf sich nimmt. Für den Kreditgeber besteht grundsätzlich daher keine Veranlassung, der Frage nachzugehen, aus welchen Gründen die Beteiligung an einer Gesellschaft erfolgt und die Haftung für deren Schulden übernommen wird.[72] Nach Ansicht des BGH gilt dies selbst dann, wenn dem verpflichteten Gesellschafter nur die Funktion eines Strohmannes zukommt.

Etwas anderes kann sich jedoch dann ergeben, wenn für die Bank die wirklichen Motive des Bürgen klar hervortreten. Wenn die Bank sowohl das vollständige Fehlen wirtschaftlicher Interessen des Bürgen als auch die Übernahme der Haftung allein aufgrund emoti-

71 **Nach BGH NJW 2002, 1337 ff**; vgl. auch BGH NJW 2002, 956 f.
72 BGHZ 137, 329, 336 = NJW 1998, 597, 599; BGH WM 1997, 511, 513.

onaler Abhängigkeit erkennt, ist der Bürge in gleicher Weise wie bei einer reinen Verwandten- oder Ehegattenbürgschaft schutzwürdig.[73]

Da der Gläubiger grundsätzlich von einem unmittelbaren wirtschaftlichen Interesse für die Haftungserstreckung ausgehen darf, obliegt dem Gesellschafterbürgen die volle Darlegungs- und Beweislast für die Behauptung eines die Sittenwidrigkeit begründenden Sachverhalts.

Zum Zeitpunkt des Abschlusses des Bürgschaftsvertrages zwischen B und K war der Beklagte alleiniger Geschäftsführer der C-GmbH. Alle Umstände, wie die Erteilung der uneingeschränkten Vollmacht für den Vater des B, die Führung aller Verhandlungen mit K und die spätere Einsetzung des Vaters des B als alleiniger Geschäftsführer erfolgten erst nach Vertragsschluss.

Im maßgeblichen Zeitpunkt des Vertragsschlusses waren daher K keine Umstände bekannt, die Zweifel an einem unmittelbaren eigenen Interesse des Beklagten hervorrufen konnten.

Weder aus der krassen finanziellen Überforderung des B noch aus dessen emotionaler Verbundenheit mit seinem Vater, der die Gesellschaft beherrschte, folgt eine Vermutung zu Lasten der K.

Der Bürgschaftsvertrag ist daher nicht nach § 138 I BGB sittenwidrig.

K kann somit von B die Zahlung von 100.000 € gemäß § 765 I BGB verlangen.

h) Geschäfte zu Lasten der Sozialhilfe

Verzichtet ein nicht erwerbsfähiger, vermögensloser Ehegatte in einer Scheidungsvereinbarung auf jeden nachehelichen Unterhalt und fällt er deshalb der Sozialhilfe zur Last, so kann der Unterhaltsverzicht sittenwidrig (§ 138 I BGB) und nichtig sein.[74] Das ist allerdings bei einem sog. **Behindertentestament** nicht der Fall. Bei einem solchen Testament setzen die Eltern das behinderte Kind als Vorerben mit einem Erbteil ein, der den Pflichtteil geringfügig übersteigt. Bezüglich dieses Erbteils wird Testamentsvollstreckung angeordnet.[75] Solche Testamentsgestaltungen, durch die dem Kind über die Sozialhilfe hinaus etwas zugewendet wird, ohne dass der Sozialhilfeträger auf das dem gesetzlichen Erbteil nach den Eltern entsprechende Vermögen zugreifen kann, hat die Rechtsprechung stets gebilligt.[76] 217

IV. Relative Unwirksamkeit

Ist ein Rechtsgeschäft nur zugunsten einer bestimmten Person unwirksam, allen anderen gegenüber aber wirksam, spricht man im Gegensatz zur absoluten von der relativen Unwirksamkeit. 218

Gesetzliche relative Veräußerungsverbote (§ 135 BGB) gibt es kaum, und wenn, sind ihre Rechtsfolgen meist selbständig geregelt.[77] Von praktischer Bedeutung sind aber **be-**

73 BGHZ 137, 329, 337 = NJW 1998, 597, 599.
74 BGH NJW 2007, 904, 905 f; BGHZ 86, 82, 86 f = NJW 1983, 1851, 1852.
75 *Dreher/Görner*, NJW 2011, 1761.
76 BGH NJW 2020, 58 ff; BGHZ 123, 368 ff = NJW 1994, 248 ff.
77 *Bork*, Rn. 1137; Grüneberg/*Ellenberger*, §§ 135, 136 Rn. 3; *Petersen*, § 47 Rn. 2.

hördliche relative Verfügungsverbote (§ 136 BGB). In allen Fällen der Zwangsvollstreckung wegen Geldforderungen entsteht zugunsten des Gläubigers ein relatives Verfügungsverbot. Bei der Forderungspfändung ergibt sich dies unmittelbar aus § 829 I 2 ZPO (sog. Inhibitorium), bei der Zwangsversteigerung von Grundstücken aus § 23 I 1 ZVG.[78]

Eine Einziehung der gepfändeten Forderung durch den Schuldner oder eine Veräußerung des Grundstücks ist daher dem Gläubiger gegenüber ohne Wirkung.

219 **Fall 67:** G lässt wegen einer titulierten Kaufpreisforderung bei S pfänden. Der Gerichtsvollzieher pfändet einen Flügel, der im Wohnzimmer steht, durch Anlegung eines Pfandsiegels (§ 808 II 2 ZPO). S löst das Pfandsiegel eigenmächtig ab und veräußert den Flügel für 50.000 € an den ahnungslosen B. Hat G Ansprüche gegen B?

Lösung: Als Inhaber eines fälligen Pfändungspfandrechts könnte G nach § 804 II Hs. 1 ZPO iVm §§ 1227, 985 BGB, §§ 861 I, 869, 1007 I, II BGB Herausgabe des Flügels an den Gerichtsvollzieher zum Zwecke der Versteigerung verlangen. Die Ansprüche sind dagegen ausgeschlossen, wenn B gutgläubig unbelastetes Eigentum erworben hat.

B hat den Flügel von S nach § 929 S. 1 BGB durch Einigung und Übergabe erworben. S war Eigentümer, aber durch das Pfändungspfandrecht in seiner Verfügungsbefugnis beschränkt. Nach § 936 I 1, II BGB erlischt ein privates Recht eines Dritten mit der Veräußerung an einen gutgläubigen Erwerber. Dieser erwirbt mithin lastenfreies Eigentum.

Hier bestand aber aufgrund der öffentlich-rechtlichen Pfändung eine hoheitliche Verstrickung. Diese hat ein hoheitliches Verfügungsverbot gegenüber dem Schuldner zum Inhalt, wie dies in § 829 I 2 ZPO (sog. Inhibitorium) für Forderungspfändungen ausdrücklich ausgesprochen wird. Die Verstrickung bewirkt also ein relatives Veräußerungsverbot nach §§ 135, 136 BGB und hat insoweit materiell-rechtliche Bedeutung.

Nach §§ 135 I 1, 136 BGB ist folglich die Veräußerung an B gegenüber G unwirksam, sofern nicht zugunsten des B § 135 II BGB eingreift. Danach finden die Regeln über den Erwerb vom Nichtberechtigten entsprechende Anwendung. Ein Erwerb wäre demnach gemäß § 935 I 1 BGB ausgeschlossen, wenn der Flügel dem Gerichtsvollzieher abhandengekommen wäre. Die Voraussetzung des § 935 I 1 BGB liegt aber nur vor, wenn der unmittelbare Besitzer seinen Besitz ohne seinen Willen verliert. Unmittelbarer Besitzer blieb trotz der Pfändung der Schuldner S. Der Gerichtsvollzieher wurde nur mittelbarer Besitzer erster Stufe (§ 868 BGB), der Gläubiger mittelbarer Besitzer zweiter Stufe (§ 871 BGB). Nach § 936 I 1, II BGB erwarb B lastenfrei, weil er von dem bestehenden Pfandrecht keine Kenntnis hatte und mithin gutgläubig war. Im Ergebnis ist das Pfandrecht erloschen. G hat keine Herausgabeansprüche.

V. Doppelwirkungen im Recht

220 Wenn bei einem Rechtsgeschäft mehrere Nichtigkeitsgründe zusammentreffen, stellt sich die Frage nach deren Konkurrenzverhältnis. Damit befasst sich die von **Theodor Kipp** 1911 entwickelte Lehre von den **Doppelwirkungen im Recht**.[79] Danach kann ein Rechtsgeschäft aus mehreren Gründen unwirksam sein.

78 Vgl. *Bork*, Rn. 1138; *Medicus/Petersen*, AT, Rn. 672.

79 *Kipp*, in: Universität Berlin (Hrsg.), Festschrift für Ferdinand von Martitz zum fünfzigjährigen Doktorjubiläum, 1911, S. 211.

Fall 68: Der 17-jährige A veräußert, durch B arglistig getäuscht, ohne Zustimmung seiner Eltern eine bewegliche Sache an B. Dieser übergibt und „übereignet" die Sache sofort an C weiter. C weiß von der Täuschung, nicht aber von der Minderjährigkeit des A. Die Eltern des A sind mit der Veräußerung nicht einverstanden und fechten gegenüber B an. Ist C Eigentümer geworden?[80] 221

Lösung:

I. C könnte die Sache nach **§ 929 S. 1 BGB** vom Berechtigten erworben haben. B und C haben sich geeinigt; die Sache wurde auch an C übergeben. Jedoch müsste B Eigentümer der Sache oder verfügungsberechtigt i.S.d. § 185 BGB sein. Das Verfügungsgeschäft zwischen A und B war jedoch wegen der Minderjährigkeit des 17-jährigen A (§§ 2, 106 BGB) und mangels einer Zustimmung seiner Eltern (§§ 1626, 1629 I BGB) nach § 108 I BGB unwirksam. B verfügte als Nichtberechtigter, sodass auch mangels einer wirksamen Zustimmung des berechtigten A bzw. dessen Eltern ein Eigentumserwerb des C nach § 929 S. 1 BGB ausscheidet.

II. C könnte die Sache aber nach **§§ 929 S. 1, 932 I 1 BGB** gutgläubig erworben haben. Das setzt voraus, dass C bei Vollendung des Rechtserwerbs in Bezug auf die Eigentümerstellung des B gutgläubig i.S.d. § 932 II BGB war.

C war weder bekannt noch infolge grober Fahrlässigkeit unbekannt, dass A wegen seiner Minderjährigkeit beschränkt geschäftsfähig ist und ein Eigentumserwerb des B deshalb an § 108 I BGB scheitert. Jedoch wusste C von der Täuschung des A durch B. **§ 142 II BGB** ordnet an, dass derjenige, der die Anfechtbarkeit kannte oder kennen musste, wenn die Anfechtung erfolgt, so behandelt wird, wie wenn er die Nichtigkeit des Rechtsgeschäfts kannte oder hätte kennen müssen.

Problematisch ist aber, ob die Eltern (als gesetzliche Vertreter des A) überhaupt wirksam anfechten konnten, und damit die Rechtfolge des § 142 II BGB eingreifen kann. Schließlich ist das Rechtsgeschäft bereits nach § 108 I BGB nichtig; die Anfechtung wirkt nach § 142 I BGB ebenfalls ex tunc und würde damit zur Nichtigkeit eines bereits nichtigen Vertrags führen. Begrifflich scheint dies mangels anfechtbaren Substrats auszuscheiden. Unter Wertungsgesichtspunkten muss eine Anfechtung aber zugelassen werden: Andernfalls würde C besser stehen, als bei einem Vorerwerb des B von einem Geschäftsfähigen. Für eine Anfechtungsmöglichkeit und damit eine **Doppelwirkung im Recht** spricht zudem der Aspekt der Beweiserleichterung und der Prozessökonomie: Schließlich kann der Nichtigkeitsgrund nach § 108 I BGB schwerer zu beweisen sein als der Anfechtungsgrund. Die Voraussetzungen einer arglistigen Täuschung (§ 123 I Alt. 1 BGB) liegen vor und schlagen auf das Verfügungsgeschäft durch (sog. Fehleridentität). C kannte daher die Anfechtbarkeit und wird nach § 142 II BGB so behandelt, wie wenn er die Nichtigkeit des Verfügungsgeschäfts zwischen A und B gekannt hätte. Er war daher nicht gutgläubig und hat die Sache nicht nach §§ 929 S. 1, 932 I 1 BGB gutgläubig erworben.

Fall 69: Die Verbraucherin V bestellt bei dem Unternehmer U per Fax einen PKW-Innenspiegel mit einer u.a. für Deutschland codierten Radarwarnfunktion und überweist den Kaufpreis von 1.000 **€**. Zehn Tage nach Auslieferung widerruft sie den Vertrag telefonisch, sendet den Innenspiegel zurück und verlangt Erstattung des Kaufpreises. U hat V vor Vertragsschluss darü- 222

80 Ausf. dazu *Würdinger*, JZ 2023, 397, 398 ff u. JuS 2011, 769 ff.

ber belehrt, dass „die Geräte verboten sind und die Gerichte den Kauf von Radarwarngeräten zudem als sittenwidrig betrachten“.[81]

Hinweis: § 23 Ic Straßenverkehrs-Ordnung (StVO) lautet: Wer ein Fahrzeug führt, darf ein technisches Gerät nicht betreiben oder betriebsbereit mitführen, das dafür bestimmt ist, Verkehrsüberwachungsmaßnahmen anzuzeigen oder zu stören. Das gilt insbesondere für Geräte zur Störung oder Anzeige von Geschwindigkeitsmessungen (Radarwarn- oder Laserstörgeräte).

Lösung:

I. V könnte gegen U einen Anspruch auf Rückzahlung der 1.000 € nach **§§ 812 I 1 Alt. 1, 818 II BGB** haben.

1. U hat durch Leistung des V einen Anspruch gegenüber seiner Bank auf Gutschrift erlangt, § 675t I 1 BGB. Fraglich ist, ob der Kaufvertrag nach § 433 BGB einen Rechtsgrund für das Behaltendürfen darstellt.

Der Kaufvertrag könnte nach **§ 134 BGB** iVm § 23 Ic S. 1, S. 2 StVO nichtig sein. § 23 Ic S. 1, S. 2 StVO bezieht sich jedoch lediglich auf den Betrieb und das betriebsbereite Mitführen von Radarwarngeräten, nicht aber auf den Erwerb solcher Geräte. Eine Nichtigkeit nach § 134 BGB scheidet daher aus.

Der Kaufvertrag dient aber – wie V und U wussten – als unmittelbare Vorbereitungshandlung dafür, sanktionslos im Straßenverkehr rasen zu können und damit ein Gemeinwohlinteresse, die Sicherheit im Straßenverkehr, zu gefährden. Ein derartiger Vertrag verstößt gegen das Anstandsgefühl aller billig und gerecht Denkenden und ist nach § 138 I BGB nichtig.

Ein Rechtsgrund besteht somit nicht. § 812 I 1 Alt. 1 BGB ist einschlägig.

2. Der Anspruch auf Rückzahlung des Kaufpreises könnte nach § 814 BGB ausgeschlossen sein. § 814 BGB ist Ausfluss des § 242 BGB (venire contra factum proprium) und eng auszulegen. Voraussetzung ist, dass V Tatsachen- und Rechtsfolgenkenntnis hatte. Zwar wusste V, dass der Kaufvertrag dem Verdikt der Sittenwidrigkeit unterliegt. Sie hatte aber keine positive Kenntnis von der Nichtschuld der Kaufpreiszahlung. § 814 BGB ist daher nicht einschlägig.

3. Der Anspruch könnte schließlich nach **§ 817 S. 2 BGB** ausgeschlossen sein. V und U haben beide gegen die guten Sitten verstoßen. Eine Korrektur nach § 242 BGB kommt jedoch nicht in Betracht, weil V, die mit dem Radarwarngerät im Straßenverkehr sanktionslos rasen möchte, dem verbotenen Verhalten noch nähersteht und damit nicht schutzwürdig ist.

Ein Anspruch der V auf Rückzahlung der 1.000 € nach §§ 812 I 1 Alt. 1, 818 II BGB besteht nicht.

II. Auch aus **§ 817 S. 1 Alt. 2 BGB** ergibt sich kein Anspruch auf Rückzahlung der 1.000 €. Die Annahme des Geldes ist wertungsmäßig indifferent und verstößt somit nicht gegen die guten Sitten. Im Übrigen greift auch hier der Ausschlusstatbestand des § 817 S. 2 BGB.

III. V könnte aber einen Anspruch auf Rückzahlung des Kaufpreises nach **§§ 355 III 1, I 1, 357 I, 312g I, 312c, 356 BGB** haben.

81 **Nach BGHZ 183, 235 ff = NJW 2010, 610 ff**; ausf. dazu *Würdinger*, JuS 2012, 234 ff.

1. Dazu müssten die Voraussetzungen für das verbraucherschützende Widerrufsrecht bei Fernabsatzverträgen nach §§ 312g I, 312c BGB vorliegen.

Der Anwendungsbereich ist nach §§ 312 ff BGB eröffnet. Der Kauf des Radarwarngerätes von V als Verbraucherin (§ 13 BGB) bei U als Unternehmer (§ 14 BGB) stellt einen Verbrauchervertrag i.S.d. §§ 312 I, 310 III BGB dar, bei der sich der Verbraucher zu der Zahlung eines Preises verpflichtet, § 312 I BGB. Der Vertrag ist ausschließlich durch Fax und damit mittels eines Fernkommunikationsmittels (§ 312c II BGB) zustande gekommen.[82] V hat ein Widerrufsrecht nach §§ 312g I, 312c BGB.

V hat den Widerruf gegenüber U telefonisch innerhalb der Widerrufsfrist erklärt, § 355 I 2, II BGB.

Problematisch ist aber, dass der Kaufvertrag nach § 138 I BGB nichtig ist. Somit stellt sich die Frage, **ob ein nichtiger Vertrag widerrufen werden kann**.

Dagegen ließe sich anführen, dass ein Verbraucher, der gegen die guten Sitten verstößt, des Schutzes nicht würdig ist.[83] Für ein Widerrufsrecht spricht aber, dass der Sinn des verbraucherschützenden Widerrufsrechts darin liegt, dem Verbraucher ein Lösungsrecht vom Vertrag an die Hand zu geben, das unabhängig von den allgemeinen Rechten besteht. Außerdem sind nichtige Rechtsgeschäfte anfechtbar (Lehre von den **Doppelwirkungen im Recht**). Daraus folgert der BGH, dass für den Widerruf eines nichtigen Vertrages nichts Anderes gelten kann.

Zwar sind nach dem BGH Fälle denkbar, in denen der Widerruf nichtiger Verträge verneint werden müsse, nämlich dann, wenn die Grenze zur unzulässigen Rechtsausübung (§ 242 BGB) überschritten sei. Das sei dann der Fall, wenn der Unternehmer als besonders schutzwürdig erscheint. U wusste jedoch um die Sittenwidrigkeit des Vertrages, sodass er nicht schutzwürdig ist. Ein Ausschluss des Widerrufsrechts wegen unzulässiger Rechtsausübung nach § 242 BGB scheidet aus.

2. Möglicherweise ist jedoch **§ 817 S. 2 BGB analog** als Ausschlussgrund heranzuziehen. Nach einer Auffassung im Schrifttum greift dieser Ausschlusstatbestand auch außerhalb des Bereicherungsrechts, um Wertungswidersprüche zu verhindern.[84] § 817 S. 2 BGB passt aber nicht in das System des Widerrufs, das einen Vertrag voraussetzt, der in ein Rückgewährschuldverhältnis umgewandelt wird. Die Kondiktionssperre des § 817 S. 2 BGB knüpft hingegen an einen nichtigen Vertrag an. Eine planwidrige Regelungslücke ist daher nicht vorhanden.

V hat damit ihre auf den Kaufvertrag gerichtete Willenserklärung wirksam widerrufen. Sie hat einen Anspruch auf Rückzahlung der 1.000 € nach §§ 355 III 1, I 1, 357 I, 312g I, 312c, 356 BGB.

---

82 Vgl. zum Erfordernis eines für den Fernabsatz organisierten Vertriebs- oder Dienstleistungssystems LG Osnabrück BeckRS 2019, 23614.

83 Zu diesem „Würdigkeitsargument" und kritisch gegen den BGH *Würdinger*, JuS 2011, 769, 773.

84 *Medicus/Petersen*, Bürgerliches Recht, Rn. 697 m.w.N.: „§ 817 S. 2 als allgemeine Rechtsschutzversagung".

§ 5 Willensmängel

223 Bei empfangsbedürftigen Willenserklärungen ist nicht entscheidend, was der Erklärende selbst wollte, sondern was er aus Sicht eines objektiven Erklärungsempfängers tatsächlich erklärt hat, §§ 133, 157 BGB. Ein Verständnis der Lehre von den Willensmängeln setzt voraus, dass man zunächst feststellt, ob überhaupt eine Willenserklärung abgegeben wurde und welchen Inhalt diese Willenserklärung bei sachgerechter Auslegung nach dem objektiven Empfängerhorizont hat (Auslegung vor Anfechtung).

➔ **Definition:** Ein Willensmangel liegt vor, wenn nach Abschluss dieser Überlegungen Wille und Erklärung auseinanderfallen, wenn also das Gewollte nicht erklärt und das Erklärte nicht gewollt ist.

Dieses Auseinanderfallen von Willen und Erklärung kann unterschiedliche Ursachen haben. Einerseits kann die Divergenz bewusst, so in den Fällen der §§ 116–118 BGB,[1] andererseits unbewusst herbeigeführt worden sein, so in den Fällen der §§ 119, 120, 123 BGB. Das Gesetz sieht für die Behandlung der Willensmängel unterschiedliche Lösungen vor. In den Fällen der bewussten Divergenz ist der Erklärende grundsätzlich an die Willenserklärung gebunden, weil er nicht schutzbedürftig ist (§ 116 S. 1 BGB). Wenn jedoch der Erklärungsempfänger informiert ist, besteht nicht die Notwendigkeit, ihn zu schützen, sodass die Erklärung dann **von Anfang an nichtig** (so §§ 116 S. 2, 117 I BGB) ist. § 118 BGB ist insoweit eine Besonderheit als die Erklärung selbst dann nichtig ist, wenn der Erklärungsempfänger die fehlende Ernstlichkeit der Erklärung nicht erkennt. Bei der unbewussten Divergenz ist die Willenserklärung zwar **wirksam, aber anfechtbar**. Aus praktischen Gründen kann auch eine (möglicherweise) nichtige Willenserklärung angefochten oder widerrufen werden (sog. *Doppelwirkung im Recht*).[2]

I. Scheingeschäft

224 Ein Scheingeschäft oder simuliertes Geschäft ist nichtig, § 117 I BGB. Zwar liegt der äußere Schein eines Rechtsgeschäfts vor, aber auf beiden Seiten **fehlt** der **Rechtsfolge- und Rechtsbindungswille**. Im Unterschied zum geheimen Vorbehalt und Scherz (§§ 116, 118 BGB) handeln hier beide Vertragspartner einverständlich, in der Regel um einen Dritten oder die öffentliche Hand zu täuschen oder zu schädigen. Da die Vertragspartner zusammenarbeiten, bedarf es keines Schutzes des Erklärungsgegners.

Tritt einer der Vertragspartner seine vermeintlichen Rechte aber an einen gutgläubigen Dritten ab, so kann sich der andere dem Dritten gegenüber nicht darauf berufen, dass nur ein Scheingeschäft vorliegt, es sei denn, dass der neue Gläubiger bei der Abtretung den Sachverhalt kannte oder kennen musste (§ 405 BGB).[3]

Scheingeschäft kann etwa die Aufnahme eines Darlehens sein, das nicht ernstlich gewollt ist und nur die Schuld einer GmbH verschleiern soll, damit der Zweigstellenleiter einer Bank intern keine Schwierigkeiten bekommt.[4] Ein **Strohmanngeschäft** ist dagegen kein

1 Vgl. *Petersen*, § 10 Rn. 27; *Preuß*, JURA 2002, 815.
2 Ausf. § 4 V.
3 Vgl. *Kuhn*, AcP 208 (2008), 101 ff.
4 BGH NJW 1993, 2435 f.

Scheingeschäft. Denn der Strohmann will ernstlich den Vertrag für den Hintermann schließen; der Vertrag ist daher gültig.[5]

Ein klassischer Fall des Scheingeschäfts ist der Schwarzkauf.[6] Die Parteien eines Grundstückskaufvertrages lassen bewusst einen niedrigeren als den tatsächlich vereinbarten Kaufpreis beurkunden (sog. **Unterverbriefung**), um Notargebühren und Steuern zu sparen.[7] Hier ist der abgeschlossene Vertrag (simuliertes Geschäft) als Scheingeschäft nach § 117 I BGB nichtig; auf das verdeckte Geschäft sind aber die dafür geltenden Regeln anzuwenden, § 117 II BGB. Dies bedeutet, dass das gewollte Geschäft (dissimuliertes Geschäft) formnichtig ist, §§ 311b I 1, 125 S. 1 BGB, da es nicht beurkundet wurde. Jedoch kann es nach § 311b I 2 BGB wirksam werden, wenn es zur Auflassung kommt und der Käufer tatsächlich als Eigentümer im Grundbuch eingetragen wird.

Ein Scheingeschäft liegt aber nicht vor, wenn die Vertragspartei den Vertrag selbst abschließt und dabei die Scheinabrede ihres vorherigen Verhandlungsbevollmächtigten nicht kennt. Dessen Kenntnis ist ihr nicht nach § 166 I BGB zuzurechnen. In diesem Fall ist allerdings die Erklärung der Gegenseite nach § 118 BGB nichtig,[8] sodass im Ergebnis kein Vertrag zustande gekommen ist.

Fall 70: Im März beschloss der zu privaten Zwecken handelnde A eine noch zu sanierende Eigentumswohnung von B, der unternehmerische Zwecke verfolgte, zu erwerben. Vor der Beurkundung schlossen A und B eine privatschriftliche Eigenprovisionsvereinbarung, wonach A von dem – von ihm zu zahlenden – Kaufpreis etwa 13.000 € zustehen sollen. Von diesem Betrag sollten zunächst die Erwerbsnebenkosten bezahlt werden. Übrigbleiben sollte für A ein Restbetrag von knapp 7.000 €. Am 30. Mai gab A vor einem Notar ein von diesem vorformuliertes „Angebot über einen Kauf- und Werkvertrag über eine Eigentumswohnung in einem zu sanierenden Altbau" zum Preis von 80.000 € ab. Die Eigenprovisionsabrede ging daraus nicht hervor. In der Urkunde heißt es, dass A sich bis zum 4. Juli an das Angebot gebunden halte. Danach sollte das Angebot bis zu einem Widerruf durch A weitergelten. Am 10. August nahm B das Angebot des A durch notariell beurkundete Erklärung an und erklärte – zugleich als Vertreter des A – wirksam die Auflassung der Eigentumswohnung. A überwies den Kaufpreis auf das Konto des B und wurde als Eigentümer in das Grundbuch eingetragen. A verlangt von B die Rückzahlung des gezahlten Kaufpreises Zug um Zug gegen die Rückübereignung der Eigentumswohnung. Seiner Ansicht nach sei kein wirksamer Kaufvertrag zustande gekommen. Das Angebot sei bereits vor der Annahme erloschen. Zudem sei der Vertrag ohnehin unwirksam, da die Eigenprovisionsabrede nicht mitbeurkundet worden war. Hat A Recht?[9] **225**

Lösung: A könnte gegen B einen Anspruch auf Rückzahlung des gezahlten Kaufpreises Zug um Zug gegen die Rückübereignung der Eigentumswohnung aus § 812 I 1 Alt. 1 BGB haben.

1. B hat durch Leistung des A einen Anspruch gegenüber seiner Bank auf Gutschrift erlangt, § 675t I 1 BGB. Fraglich ist, ob dies ohne Rechtsgrund geschah. Causa für das Behaltendürfen könnte ein zwischen A und B wirksam abgeschlossener Kaufvertrag (§ 433 BGB) sein. Es könnten allerdings Bedenken gegen die Wirksamkeit des Kaufvertrages bestehen.

5 BGH NJW-RR 2007, 1209, 1210; BGH NJW-RR 2013, 687, 688; *Riehm*, Rn. 312.
6 Vgl. dazu *Kaiser*, JuS 2012, 341 ff.
7 Vgl. *Leenen/Häublein*, § 6 Rn. 99 ff.
8 BGHZ 144, 331 = NJW 2000, 3127 f; dazu *Thiessen*, NJW 2001, 3025 ff.
9 Nach **BGH NJW-RR 2017, 114 ff** m. Anm. *Würdinger*, WuB 2017, 90 ff.

a) Die Parteien schlossen im Vorfeld der Beurkundung eine mündliche „Eigenprovisionsvereinbarung“, wonach dem Käufer ein Kaufpreisanteil zufließen sollte. Hintergrund einer derartigen **„Überverbriefung“** ist häufig eine „Täuschung“ der kreditgebenden Bank, die eine Ausreichung eines Kredits davon abhängig macht, dass der Kunde jedenfalls die Erwerbsnebenkosten aus Eigenmitteln begleicht. Ebenso wie bei einer „Unterverbriefung“ ist der abgeschlossene Vertrag (simuliertes Rechtsgeschäft) als Scheingeschäft nach § 117 I BGB nichtig; auf das verdeckte Rechtsgeschäft sind die dafür geltenden Regeln anzuwenden, § 117 II BGB. Das bedeutet, dass das gewollte Rechtsgeschäft (dissimuliertes Rechtsgeschäft) formnichtig ist (§§ 311b I 1, 128, 125 S. 1 BGB), da es nicht beurkundet wurde. Eine Teilnichtigkeit führt zur Gesamtnichtigkeit (§ 139 BGB). Jedoch wurde dieser Formmangel durch Auflassung und Eintragung in das Grundbuch geheilt (§ 311b I 2 BGB).

b) Problematisch ist aber, ob das dissimulierte Rechtsgeschäft wirksam zustande gekommen ist. Ein Vertrag kommt durch die Annahme des Antrags zustande (§§ 145, 147 BGB). Nach § 146 Alt. 2 BGB müsste das Angebot des A vom 30. Mai rechtzeitig durch B angenommen worden sein. Dies geht bei einem Antrag gegenüber einem Abwesenden nach § 147 II BGB nur bis zu dem Zeitpunkt, in welchem der Antragende den Eingang der Antwort unter regelmäßigen Umständen erwarten darf. Die Annahme des B nach über zwei Monaten könnte verspätet sein. Gründe, weswegen in casu eine derart lange Überlegungsfrist des B erforderlich gewesen ist, sind nicht ersichtlich. Das gilt besonders deshalb, weil eine Einigung durch die „Eigenprovisionsvereinbarung“ schon frühzeitig erreicht worden war. Die Dispositionsfreiheit des A ist schützenswert, so dass das Angebot des A erloschen wäre und die verspätete Annahme als neues Angebot i.S.d. § 150 I BGB zu werten wäre. Eine (konkludente) Annahme durch Schweigen scheidet aus. Schweigen ist grundsätzlich ein rechtliches Nullum. Es gilt gerade nicht der Satz: Qui tacet, consentire videtur.

Etwas anderes könnte sich freilich aus dem Kaufvertrag ergeben. Danach müsste sich A bis zum 4. Juli an das Angebot gebunden halten. Danach sollte das Angebot bis zu einem Widerruf des A weitergelten. Ein derartiger Widerruf erfolgte nicht. Diese Annahmefristvereinbarung könnte jedoch nach § 308 Nr. 1 BGB unwirksam sein. Dann müsste es sich um Allgemeine Geschäftsbedingungen handeln. Ob die Klausel für eine Vielzahl von Verträgen vorformuliert wurde, ist fraglich, kann aber beim vorliegenden Verbrauchervertrag (§§ 310 III, 13, 14 BGB) gemäß § 310 III Nr. 2 BGB dahinstehen. Hinweise dafür, dass A als Verbraucher (§ 13 BGB) die Klausel in den Vertrag einführte, sind nicht ersichtlich. Nach § 310 III Nr. 1 BGB gilt B als Verwender.

Fraglich ist, ob sich B durch die unbefristete Fortgeltungsklausel, die das gesetzliche Prinzip des § 146 BGB umkehrt, eine unangemessen lange Zeit für die Annahme vorbehalten hat. § 308 Nr. 1 BGB dient dem Schutz des Vertragspartners des Verwenders vor den Nachteilen übermäßig lang andauernder Schwebezustände. Gegen eine Anwendung und damit gegen die Unwirksamkeit könnte ins Feld geführt werden, dass A durch den jederzeitigen Widerruf den Schutz seiner Dispositionsfreiheit ohne Weiteres hätte zurückerlangen können. Jedoch werden für den Antragenden die damit verbundenen Nachteile nicht annähernd ausgeglichen. Dieser weiß ggf. sehr lange Zeit nach der Abgabe seines Angebots nicht, ob der von ihm gewünschte Vertrag zustande kommt oder nicht. Eine überraschende Annahme nach Monaten oder Jahren bleibt möglich. Daher ist eine unbefristete Fortgeltungsklausel – so die ständige Rechtsprechung – nach § 308 Nr. 1 BGB unwirksam.

c) Es stellt sich die Frage, wie es sich auswirkt, dass der Vertrag unabhängig von diesem inhaltlichen Mangel bereits wegen Formmangels nichtig ist. Nach der (Kippschen) Lehre von den Doppelwirkungen im Recht kann ein Rechtsgeschäft aus mehreren Gründen unwirksam sein. Aus logischen Gründen ist es nicht ausgeschlossen, dass ein nichtiges Angebot zugleich aufgrund einer Inhaltskontrolle von Allgemeinen Geschäftsbedingungen unwirksam ist. Es liegt auf der Hand, dass die Prüfungsreihenfolge der Mängel für das Gesamtergebnis nicht entscheidend sein kann. Der Doppelmangel muss doppelt und jeweils teleologisch überzeugend „überwunden" werden. Der BGH erstreckt die Heilung nur auf den Formmangel und nicht auf weitere inhaltliche Mängel. Dies überzeugt in jeder Hinsicht. Andernfalls würde die hinter dem Aspekt des Inhaltsmangels stehende Wertung (hier: § 308 Nr. 1 BGB) ausgehöhlt und leerlaufen, ohne dass dies von der ratio legis der Heilungsvorschrift des § 311b I 2 BGB gedeckt wäre. Dies ergibt sich schon aus dem Wortlaut des § 311b I 2 BGB, wonach ein Vertrag geschlossen sein muss.

Die Annahme des B ist also verspätet. Ein Kaufvertrag ist nicht zustande gekommen; dieser Mangel konnte auch nicht nach § 311b I 2 BGB geheilt werden.

2. Der Anspruch ist nicht nach § 814 BGB ausgeschlossen.[10] Zwar hat A auf eine Verbindlichkeit geleistet, obwohl er zur Leistung nicht verpflichtet war. § 814 BGB setzt aber voraus, dass der Leistende positive Kenntnis von der Nichtschuld hat. Nicht ausreichend sind dagegen bloße Zweifel am Bestehen der Nichtschuld oder grob fahrlässige Unkenntnis. Zwar sind präzise Rechtskenntnisse nicht erforderlich, vielmehr genügt eine Parallelwertung in der Laiensphäre. Hierfür ist aber gerade nicht ausreichend, dass der Leistende die Tatsachen kennt, aus denen sich das Fehlen der rechtlichen Verpflichtung ergibt. Kenntnis i. S. des § 814 BGB ist ein eng auszulegendes Tatbestandsmerkmal und meint Tatsachen- und Rechtsfolgenkenntnis. Diese Kenntnis war seitens des A nicht vorhanden.

3. Der Anspruch ist auch nicht nach § 817 S. 2 BGB ausgeschlossen.[11] Diese Kondiktionssperre bezieht sich zwar nach ihrer systematischen Stellung nur auf § 817 S. 1 BGB. Es ist aber allgemein anerkannt, dass sich diese Einwendung auf alle Leistungskondiktionsansprüche erstreckt und somit auch auf § 812 I 1 Alt. 1 BGB. Allerdings steht nicht fest, dass die zwischen den Parteien verabredete Eigenprovisionsabrede gegen ein gesetzliches Verbot bzw. gegen die guten Sitten verstößt.[12]

Somit hat A gegen B einen Anspruch auf Rückzahlung des gezahlten Kaufpreises Zug um Zug gegen die Rückübereignung der Eigentumswohnung aus § 812 I 1 Alt. 1 BGB.

II. Irrtum

Wer eine Erklärung irrtümlich abgibt, kann diese unter bestimmten Voraussetzungen **226**
durch Anfechtung wieder „aus der Welt schaffen".[13] § 119 I BGB lässt eine Anfechtung zu, wenn Wille und Erklärung unbewusst voneinander abweichen. Der Erklärende soll nicht an einer Erklärung festgehalten werden, die nicht seinem Geschäftswillen entspricht. § 119 II BGB lässt eine Anfechtung aber auch bei einem sog. Eigenschaftsirrtum

10 Vgl. zur Auslegung von § 814 BGB *Würdinger*, JuS 2012, 234, 237 f.
11 Vgl. zur Auslegung von § 817 S. 2 BGB *Würdinger*, JuS 2012, 234, 238.
12 Vgl. LG Magdeburg, Urt. v. 21.5.2014, 10 O 173/12, juris, Rn. 41.
13 *Brox/Walker*, AT, § 18 Rn. 1; *Musielak*, JuS 2014, 491 ff u. 583 ff.

zu, wenn der Erklärende das erklärte, was er wollte, ihm aber bei der Willensbildung ein Irrtum unterlaufen ist. Jenseits des § 119 II BGB ist ein solcher Irrtum bei der Willensbildung (**Motivirrtum**) dagegen unbeachtlich.[14] Die Abgrenzung der einzelnen Irrtumsfälle kann durchaus Schwierigkeiten bereiten.

Zwischen dem Irrtum und der Abgabe der Willenserklärung muss ein Kausalzusammenhang bestehen. Es muss anzunehmen sein, dass der Irrende die Erklärung bei Kenntnis der Sachlage und verständiger Würdigung des Falles nicht abgegeben hätte (vgl. § 119 I a.E. BGB).

Wer sich irrt, kann sich nach §§ 119, 120 BGB vom Vertrag durch Anfechtung lösen (§ 142 I BGB), muss dann aber dem Gegner den Vertrauensschaden (negatives Interesse) ersetzen, § 122 BGB.[15] Der Vertrauensschaden wird dabei allerdings durch das Erfüllungsinteresse begrenzt (§ 122 I a.E. BGB). Der Anfechtungsgegner soll nämlich nicht bessergestellt werden, als er bei Wirksamkeit des Rechtsgeschäfts stünde.[16] Dies gilt entsprechend, wenn eine durch ein Computerprogramm „automatisch generierte" Willenserklärung abgegeben wird.[17]

1. Vorrang der Vertragsauslegung

227 Die Auslegung einer Willenserklärung geht einer Anfechtung vor. Die Auslegung hat zwei Funktionen.

a) Durch Auslegung muss ermittelt werden, ob tatsächlich das Erklärte vom Gewollten abweicht. Ein Abweichen der Erklärung vom Willen kann erst dann angenommen werden, wenn eine solche Divergenz auch nach deren Auslegung angenommen werden kann. Hat der Erklärungsempfänger trotz abweichender Erklärung den wirklichen Willen des Erklärenden verstanden, so gilt das tatsächlich Gewollte (s. Rn. 139). Ein Unterschied zwischen Erklärung und Willen ist dann gar nicht entstanden, eine Anfechtung mithin nicht notwendig und möglich.

b) Die Auslegung ist notwendig, um die Art der Abweichung und damit die dogmatische Einordnung des Irrtums vornehmen zu können. Bei der weiteren Prüfung ist festzustellen, in welchem Stadium – Willensbildung oder Willensentäußerung – der Erklärende dem Irrtum unterlag. Für den Fall eines Irrtums bei der Willensentäußerung ist letztlich eine Einordnung in die gesetzlichen Fälle der §§ 119, 120 BGB vorzunehmen.

2. Inhaltsirrtum

228 Der Irrtum über den Inhalt einer Willenserklärung nach § 119 I Alt. 1 BGB ist ein Irrtum über die Erklärungsbedeutung. Der Erklärende weiß, was er sagt; er weiß aber nicht, was er damit sagt. Dies ist etwa der Fall, wenn jemand ein „Dutzend" Bananen kauft und davon ausgeht, dass dies einen Kauf von zehn (statt zwölf) Bananen bedeute. Genauso ist es in dem Fall „Halver Hahn", bei dem der Käufer meint, Kaufgegenstand sei ein Hahn und nicht ein Roggenbrötchen mit Käse. Zum Inhaltsirrtum gehört ebenfalls ein Irrtum über

14 *Brox/Walker*, AT, § 18 Rn. 11; *Bitter/Röder*, § 7 Rn. 62; zu den Irrtumsgründen des § 119 BGB vgl. *Cziupka*, JuS 2009, 887.
15 Ausf. *Prütting/Fischer*, JURA 2016, 511 ff.
16 Vgl. *Willems*, JuS 2015, 586, 587 ff.
17 Vgl. zur Anfechtbarkeit computergenerierter Willenserklärungen z.B. *Leyens/Böttcher*, JuS 2019, 133 ff.

die Rechtsnatur des Geschäfts oder über die Bedeutung von Klauseln, die im Verkehr einen bestimmten üblichen Sinn haben.

Dazu folgendes Beispiel: Eine sozialversicherte Rentnerin wird im Krankenhaus von der geriatrischen Abteilung in die chirurgische Abteilung verlegt und unterschreibt dabei ein Formular, dass sie damit einverstanden ist. Später erhält sie eine Privatrechnung des Chefarztes der Chirurgie, weil auf dem Formular auch die Unterbringung in einem Zwei-Bett-Zimmer mit ärztlichen Wahlleistungen angekreuzt war. Möglicherweise fehlt in diesem Fall bereits der Wille, eine rechtsgeschäftliche Erklärung abzugeben, jedenfalls wollte die Patientin aber nicht ärztliche Wahlleistungen in Anspruch nehmen. Sie kannte also die wahre Bedeutung des von ihr unterzeichneten Formulars nicht, sodass sie nach § 119 I Alt. 1 BGB anfechten kann.[18]

Ein lustiger Irrtumsfall ist derjenige der Konrektorin einer Mädchenschule, die „25 Gros Rollen Toilettenpapier" bestellte und dabei nicht wusste, dass das Wort „Gros" zwölf Dutzend bedeutet. Objektiv ging der Sinn ihrer Erklärung auf die Bestellung von 3600 Rollen, doch konnte sie ihre Bestellung wegen Inhaltsirrtums anfechten, weil sie der Ansicht war, „Gros" bedeute lediglich, dass es sich um „große" Rollen handele.[19]

Kein Inhaltsirrtum liegt vor, wenn jemand eine Urkunde ungelesen unterschreibt und sich **229**
keinerlei Vorstellungen vom Inhalt der Erklärung macht. Dies gilt grundsätzlich auch, wenn der Unterschreibende der deutschen Sprache nicht mächtig ist. Hatte der Unterschreibende jedoch z.B. aufgrund des Geschehens vor der Unterzeichnung die Vorstellung, eine Urkunde mit anderem Inhalt zu unterzeichnen, so liegt ein relevanter Inhaltsirrtum vor.[20]

3. Erklärungsirrtum

Ein Erklärungsirrtum (§ 119 I Alt. 2 BGB) ist ein Irrtum in der Erklärungshandlung (eine **230**
„technische Panne"). Es handelt sich meist um ein Vertippen, Verschreiben oder Vergreifen. Der Irrtum darf freilich auch in diesen Fällen für den Gegner nicht erkennbar sein.

Gleichgestellt wird nach h.M. die Anfechtung bei einer ohne Erklärungsbewusstsein abgegebenen Willenserklärung (s. Rn. 49).

Bietet ein Internet-Unternehmen ein Notebook auf seiner Webseite anstelle der eingegebenen 2.650 € aufgrund eines Softwarefehlers für 2.450 € an und bestellt ein Kunde das Notebook zu diesem Preis, wobei die Bestellung vollautomatisch bestätigt wird, so ist umstritten, ob der Erklärungsirrtum bei der *invitatio ad offerendum* im Internet auf die Annahmeerklärung fortwirkt. Die rechtliche Einordnung eines **Irrtums bei der *invitatio ad offerendum*** ist umstritten. Der BGH geht von einem Fortwirken des Erklärungsirrtums aus (juristische Einheit beider Erklärungsakte).[21] Hierfür spricht, dass es keinen Unterschied machen kann, ob sich der Erklärende selbst vertippt oder ob die Abweichung vom gewollten Erklärungsinhalt auf dem weiteren Weg zum Empfänger eintritt. Nach der Gegenauffassung ist dieses Fortwirkungsargument ein Kunstgriff; vielmehr handele es sich um einen Irrtum über den Bedeutungsgehalt der Erklärung (Inhaltsirrtum).[22]

---

18 LG Köln NJW 1988, 1518 f. Auch § 305c I BGB dürfte eingreifen.

19 LG Hanau NJW 1979, 721; vgl. *Lorenz*, JuS 2012, 490, 492. Zur begrifflichen Problematik, *Herberger/Simon*, Wissenschaftstheorie für Juristen, 1980, S. 269 f.

20 BGH NJW 1995, 190, 191; vgl. auch OLG Stuttgart, Urt. v. 21.12.2009, 6 U 110/09, juris, Rn. 41 ff.

21 BGH NJW 2005, 976 f.

22 S. zum Ganzen *Boecken*, Rn. 473; *Musielak*, JuS 2014, 491, 493.

Entsprechend liegt ein Erklärungsirrtum bei der Annahme vor, wenn ein Buch in einer Selbstbedienungsbuchhandlung irrtümlich (Tippfehler bei der Herstellung des Preisetiketts) falsch ausgezeichnet ist.[23]

Zum Erklärungsirrtum des Boten s.u. Rn. 266.

4. Eigenschaftsirrtum

231 Eigenschaften einer Sache oder einer Person i.S.d. § 119 II BGB sind alle wertbildenden Faktoren, nicht aber der Wert der Sache selbst, also beispielsweise nicht der Preis. „Sache" ist weit (im Sinne von „Gegenstand") zu verstehen.[24] Das Verhältnis von Inhaltsirrtum und Eigenschaftsirrtum (§ 119 II BGB) ist zweifelhaft. Manche halten den Eigenschaftsirrtum für einen ausnahmsweise beachtlichen Motivirrtum.[25] Andere sagen, der Eigenschaftsirrtum sei ein Inhaltsirrtum, wenn die Relevanz der Eigenschaft ausdrücklich oder doch konkludent vertraglich festgelegt worden sei.[26] Verkehrswesentliche Eigenschaften einer Person sind etwa ihr Alter, ihre Vorbildung bzw. Sachkunde, ihr Gesundheitszustand, etwaige Vorstrafen oder ihre Zahlungsfähigkeit bzw. Kreditwürdigkeit. Sollte sich ein Bürge über die Kreditwürdigkeit des Hauptschuldners irren, berechtigt dies aber nicht zur Anfechtung, weil die Zahlungsunfähigkeit des Schuldners gerade das typische Risiko einer Bürgschaft darstellt.[27] Verkehrswesentliche Eigenschaften einer Sache sind alle tatsächlichen oder rechtlichen Verhältnisse, die auf Dauer ihren Nutzen oder ihren Wert beeinflussen und für den konkreten Geschäftstyp wesentlich sind. Bei einem Gemälde gehört auch die Urheberschaft zu den Eigenschaften.

232 **Fall 71:** K verkaufte B das Ölgemälde „Bildnis eines jungen Mannes" für 6.000 €, und zwar als „Männerkopf von Frank Duveneck". B ließ das Gemälde einige Monate nach dem Kauf von einem Konservator untersuchen, der es dem Maler Wilhelm Leibl zuschrieb. Danach veräußerte er das Bild wirksam an eine Galerie zum Preis von 25.000 €. K, der das Bild in einer Ausstellung wieder entdeckte, hat daraufhin den Kaufvertrag und die Übereignungserklärung wegen Irrtums angefochten und verlangt nun Rückgabe des Bildes Zug um Zug gegen Rückzahlung des bezahlten Kaufpreises. Zu Recht?[28]

Lösung: K könnte gegen B einen Anspruch auf Herausgabe des Bildes aus §§ 985, 986 BGB haben, wenn er noch Eigentümer und B unberechtigter Besitzer des Bildes sein sollte. Jedoch war B zum Zeitpunkt des Herausgabeverlangens schon nicht mehr Besitzer des Bildes. Besitzer war inzwischen die Galerie.

K könnte aber ein Anspruch auf Herausgabe des Bildes aus § 812 I 1 Alt. 1 BGB bzw. § 812 I 2 Alt. 1 BGB[29] zustehen, wenn der Kaufvertrag durch Anfechtung der Willenserklärung gemäß §§ 142 I, 119 II BGB ex tunc unwirksam geworden sein sollte. Die §§ 434, 437 BGB stehen einem Anfechtungsrecht des Verkäufers vorliegend nicht entgegen, weil diesem keine Gewährleistungsrechte zustehen. Eine Anfechtung ist nur dann ausgeschlossen, wenn der Verkäufer sich durch die Anfechtung Gewährleistungsansprü-

---

23 A.A. *Fritzsche*, Fall 19.
24 *Leenen/Häublein*, § 14 Rn. 66.
25 *Schack*, Rn. 278; *Bitter/Röder*, § 7 Rn. 101; *Boecken*, Rn. 475.
26 Vgl. *Bork*, Rn. 844 ff, 853 (Motivirrtum, der wie ein Inhaltsirrtum behandelt wird).
27 *Musielak*, JA 2015, 161, 164.
28 **Nach BGH NJW 1988, 2597 ff**; vgl. *Leipold*, § 18 Rn. 31 ff, 45.
29 In Anfechtungsfällen ist umstritten, ob § 812 I 1 Alt. 1 BGB oder § 812 I 2 Alt. 1 BGB einschlägig ist. S. dazu Rn. 252.

chen des Käufers entzieht, was hier aber nicht der Fall ist. Die Anfechtung wegen Eigenschaftsirrtums erfasst aber nur die auf den Kaufvertrag gerichtete Willenserklärung, nicht auch die dingliche Einigung.[30] Ob ein Bild von Leibl einen höheren Wert hat als eines von Duveneck ist für die Anfechtung nach § 119 II BGB unbeachtlich. Lediglich wertbildende Faktoren wie die Urheberschaft eines Gemäldes stellen verkehrswesentliche Eigenschaften dar. Aufgrund der erfolgreichen Anfechtung schuldet B gemäß § 812 I 1 Alt. 1 BGB bzw. § 812 I 2 Alt. 1 BGB die Rückübereignung des Bildes, allerdings nur, wenn dies noch möglich ist. Da er das Bild wirksam an die Galerie weiterübereignet hat, schuldet er Wertersatz gemäß § 818 II BGB.

Anmerkung: Wegen Fehlens einer verkehrswesentlichen Eigenschaft kann der Käufer **233**
nicht anfechten, soweit ihm aus dem gleichen Grund Gewährleistungsrechte zustehen.[31] Dies ist grundsätzlich ab Gefahrübergang der Fall.[32] Sonderregeln (z.B. §§ 438, 442 BGB) dürfen nicht umgangen werden. *Lex specialis derogat legi generali.* Ab Gefahrübergang muss der Käufer dem Verkäufer im Regelfall die Nachlieferung einer mangelfreien Sache ermöglichen (vgl. §§ 437 Nr. 1, 439 BGB – Recht des Verkäufers zur zweiten Andienung). Dieses Recht darf nicht durch eine Anfechtung unterlaufen werden. Umgekehrt ist die Gewährleistung auf zwei Jahre beschränkt (§ 438 I Nr. 3 BGB), während eine Anfechtung zehn Jahre lang möglich wäre (§ 121 II BGB).

5. Kalkulationsirrtum

Beim Kalkulationsirrtum irrt der Erklärende über einen Umstand, den er intern seiner Preis- **234**
berechnung zugrunde gelegt hat. Grundsätzlich liegt ein unbeachtlicher Irrtum im Rahmen der Willensbildung und nicht ein Irrtum „bei der Abgabe“ i.S.d. § 119 I BGB vor.[33]

Ist die Kalkulationsgrundlage dem Gegner nicht offen gelegt worden, so handelt es sich lediglich um einen Motivirrtum, der nicht zur Anfechtung berechtigt *(verdeckter Kalkulationsirrtum)*.[34] Nach Ansicht der Rechtsprechung gilt dies nur dann nicht, wenn etwa bei einer öffentlichen Ausschreibung ein Gebot so evident von den prognostizierten Kosten abweicht, dass der Ausschreibende eindeutig mit einem Irrtum rechnen muss.[35]

Fall 72: B, ein öffentlicher Auftraggeber, hatte Straßenbauarbeiten zur Vergabe ausgeschrie- **235**
ben. K hatte zum Preis von 455.000 € das weitaus günstigste Angebot abgegeben. Nachdem die Angebote eröffnet worden waren, teilte K allerdings mit, sie habe in ihrem Leistungsverzeichnis einen falschen Mengenansatz für den Asphaltbinder gewählt, indem sie statt der geforderten Rechnungseinheit „Tonne“ irrtümlich von der Einheit „m^2“ ausgegangen sei und als Massenansatz 150 kg/m^2 zu Grunde gelegt habe. Statt des normalen Einheitspreises von 59,59 €/t wurden versehentlich 9,60 €/m^2 bei der Berechnung des Angebots zu Grunde gelegt. K bat darum, ihr Angebot wegen dieses Irrtums aus der Wertung zu nehmen. Dem entsprach B nicht, sondern erteilte K den Zuschlag. Nachdem K zum Ausdruck gebracht hatte, dass sie den Auftrag nicht ausführen werde, erklärte B den Rücktritt und beauftragte einen anderen Bieter, der allerdings mit seinem Angebot ca. 175.000 € über dem Angebotspreis der K lag. Diese Differenz macht B gegenüber K als Schaden geltend. Zu Recht?[36]

30 *Köhler*, AT, § 7 Rn. 21; *Stadler*, § 25 Rn. 60.
31 BGHZ 34, 32 = NJW 1961, 772 ff.
32 Zum Ausschluss bereits vor Gefahrübergang vgl. *Schack*, Rn. 291.
33 Vgl. dazu *Petersen*, JURA 2011, 430, 431 f.
34 BGHZ 154, 276, 281 = NJW-RR 2003, 921, 923; *Neuner*, § 41 Rn. 80.
35 Vgl. BGH NJW 1998, 3192, 3195; *Pawlowski*, JZ 1997, 741; *Köhler*, PdW AT, Fall 60.
36 **Nach BGH NJW 2015, 1513 ff**; dazu *Hennemann*, S. 3 ff.

Lösung: B könnte gegen K ein Anspruch auf Schadensersatz statt der Leistung gemäß §§ 280 I, III, 281 I 1 Alt. 1, II Alt. 1 BGB zustehen. Zwischen den Parteien wurde ein wirksamer Werkvertrag i.S.d. § 631 I BGB geschlossen. K war an ihr Angebot nach § 145 BGB gebunden. Ein Widerruf des Angebots nach § 130 I 2 BGB kam ebenfalls nicht in Betracht, weil der Zugang bereits vor Entdeckung des Irrtums erfolgt war. K unterlag jedoch bei der Angabe des Mengenansatzes einem Kalkulationsirrtum: Der Inhalt der Erklärung beruhte auf einer unrichtigen Rechnungsposition.

Eine Anfechtung[37] wegen eines Erklärungsirrtums (§ 119 I Alt. 2 BGB) kommt nicht in Betracht, denn K trug in das Leistungsverzeichnis genau den Preis ein, den sie eintragen wollte. K unterlag auch keinem Eigenschaftsirrtum (§ 119 II BGB): Der Wert der Sache ist keine Eigenschaft i.S.v. § 119 II BGB. Er stellt nämlich keinen wertbildenden Faktor dar. Fraglich ist aber, ob K sich in einem Inhaltsirrtum (§ 119 I Alt. 1 BGB) befand. Möglicherweise hat sich K über die Bedeutung der Rechnungseinheit geirrt. Diese Frage kann jedoch dahinstehen, wenn bei einem Kalkulationsirrtum eine Anfechtung bereits aus einem anderen Grunde ausscheidet.

Teilt bei einem Kalkulationsirrtum der Erklärende lediglich das Ergebnis seiner Berechnung mit, ohne den vorangegangenen Rechenvorgang offenzulegen (verdeckter Kalkulationsirrtum), so irrt er sich über tatsächliche Umstände, nämlich die Richtigkeit der Berechnung. Er unterliegt dann einem unbeachtlichen Motiv- bzw. Realitätsirrtum, der dem Risikobereich des Erklärenden zuzuordnen ist. Dies gilt selbst dann, wenn der Erklärungsempfänger den Irrtum erkannt hat oder hätte erkennen können.

Wird demgegenüber die Kalkulation offengelegt und zusammen mit dem Ergebnis der Berechnung zum Erklärungsinhalt gemacht (offener Kalkulationsirrtum), dann liegen bereits objektiv zwei sich widersprechende Erklärungen vor, die aber jeweils von einem entsprechenden Erklärungswillen gedeckt sind. Daher fehlt es in einem solchen Fall an dem für § 119 I BGB charakteristischen Auseinanderfallen von Wille und Erklärung.[38]

Eine Anfechtung scheidet daher mangels Anfechtungsgrundes aus, ohne dass es einer Entscheidung bedarf, ob es sich um einen verdeckten oder offenen Kalkulationsirrtum handelt.

Voraussetzung für einen Schadensersatzanspruch ist gemäß § 281 I 1 Alt. 1 BGB zunächst, dass die ursprüngliche Forderung aus einem Schuldverhältnis fällig und einredefrei ist. Das erforderliche Schuldverhältnis ist in dem zwischen B und K geschlossenen Werkvertrag, § 631 I BGB, zu sehen. Mangels entgegenstehender Anhaltspunkte ist Fälligkeit anzunehmen, § 271 I BGB. Fraglich ist aber, ob die Forderung auch einredefrei ist. Steht dem Schuldner eine Einrede zu, so muss er nicht leisten. Seine Nichtleistung stellt dann keine Pflichtverletzung dar und kann damit keinen Schadensersatzanspruch auslösen. Dabei genügt in der Regel das Bestehen einer Einrede, ohne dass sie erhoben werden muss. Eine solche Einrede könnte sich hier aus § 241 II BGB ergeben, der eine Pflicht zur Rücksichtnahme auf die Rechte, Rechtsgüter und Interessen des anderen Teils konstituiert. Der Schutz des § 241 II BGB schließt dabei das gesamte vorvertragliche Verhalten im Vergabeverfahren ein.[39]

---

37 Vgl. zu den Anfechtungsgründen im konkreten Fall *Riehm*, JuS 2015, 644, 645.

38 Grüneberg/*Ellenberger*, § 119 Rn. 18 f.

39 Dogmatisch ebenso vertretbar wäre die Prüfung eines Anspruchs der K gegen B aus §§ 280 I, 311 II Nr. 1 bzw. Nr. 2, 241 II, 249 I BGB gerichtet auf Vertragsaufhebung. Dem von B geltend gemachten Schadensersatzanspruch würde dann die sich aus § 242 BGB ergebende *dolo agit*-Einrede entgegenstehen, vgl. *Riehm*, JuS 2015, 644, 645.

Fraglich ist jedoch, ob B durch die Angebotsannahme tatsächlich gegen eine vorvertragliche Rücksichtnahmepflicht i.S.d. § 241 II BGB verstoßen hat.

Durch die Angebotsausschreibung des B und die Angebotsabgabe der K ist zwischen beiden Parteien ein vorvertragliches Schuldverhältnis mit Pflichten nach § 241 II BGB zustande gekommen. Die Rücksichtnahmepflicht stellt dabei eine Ausprägung des Grundsatzes von Treu und Glauben (§ 242 BGB) dar, der dem Schutz des redlichen Geschäftsverkehrs dienen soll. Es soll eine prinzipielle Bindung an das eigene geschäftliche Handeln gerade da vorausgesetzt werden, wo beim Leistungsaustausch die andere Seite gleichermaßen auf ihren Vorteil bedacht sein darf. Bietern darf im Vergabeverfahren kein Vorwand geliefert werden, sich im Nachhinein unter Berufung auf einen vermeintlichen Kalkulationsirrtum von einem in Wirklichkeit absichtlich günstig ausgestalteten Angebot zu lösen, wenn sie die günstige Kalkulation bereuen. Die Grenze zum Pflichtverstoß durch Erteilung des Zuschlags zu einem mit einem Kalkulationsirrtum behafteten Preis ist bei der Vergabe öffentlicher Aufträge nach Ansicht des BGH dann überschritten, „wenn dem Bieter aus Sicht eines verständigen öffentlichen Auftraggebers bei wirtschaftlicher Betrachtung schlechterdings nicht mehr angesonnen werden kann, sich mit dem irrig kalkulierten Preis als einer auch nur annähernd äquivalenten Gegenleistung für die zu erbringende Bau-, Liefer- oder Dienstleistung zu begnügen“[40].

Der BGH hat in einem Verhalten wie dem des B einen Verstoß gegen die Rücksichtnahmepflicht aus § 241 II BGB gesehen. Insbesondere hat B den Irrtum der K bereits vor Annahme ihres Angebots erkannt und ihr trotzdem den Zuschlag erteilt (subjektives Element). Zusätzlich sind nach der Rechtsprechung des BGH die wirtschaftlichen Folgen eines Zuschlags für den Bieter zu berücksichtigen (objektives Element). Die Rücksichtnahmepflicht verbietet eine Annahme des irrtümlich abgegebenen Angebots jedenfalls dann, wenn die Durchführung des Vertrages den Bieter in erhebliche finanzielle Schwierigkeiten führen würde, wobei nach Ansicht des BGH eine existenzielle Bedrohung nicht notwendig ist. Vorliegend ist eine Abweichung von 175.000 € zum zweitgünstigsten Angebot als ausreichend anzusehen, um einen Verstoß gegen die Rücksichtnahmepflicht anzunehmen.

K steht deshalb ein aus § 241 II BGB resultierendes Leistungsverweigerungsrecht zu. B hat keinen Anspruch auf Schadensersatz gegen K aus §§ 280 I, III, 281 I 1 Alt. 1, II Alt. 1 BGB.

Nach der Rechtsprechung des Reichsgerichts war eine Anfechtung nach § 119 I BGB **236**
möglich, wenn das Motiv zum Inhalt der Willenserklärung, d.h. zum Gegenstand der für den Vertragsschluss entscheidenden Verhandlungen gemacht wurde.[41] Die Literatur lehnt eine Anfechtungsmöglichkeit einhellig ab.[42] Es liege nur ein unbeachtlicher Irrtum in der Willensbildung vor. Dieser kann entweder im Wege der Auslegung[43] – so bei einem offensichtlichen Rechenfehler – oder über die Grundsätze des Fehlens der Geschäftsgrundlage (§ 313 BGB) berichtigt werden.[44] Die bloße Offenlegung der Kalkulationsgrundlage genügt dafür aber nicht, vielmehr muss der Gegner die Vorstellung des Ir-

40 BGH NJW 2015, 1513, 1514.

41 RGZ 101, 107 f: Silberfall; RGZ 105, 406 ff: Rubelfall; RGZ 149, 235 ff: Grundschuldfall.

42 *Medicus/Petersen*, AT, Rn. 758.

43 BGHZ 154, 276, 282 = NJW-RR 2003, 921, 922 f; *Riehm*, Rn. 478; *Neuner*, § 41 Rn. 75.

44 Vgl. *Medicus/Petersen*, AT, Rn. 757 ff. Zur Abgrenzung von Erklärungsirrtum und Kalkulationsirrtum s. BGH NJW 2005, 976 f.

renden wirklich erkannt und nicht beanstandet haben.[45] Der Kalkulationsirrtum stellt keine eigene Irrtumskategorie im Sinne des § 119 I BGB dar.

Der Fall, dass beide Seiten gemeinsam kalkuliert haben, es sich also um einen gemeinsamen beiderseitigen Irrtum über den Erklärungsinhalt handelt, wird später gesondert unter der Problematik des Doppelirrtums behandelt (s. Rn. 239).

6. Rechtsfolgenirrtum

237 Bezieht sich der Irrtum auf Rechtsfolgen, die mit dem Geschäft unmittelbar angestrebt werden, so liegt ein Inhaltsirrtum vor. Dagegen ist die Anfechtung ausgeschlossen, wenn sich der Irrtum nur auf gesetzliche Folgen eines unzweifelhaft gewollten Rechtsgeschäfts bezieht (unbeachtlicher Motivirrtum).[46]

238 **Fall 73:** E ist verstorben ohne eine letztwillige Verfügung zu hinterlassen. E war mit W im gesetzlichen Güterstand verheiratet. Aus dieser Beziehung entstammt das Kind K. K erklärt form- und fristgerecht die Ausschlagung der Erbschaft. Kurz darauf erfahren W und K, dass E einen Halbbruder H hatte, den W und K nicht kannten. K erklärt daraufhin form- und fristgerecht die Anfechtung seiner Ausschlagungserklärung, da er davon ausging, dass durch die Ausschlagung die W Alleinerbin würde. Wer ist Erbe des E?[47]

Lösung: Mangels letztwilliger Verfügung gilt für den Erbfall des E die gesetzliche Erbfolge (§§ 1924 ff BGB). K und W könnten nach §§ 1924 I, 1931 I 1 Alt. 1, 1371 I BGB jeweils zu ½ Erben des E geworden sein. Allerdings hat K die Erbschaft form- und fristgerecht (§§ 1944, 1945 BGB) ausgeschlagen. Nach § 1953 I BGB gälte der Anfall der Erbschaft an K als nicht erfolgt. Die Erbschaft würde gem. § 1953 II BGB denjenigen anfallen, welche berufen wären, wenn der Ausschlagende zur Zeit des Erbfalls nicht gelebt hätte. In diesem Fall wäre W zu ¾ (§§ 1931 I 1 Alt. 1, 1371 I BGB) und H zu ¼ (§ 1925 I, III BGB) Erbe des E geworden.

Allerdings könnte H nach § 1930 BGB als Erbe verdrängt werden, wenn K seine Ausschlagung wirksam angefochten hat. Die Wirkung des § 1953 BGB könnte nach § 142 I BGB dadurch rückwirkend beseitigt worden sein. Die Anfechtung der Ausschlagung würde nach § 1957 I Hs. 2 BGB als Annahme der Erbschaft durch K gelten.

K hat die Anfechtung der Ausschlagung form- und fristgerecht gem. §§ 1955, 1954 I, II 1 BGB erklärt. Fraglich ist jedoch ob K ein Anfechtungsgrund zusteht. Die Sonderregeln der §§ 1954 ff BGB ändern oder erweitern die Anfechtungsgründe nicht. Die Ausschlagung der Erbschaft kann deshalb ebenso wie deren Annahme nur nach den allgemeinen Vorschriften über Willenserklärungen gemäß §§ 119 ff BGB angefochten werden.[48] K könnte bei seiner Ausschlagung einem Inhaltsirrtum nach § 119 I Alt. 1 BGB unterlegen haben. K ging davon aus, dass seine Mutter W infolge seiner Anfechtung nach § 1931 II BGB Alleinerbin des E würde. Dass stattdessen H Erbe zu einem Viertel würde, hatte K nicht beabsichtigt. Insoweit könnte K einem **Irrtum über die Rechtsfolgen**, die mit dem Geschäft unmittelbar angestrebt werden, als Inhaltsirrtum unterlegen haben.

45 BGH NJW 2002, 2312, 2313.
46 BGHZ 134, 152 = NJW 1997, 653; *Petersen*, § 23 Rn. 8.
47 **Nach BGHZ 236, 358 = NJW 2023, 1725**; dazu krit. *Hanewinkel*, JZ 2023, 877 u. *Lange*, ZEV 2023, 270.
48 BGHZ 168, 210, 218 = NJW 2006, 3353, 3355.

Es könnte jedoch auch ein unbeachtlicher Motivirrtum vorliegen. K irrt bei Abgabe der Ausschlusserklärung über die nach seinem Wegfall an seiner Stelle in die Erbfolge eintretende konkrete Person. Der Irrtum betrifft damit aber nur eine mittelbare Nebenfolge aufgrund anderer rechtlicher Vorschriften. Die Rechtsfolgen der Ausschlagung sind primär in § 1953 BGB geregelt. Wer die Person des Nächstberufenen ist, regelt § 1953 BGB nicht unmittelbar. Die konkrete Bestimmung der nachrückenden Person richtet sich vorliegend nach den Vorschriften über die gesetzliche Erbfolge (§§ 1924 ff BGB). § 1953 II BGB stellt sich damit lediglich als Vorgabe für die weitere Rechtsanwendung dar. Ein Irrtum über die Person, der der Erbteil infolge der Ausschlagung anfällt, stellt folglich einen unbeachtlichen Motivirrtum dar. K kann seine sog. **„lenkende Ausschlagung"** damit nicht nach § 119 I Alt 1 BGB anfechten. Es bleibt damit bei der Wirkung des § 1953 II BGB. W ist zu ¾ (§§ 1931 I 1 Alt. 1, 1371 I BGB) und H zu ¼ (§ 1925 I, III BGB) Erbe des E geworden.

7. Doppelirrtum

Unterliegen beide Seiten demselben Irrtum (zu unterscheiden sind beiderseitiger Motivirrtum und beiderseitiger Irrtum über den Erklärungsinhalt), so wird regelmäßig eine Auslegung des Vertrages ergeben, dass die Parteien etwas anderes gewollt haben. Der Vertrag gilt dann mit dem Inhalt dieses Auslegungsergebnisses. Ist eine solche Auslegung nicht möglich, kommt für den Fall eines Irrtums über den Erklärungsinhalt eine Anfechtung in Betracht. Die rechtliche Beurteilung des Doppelirrtums ist umstritten: Nach einer Auffassung ist die Anfechtung ausgeschlossen und die Störung der Geschäftsgrundlage (§ 313 BGB) vorrangig. Für die Unanwendbarkeit der Anfechtungsregeln bei beiderseitigen Irrtümern wird angeführt, dass es letztlich zufällig sei, welcher der beiden Irrenden anfechte und damit zum Ersatz des Vertrauensschadens nach § 122 BGB verpflichtet werde. Das Argument der vom Zufall abhängigen Schadensersatzpflicht überzeugt jedoch nicht. Nur derjenige wird anfechten, der den Irrtum für nachteilig hält. Er zieht in seiner Sicht aus der Anfechtung also einen Vorteil, sodass es ihm zuzumuten ist, der Gegenseite den Ersatz des Vertrauensschadens zu zahlen. Letztlich ist der Vertrag, unabhängig von der Art des Irrtums, nach den Regeln über die Störung der Geschäftsgrundlage (§ 313 BGB) anzupassen oder aufzulösen.[49] Nur so werden die beiderseitigen Vertragsinteressen ausreichend berücksichtigt. Ein Klassiker ist in diesem Zusammenhang der „Rubelfall", den das Reichsgericht zu entscheiden hatte: 239

Fall 74: Der Kläger hatte dem Beklagten, einem Kriegsgefangenen, 30.000 Sowjet-Rubel für die Heimreise nach Deutschland geliehen. Der Beklagte hatte ihm darauf per Schuldschein versprochen, nach der Rückkehr in die Heimat 7.500 Mark zu zahlen. Der Kläger behauptet nun, bei der Zahlung des Geldes habe man übereinstimmend geglaubt, ein Rubel sei 25 Pfennig wert. Erst später habe man den wahren, wesentlich schlechteren Rubelkurs (100:1) erfahren. Wie ist zu entscheiden (unter Zugrundelegung des BGB in seiner heutigen Fassung)?[50] 240

Lösung: Der Kläger könnte einen Anspruch aus § 488 I 2 BGB haben. Der Vertrag der Beteiligten ist nach §§ 133, 157 BGB auszulegen. Fraglich ist, ob sie Rückzahlung zum vertraglich vereinbarten Kurs oder Rückzahlung zum tatsächlichen Tageskurs vereinbart haben.

49 Vgl. *Petersen*, JURA 2011, 430, 432.
50 **Nach RGZ 105, 406 ff.**

Beide wollten die Rückzahlungssumme zum Tageskurs berechnen und nahmen an, dass der Rubel 25 Pfennig wert sei. In Wirklichkeit hatte der Rubel einen geringeren Wert. Eine Vertragsauslegung zur Bestimmung des Kurses ist nicht möglich, da die Parteien übereinstimmend einem Irrtum über den Kurswert unterlagen. Hier wäre für beide eine Anfechtung ihrer auf den Abschluss eines Darlehensvertrages gerichteten Willenserklärungen nach § 119 I Alt. 1 BGB in Form des beiderseitigen Inhaltsirrtums gegeben, weil Erklärtes (Berechnung zum angenommenen Tageskurs) und Gewolltes (Berechnung zum wirklichen Tageskurs) auseinanderfallen. Würde der Kläger aber die Anfechtung erklären, müsste er dem Beklagten nach § 122 I BGB unter Umständen Schadensersatz leisten, obwohl sich der Beklagte im gleichen Irrtum befand. Dieses Ergebnis könnte als unbillig empfunden werden. Gegen eine Anfechtungsmöglichkeit spricht aber entscheidend, dass die Rechtsfolge, nämlich Nichtigkeit ex tunc, nicht interessengerecht ist. § 313 BGB hingegen ist flexibler in seiner Handhabung. Der Vertrag ist also wegen anfänglichen Fehlens der Geschäftsgrundlage nach § 313 I, II BGB anzupassen. Der Beklagte schuldet daher nur Rückzahlung des tatsächlichen Gegenwertes in Mark.

241 **Fall 75:** Altmetallhändler V verkauft K einen auf seinem Gelände abgegrenzt gelagerten Posten Altmetall, wobei beide davon ausgehen, die Menge umfasse 30 Waggonladungen. Bei einem Preis von 1.000 € pro Waggonladung wird ein Kaufpreis von 30.000 € festgelegt. Später stellt sich heraus, dass es sich in Wirklichkeit um 60 Waggonladungen handelt. Wer kann anfechten?[51]

Lösung: Der Vertrag ist zunächst nach §§ 133, 157 BGB auszulegen. Eine Auslegung scheitert jedoch schon daran, dass offen ist, ob die Parteien den Kaufvertrag zum Preis von 1.000 € pro Waggonladung auch dann abgeschlossen hätten, wenn sie gewusst hätten, dass die geschätzte Menge Alteisen in Wirklichkeit doppelt so groß war.

Eine Anfechtung ist weder durch V noch durch K möglich. Ein Irrtum i.S.d. § 119 I Alt. 1 BGB besteht nicht, weil sich bei V und K Erklärtes und Gewolltes decken. Beide Parteien erklärten und wollten einen bestimmten Posten Altmetall für 30.000 €, nicht aber Altmetall für 30 Waggonladungen kaufen. Die Vorstellung der Parteien, die abgegrenzt lagernde Altmetallmenge sei nur halb so groß (30 Waggonladungen) als tatsächlich (60 Waggonladungen), ist ein auf beiden Seiten vorhandener unbeachtlicher Motivirrtum.

Doch kann der Vertrag wegen Störung der Geschäftsgrundlage (§ 313 I, II BGB) angepasst werden. Es stellt sich daher die Frage, was die Parteien nach Treu und Glauben (§ 242 BGB) unter Berücksichtigung der Verkehrssitte vereinbart hätten, wenn ihnen die wirkliche Menge Alteisen bekannt gewesen wäre. Wollten die Parteien auf jeden Fall die abgegrenzt gelagerte Altmetallmenge zum Gegenstand des Kaufvertrages machen, ist der Kaufpreis entsprechend anzupassen. Wollte aber nur eine Partei keinen Kauf der gesamten Menge zum Preis von 1.000 € pro Waggon, ist der Vertrag aufzulösen.[52]

51 **Nach Altmetallfall, RGZ 90, 268 ff.**
52 Für Anfechtung des K wegen Inhaltsirrtum vgl. *Faust*, § 19 Rn. 18 ff.

III. Arglistige Täuschung und widerrechtliche Drohung

1. Arglistige Täuschung

➔ Definition: Arglistige Täuschung ist die bewusste Verursachung falscher Vorstellungen über Tatsachen beim Erklärenden, die diesen zur Abgabe einer Erklärung veranlassen, welche er nicht abgegeben hätte, wenn er die wahren Tatsachen gekannt hätte. Bedingter Vorsatz (Eventualvorsatz) ist ausreichend,[53] sodass auch unrichtige Angaben ins Blaue hinein genügen. Auf einen Schädigungsvorsatz kommt es nicht an. Ein Verkäufer kann durch aktives Tun arglistig täuschen, indem er falsche Tatsachen vorspiegelt; er kann aber auch durch Unterlassen arglistig täuschen, indem er negative Tatsachen verschweigt. Arglistig ist dies dann, wenn ihn eine Aufklärungs- oder Offenbarungspflicht trifft. Dies ist nach der Verkehrsauffassung und Treu und Glauben (§ 242 BGB) zu entscheiden.[54] Wer sich in wirtschaftlichen Schwierigkeiten befindet, muss diese nicht ungefragt offenbaren. **242**

Offenbarungspflichten bestehen häufig bei Geschäften mit Verbrauchern. Fragt der Käufer eines Gebrauchtwagens danach, ob es sich bei dem Fahrzeug um ein Unfallfahrzeug handelt, so muss der Verkäufer die Wahrheit sagen.[55] **243**

Fall 76: Der Gebrauchtwagenhändler B verkaufte einen Pkw mit einer Laufleistung von 170.000 km. Dies war ihm bekannt. In dem Fahrzeug brachte er aber ein Schild an: Km-Stand 70.000, so wie es der ausgetauschte Tacho anzeigte. K kaufte den Pkw für 7.500 € und ficht später wegen arglistiger Täuschung an. Bis zur Stilllegung war er mit dem Wagen 4.000 km gefahren. Was muss B zurückzahlen?[56] **244**

Lösung: B ist zur Rückzahlung des Kaufpreises nach § 812 I 1 Alt. 1 BGB bzw. § 812 I 2 Alt. 1 BGB verpflichtet, wenn K seine auf den Abschluss des Kaufvertrags gerichtete Willenserklärung nach §§ 142 I, 123 I Alt. 1 BGB wirksam anfechten konnte. Beim Verkauf eines Gebrauchtwagens hat der Händler nach Treu und Glauben (§ 242 BGB) alle ihm bekannten, nach der Verkehrssitte für die Kaufentscheidung relevanten Tatsachen mitzuteilen. Eine Aufklärungspflicht besteht für Unfallschäden, einen bloßen Unfallverdacht oder, wie hier, über die wirkliche, vom Tacho abweichende Laufleistung. Arglistig handelt, wer eine solche Tatsache in Kenntnis ihrer Bedeutung verschweigt.[57] Die Möglichkeit, Ansprüche nach § 437 BGB geltend machen zu können, schließt die Anfechtung wegen arglistiger Täuschung nicht aus. Der Grundsatz des Vorrangs der Sachmängelhaftung gilt in den Fällen des § 123 I BGB nicht, da sowohl die arglistige Täuschung, als auch die widerrechtliche Drohung ein über die Lieferung einer mangelhaften Sache hinausgehendes Unrechtsverhalten darstellen. Von dem Kaufpreis muss K sich allerdings die gezogenen Gebrauchsvorteile abziehen lassen; diese muss er B nach §§ 812 I 1 Alt. 1, 818 I BGB bzw. §§ 812 I 2 Alt. 1, 818 I BGB erstatten. Die Höhe des Wertes dieser Nutzungen ist nach § 287 ZPO zu schätzen. B muss nur den Saldo erstatten. Die Zweikondiktionentheorie gilt nur dann zugunsten des K, wenn seine Bereicherung entfallen ist.[58]

53 BGH ZIP 2019, 2115 Rn. 11.

54 Vgl. *Köhler*, PdW AT, Fall 68; *Riehm*, Rn. 506.

55 BGH NJW 1977, 1914, 1915; zu den Untersuchungspflichten eines Gebrauchtwagenhändlers, BGH NJW 2015, 1669 ff m. Anm. *Cziupka*.

56 **Nach OLG Köln NJW-RR 1988, 1136.**

57 Teilweise gewährt die Rspr. aber lediglich einen Schadensersatzanspruch wegen Verletzung einer vorvertraglichen Aufklärungspflicht; s. BGH NJW 2010, 858 f.

58 Vgl. zur bereicherungsrechtlichen Rückabwicklung nach Anfechtung wegen arglistiger Täuschung, *Conrad*, JuS 2009, 397 ff.

245 Wer arglistig getäuscht wurde, kann seine eigene Willenserklärung anfechten; er wird mit der Anfechtung von jeder vertraglichen Verpflichtung frei (§ 142 I BGB); eine Pflicht zum Ersatz irgendeines Vertrauensschadens besteht nicht. Täuscht ein Versicherungsnehmer über seinen Gesundheitszustand, kann die Versicherung ihre auf den Abschluss des Versicherungsvertrages gerichtete Willenserklärung anfechten; sie ist nicht verpflichtet, den Vertrag mit einer entsprechenden Haftungsausschlussklausel fortbestehen zu lassen.[59]

Hält der Getäuschte aber am Vertrag fest, so bleibt auch er verpflichtet. Treten Leistungsstörungen auf, so ist allerdings ein Rücktritt wegen der vorherigen Täuschung in der Regel sofort ohne weitere Nachfristsetzung zulässig.[60]

246 Eine arglistige Täuschung durch eine bewusst unwahre Antwort auf eine Frage liegt nur dann vor, wenn die Frage des Vertragspartners zulässig ist. Ansonsten besteht ein sog. Recht auf Lüge. Das ist besonders im Arbeitsrecht von Bedeutung. Eine Frage ist unzulässig, wenn sie die Privatsphäre betrifft und nicht wesentliche, entscheidende Anforderungen für die berufliche Tätigkeit überwiegen. Wer als Buchhalter nach Vorstrafen gefragt wird, muss nicht angeben, dass er wegen eines fahrlässig begangenen Verkehrsdelikts bestraft worden ist. Wegen Verstoßes gegen das Benachteiligungsverbot der §§ 1, 2 Nr. 1, 6 I 2, 7 I AGG braucht eine Frau im Bewerbungsgespräch nicht anzugeben, ob sie schwanger ist und darf selbst dann nicht danach gefragt werden, wenn die Frau die Tätigkeit wegen der Schwangerschaft zunächst nicht aufnehmen kann.[61] Das gilt sogar dann, wenn ein befristeter Arbeitsvertrag zur Schwangerschaftsvertretung begründet werden soll und feststeht, dass die Bewerberin während eines wesentlichen Teils der Vertragszeit nicht wird arbeiten können.[62]

247 Während sich ein Irrtum nach § 119 BGB nur auf das schuldrechtliche Geschäft bezieht, wird allgemein angenommen, dass sich eine arglistige Täuschung i.S.v. § 123 I Alt. 1 BGB auch auf das dingliche Verfügungsgeschäft auswirkt **(Fehleridentität)**. Der getäuschte Käufer kann also sowohl seine auf den schuldrechtlichen Kaufvertrag gerichtete Willenserklärung als auch seine auf die dingliche Einigung gerichtete Willenserklärung anfechten.[63]

248 Grundsätzlich kann eine Willenserklärung angefochten werden, wenn der Vertragspartner selbst die Täuschung vorgenommen hat. Hat dagegen ein *Dritter* die arglistige *Täuschung verübt*, so ist die Anfechtung generell ausgeschlossen, da der Erklärende, der sich hat täuschen lassen, die Nachteile der Täuschung nicht auf den Erklärungsempfänger abwälzen darf. Er muss die nachteiligen Folgen vielmehr selber tragen und den Dritten auf Ersatz in Anspruch nehmen. Schutzwürdig ist der Vertragspartner jedoch dann nicht, wenn er die Täuschung durch den Dritten kannte oder kennen musste, § 123 II 1 BGB. Einer gerechten Interessenabwägung entspricht es, dem Erklärungsempfänger eine Täuschung durch die eigenen Hilfspersonen zuzurechnen.[64] Deshalb sind Vertreter des Erklärungsempfängers und Erfüllungsgehilfen nicht als Dritte i.S.d. § 123 II 1 BGB zu be-

59 BGH NJW 2010, 289 ff.
60 BGH NJW 2008, 1371 ff; dazu *Gutzeit*, NJW 2008, 1359 ff.
61 Vgl. BAG NZA 2003, 848, 849; zu den Grenzen der Erkundigung nach dem Gesundheitszustand bei Einstellungen s. *Bayreuther*, NZA 2010, 679 ff.
62 LAG Köln NZA-RR 2013, 232 ff m. Anm. *Pallasch*.
63 *Faust*, § 20 Rn. 10 f, *Riehm*, Rn. 446.
64 Vgl. *Boecken*, Rn. 492; *Martens*, JuS 2005, 887 ff; *Petersen*, § 24 Rn. 20 ff.

handeln (Wertung des § 278 BGB). Dritter ist, wer nicht im „Lager“ des Anfechtungsgegners steht.

Wer als Vertreter ohne Vertretungsmacht nach § 179 BGB in Anspruch genommen wird, kann seine Haftung durch eigene Anfechtung nach § 123 BGB abwehren.[65] **249**

2. Widerrechtliche Drohung

Anfechtbar ist auch eine Willenserklärung, die aufgrund einer widerrechtlichen Drohung (§ 123 I Alt. 2 BGB) abgegeben wurde.[66] **250**

➔ **Definition:** Unter einer **Drohung** versteht man das Inaussichtstellen eines künftigen Übels,[67] wobei der Drohende vorgibt, auf dessen Eintritt Einfluss nehmen zu können.[68] **Widerrechtlich** ist eine Drohung in drei Fallgestaltungen, nämlich wenn entweder das angedrohte Verhalten schon für sich allein widerrechtlich ist (**Widerrechtlichkeit des Mittels**) oder wenn der erstrebte Erfolg – die vom Bedrohten abzugebende Willenserklärung – schon für sich allein widerrechtlich ist (**Widerrechtlichkeit des Zwecks**) oder wenn Mittel und Zweck zwar für sich allein betrachtet nicht widerrechtlich sind, aber ihre Verbindung – die Benutzung dieses Mittels zu diesem Zweck – gegen das Anstandsgefühl aller billig und gerecht Denkenden verstößt (**Inadäquanz von Mittel und Zweck**).[69]

Das Rechtsgeschäft ist nur anfechtbar und nicht wegen Sittenwidrigkeit gem. § 138 I BGB nichtig, wenn die Anstößigkeit ausschließlich auf einer unzulässigen Willensbeeinflussung durch eine widerrechtliche Drohung beruht.[70] Für eine Anwendbarkeit des § 138 I BGB (neben § 123 I Alt. 2 BGB) müssen besondere Umstände hinzutreten, die das Geschäft nach seinem Gesamtcharakter als sittenwidrig erscheinen lassen.[71]

Schwierigkeiten bereitet es sowohl, berechtigte und widerrechtliche Drohungen als auch eine Drohung von der bloßen Ausnutzung einer vorgegebenen Zwangslage abzugrenzen.

Fall 77: Ehemann M veruntreute als Lohnbuchhalter Gelder seines Arbeitgebers. Nachdem dies entdeckt worden war, erkannte er an, dass er 350.000 € schulde, und bestellte eine Grundschuld über 200.000 € an seinem Hausgrundstück. Um den Ehemann vor Strafverfolgung zu schützen, unterzeichnete die Ehefrau F eine selbstschuldnerische Bürgschaft in unbeschränkter Höhe. Der Arbeitgeber stellte später fest, dass ihm durch die Veruntreuung ein Schaden von mehr als 1 Mio. € entstanden war. Daraufhin hat die Ehefrau ihre Bürgschaftserklärung wegen widerrechtlicher Drohung angefochten. Der Arbeitgeber verlangt noch eine Restzahlung von 350.000 €. Zu Recht?[72] **251**

Lösung: Die Ehefrau F muss die Bürgschaft nach § 765 I BGB honorieren, wenn sie ihre Bürgschaftserklärung nicht wirksam nach § 123 I Alt. 2 BGB angefochten hat. Bei einer wirksamen Anfechtung wäre der Anspruch nach § 142 I BGB ex tunc erloschen. Dazu müsste sie widerrechtlich durch Drohung zur Abgabe der Bürgschaftserklärung bestimmt worden sein. Drohung ist die Ankündigung eines künftigen Übels, auf das der Drohende Einfluss zu haben vorgibt. Eine Strafanzeige gegen einen nahen Angehörigen ist grund-

65 BGH NJW 2002, 1867 f.
66 Vgl. *Köhler*, PdW AT, Fall 70; *Petersen*, JURA 2006, 904, 907.
67 BGHZ 230, 347 = NJW 2021, 3179 Rn. 45.
68 BGHZ 184, 209 = NJW 2010, 1364 Rn. 35.
69 BGH MDR 2017, 1244 Rn. 13; BGHZ 184, 209 = NJW 2010, 1364 Rn. 33.
70 BGHZ 230, 347 = NJW 2021, 3179 Rn. 46.
71 BGHZ 230, 347 = NJW 2021, 3179 Rn. 46.
72 **Nach BGH NJW 1988, 2599 ff.**

sätzlich geeignet den Tatbestand einer Drohung zu erfüllen. Es genügt allerdings nicht, dass der Arbeitgeber lediglich eine bereits bestehende Zwangslage ausgenutzt hat. Er muss selbst das Übel angedroht haben. Ausreichend ist auch nicht, dass die Ehefrau F erwartet hat, der Arbeitgeber werde bei Nichtabgabe der Erklärung ein Übel zufügen. Das Ausnutzen einer Zwangslage des Erklärenden erfüllt nicht den Tatbestand des § 123 I Alt. 2 BGB. Nach Ansicht des BGH liegt auch keine Sachlage vor, die eine analoge Anwendung des § 123 I Alt. 2 BGB rechtfertigt. § 123 I BGB schützt nur die rechtswidrig beeinflusste Willensentscheidung.

Nach Ansicht des BGH ist selbst die Bürgschaft in unbeschränkter Höhe nicht nach § 138 I BGB nichtig, da diese Bürgschaft nicht auf einer unzulässigen Willensbeeinflussung durch den Arbeitgeber beruht. Möglicherweise könnte sich eine Sittenwidrigkeit aus § 138 II BGB ergeben, etwa wenn der Arbeitgeber die Ehefrau unter erheblichen Zeitdruck gesetzt und ihr keine angemessene Überlegungsfrist eingeräumt hätte. Ein Zeitdruck allein genügt aber nicht, um den Vorwurf der Sittenwidrigkeit zu begründen. Es müssen vielmehr weitere Umstände vorliegen, die die unter Zeitdruck zustande gekommenen Verträge als sittenwidrig erscheinen lassen würden.

Damit hat der Arbeitgeber gegen die Ehefrau F einen Anspruch auf Zahlung von 350.000 €.

IV. Wirkungen der Anfechtung

1. Rechtsfolgen der Anfechtung

252 Die Anfechtung bedarf der Erklärung gegenüber dem Anfechtungsgegner (§ 143 I BGB). Das Wort „anfechten“ muss dabei nicht verwendet werden, aber der Wille, sich vom Vertrag wegen eines Irrtums lösen zu wollen, muss ersichtlich sein.[73] Sobald die Anfechtungserklärung dem Anfechtungsgegner (§ 143 II, III BGB) zugegangen ist (§ 130 I 1 BGB), ist das Rechtsgeschäft nach § 142 I BGB **rückwirkend (ex tunc)** als **nichtig** anzusehen. Insoweit unterscheidet sich die Anfechtung in ihren Folgen vom **Rücktritt** (§ 346 BGB), der nur **ex nunc** wirkt.

Wird ein Verpflichtungsgeschäft angefochten, so entfällt es rückwirkend. Bereits erbrachte Leistungen sind nun rückwirkend ohne Grund erbracht worden; sie sind nach Bereicherungsrecht rückabzuwickeln. Umstritten ist, ob § 812 I 1 Alt. 1 BGB oder § 812 I 2 Alt. 1 BGB einschlägig ist. Ersteres trifft zu, wenn man auf die Rückwirkung der Anfechtung abstellt und § 142 I BGB als rechtshindernde Einwendung qualifiziert. Letzteres trifft zu, wenn man alleine auf die Anfechtungserklärung abstellt. Bei der Rückabwicklung ist die Saldotheorie zu beachten. Wird zusätzlich das Verfügungsgeschäft angefochten, so ist auch die dingliche Rechtslage rückwirkend wieder hergestellt, sodass ein Herausgabeanspruch aus § 985 BGB neben den bereicherungsrechtlichen Anspruch tritt (echte Anspruchskonkurrenz).

253 Von besonderer Bedeutung ist schließlich § 142 II BGB. Danach muss sich derjenige, der die Anfechtbarkeit kannte oder kennen musste, nach der Anfechtung so behandeln lassen, wie wenn er die Nichtigkeit des Rechtsgeschäfts gekannt hätte oder hätte kennen müssen. Dies gilt sowohl bei der Anfechtung des Verpflichtungsgeschäfts als auch bei

73 BGHZ 91, 324, 331 = NJW 1984, 2279, 2280.

der Anfechtung des Verfügungsgeschäftes. Als Folge davon kann u.U. ein gutgläubiger Erwerb einer fremden Sache wieder entfallen.[74]

Die Anfechtung wirkt nicht nur zwischen den Parteien des Rechtsgeschäfts, sondern auch gegenüber Dritten. Auch dem Bürgen steht etwa nach § 770 I BGB die Einrede der Anfechtbarkeit zu. Die Anfechtung ist jedoch ausgeschlossen, wenn der Berechtigte das anfechtbare Rechtsgeschäft bestätigt, § 144 I BGB. Dazu bedarf es einer Willenserklärung, die auch in einem schlüssigen Verhalten liegen kann. Die Bestätigung ist keine Neuvornahme des Geschäfts, sondern lediglich ein Verzicht auf das Anfechtungsrecht und bedarf daher nicht der für das Rechtsgeschäft vorgesehenen Form, § 144 II BGB.[75] **254**

2. Sonderfälle

Das Anfechtungsrecht unterliegt in besonders gelagerten Fällen unterschiedlichen Regelungen. **255**

Zum einen sind hinsichtlich bestimmter Willenserklärungen Spezialregelungen zu beachten, die das Anfechtungsrecht nach §§ 119 ff BGB modifizieren. Für die Anfechtung der Annahme oder der Ausschlagung einer Erbschaft enthalten die §§ 1954 ff BGB zum Teil Sonderregelungen (siehe Rn. 238) und bei der Anfechtung letztwilliger Verfügungen sind die §§ 2078 ff BGB und die §§ 2281 ff BGB zu berücksichtigen.

Zum anderen würde die ex tunc Wirkung des § 142 I BGB bei **in Vollzug gesetzten Dauerschuldverhältnissen** zu erheblichen Rückabwicklungsschwierigkeiten führen. Die Anfechtung von in Vollzug gesetzten Dauerschuldverhältnissen wirkt daher grundsätzlich lediglich für die Zukunft (teleologische Reduktion des § 142 I BGB, Nichtigkeit **ex nunc**). Dies wird für Arbeits- und Gesellschaftsverhältnisse angenommen, da diese über die rein vermögensrechtlichen Beziehungen hinaus nicht rückabwickelbare Positionen beinhalten (Grundsätze des fehlerhaften Arbeitsverhältnisses bzw. der fehlerhaften Gesellschaft). Bei Arbeitsverhältnissen sind dies die personenbezogenen und sozialen Verflechtungen, bei Gesellschaftsverhältnissen stellen dies die abgeschlossenen Verträge, die gefassten Beschlüsse und die Erwirtschaftung und Verteilung von Gewinn und Verlust dar.[76] Ausnahmen von der ex nunc Wirkung der Anfechtung bei in Vollzug gesetzten Dauerschuldverhältnissen ergeben sich aus höherrangigen Interessen der Allgemeinheit (z.B. §§ 134, 138 BGB) sowie einem vorrangigen Schutz bestimmter Personen (z.B. dem **Minderjährigenschutz**). Bei rein vermögensrechtlichen Dauerschuldverhältnissen wie z.B. Mietverträgen ist eine telelogische Reduktion des § 142 I BGB ebenso nicht gerechtfertigt.[77] „Weder besteht – wie beim Arbeitsverhältnis – eine besonders intensive Leistungsbeziehung mit starkem Persönlichkeitsbezug und mit Eingliederung in eine soziale Organisation, noch ist – wie beim Gesellschaftsverhältnis – ein erhöhtes Verkehrsschutzbedürfnis für Gläubiger vorhanden, die durch eine rückwirkende Anfechtung ihr Haftungssubjekt verlieren würden. Vielmehr handelt es sich bei dem Mietvertrag – anders als beim Arbeits- oder Gesellschaftsvertrag – um ein einfach strukturiertes synallagmatisches Austauschverhältnis, bei dem die Rückabwicklung keine besonderen Schwierigkeiten aufwirft."[78] **256**

74 Vgl. *Stadler*, § 25 Rn. 63; *Boecken*, Rn. 514.

75 Vgl. zum Einfluss von § 144 I BGB auf potentielle Schadensersatzansprüche des Anfechtungsberechtigten BGH NZM 2016, 582 ff.

76 Vgl. *Bork*, Rn. 958 ff (zur bloßen ex nunc-Wirkung bei vollzogenen Gesellschafts- und Arbeitsverhältnissen).

77 BGH NJW 2009, 1266, 1268 f (Geschäftsraummiete); vgl. *Bork*, Rn. 961.

78 BGH NJW 2009, 1266, 1268.

§ 6 Stellvertretung

257 In einer arbeitsteiligen Gesellschaft besteht ein großes Bedürfnis, andere Personen für sich rechtsgeschäftlich handeln zu lassen.[1] Im Wirtschaftsleben treten bei der Beteiligung von Unternehmen in der Regel Dritte für die eigentlich handlungsunfähigen Vertragsparteien auf. Meist werden auf beiden Seiten Organe oder Angestellte tätig, die sowohl das Verpflichtungsgeschäft als auch das Verfügungsgeschäft vollziehen. Stellvertretung ist bei einseitigen und zweiseitigen Rechtsgeschäften sowie bei rechtsgeschäftsähnlichen Handlungen zulässig.

Ein einseitiges Rechtsgeschäft, z.B. die Kündigung eines Arbeitsverhältnisses durch einen Vertreter, kann der andere Teil aber zurückweisen, wenn der Bevollmächtigte keine Vollmachtsurkunde vorlegt (§ 174 S. 1 BGB).[2] Für die Annahme eines Vertragsangebots durch einen Vertreter gilt § 174 S. 1 BGB analog, wenn das Angebot nicht dem Vertreter gegenüber erklärt wurde.[3] Stellvertretung ist nur bei Rechtsgeschäften, nicht aber bei tatsächlichen Handlungen möglich. Das hat insbesondere zur Folge, dass im Rahmen des Verfügungsgeschäfts für die dingliche Einigung auf den Stellvertreter, für die tatsächlichen Handlungen (z.B. Übergabe) aber beispielsweise auf den Besitzdiener (§ 855 BGB) abzustellen ist.

258 **Fall 78:** Prokurist (P) der Stahlbau Huber KG (H-KG) kauft für sein Unternehmen bei der Donaustahlhandel-GmbH (D-GmbH) einen größeren Posten Stahlblech. Er fährt zur Verkäuferin, der D-GmbH, um die Bleche auszusuchen, und wird dort vom Abteilungsleiter für den Verkauf, Manfred Müller (M), bedient. Die Bleche werden von dem Fahrer F mit dem eigenen Lkw der D-GmbH geliefert und von Leuten der H-KG in Empfang genommen, wobei der Lagerverwalter L den Lieferschein unterschreibt. In welcher Weise ist ein Kaufvertrag zustande gekommen und wie ist die H-KG Eigentümerin der Bleche geworden?

Lösung: Ein **Kaufvertrag** nach § 433 BGB könnte zwischen der D-GmbH als juristischer Person nach § 13 I Hs. 1 GmbHG und der rechtsfähigen H-KG nach §§ 105 II, 161 II HGB durch übereinstimmende Willenserklärungen der sie vertretenden M und P zustande gekommen sein, § 164 I BGB.

Die D-GmbH wurde durch den Abteilungsleiter für den Verkauf M vertreten, der als Handlungsbevollmächtigter i.S.d. § 54 I HGB anzusehen ist, da der Verkauf von Blechen zu den gewöhnlichen Geschäften gehört (s.u. Rn. 336). Ein Handeln im Namen der D-GmbH ergibt sich jedenfalls aus dem Gedanken des **unternehmensbezogenen Geschäfts**, da aus den Umständen zu erkennen war, dass nicht der handelnde M persönlich, sondern die D-GmbH als Betriebsinhaberin verpflichtet werden sollte, § 164 I 2 BGB.

Auch die H-KG wurde wirksam durch ihren Prokuristen P vertreten, der mit Vertretungsmacht nach §§ 48 I, 49 I HGB handelte. Er agierte gleichfalls „unternehmensbezogen" für die H-KG.

Somit hat M wirksam die D-GmbH und P wirksam die H-KG vertreten. Es besteht ein Kaufvertrag zwischen der D-GmbH und der H-KG.

---

1 *Förster*, JURA 2010, 351.

2 § 174 BGB spielt u.a. im Arbeitsrecht immer wieder eine wichtige Rolle, vgl. z.B. BAG NZA 2021, 1178, 1179 f.

3 BGH NJW-RR 2007, 1705, 1706 f; BeckOK BGB/*Schäfer*, § 174 Rn. 4.

Die **Übereignung** erfolgte bei Lieferung der Bleche nach § 929 S. 1 BGB durch Einigung und Übergabe. Die Einigung ist ein Rechtsgeschäft, sodass Stellvertretung gemäß § 164 I BGB möglich ist. Die Einigung kam hier durch entsprechende Willenserklärungen des Fahrers F und des Lagerverwalters L zustande. Beide handelten nach den Umständen im fremden Namen (unternehmensbezogenes Geschäft, § 164 I 2 BGB). Die Vollmacht ergibt sich aus § 54 I HGB. Alle Erklärungen wurden dem jeweiligen Vertreter gegenüber abgegeben. Dies ist nach § 164 III BGB zulässig. Die entsprechende Vollmacht umfasst auch die passive Stellvertretung.

Bei der *Übergabe* der Waren als **Realakt** ist Stellvertretung dagegen ausgeschlossen. Sie kann aber unter Einschaltung Dritter erfolgen, z.B. wenn diese nach § 855 BGB als Besitzdiener angesehen werden können. Deren tatsächliche Gewalt wird alleine dem Besitzherrn als Besitzer zugerechnet. Nach den Umständen ist bei L und F von einem entsprechenden sozialen Abhängigkeitsverhältnis auszugehen.

Die H-KG hat also Eigentum an den Blechen erworben.

I. Voraussetzungen und Folgen der Stellvertretung

Kommt eine Stellvertretung in Betracht, muss untersucht werden, ob die Voraussetzungen des § 164 I BGB gegeben sind. Danach sind die Zulässigkeit der Stellvertretung, die Abgabe einer eigenen Willenserklärung, die Offenkundigkeit und die Vertretungsmacht erforderlich. Probleme bereitet häufig die Frage, ob Vertretungsmacht besteht. 259

1. Zulässigkeit der Stellvertretung

Sofern die Stellvertretung nicht ausdrücklich gesetzlich ausgeschlossen ist, ist sie bei allen sonstigen Rechtsgeschäften zulässig. Aufmerksamkeit ist bei höchstpersönlichen Angelegenheiten geboten. Denn bei ihnen ist eine Stellvertretung nicht zulässig (vor allem bei einer Eheschließung, § 1311 S. 1 BGB, bei einer Testamentserrichtung, § 2064 BGB sowie bei der Schließung eines Erbvertrags, § 2274 BGB). 260

Fall 79: Die beiden nobelpreisverdächtigen Chemiker Mann M1 und Frau F1 beschließen, ihre nichteheliche Lebensgemeinschaft zu Weihnachten zu legalisieren. Da sie ihr Labor wegen wichtiger Versuche aber nicht verlassen wollen, bitten sie ihre Zwillingsgeschwister M2 und F2 für sie zum Standesbeamten zu gehen und unter ihrem Namen für sie die Ehe zu schließen. So geschieht es auch. Sind M1 und F1 verheiratet? 261

Lösung: Nach § 1310 I 1 BGB kommt eine Ehe nur zustande, wenn die Eheschließung vor dem Standesbeamten stattgefunden hat (Grundsatz der obligatorischen Zivilehe). Dies ist hier der Fall: M1 und F1 haben sich M2 und F2 jeweils als verdeckter Stellvertreter bedient. Die Frage, ob die Stellvertretung zulässig ist, wird nicht durch § 1310 I 1 BGB, sondern durch **§ 1311 S. 1 BGB** geregelt. Danach müssen die Eheschließenden **persönlich** und bei gleichzeitiger Anwesenheit vor dem Standesbeamten erklären, dass sie die Ehe miteinander eingehen wollen.

In den Fällen verdeckter Stellvertretung kommt eine Ehe zwischen den Vertretenen zustande, sofern dem Erklärungsgegner jeweils klar ist, für wen der ihm Gegenüberstehende handeln will. Ist dies nicht der Fall, käme allerdings eine gültige Ehe zwischen den Erschienenen (hier M2 und F2) zustande. M1 und F1 sind also zunächst trotz Verstoßes gegen § 1311 S. 1 BGB verheiratet. Ihre Ehe ist aber nach § 1314 I Nr. 2 BGB aufhebbar, weil sie an einem Formmangel leidet. Wird die Aufhebbarkeit nicht geltend gemacht, so wird der Mangel der Form nach § 1315 II Nr. 2 BGB mit Zeitablauf von fünf Jahren geheilt.

262 Das Erfordernis gleichzeitiger Anwesenheit der Vertragsparteien in § 925 I 1 BGB für die Auflassung schließt die Stellvertretung nicht aus. Die Form ist erfüllt, wenn bei der Beurkundung Stellvertreter anwesend sind. Allerdings muss die Vollmacht für den Grundbuchvollzug öffentlich beglaubigt werden, § 29 I 1 GBO.

2. Abgabe einer eigenen Willenserklärung

263 Unmittelbar aus § 164 I 1 BGB ergibt sich, dass der Vertreter eine eigene Willenserklärung abgeben muss. Ob tatsächlich eine eigene Willenserklärung abgegeben oder nur eine fremde Willenserklärung übermittelt wird, ist nicht immer einfach zu beantworten. Im ersten Fall liegt **Stellvertretung**, im zweiten **Botenschaft** vor.[4]

Für die Abgrenzung kann entweder auf das Innenverhältnis zwischen Vertretenem und Vertreter oder auf das Außenverhältnis zwischen Vertreter und Geschäftspartner abgestellt werden. Stellt man auf das Innenverhältnis ab, berücksichtigt man die Interessen des Geschäftsherrn (Vertretenem) stärker, während durch das Abstellen auf das Außenverhältnis den Interessen des Geschäftspartners der Vorrang eingeräumt wird. Da der Geschäftsherr durch Einschaltung des Vertreters bewusst ein Risiko setzt und andererseits dem Geschäftspartner das Innenverhältnis meist unbekannt bleiben wird, ist die **Abgrenzung** aus Gründen des Verkehrsschutzes nicht nach dem Innen-, sondern **nach dem Außenverhältnis** vorzunehmen.[5] Es kommt daher darauf an, wie der Geschäftspartner das Verhalten des Vertreters verstehen durfte.

264 Geschäftsunfähige können keine wirksame Willenserklärung abgeben und daher nicht als Stellvertreter tätig werden.

265 **Fall 80:** A schickt ihre sechsjährige Tochter T zum Metzger M zum Einkaufen. Sie gibt ihrer Tochter einen Einkaufszettel und eine Geldbörse mit. T gibt dem M sowohl den Zettel als auch die Geldbörse. Dieser liest den Zettel, packt die gewünschte Ware ein, entnimmt den Kaufpreis der Geldbörse und übergibt die Ware an T.
Ist zwischen A und M ein Kaufvertrag zustande gekommen?

Lösung: Fraglich ist, ob zwischen A und M ein Kaufvertrag nach § 433 BGB zustande gekommen ist. Ein Kaufvertrag kommt durch zwei übereinstimmende und aufeinander bezogene Willenserklärungen (Angebot und Annahme, § 145 BGB und § 147 BGB) zustande.

Beschränkt Geschäftsfähige können nach § 165 BGB Stellvertreter sein. Das hat seinen Grund darin, dass nur der Geschäftsherr, nicht aber der minderjährige Vertreter verpflichtet wird. T kann aber als Geschäftsunfähige gemäß § 104 Nr. 1 BGB keine selbstständige Willenserklärung abgeben. Sie kann also nicht Stellvertreterin sein.[6] T ist jedoch als Botin aufgetreten. Sie hat eine fest vorformulierte Erklärung der A dem M überbracht. Für

4 *Boecken*, Rn. 608 ff; *Brox/Walker*, AT, § 24 Rn. 3; *Lorenz*, JuS 2010, 382.
5 BGHZ 12, 327, 334 = NJW 1954, 797, 798; vgl. *Heinrich*, S. 103; *Stadler*, § 30 Rn. 2.
6 Vgl. *Brehm*, Rn. 439; krit. *Chiusi*, JURA 2005, 532, 533.

die Überbringung dieser Erklärung ist ihre Geschäftsfähigkeit keine Voraussetzung. Zwischen A und M ist demnach ein Kaufvertrag nach § 433 BGB zustande gekommen.

Es gilt der Merksatz: Ist das Kind auch noch so klein, kann es doch schon Bote sein. Problematisch sind hierbei die Fälle, in denen der Bote eine andere Erklärung überbringt, als ihm aufgetragen worden ist. 266

Fall 81: A schickt wiederum ihre sechsjährige Tochter T zum Metzger M, diesmal um drei Paar Wiener Würstchen zu kaufen. T sagt M, ihre Mutter möchte fünf Paar Wiener Würstchen. Diese erhält sie. Kann A ihre Erklärung anfechten, wenn a) T aus Versehen eine andere Menge verlangt? b) T absichtlich eine andere Menge verlangt? 267

Lösung:

a) Hat T die zu kaufende Menge auf dem Weg vergessen, ist ihr bei der Übermittlung der Willenserklärung also ein Irrtum unterlaufen, kann A ihre Erklärung gem. § 120 BGB iVm § 119 I Alt. 2 BGB (Erklärungsirrtum) anfechten. Wegen § 142 I BGB ist der Kaufvertrag dann nichtig. Die Rückabwicklung erfolgt über das Bereicherungsrecht.

b) Anders ist es, wenn T absichtlich eine andere Menge verlangt, als ihr aufgetragen wurde. Übermittelt der Bote bewusst eine falsche Erklärung, so kann diese dem Geschäftsherrn nicht als bindend zugerechnet werden. Er ist durch die Erklärung des Boten nicht gebunden. Die h.M. wendet aber die §§ 177 ff BGB analog an. Nach § 177 I BGB kann A daher den Vertrag genehmigen. Verweigert sie die Genehmigung, muss der dann unwirksame Vertrag nach Bereicherungsrecht rückabgewickelt werden. Beruft sich A darauf, dass T eine andere Erklärung abgegeben hat, als sie sollte, so schuldet sie ggf. Schadensersatz nach §§ 280 I, 311 II Nr. 1, 241 II BGB, weil ihr das Handeln der ungetreuen Botin als Handeln aus ihrer Rechtssphäre zuzurechnen ist.[7]

3. Offenkundigkeit

§ 164 I 1 BGB setzt für die Stellvertretung voraus, dass der Vertreter **im Namen des Vertretenen** handelt. Das darin zum Ausdruck kommende **Offenkundigkeitsprinzip** wird aus Gründen des Verkehrsschutzes verlangt. Der Gegner muss wissen, wer sein Vertragspartner ist. Allerdings gibt es in der Praxis Abstufungen. Es genügt, wenn sich aus den Umständen ergibt, wen das Geschäft angeht, § 164 I 2 BGB. Die Vertretung kann danach offen, aber auch verdeckt erfolgen, wenn es – wie bei Bargeschäften des täglichen Lebens – dem Vertragspartner gleichgültig ist, mit wem er kontrahiert (s. Rn. 275). 268

a) Handeln unter fremdem Namen

Beim Handeln unter fremdem Namen verwendet der Erklärende einen fremden Namen als eigenen. Es stellt sich dann die Frage, ob die Erklärung für den Erklärenden oder für den echten Namensträger wirkt. Dies ist durch Auslegung zu ermitteln. Entscheidend ist, worauf es dem Vertragspartner aus objektiver Empfängersicht (§§ 133, 157 BGB) ankommt.[8] Es handelt sich um eine **bloße Namenstäuschung**, wenn der Geschäftspartner mit der handelnden Person den Vertrag abschließen wollte. Der Name ist dem Vertrags- 269

7 Vgl. *Fritzsche*, Fall 20 Rn. 17 ff.
8 BGH NJW 2011, 2421, 2422.

partner gleichgültig („Name ist Schall und Rauch"). Dann kommt das Rechtsgeschäft mit dem Handelnden zustande.

Ein Fall der **Identitätstäuschung** liegt dagegen vor, wenn der Geschäftspartner erkennbar mit dem wahren Namensträger kontrahieren will, etwa weil der Name die Anknüpfung für eine Bonitätsbewertung ist. In dieser Konstellation sind die §§ 164 ff analog anzuwenden, ggf. auch §§ 177 ff BGB analog (Vertreter ohne Vertretungsmacht).[9]

Nutzt jemand etwa einen fremden Nutzer-Account bei eBay, gibt er sinngemäß eine Willenserklärung im Namen des Account-Inhabers ab.[10] Dieser wird dadurch aber nur verpflichtet, wenn er das Handeln durch Übergabe der Zugangsdaten selbst ermöglicht hat (konkludente Vollmachtserteilung, § 166 II 1 BGB), es genehmigt (§ 184 I BGB) oder eine Rechtsscheinvollmacht vorliegt.[11] Ist eine solche Zurechnung nicht möglich, haftet der Handelnde nach § 179 I BGB analog. Daneben ist auch eine Haftung des Inhabers des Nutzer-Accounts nach §§ 280 I, 311 II Nr. 3, 241 II BGB möglich.

270 **Fall 82:** B hat ein eBay-Konto unter dem Mitgliedsnamen „B". Unter Nutzung dieses Accounts wurde bei eBay eine Gastronomie-Einrichtung mit einem Startpreis von 1 € eingestellt. Dies hatte jedoch nicht B getan, sondern ihr Ehemann A, der zum ersten Mal den eBay-Account von B genutzt hat. K hatte unter seinem Nutzernamen ein Maximalgebot von 1.000 € abgegeben. Die Auktion wurde dann von A vorzeitig beendet. Zu diesem Zeitpunkt war K der Höchstbietende. K ist der Ansicht einen Kaufvertrag mit B geschlossen zu haben. Trifft das zu?[12]

Lösung: Zwischen K und B könnte ein Kaufvertrag über die Gastronomie-Einrichtung nach § 433 BGB zustande gekommen sein. Dies könnte auch bei einer Internetauktion in Anwendung des § 156 S. 1 BGB geschehen sein. Die Vorschrift passt aber nur bei „Live-Auktionen", nicht jedoch bei „Langzeit-Auktionen", bei denen der Vertrag mit dem Höchstbietenden durch bloßen Zeitablauf zustande kommt. Maßgebend sind daher §§ 145 ff BGB.[13]

Fraglich ist, ob K als Höchstbietender ein Verkaufsangebot der B wirksam angenommen hat.

B selbst hat kein Angebot auf der Internetplattform eBay eingestellt. Möglicherweise ist ihr aber die von A abgegebene Erklärung zuzurechnen, weil dieser den eBay-Account seiner Ehefrau B zum Einstellen des Angebots verwendet hat. Diese Willenserklärung könnte B nach § 164 I BGB zugerechnet werden. Dazu müsste A zunächst eine eigene Willenserklärung im fremden Namen abgegeben haben, § 164 I 1 BGB. A hat aber nicht deutlich gemacht, dass er mit dem Namensträger, auf den das Geschäft bezogen ist, nicht identisch ist. Daher liegt kein Handeln im fremden Namen vor, sondern ein Handeln unter fremdem Namen. In Bezug auf die Rechtswirkungen muss zwischen einer Namenstäuschung und einer Identitätstäuschung unterschieden werden.

Bei einer Namenstäuschung kommt es dem Geschäftspartner darauf an, mit der handelnden Person abzuschließen. Der Geschäftspartner unterliegt also keinem Identitätsirrtum, sodass ein Eigengeschäft des Handelnden anzunehmen ist.

---

9 Vgl. *Hauck*, JuS 2011, 967 ff; *Stadler*, § 30 Rn. 9; *Löhnig/Fischinger*, Rn. 409 ff.

10 BGHZ 189, 346, 349 f = NJW 2011, 2421; dazu *Faust*, JuS 2011, 1027 ff; *Borges*, NJW 2011, 2400 ff; *Linardatos*, JURA 2012, 53 ff. Zu wichtigen zivilrechtlichen eBay-Fällen vgl. *Kaiser*, JA 2017, 372 ff.

11 Vgl. LG Bonn NJW-RR 2012, 1008 f; dazu *M. Schwab*, JuS 2013, 453 ff.

12 **Nach BGH NJW 2011, 2421 ff.**

13 BGH NJW 2017, 468 f; *Heinrich*, S. 71 ff; *Petersen*, § 12 Rn. 31 f.

Bei einer Identitätstäuschung will der Geschäftspartner mit dem wahren Namensträger abschließen. In dieser Konstellation sind die §§ 164 ff BGB analog heranzuziehen.

Ob es sich vorliegend um eine Namens- oder um eine Identitätstäuschung handelt, ist davon abhängig, wie K das Verhalten des A verstehen durfte (objektive Empfängersicht, §§ 133, 157 BGB). Das Verkaufsangebot wurde unter Nutzung des für seine Ehefrau B eingerichteten passwortgeschützten Nutzerkontos und unter Verwendung ihres Mitgliedsnamens bei eBay eingestellt. Aus der Sicht von K war B Urheberin des Verkaufsangebots. Es handelt sich also um eine Identitätstäuschung, sodass die §§ 164 ff BGB analog anzuwenden sind.

Fraglich ist folglich, ob A mit Vertretungsmacht gehandelt hat, § 164 I 1 BGB analog.

B hat ihren Ehemann A nicht bevollmächtigt, sodass A nicht mit Vollmacht (§ 166 II 1 BGB analog) handelte.

Möglicherweise kann eine Duldungsvollmacht angenommen werden. Dazu müsste B es willentlich hingenommen haben, dass A für sie wie ein Vertreter auftrat. Zugleich müsste K dieses Dulden nach Treu und Glauben dahin verstanden haben und verstanden haben dürfen, dass A zu den vorgenommenen Erklärungen bevollmächtigt war. B hat A die Zugangsdaten für ihren eBay-Account jedoch nicht offengelegt und hatte von dessen Vorgehen auch keine Kenntnis. Vielmehr hat A die Abwesenheit von B genutzt, um ohne deren Wissen und Einverständnis die ihm zufällig bekannt gewordenen Zugangsdaten zu nutzen. Eine Duldungsvollmacht bestand also nicht.

Es könnte eine Anscheinsvollmacht gegeben sein. Dies ist der Fall, wenn B das Handeln des A zwar nicht kannte, es aber bei pflichtgemäßer Sorgfalt hätte erkennen und verhindern können und wenn K annehmen durfte, B kenne und billige das Handeln des A. Die Rechtsgrundsätze der Anscheinsvollmacht greifen in der Regel aber nur dann ein, wenn das Verhalten, aus dem der Geschäftsgegner auf die Bevollmächtigung schließen zu können glaubt, von einer gewissen Dauer und Häufigkeit ist. B kann nicht der Vorwurf gemacht werden, sie hätte bei Anwendung pflichtgemäßer Sorgfalt erkennen und verhindern können, dass A ihren eBay-Account in ihrer Abwesenheit nutzen würde. Aus dem Umstand, dass sich A die Zugangsdaten auf nicht näher bekannte Weise verschafft hat, folgt nicht, dass B damit rechnen musste, dass A ihren eBay-Account unbefugt nutzen werde. Überdies fehlt es an einem von B geschaffenen Vertrauenstatbestand, denn A hat den eBay-Account der B zum ersten Mal genutzt.[14] Damit bestand keine Anscheinsvollmacht.

Der Kaufvertrag zwischen B und K kam auch nicht durch eine Genehmigung der B nach § 177 I BGB analog zustande.

Eine Zurechnung über die vom BGH in der Halzband-Entscheidung entwickelten Grundsätze[15] kommt nicht in Betracht. Diese sind für den Bereich der deliktischen Haftung entwickelt worden und lassen sich nicht auf die Zurechnung einer unter unbefugter Nutzung eines eBay-Accounts abgegebenen Willenserklärung übertragen. Im Deliktsrecht wird dem Schutz absoluter Rechte Vorrang vor den Interessen des Schädigers eingeräumt. Bei der Abgabe einer auf den Abschluss eines Vertrags gerichteten Willenserklärung ist hin-

14 Kritisch *Linardatos*, JURA 2011, 53, 55 mit Rekurs auf eine Rechtsscheinhaftung sui generis „bei Systemen mit ausreichend hohem Sicherheitsstandard".

15 BGHZ 185, 330 = NJW 2010, 2061 f.

gegen eine Einstandspflicht desjenigen, der die unberechtigte Nutzung seines Accounts ermöglicht hat, nur dann gerechtfertigt, wenn die berechtigten Interessen des Geschäftspartners schutzwürdiger sind als seine eigenen Belange. Das Gesetz weist in §§ 164, 177, 179 BGB das Risiko fehlender Vertretungsmacht des Handelnden dem Geschäftsgegner und nicht demjenigen zu, in oder unter dessen Namen gehandelt wurde.

Damit liegt kein Angebot von B vor, das K hätte annehmen können. Es ist also kein Kaufvertrag nach § 433 BGB über die Gastronomie-Einrichtung zwischen B und K zustande gekommen.

271 **Fall 83:** B vermietete sein Wohnmobil an einen Dritten, von dem er es nach Ablauf der Mietzeit nicht zurückerhielt. K ist Gebrauchtwagenhändler und stieß auf ein Zeitungsinserat, in dem das Wohnmobil zum Verkauf angeboten wurde. Unter der angegebenen Handynummer nahm K Kontakt mit dem Verkäufer V auf, der sich als B ausgab. K wies daraufhin seinen Mitarbeiter M an, nach Nürnberg zu fahren, um den Kauf abzuwickeln.

Dort angekommen einigten sich M und V auf einen Kaufpreis von 9.000 €. M formulierte handschriftlich einen Kaufvertrag, den er für K unterschrieb. Als Verkäufer wurde der Name des B eingetragen. V unterschrieb dabei mit dem Nachnamen des B. M übergab dem V den Kaufpreis in bar. Ihm selbst wurden das Wohnmobil sowie die auf B ausgestellten Papiere des Fahrzeugs (Zulassungsbescheinigung Teil I und Zulassungsbescheinigung Teil II) ausgehändigt. Die Zulassungsbescheinigung Teil II war, wie sich später herausstellte, gefälscht. Das Wohnmobil überbrachte M dem K, bei dem es von der Polizei sichergestellt wurde. Diese gab das Wohnmobil an B heraus.

Hat K gegen B Anspruch auf Herausgabe des Wohnmobils?[16]

Lösung: Ein Herausgabeanspruch des K gegen B könnte sich aus § 985 BGB ergeben. Danach kann der Eigentümer vom Besitzer die Herausgabe der Sache verlangen, es sei denn, der Besitzer ist dem Eigentümer gegenüber zum Besitz berechtigt (§ 986 I 1 BGB).

B ist gegenwärtig unmittelbarer Besitzer des Wohnmobils i.S.d. § 854 I BGB. K müsste Eigentümer des Wohnmobils sein.

Ursprünglich war B Eigentümer des Wohnmobils. Er könnte das Eigentum daran aber durch Übereignung an K nach § 929 S. 1 BGB verloren haben. Dafür müssten sich B und K über den Eigentumsübergang geeinigt haben. Jedoch haben beide selbst keine Willenserklärung abgegeben. Sie könnten jedoch nach §§ 164 ff BGB von M bzw. V vertreten worden sein. Für K ist M als Stellvertreter aufgetreten: Er hat eine eigene Willenserklärung abgegeben und offenkundig im Namen des K mit Vertretungsmacht (Vollmacht, § 166 II 1 BGB) gehandelt.

Für B könnte V als Stellvertreter gehandelt haben. Er hat eine eigene Willenserklärung abgegeben. Fraglich ist aber, ob er im Namen des B handelte.

Problematisch ist, dass V sich nicht als Vertreter des B ausgegeben hat, sondern den Namen des B verwendet hat. Er handelte nicht in, sondern unter fremdem Namen. Es stellt sich die Frage, ob die Erklärung für den Erklärenden oder für den echten Namensträger wirkt. Dies ist durch Auslegung zu ermitteln. Entscheidend ist, worauf es dem Vertragspartner aus objektiver Empfängersicht (§§ 133, 157 BGB) ankommt. Wenn die Benutzung des fremden Namens bei der anderen Vertragspartei keine Fehlvorstellung über die Identität des Handelnden hervorgerufen hat (sog. Namenstäuschung), ist ein Eigenge-

16 **Nach BGH NJW 2013, 1946 f.**

schäft des Handelnden anzunehmen. Dies ist bei Verträgen naheliegend, die sofort abgewickelt werden. Ein Fall der Identitätstäuschung liegt dagegen vor, wenn der Geschäftspartner erkennbar mit dem wahren Namensträger kontrahieren will. In diesem Fall finden die §§ 164 ff BGB analoge Anwendung.

Was daraus für den Erwerb von gebrauchten Kraftfahrzeugen folgt, ist in Rechtsprechung und Lehre umstritten:

Nach einer Ansicht liegt eine Identitätstäuschung vor, sodass nur der Namensträger Vertragspartner werden kann. Das wird damit begründet, dass der Kaufinteressent nach einem Blick in die Fahrzeugpapiere, aus denen sich der Namensträger als Fahrzeughalter ergibt, sein Kaufinteresse daran knüpft, es auch tatsächlich mit dem Namensträger zu tun zu haben.

Eine andere Ansicht meint, dass in diesen Fällen der mögliche Käufer weder den Handelnden noch den Namensträger kenne. Seine Überlegung, dass es sich bei seinem Gegenüber um den Namensträger handele, habe für ihn bei typischen, bar abgewickelten Gebrauchtwagenverkäufen regelmäßig keine weitere Bedeutung. Daher komme der Vertrag mit dem Veräußerer zustande.

Nach der zweiten Ansicht, der auch der BGH folgt, sei es für die Verneinung von grober Fahrlässigkeit beim gutgläubigen Erwerb eines gebrauchten Kfz gemäß § 932 II BGB zwar von Bedeutung, dass der Name des Veräußerers mit dem Namen in den Fahrzeugpapieren übereinstimme. Allerdings folge daraus nur, dass es dem Erwerber auf die Übereinstimmung der Namen ankomme, nicht aber auf die hinter dem Namen stehende Person. Ausnahmen von diesem Grundsatz seien denkbar, wenn der Namensträger für den Erwerber eine besondere Bedeutung habe, er etwa eine bekannte Persönlichkeit sei oder wenn kein sofortiger Leistungsaustausch stattfinde.

Danach ist im vorliegenden Fall von einer Namenstäuschung auszugehen: K kam es primär darauf an, dass der (vermeintliche) Name des Verkäufers und der in den Fahrzeugpapieren eingetragene Name übereinstimmten. Über die Identität des Namensträgers hatte er keine darüber hinausgehenden Vorstellungen. Vertragspartner der dinglichen Einigung sind somit nicht B und K, sondern V und K.

B könnte das Eigentum am Wohnmobil aber auch durch eine Übereignung des V an K nach §§ 929 S. 1, 932 I 1 BGB verloren haben. Eine dingliche Einigung zwischen V und K liegt vor, s.o.

Das Wohnmobil wurde K auch durch V übergeben, indem das Wohnmobil an M als Besitzdiener des K (§ 855 BGB) ausgehändigt wurde.

V war jedoch nicht Eigentümer des Fahrzeugs und nicht verfügungsbefugt i.S.d. § 185 I BGB. In Betracht kommt aber ein gutgläubiger Erwerb nach §§ 929 S. 1, 932 I 1 BGB. M müsste als Vertreter des K (§ 166 I BGB) in Bezug auf die Eigentümerstellung des V in gutem Glauben gewesen sein. Daran würde es fehlen, wenn M bekannt oder infolge grober Fahrlässigkeit unbekannt war, dass der Wohnwagen nicht V gehörte, § 932 II BGB.

Positive Kenntnis von der fehlenden Eigentümerstellung des V hatte M nicht.

Grobe Fahrlässigkeit liegt vor, wenn die im Verkehr erforderliche Sorgfalt in besonderem Maße missachtet wird (vgl. § 276 II BGB). Bei einem gebrauchten Kfz stellt es ein Mindesterfordernis dar, Einblick in die Zulassungsbescheinigung Teil II zu nehmen.

Zwar wird durch diese nicht das Eigentum an dem Fahrzeug verbrieft. In die Zulassungsbescheinigung Teil II wird, wie in die Zulassungsbescheinigung Teil I, der Name des Zulassungsinhabers eingetragen, bei dem es sich weder um den Halter noch um den Eigentümer handeln muss. Stimmt aber der Name der eingetragenen Person mit dem des Verkäufers überein, treffen den Käufer keine weitergehenden Nachforschungspflichten und grobe Fahrlässigkeit ist ausgeschlossen, es sei denn, es liegen besondere verdachtserregende Umstände vor.

Unschädlich ist, dass der wirkliche Name des V nicht mit dem Namen in den Fahrzeugpapieren übereinstimmte. Dies war für M nicht erkennbar, da sich V als B ausgegeben hatte. M trifft keine Obliegenheit, die Identität des Vertragspartners durch Vorlage von Ausweispapieren zu überprüfen. Auch die Tatsache, dass M sich gefälschte Papiere hat vorzeigen lassen, ist nicht grob fahrlässig, da die Fälschung nicht zu erkennen war.

Schließlich ist beim Straßenverkauf eines Gebrauchtwagens zwar eine besondere Vorsicht geboten. Dennoch treffen den Erwerber keine weitergehenden Nachforschungspflichten, wenn sich der Vorgang für den Erwerber als nicht weiter auffällig darstellt.

Folglich ist in dem Verhalten von M keine grobe Fahrlässigkeit zu erblicken.[17] Er handelte gutgläubig i.S.d. § 932 II BGB.

Der gutgläubige Erwerb ist zudem nicht gemäß § 935 I 1 BGB ausgeschlossen: B hat das Wohnmobil vermietet und somit den unmittelbaren Besitz daran freiwillig aufgegeben. Das Wohnmobil war ihm nicht abhandengekommen.

Somit ist K nach §§ 929 S. 1, 932 I 1 BGB Eigentümer des Wohnmobils geworden.

Ein Recht des B zum Besitz an dem Wohnmobil ist nicht ersichtlich.

K hat gegen B einen Anspruch auf Herausgabe des Wohnmobils gemäß § 985 BGB.

b) Nachträgliche Bestimmung des Vertretenen

272 Auch wenn § 164 I 1 BGB verlangt, dass die Willenserklärung im Namen des Vertretenen abgegeben wird, muss gleichwohl der Vertretene nicht bekannt sein. § 164 II BGB verlangt nur, dass der Wille im fremden Namen zu handeln, erkennbar ist. Deshalb ist es durchaus zulässig, dass der Vertretene bei der Vornahme des Vertretergeschäfts noch nicht bestimmt ist. Es genügt, dass die nachträgliche Bestimmung dem Vertreter überlassen wird oder vereinbarungsgemäß aufgrund bestimmter Umstände erfolgen soll.[18] Wird der Vertretene allerdings überhaupt nicht bestimmt, findet § 179 BGB analoge Anwendung.[19]

c) Unternehmensbezogenes Handeln

273 Ob jemand als Vertreter oder für sich selbst handelt, ist häufig gemäß § 164 I 2 BGB aus den Umständen abzuleiten. Das unternehmensbezogene Handeln stellt also einen Anwendungsfall des § 164 I 2 BGB dar und nicht eine Ausnahme vom Offenkundigkeits-

---

17 Je nach Sachverhaltsinformationen und Besonderheiten des Einzelfalls kann man zu einem anderen Ergebnis gelangen. Entscheidend ist eine sachverhaltsbezogene Argumentation. Siehe dazu *M. Schwab*, JuS 2014, 265, 267.

18 BGH NJW 1998, 62; OLG Nürnberg BeckRS 2014, 21869; *Faust*, § 23 Rn. 4.

19 BGH NJW 1995, 1739, 1742; *Brox/Walker*, AT, § 27 Rn. 16.

prinzip.[20] Der Handlungsbevollmächtigte eines Unternehmens (z.B. Verkäufer, Einkaufsleiter) muss nicht ständig erklären, dass er im Namen des Unternehmens tätig wird, vielmehr ergibt sich sein Handeln im fremden Namen aus dem Grundsatz des unternehmensbezogenen Handelns.[21] Wer bei einem unternehmensbezogenen Rechtsgeschäft den Anschein erweckt, er sei Mitinhaber, haftet wie ein wirklicher Mitinhaber.[22]

Fall 84: B organisierte als Konzertmanager eine Deutschlandtournee des Sängers C. Zur Vorfi- **274**
nanzierung nahm er bei K ein Darlehen über 160.000 € auf. Für Veranstaltungen in Düsseldorf und Dortmund kontaktierte er D, den Gesellschafter und Geschäftsführer der H-GmbH, die Musikveranstaltungen organisiert.

Zwischen B und D kam es zu einer Vereinbarung. Darin bestätigte D gegenüber B, dass er diesem als Anteil an den Einspielerlösen aus beiden Konzerten insgesamt 110.000 € garantiere. Absender war „m.f.G. H.-Köln D." In einem an D persönlich gerichteten Schreiben erklärte B, er nehme das Angebot des D an und trete seine Garantieansprüche unwiderruflich an K ab.

K verlangt nun von D persönlich Zahlung der Garantiesumme. D meint, Vertragspartner von B und damit Schuldner der Garantiesumme sei nicht er, sondern nur seine H-GmbH. Wie ist zu entscheiden?[23]

Lösung: Fraglich ist, ob die H-GmbH oder D persönlich nach § 164 II BGB Vertragspartner des B wurde und daher nach Abtretung sämtlicher Garantieansprüche an K gegenüber K zur Leistung verpflichtet ist. Da sich B nicht an D persönlich wandte, sondern ihn als Geschäftsführer der im Konzertbereich tätigen H-GmbH kontaktierte und auch die Art der Unterzeichnung durch D auf die H-GmbH hindeutet, ist nach den für B erkennbaren Umständen davon auszugehen, dass D hinreichend deutlich gemacht hat, nicht persönlich handeln zu wollen. Vielmehr ist nach den Grundsätzen des unternehmensbezogenen Geschäfts davon auszugehen, dass Vertragspartner die H-GmbH und nicht der für sie handelnde D werden sollte. Damit bestand kein vertraglicher Anspruch.

Allerdings könnte ein Haftungsanspruch gegen D persönlich bestehen. Da D hier das an ihn gerichtete Annahmeschreiben entgegen § 4 S. 1 GmbHG ohne einen die beschränkte Haftung deutlich machenden Zusatz unterzeichnete, durfte B (bei Gutgläubigkeit im Übrigen) darauf vertrauen, D sei persönlich Inhaber des Unternehmens. § 15 II HGB ist insoweit verdrängt. D haftet daher kraft Rechtsscheins analog § 179 BGB als Gesamtschuldner neben der H-GmbH auch persönlich.[24] Dieser Anspruch ist nach § 398 BGB ebenfalls an K abgetreten, da die Zessionserklärung dahin zu verstehen ist, dass alle Forderungen aus dem Geschäft mit D erfasst sein sollten.

d) Handeln für den, den es angeht

Von dem Offenkundigkeitsprinzip gibt es eine wichtige Ausnahme in Form des **Han-** **275**
delns für den, den es angeht. Der Vertreter handelt hier lediglich verdeckt im Namen des Geschäftsherrn. Allerdings hilft das Geschäft für den, den es angeht, über die mangelnde Offenkundigkeit nur in solchen Fällen hinweg, in denen es dem Geschäftspartner gleichgültig ist, mit wem er kontrahiert. Handelt der Erklärende bzw. der Erklärungsemp-

20 BGH NJW 2001, 2984, 2985; *Köhler*, AT, § 11 Rn. 20; *Medicus/Petersen*, AT, Rn. 917; *Paulus*, JuS 2017, 399 f.
21 BGH NJW 2008, 1214 (m. Anm. *Witt*).
22 BGH NJW 2012, 3368, 3369; dazu *K. Schmidt*, JuS 2013, 553 ff.
23 **Nach BGH NJW 1990, 2678 ff.**
24 Vgl. BGH NJW 2007, 1529 ff.

fänger mit Vertretungswillen[25] kommt der Vertrag auch ohne Offenlegung der Stellvertretung mit dem Hintermann zustande. Das ist vor allem bei Bargeschäften des täglichen Lebens der Fall.[26]

e) Schlüsselgewalt

276 Vorsicht ist bei der sog. **Schlüsselgewalt** gemäß § 1357 BGB geboten. Durch Geschäfte zur angemessenen Deckung des Lebensbedarfs der Familie werden im Regelfall beide Ehegatten berechtigt und verpflichtet. Es handelt sich dabei um eine gesetzliche Verpflichtungsermächtigung und gerade nicht um Stellvertretung.[27]

§ 1357 I BGB bezieht sich nur auf das Verpflichtungsgeschäft, nicht auf das dingliche Verfügungsgeschäft. Insoweit gelten die allgemeinen Regeln. Erwirbt ein Ehegatte Hausratsgegenstände, ist es dem Veräußerer in der Regel gleichgültig, ob neben der handelnden Person auch der Ehegatte Eigentümer wird. Seine Erklärung ist vielmehr so zu verstehen, dass er an den übereignet, den es angeht. Auch der Handelnde wird im Zweifel wollen, dass an Gegenständen für den gemeinsamen Haushalt Miteigentum entsteht und die Übereignungserklärung nicht nur für sich, sondern aufgrund schlüssig erteilter Vollmacht auch für seinen Ehegatten annehmen. Mit dem Erlangen von Mitbesitz sind dann beide Ehegatten Miteigentümer geworden.[28]

f) Mittelbare Stellvertretung

277 Das deutsche Recht kennt nicht nur die unmittelbare Stellvertretung, sondern, z.B. bei Einschaltung eines Kommissionärs, auch die **mittelbare Stellvertretung**.[29]

➔ **Definition: Kommissionär** ist nach § 383 I HGB, wer es gewerbsmäßig unternimmt, Waren oder Wertpapiere für Rechnung eines anderen (des Kommittenten) in eigenem Namen zu kaufen oder zu verkaufen (beachte auch § 406 HGB). Der mittelbare Stellvertreter (Kommissionär) wird dabei selbst Vertragspartner des Dritten und ist lediglich aufgrund des Kommissionsvertrages als einer Art Treuhandverhältnis seinem Auftraggeber (Kommittent) gegenüber gebunden. Auch der **Strohmann**, der für einen anderen als Käufer, Bürge, Gesellschafter usw. auftritt, ist mittelbarer Stellvertreter.[30]

Der Kommissionsvertrag ist ein Geschäftsbesorgungsvertrag (§ 675 I BGB), wobei in der Regel bei längerer Geschäftsverbindung ein Dienstvertrag, bei Einzelgeschäften ein Werkvertrag vorliegt.[31]

278 **Fall 85:** Die Bundesländer Bayern und Niedersachsen beauftragen den New Yorker Kunsthändler K, das bei Sotheby's in London vermutlich im Auftrag des Herzogs von Braunschweig angebotene Evangelienbuch Heinrichs des Löwen für sie zu ersteigern. K erhält auch tatsächlich den Zuschlag auf ein Gebot für ca. 32,4 Mio. €. Welche Rechte haben nun nach deutschem Recht beide Bundesländer im Hinblick auf das ersteigerte Buch?

---

25 Vgl. OLG Düsseldorf NJW 1992, 1706, 1708.

26 Vgl. BGH NJW 2016, 1887, 1888 Rn. 10; *Einsele*, JZ 1990, 1005, 1008 ff; nicht bei Bankgeschäften BGHZ 154, 276, 279 ff = NJW-RR 2003, 921, 922.

27 Vgl. *Petersen*, § 35 Rn. 8 f; *Schwab*, Familienrecht, Rn. 171; vgl. zur Rechtsmacht des § 1357 BGB *Herberger*, JURA 2019, 374 ff.

28 BGHZ 114, 74, 78 ff = NJW 1991, 2283, 2284 f.

29 Vgl. *Köhler*, § 11 Rn. 22; *Riehm*, Rn. 569 f; *Schwark*, JuS 1980, 777 ff.

30 *Lorenz*, JuS 2010, 382, 383; *Mock*, JuS 2008, 309, 310.

31 Hopt/*Kumpan*, § 383 Rn. 6; generell für Dienstvertrag: *Canaris*, § 30 Rn. 5, 12.

Vorbemerkung: Eine private Versteigerung führt zum Abschluss eines normalen Kaufvertrags; lediglich die Art des Angebots und der Annahme unterliegt besonderen Regeln. Nach § 156 S. 1 BGB kommt bei einer Versteigerung der Vertrag erst durch den Zuschlag zustande. Der Zuschlag ist also die Annahme. Ein Gebot erlischt nach § 156 S. 2 BGB, wenn ein Übergebot abgegeben oder die Versteigerung ohne Erteilung des Zuschlags geschlossen wird.[32]

Lösung: Nach den Gepflogenheiten bei Versteigerungen ist davon auszugehen, dass Sotheby's als Kommissionär nach § 383 I HGB handelnd, eine Willenserklärung im eigenen Namen abgegeben hat, mit der er das Kaufangebot des K mit dem Zuschlag annahm.[33] Die beiden Bundesländer – juristische Personen des öffentlichen Rechts – sind selbst aus dem Kaufvertrag berechtigt und verpflichtet, wenn K als Vertreter gemäß § 164 I 1 BGB handelte und nicht als Kommissionär. Dabei ist die Frage der Vollmachtserteilung nach § 167 I BGB (Außenverhältnis) von der Auftragserteilung nach § 662 BGB (Innenverhältnis) zu trennen. Handelte K im eigenen Namen, haben die Auftraggeber „nur" einen Herausgabeanspruch auf das Erlangte nach § 667 Alt. 2 BGB bzw. § 384 II Hs. 2 Alt. 2 HGB.

Fraglich ist die Art ihrer Gläubigerstellung. Bayern und Niedersachsen können, wenn sie einen über den gemeinsamen Erwerb der Sache hinausgehenden Zweck – wie etwa die gemeinsame Ausstellung des Buches – verfolgen, eine GbR nach § 705 BGB gegründet haben. Dann wäre die GbR berechtigt, K könnte nur an diese leisten. Wäre keine Gesellschaft anzunehmen, müsste von Mitgläubigerschaft nach § 432 I BGB ausgegangen werden. Als Mitgläubiger sind Bayern und Niedersachsen lediglich gemeinsam forderungsberechtigt. In ihrem Innenverhältnis gelten dann §§ 741 ff BGB. Zwar wäre auch Gesamtgläubigerschaft nach § 428 S. 1 BGB grundsätzlich möglich, sie erscheint hier aber nicht interessengerecht.

Übergibt Sotheby's das Buch an K, wird dieser Eigentümer (§ 929 S. 1 BGB). Dem Interesse der Bundesländer am Erwerb von Miteigentum kann aber Rechnung getragen werden. Entweder übereignet K das Buch in Erfüllung seiner Herausgabepflicht durch ein nach außen kenntlich gemachtes Insichgeschäft (§ 181 BGB) an die Bundesländer oder diese haben mit K bereits im Kommissionsvertrag vereinbart, dass K das Buch mit Ablieferung durch Sotheby's im Wege der antizipierten Einigung und des antizipierten Besitzkonstituts (§§ 929 S. 1, 930, 868 BGB) an die Bundesländer weiterübereignet.[34]

4. Vertretungsmacht

Man unterscheidet die **gesetzliche Vertretungsmacht** von der **rechtsgeschäftlichen Vertretungsmacht** (= Vollmacht, § 166 II 1 BGB). Die gesetzliche Vertretungsmacht dient dem Schutz des Vertretenen und der Fürsorge für ihn. Geschäftsunfähige und beschränkt Geschäftsfähige benötigen einen gesetzlichen Vertreter, vgl. §§ 1626 I 1, 1629 I 1, 1789 II 1, 1823 BGB.[35] Im Wirtschaftsleben ist vor allem die rechtsgeschäftliche Vertretungsmacht von Bedeutung. 279

32 Vgl. zu einem Einblick in das Auktionsrecht *Weller/Hahne,* JuS 2020, 138 ff.
33 OLG Köln NJW 2012, 2665, 2666.
34 Vgl. *Baur/Stürner*, § 51 Rn. 30, 31, 42.
35 *Petersen*, § 22 Rn. 4; *Stadler*, § 30 Rn. 48.

280 **Fall 86:** Charlotte und Stefan sind verheiratet. Eines Tages erleidet Stefan bei einem Verkehrsunfall schwere Kopfverletzungen, in deren Folge er sich im Koma befindet. Die behandelnden Ärzte wollen eine Operation durchführen, die sie zur Vermeidung von langfristigen Folgeschäden für erforderlich halten. Da Stefan weder eine Patientenverfügung noch eine Vorsorgevollmacht ausgestellt hatte und für ihn auch kein Betreuer bestellt ist, wenden sich die Ärzte an seine Ehefrau Charlotte.

Kann Charlotte die ärztliche Behandlung für Stefan veranlassen?

Lösung: Ein Behandlungsvertrag (§ 630a BGB) kommt durch übereinstimmende und aufeinander bezogene Willenserklärungen der Parteien zustande. Der bewusstlose Stefan kann selbst keine wirksame Willenserklärung abgeben, § 105 II Alt. 1 BGB. Er könnte jedoch von Charlotte nach § 164 I BGB vertreten werden, wenn sie Vertretungsmacht hätte.

Zwar hatte es Stefan unterlassen, eine Vorsorgevollmacht zugunsten von Charlotte auszustellen, sodass keine rechtsgeschäftliche Vertretungsmacht besteht.

Eine gesetzliche Vertretungsmacht könnte sich jedoch aus § 1358 I Nr. 2 BGB ergeben.[36] Zwischen Charlotte und Stefan besteht eine gültige Ehe. Stefan befindet sich auch in einem medizinisch festgestellten Zustand der Bewusstlosigkeit, der ihn daran hindert, seine Angelegenheiten der Gesundheitssorge rechtlich selbst zu besorgen. Ein Ausschluss der Vertretungsberechtigung nach § 1358 III BGB ist nicht ersichtlich. Somit sind die Voraussetzungen des § 1358 I Nr. 2 BGB gegeben.

Charlotte darf Stefan vertreten. Ein Behandlungsvertrag nach § 630a BGB kommt zustande.

Aufgrund von § 1358 I Nr. 1 BGB kann Charlotte auch in ärztliche Eingriffe von Stefan einwilligen, sodass der Eingriff in den Körper nicht rechtswidrig ist, vgl. § 823 I BGB.

a) Erteilung der Vollmacht und Innenverhältnis

281 Bei der Stellvertretung sind stets das Innenverhältnis und das Außenverhältnis zu unterscheiden. Das **Außenverhältnis** (rechtliches Können) ist das Rechtsverhältnis zwischen Vertretenem und Drittem. Die Vollmacht betrifft nur das Außenverhältnis zwischen Vollmachtgeber und Dritten. Diese verschafft dem Vertreter nach außen die Möglichkeit, Willenserklärungen mit Wirkung für und gegen den Vertretenen abzugeben (siehe § 164 I BGB). Die Vollmacht ist streng einseitig und bedarf keiner Annahme.

Das **Innenverhältnis** (rechtliches Dürfen) ist das der Vollmachterteilung zugrunde liegende Rechtsverhältnis zwischen Vertreter und Vertretenem (z.B. Auftrag, Arbeitsvertrag). Dort sind ggf. auch die Rechte und Pflichten bei der Nutzung der Vollmacht geregelt (bei Verstößen: Pflichtverletzung im Innenverhältnis). Zu beachten ist das **Trennungs- und Abstraktionsprinzip**[37]: Die Vollmacht ist vom Innenverhältnis zu trennen und in ihrer Gültigkeit grundsätzlich davon unabhängig. Das bedeutet:

(1) Die Unwirksamkeit des Innenverhältnisses hat grundsätzlich keinen Einfluss auf den Bestand der Vollmacht (Ausnahme: § 168 S. 1 BGB).

36 Dazu *Jurgeleit*, NJW 2023, 1 ff.
37 Vgl. *Lieder*, JuS 2014, 393 ff; *Petersen*, JURA 2004, 829 ff u. JURA 2003, 310 ff.

(2) Eine Pflichtverletzung im Innenverhältnis hat auf die Wirksamkeit der Willenserklärung (nach außen) grundsätzlich keinen Einfluss (Ausnahme: Missbrauch der Vertretungsmacht, Rn. 318 f).

Von diesen Grundsätzen gibt es freilich auch Ausnahmen: Die unzulässige Erbringung von Rechtsdienstleistungen nach § 3 RDG führt z.B. nicht nur dazu, dass der Geschäftsbesorgungsvertrag nichtig ist (§ 134 BGB iVm § 3 RDG). Vielmehr ist auch die zu seiner Ausführung erteilte Vollmacht nichtig.[38] Dieses Ergebnis wird mit dem Schutzzweck von § 3 RDG begründet.

Eine Vollmacht kann vom Vollmachtgeber sowohl im Innenverhältnis gegenüber dem Vertreter (sog. **Innenvollmacht**) als auch im Außenverhältnis gegenüber dem Geschäftspartner (sog. **Außenvollmacht**) erteilt werden, § 167 I BGB. Der Erteilung einer Außenvollmacht steht es gleich, wenn dem Vertreter eine Vollmachtsurkunde übergeben wird und dieser sie dem Dritten vorlegt (§ 172 I BGB).

Ein Minderjähriger kann eine Vollmacht gemäß § 111 S. 1 BGB nur mit vorab erklärter Einwilligung seines gesetzlichen Vertreters erteilen.[39]

b) Erlöschen der Vollmacht

Eine Vollmacht erlischt nach § 168 S. 1 BGB mit der Beendigung des Grundverhältnisses. Sie kann aber grundsätzlich auch bei dessen Fortbestehen einseitig widerrufen werden, § 168 S. 2 BGB. Beendet der Vollmachtgeber das Grundverhältnis, muss er eine im Außenverhältnis erteilte Vollmacht u.U. wegen der §§ 170–173 BGB weiterhin gegen sich gelten lassen. **282**

Lässt sich der Vollmachtgeber die Vollmachtsurkunde zurückgeben, erlischt die Außenvollmacht, § 172 II Var. 1 BGB. Beschafft sich der Vertreter danach eigenmächtig die nicht vernichtete Vollmachtsurkunde, handelt er trotz deren Vorlage ohne Vertretungsmacht. Hat der Vollmachtgeber den Zugriff auf die Urkunde fahrlässig ermöglicht, so haftet er dem Dritten nach §§ 280 I, 311 II Nr. 3, 241 II BGB lediglich auf Ersatz des Vertrauensschadens.[40]

aa) Widerruf der Vollmacht. § 168 S. 2 BGB deutet an, dass eine Vollmacht auch unwiderruflich erteilt werden kann. In diesem Fall hat der Bevollmächtigte eine eigenständige Position, weil er praktisch nicht mehr den Einzelweisungen des Vollmachtgebers unterliegt. **283**

Zum Schutz des Vollmachtgebers nimmt die Rechtsprechung an, dass eine **unwiderrufliche Vollmacht** nur mittels Vertrags erteilt werden kann. Der einseitige Verzicht des Vollmachtgebers auf den Widerruf binde dagegen nicht; der Vollmachtgeber sei nicht gehindert, den einseitig erklärten Widerrufsverzicht zurückzunehmen.[41] Zum Schutz des Vollmachtgebers kann eine unwiderrufliche Vollmacht zudem immer aus wichtigem Grund widerrufen werden.[42]

---

38 BGHZ 159, 294, 299 f = NJW 2004, 2736, 2737; BGH NJW 2003, 2091, 2092; Jauernig/*Mansel*, § 167 Rn. 1.

39 Vgl. *Fleck/Schweinfest*, JuS 2010, 885, 888; *Paal/Leyendecker*, JuS 2006, 25, 29; Staudinger/*Klumpp* § 111 Rn. 16; a.A. (genehmigungsfähig analog § 108 BGB) *Neuner*, § 50 Rn. 18.

40 Vgl. *Lindacher/Hau*, Fall 16; BGH NJW 1975, 2101 ff.

41 RGZ 109, 331, 333; BayObLG NJW-RR 1996, 848 f; a.A. z.B. MüKo/*Schubert*, § 168 Rn. 27.

42 MüKo/*Schubert*, § 168 Rn. 30.

284 **Fall 87:** Um seine eigene Einkommensteuer zu vermindern, schenkt Vater V seiner Tochter T unter Verrechnung mit teilweise erbrachten Gegenleistungen einen Geschäftsanteil an der H-GmbH im Wert von 300.000 €. Nach einiger Zeit veräußert V diesen Anteil mit Zustimmung der T und legt den Gegenwert in Wertpapieren an, die bei der X-Bank deponiert werden. Gegenüber der Bank erteilt T dem V Vollmacht, über ihr Depot und die jeweiligen Guthaben zu verfügen. Außerdem erteilte sie V folgende Vollmacht:

„Hiermit erteile ich meinem Vater unwiderruflich die Vollmacht, bis zu seinem Lebensende die Gelder aus dem Verkauf der Anteile der H-GmbH für mich zu verwalten und über sie zu verfügen, die Gelder zu verwenden und zu nutzen. Ich nehme davon Kenntnis, dass vorerst als Veräußerungsgewinn 600.000 € und als Lastenausgleich weitere 640.000 € in Pfandbriefen angelegt wurden. Mein Vater wird mir die jährlich notwendigen Steuerunterlagen mitteilen."

Nach einigen Jahren kommt es zu Spannungen zwischen V und T. V nimmt aufgrund der Vollmacht Wertpapiere im Nominalwert von 1,1 Mio. € aus dem Depot. Als T davon erfährt, widerruft sie gegenüber der Bank die Vollmacht des V. Zugleich widerruft sie die dem V unmittelbar erteilte unwiderrufliche Vollmacht.

Zur Begründung verweist sie darauf, bei der Schenkung habe sie auf ihre Pflichtteilsrechte verzichtet. V habe die Vollmacht lediglich zur Verwaltung der Wertpapiere und zu Entnahmen für seine notwendige Altersversorgung ausüben dürfen. Aus der erteilten Vollmacht ergebe sich, dass sie das Vermögen voll versteuern müsse und dass ihr infolgedessen die dazu erforderlichen Vermögenswerte verbleiben müssten. Da V ihr die Auskunft über die Verwendung der 1,1 Mio. € verweigere und ihr erklärt habe, er werde sie vernichten, sodass sie noch 30 Jahre nach seinem Tod darunter leiden und ihr ganzes Leben an ihn denken werde, sei der Widerruf gerechtfertigt. V verlangt dagegen Feststellung, dass die Vollmacht fortbesteht. Zu Recht?[43]

Lösung: Die Vollmacht besteht fort, wenn T sie nicht gemäß § 168 S. 2 BGB widerrufen konnte.

Der Ausschluss der Widerruflichkeit bedeutet meist die Reduzierung der (negativen) Vertragsfreiheit auf die Kündigung aus wichtigem Grund, etwa wegen Missbrauchs der Vollmacht. Ob ein wichtiger Grund zum Widerruf gegeben ist, hängt maßgeblich vom Inhalt der getroffenen Vereinbarungen ab.

Vorrangiges Interesse von Vater und Tochter war einerseits die väterliche Nutzungsmöglichkeit des von ihm stammenden Vermögens bis zur Grenze eines bei der Tochter eintretenden Vermögensschadens. Wirtschaftlich betrachtet sollte der Vater Eigentümer der aus den Anteilen stammenden Erlöse sein, während die Tochter treuhänderisch nach außen (Finanzamt) als Kontoinhaberin auftreten sollte. Andererseits könnte die Tochter auch treugeberisch fungiert haben, wenn der Vater zwar zum eigenen Nutzen verfügen durfte, er aber sein Eigentum formal und wirtschaftlich verloren hatte. Wegen der Kenntnisnahmeklausel erscheint eine Auslegung geboten, wonach der Vater über Beträge in Höhe der zu erwartenden Steuerverpflichtungen nicht verfügen durfte. Seine Mitteilungspflicht über die anfallenden Steuerunterlagen legt die Vermutung nahe, er werde über das Vermögen nur soweit verfügen, dass es in seinem wesentlichen Bestand erhalten bleibe. Die Sicherstellung des väterlichen Lebensunterhaltes deutet auf eine bloße Verfügungsgewalt über die zu ziehenden Nutzungen hin. Hingegen mag aber der Begriff der Altersversorgung im Sinne einer sorgenfreien Rente auf die umfängliche Nutzungsmöglichkeit des Vaters hinweisen. Im Ergebnis hatte die Tochter zum unverzüglichen Widerruf der Vollmacht keine Alternative, da sie persönlich zur Deckung der Steuerlast verpflichtet

43 **Nach BGH WM 1969, 1009 ff.**

war. Es bestand die Gefahr, dass sie hierzu mit weiteren finanziellen Eskapaden des Vaters nicht mehr imstande sein würde. Vor allem nach dessen Vortrag lag nahe, dass er das verbleibende Vermögen bald und umfänglich verschleudern werde, um ihr mit der Steuerlast Schulden zu hinterlassen, an denen sie noch „30 Jahre nach seinem Tod leiden werde". Die Gesamtabwägung aller dieser Umstände führt dazu, dass ein Kündigungsrecht aus wichtigem Grund besteht.

Aufgrund der Verweisung des § 168 S. 3 BGB auf § 167 I BGB kann der Widerruf der Vollmacht – wie deren Erteilung – sowohl gegenüber dem Vertreter als auch gegenüber dem Geschäftspartner erfolgen. Hier hat T den Widerruf der Vollmacht gegenüber der Bank und gegenüber ihrem Vater erklärt. Die Vollmacht des V besteht nicht mehr.

Probleme treten dann auf, wenn die Vollmacht im Außenverhältnis erteilt wurde, der Wi- **285**
derruf jedoch im Innenverhältnis erfolgt. Der Vertretene muss dann den durch ihn gesetzten Rechtsschein gegen sich gelten lassen.

Fall 88: Der Geschäftsmann G ist beruflich so eingespannt, dass er keine Zeit hat, für seine **286**
Tochter T ein Auto als Geschenk zum 18. Geburtstag zu kaufen. Er bittet daher seinen Freund F, ihm diese zeitaufwendige Aufgabe abzunehmen. F ist einverstanden.

G ruft daraufhin bei dem Autohaus des D an und teilt D mit, dass F befugt sei, für ihn ein Auto zu kaufen.

Noch bevor F sich der Sache annehmen kann, kommt es zum Streit zwischen G und T. G ist so verärgert, dass er nicht mehr sicher ist, ob T so ein teures Geschenk bekommen soll. Er widerruft daher gegenüber F die Vollmacht, bittet ihn aber, sich doch einmal umfassend über mögliche Autos zu informieren. F nimmt an, dass sich schon alles wieder einrenken werde und kauft absprachewidrig ein Auto. Als G davon erfährt, weigert er sich, das Auto zu bezahlen. Zu Recht?

Lösung: D hat gegen G einen Anspruch auf Kaufpreiszahlung aus § 433 II BGB, wenn zwischen ihnen ein wirksamer Kaufvertrag über das Auto geschlossen wurde. Ein Kaufvertrag kommt durch zwei übereinstimmende Willenserklärungen zustande. G hat zwar nicht selbst gehandelt, könnte aber gemäß § 164 I 1 BGB wirksam von F vertreten worden sein. F hat eine eigene Willenserklärung im Namen des G abgegeben. Problematisch ist aber, ob er auch Vertretungsmacht hatte.

Dadurch, dass G gegenüber D erklärt hat, F habe Vollmacht, um ein Auto zu kaufen, hat G eine wirksame Außenvollmacht gemäß § 167 I Alt. 2 BGB erteilt.

Diese könnte aber durch den Widerruf des G gegenüber F erloschen sein. Nach § 168 S. 1 BGB bestimmt sich das Erlöschen nach dem zugrunde liegenden Rechtsverhältnis. Demnach endet mit dem Grundverhältnis auch die Vollmacht. Nach § 168 S. 2 BGB kann aber auch allein die Vollmacht widerrufen werden, ohne dass das Grundgeschäft beendet wird. Ob § 168 S. 1 BGB oder § 168 S. 2 BGB eingreift, hängt also davon ab, ob das Grundverhältnis fortbestehen sollte. Hier ist von einem Auftragsverhältnis gemäß § 662 BGB auszugehen, das nach § 671 I Var. 1 BGB vom Auftraggeber jederzeit widerrufen werden kann. Da F aber weiterhin Informationen über Autos sammeln soll, besteht das Auftragsverhältnis zwischen ihnen fort. G erklärte lediglich den Widerruf der Vollmacht, nicht den des Grundgeschäfts. Fraglich ist, ob die Vollmacht dadurch erloschen ist, obwohl G den Widerruf nur im Innenverhältnis erklärte.

Eine Ansicht geht mit dem Wortlaut des § 170 BGB davon aus, dass eine Außenvollmacht so lange in Kraft bleibt, bis dem Dritten durch einen externen Widerruf das Erlöschen mitgeteilt werde. Ein Rechtsschein entstehe dann gar nicht, weil die erteilte Außenvollmacht wirksam bleibe, bis der externe Widerruf erfolge (Rechtsgeschäftstheorie[44]).

Die h.M. dagegen liest § 170 BGB im Zusammenhang mit § 173 BGB. Danach finden die §§ 170, 171 II, 172 II BGB keine Anwendung, wenn der Dritte das Erlöschen der Vertretungsmacht bei der Vornahme des Rechtsgeschäfts kennt oder kennen musste. Demnach geht das Gesetz davon aus, dass der Dritte in all diesen Fällen auch anderweitig Kenntnis vom Erlöschen der Vertretungsmacht erlangt haben kann und sich dann nicht mehr auf das Fortbestehen der Vertretungsmacht verlassen darf. § 170 BGB schützt den Dritten, der sich auf den **Rechtsschein einer fortbestehenden Vollmacht** verlässt (Rechtsscheintheorie[45]). Für diese Auffassung spricht zusätzlich § 168 S. 3 BGB iVm § 167 I BGB, wonach der Widerruf als *actus contrarius* zur Vollmachtserteilung sowohl gegenüber dem Bevollmächtigten als auch gegenüber dem Dritten erklärt werden kann.[46]

Da G dem D das Erlöschen der Vollmacht nicht angezeigt hat (§ 170 BGB) und dieser auch nicht anderweitig die nötige Kenntnis erlangt hat oder hätte erlangen können (§ 173 BGB), kann sich D auf den gesetzten Rechtsschein verlassen. Folglich wirkt die Vollmacht gegenüber D fort.

G wurde daher gemäß § 164 I 1 BGB iVm §§ 170, 173 BGB ordnungsgemäß vertreten und ist somit aus dem Kaufvertrag verpflichtet. D hat gegen G also einen Anspruch auf Kaufpreiszahlung aus § 433 II BGB.

Anmerkung: § 170 BGB greift gleichfalls ein, wenn die Vollmacht im Innenverhältnis beschränkt wird.

287 **bb) Vertretungsgeschäft nach dem Tod des Vollmachtgebers.** Nach § 672 S. 1 BGB erlischt ein Auftrag im Zweifel nicht durch den Tod des Auftraggebers; entsprechend erlischt auch die Vollmacht nicht, § 168 S. 1 BGB.

Man unterscheidet zwei Arten von Vollmachten, die in diesem Zusammenhang von Bedeutung sein können, zum einen die **transmortale Vollmacht**, also eine Vollmacht, die zu Lebzeiten erteilt wurde und über den Tod des Vollmachtgebers hinaus bestehen bleibt, und die **postmortale Vollmacht**, die unter der **aufschiebenden Bedingung des Todes** des Vollmachtgebers wirksam wird.[47] Eine besondere Bedeutung kommt der postmortalen Vollmacht bei der nichtehelichen Lebensgemeinschaft zu. Den Ehegatten/eingetragenen Lebenspartnern hat der Gesetzgeber im Hinblick auf Organspenden eine gewisse „Reservefunktion", vgl. § 1a Nr. 5 lit. a TPG, zugewiesen.[48] Diese fehlende gesetzliche Reservefunktion gleichen Partner nichtehelicher Lebensgemeinschaften vielfach durch postmortale Vollmachten aus.[49] Häufig wird eine Vorsorgevollmacht (s.u. Rn. 299) mit einer transmortalen Vollmacht verbunden, damit eine Person berechtigt ist, Nachlassgeschäfte (z.B. Beerdigung, Mietzahlung, Auflösung des Haushalts etc.) bis zur Ermittlung der Erben und der Erteilung eines Erbscheins (§ 2353 BGB) zu tätigen.[50] Eine transmor-

44 Vgl. *Flume*, § 51, 9.
45 Vgl. *Neuner*, § 50 Rn. 62 f; MüKo/*Schubert*, § 170 Rn. 2; *Faust*, § 24 Rn. 20.
46 Grüneberg/*Ellenberger*, § 168 Rn. 5; *Bork*, Rn. 1522.
47 *Bork*, Rn. 1502; *Bitter/Röder*, § 10 Rn. 113; *Metzing*, JA 2018, 413, 415; *Seif*, AcP 200 (2000), 192.
48 *Grziwotz*, FPR 2001, 45.
49 *Grziwotz*, FPR 2001, 45, 47 f.
50 Vgl. *Seif*, AcP 200 (2000), 192 ff; *Zimmer*, ZEV 2013, 307, 310.

tale Kontovollmacht umfasst aber grundsätzlich nicht das Recht, das Konto aufzulösen oder auf eine andere Art und Weise in die Vertragsstellung der Erben einzugreifen. Der Bevollmächtigte darf das Konto daher auch nicht auf sich umschreiben lassen.[51]

Bei einer postmortalen Vollmacht, die gerade für den Todesfall und zur Vornahme von Geschäften nach dem Tod erteilt wird, vertritt der Bevollmächtigte zwar die Erben, aber muss nicht wissen, wer diese sind und braucht sich bei diesen nicht rückzuversichern, ob die Vornahme des Geschäfts auch in ihrem Interesse liegt. Allerdings darf er nicht mehr tätig werden, sobald die Erben den Auftrag (§ 671 I Alt. 1 BGB) und damit die Vollmacht (§ 168 S. 1 BGB) widerrufen haben.[52] **288**

Fall 89: Tante T aus Amerika erteilt ihrer in der Bundesrepublik lebenden Nichte N 2019 Generalvollmacht, über ihr inländisches Vermögen zu verfügen. Außerdem unterzeichnet sie 2021 eine Ermächtigungsurkunde, worin N beauftragt wird, nach ihrem Tod bestimmte Verfügungen vorzunehmen, insbesondere den Grundbesitz im Schwarzwald zum Einheitswert an Abkömmlinge der Mutter der N zu verkaufen. 2023 stirbt T, ohne ein Testament zu hinterlassen. Einen Monat nach ihrem Tod schließt N in ihrer Eigenschaft als Generalbevollmächtigte mit ihrem Bruder B einen notariellen Vertrag. Darin verkauft sie ihm die zum Nachlass gehörenden Waldgrundstücke zum Preis von 1.000 € geschätzten Einheitswerts und lässt sie ihm im Februar 2023 auf. Der Eintragungsantrag des B geht beim Grundbuchamt im Juni 2023 ein; Anfang 2024 wird B als Eigentümer im Grundbuch eingetragen. **289**

Im Juni 2023, aber nach Eingang des Eintragungsantrags beim Grundbuchamt, widerruft K, ein Neffe der T, zusammen mit anderen gesetzlichen Miterben die Generalvollmacht und die Ermächtigungsurkunde der N.

Die Erbengemeinschaft begehrt Zustimmung des B zur Grundbuchberichtigung, hilfsweise Rückauflassung der erworbenen Grundstücke an die Erbengemeinschaft. K meint, N habe nach dem Tod der T auf die Interessen der Erbengemeinschaft Rücksicht nehmen müssen und daher die Grundstücke nicht zu dem niedrigen Einheitswert veräußern dürfen. Welche Ansprüche hat die Erbengemeinschaft gegen B?[53]

Lösung:

I. Die Erbengemeinschaft könnte gegen B einen Anspruch auf Zustimmung zur Berichtigung des Grundbuchs aus § 894 BGB haben. K kann als Miterbe den Anspruch aus § 894 BGB für die Erbengemeinschaft geltend machen, § 2039 S. 1 BGB. § 894 BGB erfordert, dass der Inhalt des Grundbuchs (formelle Rechtslage) mit der wirklichen Rechtslage (materielle Rechtslage) nicht im Einklang steht. B müsste also materiell fehlerhaft als Eigentümer eingetragen sein.

Formell ist B als Eigentümer im Grundbuch eingetragen. Fraglich ist aber, ob er auch tatsächlich Eigentümer ist. Er könnte das Eigentum durch Auflassung und Eintragung gemäß §§ 873 I, 925 I BGB erlangt haben. Das setzt im Rahmen der Auflassung zunächst eine wirksame Stellvertretung voraus, § 164 I 1 BGB. Ursprünglich hatte N Vollmacht (§ 166 II 1 BGB). Möglicherweise hat die zu Lebzeiten erteilte Vollmacht durch den Tod der Vollmachtgeberin wegen eines rechtlichen Ausführungshindernisses die Einschränkung erfahren, dass die Bevollmächtigte gegenüber den Erben einer besonderen Pflichtenstellung unterworfen wird. Dagegen spricht aber, dass der Auftragnehmer so ver-

51 BGHZ 180, 191 ff = FamRZ 2009, 1053 ff (mit Anm. *Grziwotz*).

52 Vgl. BGH NJW 1995, 953; ferner BGH NJW 2008, 2702, 2704; MüKo/*Schubert*, § 168 Rn. 54; *von Schwander*, RNotZ 2019, 57, 61.

53 **Nach BGH NJW 1969, 1245 ff.**

pflichtet würde, sich vor der Ausführungshandlung zu vergewissern, was die Erben des Verstorbenen wünschten. Häufig wären die Pflichten des Benannten unmöglich zu erfüllen, wenn die Person des Erben rechtlich noch gar nicht feststeht. Ein allgemeiner Zustimmungszwang liefe zudem dem ersichtlichen Zweck der Vollmacht zuwider, welche die Rechtsgeschäfte vom Willen der Erben gerade unabhängig gestalten wollte. Somit hat die Vollmacht durch den Tod der Vollmachtgeberin keine Einschränkung erfahren. Fraglich ist aber, ob die Generalvollmacht der N widerrufen wurde. Nach § 2038 I 1 BGB steht die Verwaltung des Nachlasses den Erben gemeinschaftlich zu. Da es hier um eine zur Erhaltung des Nachlasses notwendige Maßnahme ging, wäre gemäß § 2038 I 2 Hs. 2 BGB sogar jeder Miterbe allein zum Widerruf befugt gewesen. Die Willenserklärungen, auf denen die Generalvollmacht und die Ermächtigungsurkunde beruhen, behalten über den Tod des Vollmachtgebers hinaus ihre Gültigkeit (§§ 168 S. 1, 672 S. 1 BGB). Zwar können die Erben (§ 1922 I BGB) sowohl die Generalvollmacht als auch das zugrunde liegende Auftragsverhältnis widerrufen (§§ 168 S. 2, 671 I Alt. 1 BGB). Dies erfolgte hier aber erst nach dem Stellen des Eintragungsantrages und berührte die schon bindend gewordene Einigungserklärung (§ 873 II BGB) nicht mehr. Der Eigentumserwerb des B scheitert daher nicht an der fehlenden Vollmacht der N. Eine wirksame Auflassung liegt vor. Die Eintragung ist ebenfalls erfolgt. Die Erbengemeinschaft hat also gegen B keinen Anspruch auf Zustimmung zur Grundbuchberichtigung aus § 894 BGB.

II. Der hilfsweise geltend gemachte Anspruch auf Rückauflassung der erworbenen Grundstücke kann nicht als vertraglicher Schadensersatzanspruch (§§ 280 I, 249 I BGB) geltend gemacht werden, da B nicht Vertragspartner des Auftragsverhältnisses war, mithin nicht treuwidrig gehandelt haben kann.

Der Anspruch könnte sich aber aus § 812 I 1 Alt. 1 BGB ergeben. B hat durch Leistung Eigentum und Besitz an dem Grundstück erlangt. Fraglich ist, ob dafür ein Rechtsgrund besteht. Der Kaufvertrag entsprach inhaltlich dem Willen der verstorbenen Tante T. Alleine der Umstand, dass der Verkauf zum Einheitswert nun nach dem Tod der Tante T nicht nur deren Interessen berührte, sondern auch nachteilig in die wirtschaftlichen Positionen der Erben eingriff, vermag die Sittenwidrigkeit des notariellen Vertrages und damit die Nichtigkeit nach § 138 I BGB nicht zu begründen. Folglich existiert ein Rechtsgrund. Ein Anspruch aus ungerechtfertigter Bereicherung kommt somit nicht in Betracht.

Daher besteht kein Anspruch auf Rückauflassung.

290 Macht jemand von einer postmortalen Bankvollmacht Gebrauch, so hat die Bank die erteilten Weisungen unverzüglich und ohne Vorbehalt auszuführen. Die Bank ist grundsätzlich weder berechtigt noch verpflichtet, die Zustimmung der Erben abzuwarten oder durch Zuwarten den Erben Gelegenheit zu geben, die postmortale Vollmacht zu widerrufen.[54]

291 **Fall 90:** E lebte 16 Jahre lang mit seiner Lebensgefährtin F zusammen, die er während dieser Zeit durch Testament vom 1.7.2010 als Alleinerbin einsetzte. Außerdem hatte er ihr am 22.10.2005 für den Todesfall eine nur schriftlich widerrufliche Bankvollmacht über seine Konten erteilt. Danach war die Ausführung von Verfügungen nur von der Vorlage der Sterbeurkunde abhängig. Die Beziehung zwischen E und F ging in die Brüche, und E wandte sich seiner jetzigen Lebensgefährtin K zu, die er durch Testament vom 25.4.2020 als Alleinerbin einsetzte. E verstarb am 11.8.2023.

54 BGHZ 127, 239 = NJW 1995, 250, 251; vgl. BGH NJW 2008, 2702 ff.

Zwei Tage nach dem Tod des E sprach F bei der Bank B des E vor, bezeichnete sich als Alleinerbin und wollte unter Hinweis auf die ihr erteilte Vollmacht über die Konten des E verfügen. Die Sterbeurkunde legte F vor. F wies die Bank an, das Vermögen des E auf ihr Konto zu übertragen. F beantragte außerdem einen Erbschein beim Nachlassgericht.

Später am gleichen Tag rief K, die zuvor von der bestehenden Vollmacht der F erfahren hatte, bei der Bank an und bezeichnete sich als testamentarische Alleinerbin des Verstorbenen. Auf den Hinweis, sie müsse sich als Erbin legitimieren, beantragte auch sie einen Erbschein beim Nachlassgericht und reichte das sie begünstigende Testament ein. K widerrief nun auch gegenüber B die F erteilte Bankvollmacht. Zu diesem Zeitpunkt waren die Weisungen der F bereits ausgeführt: 150.000 € waren von den Konten des E auf das Konto der F überwiesen worden.

Diesen Betrag will K von B ersetzt haben. Zu Recht?[55]

Lösung:

I. K könnte einen Anspruch auf Ersatz der 150.000 € gegen B aus Verletzung des zugrunde liegenden Zahlungsdienstevertrages gemäß §§ 675f I, 675u S. 2, 675j I 1 BGB haben.

Ein Zahlungsdienstevertrag gemäß § 675f BGB bestand zwischen E und B. K ist als wahre Erbin nach § 1922 I BGB in die Rechtsstellung des E eingetreten, da sie nach dem Testament vom 25.4.2020 Alleinerbin des E wurde. Das frühere Testament vom 1.7.2010 zugunsten der F wurde durch das neuere Testament widerrufen, §§ 2253, 2254, 2258 I BGB.

Weiterhin müsste es sich um einen nicht autorisierten Zahlungsvorgang handeln, § 675u BGB. Fraglich ist also, ob die Weisung der F als Autorisierung angesehen werden kann. Dies setzt voraus, dass F den E wirksam vertreten hat, § 164 I 1 BGB.

Problematisch ist, ob F wirksam bevollmächtigt war. E hatte ihr eine Bankvollmacht „für den Todesfall" erteilt, § 167 I BGB. Die Vollmacht sollte also erst mit Eintritt des Todesfalls wirksam werden (aufschiebende Bedingung, § 158 I BGB). Da die Bedingung eingetreten ist, war die Vollmacht zunächst wirksam.

Die Vollmacht könnte aber durch K widerrufen worden sein, § 168 S. 2 BGB. Ein Widerruf ist möglicherweise in dem Anruf der K bei B zu sehen. Allerdings hat K die bestehende, ihr bekannte Vollmacht der F in diesem Anruf nicht erwähnt. In dem Hinweis auf ihre Erbenstellung allein kann kein Widerruf erblickt werden. Hinzu kommt, dass sie die für den Widerruf erforderliche Schriftform nicht gewahrt hat.

Es könnte aber ein Vollmachtsmissbrauch durch F gegeben sein. Zwar trägt grundsätzlich der Vertretene das Risiko eines Vollmachtsmissbrauchs. Er muss aber ausnahmsweise geschützt werden, wenn der Vertreter von seiner Vertretungsmacht in ersichtlich verdächtiger Weise Gebrauch macht, sodass bei dem Vertragspartner begründete Zweifel entstehen müssen, ob nicht ein Treueverstoß des Vertreters gegenüber dem Vertretenen vorliegt. Notwendig ist eine massive Verdachtsmomente voraussetzende, objektive Evidenz des Missbrauchs. Aus der Übertragung des Geldes vom Konto des E auf das Konto der F ergaben sich für B jedoch keinerlei Verdachtsmomente, zumal F über eine wirksame postmortale Bankvollmacht verfügte. Diese hat gerade den Sinn, der bevollmächtigten F im Todesfall des Vollmachtgebers zu ermöglichen, über dessen Konten zu verfügen. Somit liegt mangels Evidenz kein Vollmachtsmissbrauch vor.

55 **Nach BGHZ 127, 239 ff = NJW 1995, 250 ff.**

Damit war die Vollmacht wirksam. Die Autorisierung ist gegeben, § 675u BGB.

Ein Anspruch der K auf Ersatz der 150.000 € gegen B aus Verletzung des zugrunde liegenden Zahlungsdienstevertrages gemäß §§ 675f I, 675u S. 2, 675j I 1 BGB besteht nicht.

II. Möglicherweise hat K aber einen Anspruch auf Ersatz der 150.000 € gegen B aus Verletzung des zugrunde liegenden Zahlungsdienstevertrages gemäß §§ 675f, 280 I, 241 II BGB.

Eine Pflichtverletzung könnte in dem unterbliebenen Hinweis der B auf die Bankvollmacht der F liegen. Ob eine solche Informationspflicht gegenüber Erben überhaupt besteht, kann hier dahinstehen, weil sich K (noch ohne Erbschein) nicht ausreichend gegenüber der Bank als Erbin legitimiert hat. Im Übrigen hatte K bereits Kenntnis von der postmortalen Vollmacht.

Schließlich könnte die Bank ihre Warte- und Rückfragepflicht gegenüber den Erben verletzt haben. Eine Pflicht, solche Sicherungsvorkehrungen für die Erben zu treffen, könnte sich hier daraus ergeben, dass für die Bank ein bevorstehender Erbprätendentenstreit erkennbar war: Sowohl F als auch K hatten sich als Alleinerbin ausgegeben. Dagegen spricht jedoch, dass es gar nicht um die Frage geht, wer Erbin geworden ist. Denn F handelte allein aufgrund der bestehenden postmortalen Vollmacht. Die Bank ist nicht verpflichtet, auf die Klärung der Rechtsnachfolge zu warten. Gegenüber dem Vollmachtgeber E als dem ursprünglichen Vertragspartner der Bank hätte keine Pflicht zur Sicherung seiner Interessen bestanden. Das Gleiche muss gelten, nachdem E gestorben ist. Das Besondere an einer postmortalen Vollmacht ist gerade, dass diese mit dem Tod ihre Wirksamkeit erlangt. Die Bank braucht sich über das Innenverhältnis zwischen Erben und Bevollmächtigten keine Gedanken zu machen. Dass das Widerrufsrecht von den Erben meist zu spät ausgeübt wird, ist im Hinblick auf die Zulässigkeit der postmortalen Vollmacht hinzunehmen. Folglich hat B keine Warte- und Rückfragepflichten verletzt.

Mangels Pflichtverletzung scheidet ein Anspruch gegen B nach §§ 675f, 280 I, 241 II BGB aus.

c) Anfechtung der Vollmacht

292 Ein weiterer Grund für die Beendigung einer Vollmacht kann eine Anfechtung sein. Da die Bevollmächtigung eine Willenserklärung darstellt, gelten grundsätzlich die **allgemeinen Anfechtungsregeln.**[56] Unproblematisch anfechtbar ist die nicht ausgeübte Vollmacht. Praktisch relevant ist dies aber nur für die unwiderrufliche Vollmacht, da es bei der widerruflichen Vollmacht wegen der jederzeitigen Möglichkeit eines Widerrufs einer Anfechtungsmöglichkeit nicht bedarf, § 168 S. 2 BGB.[57]

Problematisch ist die Anfechtung der Innenvollmacht dagegen nach Abschluss des Vertretergeschäfts.

293 **Fall 91:** Zahnärztin Z hält ihren Bekannten V irrtümlich für einen Kenner bäuerlicher Antiquitäten. Sie beauftragt ihn daher, für sie einen alten Bauernschrank zu erstehen, und erteilt ihm Ankaufsvollmacht. V erwirbt bei dem Trödler T einen Bauernschrank, der freilich alles andere

56 MüKo/*Armbrüster*, § 123 Rn. 86; *Becker/Schäfer*, JA 2006, 597 ff; *Metzing*, JA 2018, 413, 417.
57 Vgl. *Köhler*, AT, § 11 Rn. 32; *Boecken*, Rn. 627.

als alt ist. Z möchte vom Vertrag wieder loskommen, weil sie sich über die fachlichen Qualitäten des V geirrt hat. Zu Recht?

Lösung: Z könnte die dem Bekannten V erteilte Innenvollmacht gemäß § 119 II BGB anfechten und damit die Bindung an das Vertretergeschäft rückwirkend beseitigen (§ 142 I BGB). Grundsätzlich stellt die erteilte Innenvollmacht eine anfechtbare Willenserklärung dar. Aufgrund einer wirksamen Anfechtung würde der Vertreter rückwirkend zum falsus procurator und wäre damit der Haftung nach § 179 I, II BGB ausgesetzt. Der Schadensersatzanspruch des Vertreters gegenüber dem Vertretenen gemäß § 122 I BGB könnte im Falle einer Insolvenz des Vertretenen ins Leere gehen. Das mit der Anfechtung verbundene Risiko würde daher – entgegen der Wertung des § 122 I BGB – in Grenzfällen den Vertreter und nicht den Vertretenen treffen.

Nach einer Auffassung soll daher die Irrtumsanfechtung einer betätigten Vollmacht zum Schutz von Vertreter und Dritten generell versagt werden.[58] Dem entgegen steht die herrschende Meinung, die die betätigte Vollmacht als anfechtbar ansieht, aber aufgrund der materiellen Beseitigung der Bindungswirkung des Vertretergeschäfts eine Anfechtungserklärung auch gegenüber dem Geschäftspartner fordert.[59] Diese Auffassung ist vorzuziehen, da mithilfe dieser Konstruktion der Geschäftspartner einen Anspruch aus § 122 I BGB nur gegen den Vertretenen hat und daher das Anfechtungsrisiko beim Vertretenen als Anfechtendem bleibt.

Z kann somit nach h.M. die Vollmacht anfechten und so die Bindung des Vertretergeschäfts rückwirkend beseitigen. Gemäß § 122 I BGB ist Z jedoch gegenüber T zum Ersatz des negativen Interesses verpflichtet.

d) Form der Vollmacht

§ 167 II BGB enthält (parallel zu § 182 II BGB) die den Verkehr begünstigende, den Vertretenen aber u.U. gefährdende Regel, dass die Vollmacht stets formlos erteilt werden kann. Von dieser Grundregel hat die Rechtsprechung eine Reihe von Ausnahmen entwickelt, wenn die Vollmacht selbst praktisch zur wesentlichen Bindung führt und der Schutzzweck der Norm andernfalls vereitelt würde.[60] **294**

Fall 92: Dem Fliesenleger H und dessen Lebensgefährtin L gehörte ein bebautes Grundstück je zur Hälfte. H wollte seinen Miteigentumsanteil auf L übertragen und zwar zum Ausgleich für ihre unentgeltliche Mitarbeit in seinem Betrieb. Am 30.9. gingen beide zum Notar. Da dieser nicht anwesend war, konnte keine Beurkundung erfolgen. H ging deshalb zum Ortsgericht[61] und ließ dort folgende Vollmacht beglaubigen[62]: **295**

„Ich, der Fliesenlegermeister H, bevollmächtige hiermit Frau L, den Kauf- bzw. Tausch- bzw. Übergabevertrag betreffend mein Grundstück … abzuschließen und sämtliche Erklärungen zur Auflassung und Eintragung im Grundbuch vor einem Notar abzugeben. Diese Vollmacht soll auch über meinen Tod hinaus gelten. Die Bevollmächtigte soll von der Beschränkung des § 181 BGB befreit sein.“

58 *Brox/Walker*, AT, § 25 Rn. 40 ff; *Schack*, Rn. 517; *Eujen/Frank*, JZ 1973, 232.
59 *Heinrich*, S. 97 ff; *Leipold*, § 24 Rn. 38 f; *Medicus/Petersen*, AT, Rn. 945; *Boecken*, Rn. 629; *Petersen*, AcP 201 (2001), 375, 385 ff.
60 *Musielak/Hau*, § 10 Rn. 1168 f; *Lorenz*, JuS 2010, 771; *Riehm*, Rn. 575 f.
61 Die Vollmacht war durch das Ortsgericht Rodenbach (Hessen) beglaubigt worden. In Hessen sind die Ortsgerichte zu derartigen Beglaubigungen befugt (§ 13 Hessisches Ortsgerichtsgesetz).
62 Vgl. § 29 I 1 GBO.

Etwa zwei Monate später starb H. Aufgrund der Vollmacht übertrug L nach dem Tod des H den Miteigentumsanteil des H durch notariellen Vertrag auf sich selbst und bewilligte eine entsprechende Auflassungsvormerkung. In der Vertragsurkunde erklärte sie, dass die Übertragung zum Ausgleich für ihre Mitarbeit in Übereinstimmung mit dem beurkundeten Willen des H erfolge. Die Erben des H halten die Vollmacht und den zum Vollzug abgeschlossenen Vertrag für nichtig. Sie meinen, die Vollmacht habe der notariellen Beurkundung bedurft. Wie ist die Rechtslage?[63]

Lösung:

Vorbemerkung: Die Erben behaupten, der Grundstückskaufvertrag sei unwirksam. Falls dies der Fall wäre, hätten sie als Eigentümer einen Anspruch auf Zustimmung zur Grundbuchberichtigung gemäß § 894 BGB analog[64], weil ein Auflassungsanspruch nicht bestünde und daher die eingetragene Vormerkung unrichtig wäre. Darüber hinaus hätten sie einen Kondiktionsanspruch auf Herausgabe der durch den unwirksamen Vertrag erlangten Erwerbsposition.

Die Unwirksamkeit des Grundstückkaufvertrags kann sich vorliegend nur daraus ergeben, dass die Vollmacht zum Abschluss des Vertrags unwirksam ist.

§ 167 II BGB stellt die Vollmacht grundsätzlich nicht unter die Formstrenge des Hauptgeschäftes. Von diesem Grundsatz macht § 494 I BGB eine Ausnahme. Ferner ist **§ 167 II BGB teleologisch zu reduzieren**, wenn mit dem Zweck der Formvorschrift eine Formfreiheit für die Vollmacht unvereinbar ist. Daher ist für den Fall einer **unwiderruflichen Vollmacht** zum Verkauf eines Grundstücks die Form des § 311b I 1 BGB zu beachten.[65] Eine solche hat H aber nicht erteilt, da er die transmortale Vollmacht noch hätte widerrufen können. Die §§ 125 S. 1, 311b I 1 BGB kämen aber dennoch in Betracht, wenn die Befreiung von der Vorschrift des § 181 BGB darauf schließen ließe, dass H sich bereits unwiderruflich binden wollte. Dafür hätte die Vollmacht den in Wahrheit bereits gewollten Übertragungsvertrag verdecken müssen. Die Befreiung von § 181 BGB diente jedoch nur der Vereinfachung der späteren Rechtsgeschäfte und erweiterte lediglich die Vertretungsmacht. Sie schuf keine größere Bindung, als sie der Vollmachtgeber bei Entschluss zur Übereignung ohnehin bereits wollte. Überlegungen gesteigerter Zweckmäßigkeit rechtfertigen keinen Schluss auf eine absolute Bindung.

Der Kaufvertrag ist daher wirksam. Die Erben haben keine Ansprüche gegen L.

Eine Ausnahme von § 167 II BGB gilt bei der Erteilung einer Vollmacht für eine Bürgschaftserklärung, die gemäß § 766 S. 1 BGB formbedürftig ist: Die Vollmacht ist formbedürftig, wenn der Vollmachtgeber nicht Kaufmann ist (vgl. § 350 HGB).[66] Auch die Vollmacht zum Abschluss eines Verbraucherdarlehensvertrages muss schriftlich erteilt werden (§§ 492 IV 1, I 1 BGB). Die Vollmacht zur Erklärung der Erbausschlagung muss öffentlich beglaubigt werden (§ 1945 III 1 BGB).

Die widerrufliche Vollmacht zum Abschluss eines Ehevertrages bedarf keiner notariellen Beurkundung nach § 1410 BGB, weil es nach der Rechtsprechung nicht erforderlich ist,

63 **Nach BGH NJW 1979, 2306 f.**
64 Die Vormerkung ist kein Recht an dem Grundstück, sondern ein Sicherungsmittel sui generis. § 894 BGB findet aber analoge Anwendung (BGH NJW-RR 1989, 198, 199).
65 BeckOK BGB/*Schäfer*, § 167 Rn. 9; *Brox/Walker*, AT, § 25 Rn. 5.
66 BGHZ 132, 119, 122 ff = NJW 1996, 1467.

alle Formvorschriften mit Warnfunktion auf die Erteilung der Vollmacht zu erstrecken.[67] Auch die Einwilligung des Eigentümers in die Auflassung seines Grundstücks durch einen Dritten bedarf nach § 182 II BGB nicht der Form des § 925 I BGB, wenn sie frei widerruflich (§ 183 BGB) ist.[68]

e) Arten der Vollmacht

Hinsichtlich des Umfangs der Vollmacht unterscheidet man verschiedene Arten von Vollmachten, und zwar die Spezial-, die Gattungs- und die Generalvollmacht.[69] **296**

aa) Einzel- und Gesamtvertretungsmacht. Vor allem im Handels- und Gesellschaftsrecht können vielfach nur zwei Bevollmächtigte gemeinsam ein Unternehmen vertreten. Nach § 48 II HGB kann statt einer Einzelprokura eine Gesamtprokura erteilt werden. Dies muss zum Handelsregister angemeldet werden, § 53 I 2 HGB. **297**

Bei einer **OHG** kann im Gesellschaftsvertrag bestimmt werden, dass alle oder mehrere Gesellschafter nur in Gemeinschaft zur Vertretung ermächtigt sein sollen (Gesamtvertretung), § 125 II 1 HGB. Bei der **GmbH** muss im Gesellschaftsvertrag geregelt werden, wie die Gesellschaft vertreten wird. Ist nichts darüber bestimmt, so müssen Erklärungen durch sämtliche Geschäftsführer erfolgen, § 35 II 1 GmbHG. Bei einer **AG** sind die Vorstandsmitglieder nach § 78 II 1 AktG grundsätzlich nur gemeinschaftlich zur Vertretung der Gesellschaft befugt. Die Satzung kann aber bestimmen, dass einzelne Vorstandsmitglieder allein oder in Gemeinschaft mit einem Prokuristen zur Vertretung befugt sind, § 78 III 1 AktG.

Beim **Verein** hat der Vorstand gesetzliche Vertretungsmacht, § 26 I 2 BGB. Besteht der Vorstand aus mehreren Personen, so muss die Satzung bestimmen, ob Einzel- oder Gesamtvertretungsmacht besteht. Enthält die Satzung keine Regelung, so gilt – anders als im Gesellschaftsrecht – nicht der Grundsatz der Gesamtvertretung, sondern das Mehrheitsprinzip, § 26 II 1 BGB. Es müssen dann im Zweifel die für die Vertretung notwendige Zahl von Vorstandsmitgliedern nach außen mitwirken.

bb) Untervollmacht. Ein gesetzlicher Vertreter hat – wie auch ein rechtsgeschäftlich Bevollmächtigter – das Recht, bei entsprechender Vollmacht seinerseits einen Unterbevollmächtigten für den Geschäftsherrn zu bestellen. Es entsteht dann eine **mehrstufige Vertretung**. Diese führt weder dazu, dass der Hauptvertreter seine Vertretungsmacht verliert, noch bewirkt sie, dass der Untervertreter den Hauptvertreter vertritt. Der Unterbevollmächtigte vertritt vielmehr stets den Vertretenen.[70] Nach anderer Auffassung kann der Vertreter den Unterbevollmächtigten auch zu seinem eigenen Vertreter bestellen („Vertreter des Vertreters“).[71] **298**

Eine Untervollmacht kann einen gleichen oder geringeren, aber keinesfalls einen weitergehenden Umfang als die Hauptvollmacht haben.[72] Diese Vollmacht kann vom Vertretenen und vom Hauptvertreter widerrufen werden.[73] Da die Untervollmacht in ihrem Be-

67 BGHZ 138, 239 = NJW 1998, 1857, 1858.
68 BGH NJW 1998, 1482 = JuS 1998, 656.
69 Vgl. *Riehm*, Rn. 580; MüKo/*Schubert*, § 167 Rn. 66.
70 Vgl. NK-BGB/*Ackermann*, § 167 Rn. 62 f; *Stadler*, § 30 Rn. 25.
71 BGH NJW 1960, 1565, 1566; abl. MüKo/*Schubert*, § 167 Rn. 83 m.w.N.
72 BGH NJW 2017, 3373, 3374.
73 BGH NJW 2017, 3373, 3374.

stand davon abhängt, dass die gesamte Kette intakt ist, erlischt sie nach § 168 S. 1 BGB sowohl beim Ende des Grundverhältnisses zwischen Vertretenem und Hauptvertreter als auch beim Ende des Verhältnisses zwischen Hauptvertreter und Unterbevollmächtigten.[74] Der Unterbevollmächtigte muss gemäß § 164 I BGB zum Ausdruck bringen, für den Vertretenen zu handeln, dabei aber nicht die Untervollmacht offenlegen.[75]

Probleme bei der Untervertretung entstehen meist im Zusammenhang mit fehlender Vertretungsmacht (s.u. Rn. 328).

299 **cc) Vorsorgevollmacht.** Bei einem Volljährigen, der auf Grund einer psychischen Krankheit oder einer körperlichen, geistigen oder seelischen Behinderung seine Angelegenheiten ganz oder teilweise nicht besorgen kann, kommt die Bestellung eines Betreuers durch das Betreuungsgericht in Betracht, § 1814 I BGB. Nach § 1814 III 2 BGB entfällt das Bedürfnis für die Bestellung eines Betreuers, soweit der Betreuungsbedürftige eine Vertrauensperson zur Erledigung seiner Angelegenheiten bestellt hat.[76] Die Vollmacht (s. auch § 1820 BGB) kann mit sofortiger Wirkung oder aufschiebend bedingt (§ 158 I BGB) auf den Eintritt des Betreuungsfalles erteilt werden. Zumeist wird sie nur für den Fall erteilt, dass der Vollmachtgeber selbst seine Angelegenheiten nicht mehr besorgen kann, insbesondere geschäftsunfähig wird. Wirksam ist die Vollmacht nur, wenn der Vollmachtgeber zur Zeit der Erteilung noch geschäftsfähig war.[77] Die Vollmacht zur Einwilligung in bestimmte Heilbehandlungen oder eine Unterbringung mit Freiheitsentziehung muss ausdrücklich und schriftlich erteilt werden (§ 1820 II BGB). In eine lebensgefährdende Behandlung, eine Unterbringung oder eine freiheitsbeschränkende Maßnahme kann der Bevollmächtigte nur mit Genehmigung des Betreuungsgerichts einwilligen (§§ 1829 I, II, V, 1831 II, V BGB),[78] es sei denn sie entspricht unstreitig dem in einer Patientenverfügung (§ 1827 I 1 BGB) festgelegten Willen des Betreuten (§ 1829 IV BGB).

300 **dd) Prozessvollmacht.** Neben den Standardvollmachten des Handelsrechts gibt es auch im Prozessrecht eine Standardvollmacht, nämlich die Prozessvollmacht, §§ 80 ff ZPO. Der Umfang der Prozessvollmacht ist in den §§ 81, 82 ZPO gesetzlich festgelegt. Die Prozessvollmacht berechtigt danach zu **allen Prozesshandlungen** und ferner zur Abgabe von **rechtsgeschäftlichen Erklärungen** im Prozess. Die Prozessvollmacht kann nur im Rahmen des § 83 ZPO mit Außenwirkung eingeschränkt werden; andere Beschränkungen wirken nur im Innenverhältnis.[79] Handlungen des Prozessbevollmächtigten wirken unmittelbar für und gegen die vertretene Partei. Das Verschulden des Prozessbevollmächtigten ist der Partei zuzurechnen, § 85 II ZPO.[80] Tatsächliche Erklärungen kann die anwesende Partei jedoch sofort widerrufen oder berichtigen, § 85 I 2 ZPO. Die Prozessvollmacht erlischt mit ihrem Widerruf. Dem Gegner gegenüber erlangt die Kündigung des Vollmachtsvertrages erst durch die Anzeige des Erlöschens der Vollmacht, im Anwaltsprozess erst durch die Anzeige der Bestellung eines anderen Anwalts rechtliche Wirksamkeit, § 87 I ZPO.

---

74 Vgl. *Bork*, Rn. 1446 ff; *Bitter/Röder*, § 10 Rn. 190 ff; krit. NK-BGB/*Ackermann*, § 167 Rn. 69.
75 *Stadler*, § 30 Rn. 25; *Bork*, Rn. 1450.
76 Vgl. BeckOK BGB/*Müller-Engels*, § 1814 Rn. 23.
77 *Brox/Walker*, AT, § 25 Rn. 44; BeckOK BGB/*Müller-Engels*, § 1814 Rn. 35.
78 BGH FamRZ 2012, 1372 *(Sonnefeld)*; dazu auch *Wellenhofer*, JuS 2013, 260 ff.
79 *Jauernig/Hess*, Zivilprozessrecht, § 21 Rn. 23 f; *Rosenberg/Schwab/Gottwald*, § 55 Rn. 31 f.
80 BGH NJW 2019, 2230, 2232 Rn. 24; zur Kündigungsschutzklage BAG NJW 2009, 2841, 2842.

ee) Duldungs- und Anscheinsvollmacht. Gibt jemand vor für einen anderen zu handeln, besteht für den Geschäftspartner stets das Risiko, dass der Vertreter keine Vertretungsmacht hat, sodass der Hintermann nicht berechtigt oder verpflichtet würde. Zwar greift zugunsten des Geschäftspartners § 179 I, II BGB ein, doch dadurch wird der vermeintlich Vertretene nicht zur Vertragspartei. Die §§ 170–173 BGB schützen den Geschäftspartner mittels **gesetzlicher Rechtsscheinvollmachten** nur in einigen wenigen Konstellationen, so bei einer Außenvollmacht (§ 170 BGB), bei öffentlicher Bekanntmachung (§ 171 BGB), bei Vorlage einer Vollmachtsurkunde (§ 172 BGB)[81] oder aufgrund einer Anstellung in einem Laden oder Warenlager (§ 56 HGB).[82] **301**

Daher haben Rechtsprechung und Lehre aus den Tatbeständen der §§ 170 ff BGB eine allgemeine **Rechtsscheinvollmacht** entwickelt.[83]

➔ **Definition:** Bei allen Varianten einer Rechtsscheinvollmacht nach §§ 170 ff BGB analog[84] gelten die folgenden Strukturelemente (**„drei Säulen des Rechtsscheins"**):

1. Der (vermeintliche) Vollmachtgeber/Vertretene muss den Rechtsschein einer Vollmachtserteilung oder einer fortbestehenden Vollmacht gesetzt haben.
2. Dieser Rechtsschein muss dem Vertretenen zurechenbar sein.
3. Der Geschäftsgegner muss in schutzwürdiger Weise auf das Vorliegen einer Vollmacht vertraut haben.

Kannte der (vermeintliche) Vollmachtgeber das wiederholte Handeln des Vertreters und duldete es, schritt also nicht ein, obwohl ihm dies möglich war, so spricht man von einer **Duldungsvollmacht**. Bei der Duldungsvollmacht ist streitig, ob es sich dabei um eine konkludent erteilte Vollmacht oder eine Rechtsscheinvollmacht handelt.[85] Das hat Auswirkungen auf die Anfechtungsmöglichkeit, denn ein gesetzter Rechtsschein kann durch Anfechtung nicht zerstört werden, wohl aber eine konkludent erteilte Vollmacht.[86] Auch bei Einordnung als Rechtsscheinvollmacht lässt die Literatur eine Anfechtung überwiegend zu, wenn auch eine echte Außenvollmacht angefochten werden könnte.[87] Eine Anfechtung wegen Irrtums über die Rechtsfolgen der Duldung oder des zurechenbaren Rechtsscheins scheidet daher aus.[88] **302**

Wird jemand mehrfach für einen anderen tätig, sodass der Geschäftsgegner auf das Vorliegen einer Vollmacht schließen kann, kannte der (vermeintliche) Vollmachtgeber das Handeln des Vertreters jedoch nicht, hätte es aber bei pflichtgemäßer Sorgfalt erkennen und verhindern können, so liegt eine **Anscheinsvollmacht** vor.[89] Bei einem *ersten* Handeln für den (vermeintlich) Vertretenen besteht daher auch dann keine Anscheinsvollmacht, wenn der (vermeintlich) Vertretene fahrlässig keine Sicherheitsvorkehrungen dagegen getroffen hat, dass ein anderer, etwa über seinen Internet-Zugang, in seinem Namen handelt.[90] Zweifelhaft ist, ob die Anscheinsvollmacht wirklich eine Vollmacht ist, oder ob sie den Geschäftsherrn lediglich nach c.i.c.-Grundsätzen (§§ 280 I, 311 II, 241 II **303**

---

81 Vgl. *Stöhr*, JuS 2009, 106 ff.
82 *Canaris*, § 14 Rn. 5; *Brox/Henssler*, Rn. 228.
83 Vgl. BGH NJW 2005, 2985, 2987; *Köhler*, PdW AT, Fälle 132–135; *Denga/Winter*, JuS 2023, 906 ff.
84 *Würdinger/Bergmeister*, JURA 2007, 15, 23.
85 *Würdinger*, JuS 2023, 627, 631 m.w.N.
86 Vgl. *Stadler*, § 30 Rn. 42 ff.
87 Vgl. insbes. *Bork*, Rn. 1559; MüKo/*Schubert*, § 151 Rn. 53; *Bitter/Röder*, § 10 Rn. 169.
88 Vgl. *Säcker/Mohr*, Fall 20 (S. 315 f).
89 MüKo/*Schubert*, § 167 Rn. 111 ff; *Musielak/Hau*, Rn. 1183 ff; vgl. zur Rechtsscheinhaftung bei Verwendung eines Faksimilestempels, BGH, Urt. v. 14.3.2000, XI ZR 55/99.
90 BGHZ 189, 346 = NJW 2011, 2421, 2422.

BGB) ersatzpflichtig macht.[91] Die Rechtsprechung ist stets davon ausgegangen, dass der Geschäftsherr das volle Organisationsrisiko trägt, der Dritte auf den Rechtsschein der Vollmacht vertrauen darf und die Anscheinsvollmacht daher einer echten Vollmacht gleichzustellen ist.[92] Die Anscheinsvollmacht ist zudem nicht anfechtbar (s.o. Rn. 302), was in der Literatur jedoch zunehmend in Zweifel gezogen wird.[93]

304 **Fall 93:** Der Spengler S erbrachte an einem Anwesen in Augsburg Spenglerarbeiten. Eigentümer des Hauses war die M-GmbH in Traunstein, die sich durch die P-GmbH in Rosenheim vertreten ließ. Die P-GmbH beauftragte die H-GmbH mit der Hausverwaltung und gab ihr dabei auch auf, sich um die Renovierung des Hauses zu kümmern. Welche Vollmacht insoweit erteilt wurde, ist streitig. S verlangte Zahlung seines Werklohns zunächst von der M-GmbH. Diese verwies ihn aber an die H-GmbH, weil sie die Arbeiten weder selbst in Auftrag gegeben, noch der H-GmbH Vollmacht erteilt habe. Daraufhin nahm S die H-GmbH in Anspruch und verlangte von ihr Zahlung. Diese meinte, sie hafte nicht, weil sie kraft Anscheinsvollmacht für die Eigentümerin, die M-GmbH, gehandelt habe. Das Gericht überzeugte sich vom Bestehen einer Anscheinsvollmacht. Wie ist dann zu entscheiden? Kann sich S dagegen sichern, dass das für eine Klage gegen die M-GmbH zuständige Gericht das Bestehen einer Anscheinsvollmacht in einem Folgeprozess doch verneint?[94]

Lösung: Der Zahlungsanspruch gegen die H-GmbH könnte sich aus § 179 I BGB ergeben. Voraussetzung dieser verschuldensunabhängigen Garantiehaftung ist, dass die H-GmbH Vertrauen veranlasst und enttäuscht hat. Aus § 179 I BGB könnte zu folgern sein, dass nicht zuerst gegen den Vertretenen vorgegangen werden muss. Das Verhältnis zwischen § 179 BGB und der Anscheinsvollmacht ist jedoch umstritten. Weil auf beiden Wegen Vertrauen geschützt wird, könnte man geneigt sein, dem Dritten unter mehreren Anspruchsgegnern die freie Wahl zu lassen. Dies würde aber das von § 179 I BGB geschützte Verkehrsinteresse überbewerten. Dieses besteht berechtigterweise nur, wenn der Anspruchsteller ein Interesse hat, sich am Vertreter schadlos zu halten. Soweit die Vollmacht kraft Anschein eine Bindung des Vertretenen gewährleistet, fehlt es an dem von § 179 I BGB geforderten Vertretungsmangel. Da das Gericht hier von einer Anscheinsvollmacht ausgeht, kommt ein Anspruch aus § 179 I BGB nicht in Betracht.

S könnte im Prozess gegen die H-GmbH der M-GmbH den Streit verkünden, sodass sich die M-GmbH nach §§ 74 III, 68 ZPO als Streitverkündete wie ein Nebenintervenient im Nachfolgestreit nicht darauf berufen kann, der Rechtsstreit sei im ersten Prozess unrichtig entschieden worden.

305 **Ergänzung:** Die Anscheinsvollmacht muss dem Vertretenen zurechenbar sein. Der Vertretene muss also praktisch die Möglichkeit gehabt haben, die Entstehung des Rechtsscheins zu verhindern.

f) Weisungswidriges Ausfüllen einer Blanketturkunde

306 Das Ausfüllen einer Blanketturkunde hat Ähnlichkeit mit dem Gebrauchmachen von einer Vollmacht: Der Erklärende gibt eine fremde Erklärung – die des Unterzeichnenden – ab, füllt sie inhaltlich aus und übermittelt sie. Wird das Blankett abredewidrig vervollständigt, so fehlt an sich der **Geschäftswille des Ausstellers**. Dennoch verpflichtet ihn

91 So z.B. *Medicus/Petersen*, AT, Rn. 971; *Flume*, § 49, 4.
92 BGH NJW 2011, 2421, 2422 Rn. 14 ff; BGH NJW 1998, 1854, 1855.
93 Vgl. MüKo/*Schubert*, § 167 Rn. 151 f.
94 **Nach BGH NJW 1983, 1308 f = JZ 1983, 389 f.**

die h.M. zum Schutze des Geschäftsgegners ohne die Möglichkeit einer Anfechtung. Der Aussteller müsse sich an dem Rechtsschein, den er gesetzt hat, analog §§ 172 I, 173 BGB festhalten lassen.[95]

Fall 94: K kaufte bei V einen fabrikneuen Volvo für 34.000 €. Er gab seinen gebrauchten Opel für 7.500 € in Zahlung. Den Restkaufpreis finanzierte die E-Bank durch ein von K in Raten zurückzuzahlendes Darlehen. Nach einiger Zeit ersah K aus den ihm von der E-Bank übersandten Unterlagen, dass V den Opel nur mit 5.000 € auf den Kaufpreis angerechnet hatte. Er stellte V deshalb zur Rede. Dieser versprach den Darlehensvertrag abzulösen und durch einen neuen zu ersetzen. Er ließ sich deshalb von K ein weiteres Darlehensformular blanko unterzeichnen.14 Tage später gab K den Volvo an V zurück, da der erste Finanzierungsvertrag noch nicht abgelöst worden war; er erhielt seinen Opel wieder. Gleichwohl reichte V weitere 14 Tage später den blanko unterzeichneten Darlehensantrag ausgefüllt bei einer anderen Bank, der B-Bank ein. Diese zahlte den eingesetzten Darlehensbetrag von 28.000 € noch am gleichen Tage an V aus. Dem K erklärte sie die Annahme des Finanzierungsantrags. K schrieb zurück, er habe den Volvo zurückgegeben, sodass er zu nichts verpflichtet sei. Ist zwischen K und der B-Bank ein Darlehensvertrag zustande gekommen?[96] 307

Lösung: K hat keine auf den Darlehensvertrag (§ 488 BGB) mit der B-Bank gerichtete Willenserklärung abgegeben. Indes muss er u.U. die seinem Willen nicht entsprechende Ausfüllung des Blanketts gegen sich als seine Willenserklärung gelten lassen.

Dies ergibt sich jedoch nicht aus § 172 II BGB direkt, da die Bank nicht auf eine entsprechende Vollmacht zugunsten des V, sondern schon auf den Bestand einer eigenen schriftlichen Willenserklärung des K vertraute. Insoweit besteht eine planwidrige Regelungslücke. Hinsichtlich der Schutzwürdigkeit des redlichen Geschäftsverkehrs decken sich aber die Interessenlagen. Da K den Rechtsschein selbst in zurechenbarer Weise dadurch geschaffen hat, dass er das blanko unterschriebene Formular aus der Hand gegeben hat, muss er auch einen abredewidrig geschaffenen Blankettinhalt einem redlichen Dritten gegenüber, dem die Urkunde vorgelegt wird, als eigene Willenserklärung gegen sich gelten lassen. Folglich ist aufgrund des gesetzten Rechtsscheins ein Darlehensvertrag zwischen K und der B-Bank zustande gekommen, § 172 II BGB analog.

II. Wissenszurechnung

1. Allgemeines

Der Vertreter repräsentiert den Vertretenen. Das Vertretergeschäft hat nach § 164 I 1 308
BGB Wirkung ausschließlich für und gegen den Vertretenen (**Repräsentationsprinzip**).[97] Deshalb werden auch Kenntnis und Willensmängel des Vertreters dem Vertretenen zugerechnet, § 166 I BGB. Die Kenntnis eines Organmitglieds ist der juristischen Person oder Gesellschaft zuzurechnen (vgl. § 26 II 2 BGB). Die durch den Vertreter oder das Organ abgegebene Willenserklärung ist daher grundsätzlich nur anfechtbar, wenn sich der Handelnde geirrt hat.[98]

95 Vgl. *Bork*, Rn. 1650; *Leyens/Böttcher*, JuS 2019, 133, 136; *Medicus/Petersen*, AT, Rn. 913.
96 **Nach BGHZ 40, 65 = NJW 1963, 1971.**
97 Vgl. *Lorenz*, JuS 2010, 382; *Musielak/Mayer*, § 1 Rn. 46.
98 PWW/*Prütting*, § 166 Rn. 4; *Bitter/Röder*, § 10 Rn. 171; *Boemke/Ulrici*, § 13 Rn. 75.

Die Reichweite der sog. **Wissenszurechnung** im Zivilrecht ist im Detail außerordentlich umstritten. Die Tendenz geht freilich dahin, § 166 I BGB stets dort analog anzuwenden, wo ein anderer mit der eigenverantwortlichen Erledigung bestimmter Angelegenheiten von einem Dritten betraut wird. Immer dann muss sich der Geschäftsherr die Kenntnis seines Wissensvertreters zurechnen lassen.[99] Weil die Wissenszurechnung auf der Erwägung beruht, dass der Geschäftsherr aus einer geschäftsorganisatorisch bedingten Wissensaufspaltung keine Vorteile ziehen soll, findet zwar eine Zurechnung geschäftlich erlangten Wissens, nicht aber privater Kenntnisse statt, sofern nicht ausnahmsweise der Geschäftsherr aus Gründen des Verkehrsschutzes zur Organisation eines Informationsaustauschs verpflichtet ist, der auch privat erlangtes Wissen umfasst.[100] Trifft den Vertreter jedoch bezüglich bestimmter Umstände eine Verschwiegenheitspflicht, kommt eine Wissenszurechnung von vornherein nicht in Betracht.[101]

309 Ehegatten treten nach außen häufig als eine Art Einheit auf. Dennoch ist ein Ehegatte nicht kraft Gesetzes Wissenserklärungsvertreter des anderen. Seine Erklärungen werden dem anderen vielmehr nur dann zugerechnet, wenn ihn der andere mit der Abgabe von Erklärungen betraut hat.[102] Auch das Wissen eines verstorbenen Gesellschafters bzw. Organmitglieds kann einer GbR, OHG oder KG nicht zugerechnet werden.[103]

310 **Fall 95:** Die Ehefrau des B beantragte im Jahr 2022 ohne Wissen des B über ein Kreditvermittlungsbüro bei der K-Bank ein Darlehen in Höhe von 6.000 €. Den entsprechenden Auftrag unterschrieb sie mit ihrem Namen und ohne Vollmacht mit dem Namen des B. Die Bank überwies daraufhin Anfang 2023 den Kreditbetrag auf das von der Ehefrau angegebene Girokonto des Ehemannes B. Aufgrund einer Kontovollmacht verfügte sie über das Guthaben, hob das Geld ab und verbrauchte es, ohne dass ihr Mann dies bemerkte. Alsbald starb sie. Mit der Klage verlangt die Bank Rückzahlung des überwiesenen Betrages plus Zinsen. Der Darlehensvertrag ist wegen überhöhten Zinssatzes nach § 138 I BGB nichtig. Kann die Bank von B dennoch Rückzahlung verlangen?[104]

Lösung: Die K-Bank kann von B nach § 812 I 1 Alt. 1 BGB Rückzahlung verlangen, wenn B etwas durch Leistung der Bank ohne rechtlichen Grund erlangt hat. Die Zielrichtung der bewussten und zweckgerichteten Vermögensmehrung bemisst der objektive Empfängerhorizont danach, wie es die Interessen des sicheren Rechtsverkehrs in analoger Anwendung der §§ 133, 157 BGB verlangen. Ein sorgfältiger Kontoinhaber hätte die Überweisung als Auszahlung einer Darlehensvaluta erkannt, mithin eine Leistung angenommen. Da der Darlehensvertrag nach § 138 I BGB nichtig ist, besteht kein Rechtsgrund.

Fraglich ist, ob B der Entreicherungseinwand nach § 818 III BGB zusteht oder ob er den Mangel des rechtlichen Grundes beim Empfang kannte und deshalb verschärft haftet.

Eine unmittelbare verschärfte Haftung nach § 819 I BGB kommt nicht in Betracht, weil B von seiner Frau nicht über die Darlehensaufnahme unterrichtet worden war. Möglicherweise muss sich B aber die Kenntnis seiner Ehefrau zurechnen lassen. Die Vorschrift des § 166 I BGB ist im Rahmen des § 819 I BGB analog anwendbar. Wer sich im rechts-

99 Vgl. *Köhler*, PdW AT, Fall 131.
100 BGH WRP 2016, 958, 964, Rn. 61.
101 BGH WM 2016, 1031, 1035.
102 BGHZ 122, 388 = NJW 1993, 2112, 2113.
103 BGH NJW 1995, 2159, 2160.
104 **BGHZ 83, 293 = NJW 1982, 1585 f.**

geschäftlichen Verkehr bei der Abgabe von Willenserklärungen eines Vertreters bedient oder das Handeln eines in seinem Namen auftretenden Vertreters ohne Vertretungsmacht nachträglich genehmigt, muss es im Interesse des Adressaten hinnehmen, dass ihm die Kenntnis des Vertreters als eigene zugerechnet wird. Aufgrund des dem § 166 I BGB zu entnehmenden allgemeinen Rechtsgedankens muss sich derjenige, der einen anderen mit der Erledigung bestimmter Angelegenheiten in eigener Verantwortung betraut, das in diesem Rahmen erlangte Wissen des anderen zurechnen lassen, und zwar unabhängig von einem Vertretungsverhältnis. Hier hatte B seiner Frau Kontovollmacht eingeräumt, sich aber nicht um die Kontobewegungen gekümmert.

Folglich haftet B nach §§ 819 I, 818 IV, 292, 989 BGB auf Schadensersatz, weil er den Darlehensbetrag nicht mehr herausgeben kann. § 276 BGB und § 278 BGB sind nicht einschlägig, weil B kein eigenes Verschulden trifft und seine Ehefrau nicht mit seinem Willen tätig geworden ist.

2. Handeln auf Weisung eines unwissenden Geschäftsherrn

§ 166 II BGB stellt für den Fall einer Weisung des Vertretenen an den Vertreter klar, dass **311**
sich der Vertretene nicht auf die Unkenntnis des Vertreters berufen kann, wenn er selbst Kenntnis hatte. Dadurch soll primär erreicht werden, dass sich ein bösgläubiger Geschäftsherr nicht hinter einem ahnungslosen Vertreter verstecken kann.

Schließt umgekehrt der Vertreter das Geschäft auf irrtümliche Weisung des Vertretenen ab, obwohl er selbst die Sachlage durchschaut, so stellt sich die Frage, ob sich der Vertretene von dem Vertrag lösen kann. In Betracht kommt nur eine **Analogie zu § 166 II BGB** zugunsten des Vertretenen.[105]

Fall 96: A wurde von B verdächtigt, als Vorstandsmitglied 240.000 € unterschlagen und dies **312**
durch fehlerhafte Buchführung verschleiert zu haben. A bestritt dies, willigte aber schließlich in einen Vergleich ein, wonach er sich zur Zahlung von 125.000 € verpflichtete. Diesen Vergleich schloss der von A bevollmächtigte Rechtsanwalt RA auf seine Weisung ab. Zur Annahme des Vergleichs war A durch die arglistige Täuschung des B veranlasst worden, er könne den Vergleich jederzeit später widerrufen, wenn sich seine Unschuld herausstellen sollte. Dem Anwalt war die Sachlage dagegen klar. Kann A seine auf den Vergleich gerichtete Willenserklärung anfechten?[106]

Lösung: A könnte seine Willenserklärung zur Annahme des Vergleichs anfechten (§ 142 I BGB), wenn er sich auf den Anfechtungsgrund der arglistigen Täuschung gemäß § 123 I Alt. 1 BGB berufen könnte.

Nach § 166 I BGB bestimmt sich die Anfechtbarkeit wegen eines Willensmangels bei Stellvertretung allein nach der Person des Vertreters. Der vertretende RA war hier allerdings nicht getäuscht worden, sondern erkannte klar, dass ein Widerrufsrecht nicht vereinbart wurde. Danach unterlag er keinem Willensmangel.

Nach dem Wortlaut des § 166 II BGB entscheidet aber über die Zurechnung von Willensmängeln auch bei weisungsgebundenen Vertretern die Person des Vertreters, denn § 166 II BGB regelt nur, dass sich der wissende Vertretene nicht auf die Unkenntnis des Vertre-

105 Vgl. *Bork*, Rn. 1655 ff.
106 **Nach BGHZ 51, 141 ff = NJW 1969, 925 ff.**

ters berufen kann. Die Frage ist daher, ob § 166 II BGB analog zugunsten des Vertretenen angewendet werden kann, wenn er selbst ein Rechtsgeschäft infolge von Willensmängeln zum Abschluss bringt, der Vertreter den Irrtum aber nicht teilt. Nach Auffassung des BGH ergibt sich aus § 166 BGB der gemeinsame Grundgedanke, dass es jeweils auf die Person desjenigen ankommt, auf deren Entschließung der Geschäftsabschluss beruht. Bei einem weisungsgebundenen Stellvertreter ist das der Vollmachtgeber, da hier sein Geschäftswille Abgabe und Inhalt der Vertretererklärung entscheidend bestimmt. Im „Normalfall" des § 166 I BGB unterliegt der Vertreter dagegen gerade keinen Weisungen, sodass er allein das Geschäft bestimmt. In diesem Fall stellt § 166 I BGB auf die Person des Vertreters ab.

Folglich kann A sich analog § 166 II BGB auf den Anfechtungsgrund der arglistigen Täuschung berufen und seine auf den Vergleich gerichtete Willenserklärung anfechten.[107]

III. Grenzen der Vertretungsmacht

1. Insichgeschäft

313 Da man nicht gleichzeitig Diener zweier Herren sein kann, untersagt § 181 BGB

- das Kontrahieren für sich selbst und gleichzeitig als Vertreter für die Gegenseite sowie
- die gleichzeitige Vertretung beider Vertragsparteien durch eine Person.

Ein Insichgeschäft ist danach unzulässig, und zwar erstens, wenn der Vertreter im Namen des Vertretenen mit sich im eigenen Namen ein Rechtsgeschäft vornimmt (**Selbstkontrahieren**), und zweitens, wenn der Vertreter für beide Seiten das Rechtsgeschäft als Vertreter abschließt (**Mehrfachvertretung**). Als Folge des Verstoßes ist das Rechtsgeschäft nicht nichtig, sondern nur schwebend unwirksam und kann vom Vertretenen nach § 177 I BGB analog genehmigt werden.[108]

§ 181 BGB sieht davon aber Ausnahmen vor, wenn das Selbstkontrahieren ausdrücklich gestattet ist oder es sich ausschließlich um die Erfüllung einer Verbindlichkeit handelt.[109] Eine Gestattung wird in notariellen Verträgen häufig erklärt, in anderen Fällen kann sie aus den Umständen abzuleiten sein.[110]

Sinn des § 181 BGB ist es, die Gefahr eines Interessenkonflikts und somit eines Vollmachtsmissbrauchs zu verhindern: Beim Selbstkontrahieren, damit der Vertreter nicht „in die eigene Tasche wirtschaftet", bei der Mehrfachvertretung, damit er nicht die Interessen einer Seite einseitig wahrnimmt. Dieser Interessenkonflikt ist aber nur abstrakter Regelungsgrundsatz. § 181 BGB wird wegen der vom Gesetzgeber verlangten Personenidentität auch dann angewandt, wenn ein Interessenkonflikt im konkreten Fall nicht besteht.

314 Allerdings hat die Rechtsprechung davon Ausnahmen gemacht, insbesondere wenn das Rechtsgeschäft für den Vertretenen **lediglich rechtlich vorteilhaft** ist (teleologische Re-

107 BGHZ 109, 327 = NJW 1990, 975, 976; *Bitter/Röder*, § 10 Rn. 176 ff; *Faust*, § 26 Rn. 21; *Stadler*, § 31 Rn. 3; a.A. Staudinger/*Schilken*, § 166 Rn. 17, 28.
108 *Musielak/Hau*, § 10 Rn. 1194; ausf. *Radtke*, JuS 2023, 1005 ff.
109 Vgl. *Petersen*, § 40 Rn. 2 ff; krit. *Lobinger*, AcP 213 (2013), 366.
110 *Kuhn*, JuS 2016, 104, 105 f; MüKo/*Schubert*, § 181 BGB Rn. 74 ff.

duktion des § 181 BGB), z.B. bei einer lediglich rechtlich vorteilhaften Schenkung der Eltern an ihr minderjähriges Kind.[111] In anderen Fällen hat sie § 181 BGB auch analog angewandt, wenn zwar die formale Vornahme des Rechtsgeschäfts nicht unter § 181 BGB fällt, jedoch der gleiche Interessenkonflikt vorliegt.

Fall 97: M ist Eigentümerin eines unbebauten und weder vermieteten noch verpachteten Grundstücks. M lässt eine Vereinbarung notariell beurkunden, die einen schenkweisen Übergang des Eigentums am Grundstück auf S, ihren 4-jährigen Sohn, vorsieht. M handelt dabei sowohl im eigenen Namen als auch als Vertreterin des S. Der Ehemann und Vater des Kindes V tritt vor dem Notar ebenfalls als Vertreter des S auf. Sind die geschlossenen Verträge wirksam?[112] **315**

Lösung:

I. Die Willenserklärungen zum Abschluss des zunächst zu betrachtenden schuldrechtlichen Schenkungsvertrags wurden notariell beurkundet, sodass die Formvorgaben der §§ 518 I 1, 311b I 1 BGB gewahrt sind und keine Formnichtigkeit gem. § 125 S. 1 BGB anzunehmen ist. Grundsätzlich sind die Eltern M und V gem. §§ 1626, 1629 I 1 BGB als gesetzliche Vertreter zur Vertretung des nach § 104 Nr. 1 BGB geschäftsunfähigen S befugt. Der Schenkungsvertrag könnte jedoch gem. § 177 I BGB (analog) schwebend unwirksam sein, wenn M und V ausnahmsweise doch von der Vertretung ausgeschlossen sind.

Ein **Ausschluss der Vertretungsmacht** ergibt sich für M grundsätzlich aus §§ 1629 II 1, 1824 II i.V.m. § 181 BGB (sog. Insichgeschäft). M gibt das Schenkungsversprechen im eigenen Namen ab und nimmt es gleichzeitig im Namen des S an. V ist nach §§ 1629 II 1, 1824 I Nr. 1 BGB ebenfalls von der Vertretung ausgeschlossen. Bei der Schenkung handelt es sich schließlich um ein Rechtsgeschäft zwischen seiner Ehegattin und dem vertretenen minderjährigen S.

Fraglich ist jedoch, ob dieses Ergebnis dem Sinn und Zweck der §§ 1824 I Nr. 1, II, 181 BGB entspricht. Die Normen sollen den **Vertretenen vor einer Interessenkollision schützen**; daher ist im Wege einer **teleologischen Reduktion** des Verbotstatbestands eine Beschränkung der Vertretungsmacht zu verneinen, wenn eine Gefährdung der Interessen des Vertretenen ausgeschlossen ist.[113] Dies ist der Fall, wenn das Rechtsgeschäft für den Vertretenen (im Sinne des § 107 BGB) **lediglich rechtlich vorteilhaft** ist.[114] Der Schenkungsvertrag als einseitig verpflichtender Vertrag begründet ausschließlich einen Anspruch von S gegen M. Damit erlangt S lediglich einen rechtlichen Vorteil, sodass die Vertretungsmacht von M und V betreffend den Schenkungsvertrag nicht nach §§ 1629 II 1, 1824 I Nr. 1, II i.V.m. § 181 BGB ausgeschlossen ist. Der Schenkungsvertrag ist somit wirksam zustande gekommen.

II. Fraglich ist, ob Gleiches für die ebenfalls erklärte (dingliche) Auflassung nach §§ 873 I, 925 I BGB gilt. Auch hier wurde zunächst das Formerfordernis des § 925 I BGB gewahrt. Der Wortlaut des § 925 I BGB („bei gleichzeitiger Anwesenheit beider Teile") ist auch nicht so zu verstehen, dass eine persönliche Anwesenheit gemeint sei und damit eine Vertretung generell unmöglich wäre.

111 Vgl. *Leenen/Häublein*, § 9 Rn. 117 ff.
112 **Nach BGH NJW-RR 2022, 1027 ff**; siehe dazu auch *Würdinger*, JuS 2023, 172 ff.
113 BGH NJW 1972, 2262, 2263.
114 BGH NJW 1972, 2262, 2263.

M und V könnten jedoch wieder gem. §§ 1629 II 1, 1824 I Nr. 1, II i.V.m. § 181 BGB von der Vertretung des S ausgeschlossen sein. Auch hier gilt aber, dass die Normen teleologisch zu reduzieren sind, wenn die Natur des Rechtsgeschäfts eine Interessenkollision ausschließt. Dies ist der Fall, wenn das Rechtsgeschäft für den Vertretenen lediglich rechtlich vorteilhaft ist, wobei der Maßstab des § 107 BGB anzulegen ist. Nach dem BGH erlangt der Erwerber eines unbebauten und weder vermieteten noch verpachteten Grundstücks auch auf dinglicher Ebene lediglich einen rechtlichen Vorteil, selbst wenn damit die Verpflichtung zur Tragung gewöhnlicher öffentlicher Lasten einhergeht.[115] Danach sind M und V auch bei der Erklärung der Auflassung nicht nach §§ 1629 II 1, 1824 I Nr. 1, II i.V.m. § 181 BGB von der Vertretung des S ausgeschlossen, sodass auch diese wirksam ist.

316 **Fall 98:** Die K-GmbH verlangt vom beklagten Sportverein S den Kaufpreis für 3.000 T-Shirts in Höhe von je 2 €, d.h. 6.000 €. Sie stützt sich dabei auf einen schriftlichen Vertrag. Dieser ist für die K-GmbH von deren Prokuristen K und W unterzeichnet worden, die laut Eintragung im Handelsregister Gesamtprokura hatten. Der beklagte Verein S wurde von seinem alleinvertretungsberechtigten Präsidenten P vertreten. Dieser war zugleich Geschäftsführer der K-GmbH. Nachdem ein neuer Vereinsvorstand bestellt worden war, wendet der Verein ein, der Vertrag verstoße gegen § 181 BGB und sei unwirksam. Zu Recht?[116]

Lösung: § 181 BGB ist nicht unmittelbar anwendbar. Aufgrund der Beteiligung verschiedener Personen scheidet eine direkte Anwendung der Norm aus, denn es fehlt an der erforderlichen Personenidentität. Es liegt weder ein Fall des Selbstkontrahierens noch ein Fall der Mehrfachvertretung vor. § 181 BGB ist aber analog anzuwenden, wenn der am Selbstkontrahieren gehinderte gesetzliche Vertreter beider Vertragsparteien für den Vertragsabschluss einen Dritten bestellt. Im vorliegenden Fall ist eine Anwendung des § 181 BGB jedoch nicht geboten, da die Prokuristen nicht Unterbevollmächtigte des Geschäftsführers sind (was tatbestandlich eine generell-abstrakte Gefahr erkennen ließe), sondern gegenüber der Gesellschaft eine eigene Aufgabe in eigener Verantwortung wahrnehmen. Die Stellung der Prokuristen ist zwar schwächer als die eines Geschäftsführers, der zudem den Prokuristen die Vertretungsmacht für die Gesellschaft erteilt. Für eine Anwendung von § 181 BGB genügt es indessen nicht, dass ein Missbrauch (nur) denkbar ist; vielmehr muss er sich generell-abstrakt „nach objektiven und einwandfrei feststellbaren Merkmalen“ erfassen lassen.[117] Damit liegt kein Verstoß gegen § 181 BGB vor. Der Vertrag ist somit wirksam.

317 **Fall 99:** Die B-GmbH veräußert ein Grundstück an die Eheleute M und F zu Miteigentum je zur Hälfte. Beim Vertragsschluss wird die B-GmbH durch F, die alleinige Geschäftsführerin der B-GmbH, vertreten. Auf der Käuferseite ließ sich F durch ihren Ehemann M aufgrund einer dazu erteilten Vollmacht vertreten. M und F beantragen die Eintragung des Eigentumswechsels im Grundbuch. Kann dem Antrag stattgegeben werden?[118]

Lösung: Nach § 13 I GBO kann der Erwerber den Antrag auf Eintragung zu seinen Gunsten stellen. Bei einem Eigentumswechsel ist die Auflassung nach §§ 873 I, 925 I BGB dem Grundbuchamt nachzuweisen, § 20 GBO. Die Frage ist hier, ob die dingliche

115 BGH NJW 2005, 415, 418.
116 **Nach BGHZ 91, 334 ff = NJW 1984, 2085 ff.**
117 BGHZ 91, 334 = NJW 1984, 2085.
118 **Nach BGH NJW 1982, 1105 f.**

Einigung wirksam zustande gekommen oder nach §§ 181, 177 I BGB schwebend unwirksam ist, weil F die Verkäuferin vertreten hat und zugleich als Käuferin, wenn auch vertreten durch ihren Ehemann, aufgetreten ist. Formal liegt damit ein Insichgeschäft nicht vor. Dennoch ist eine teleologische Extension vom Schutzzweck des § 181 BGB her geboten, da für F ein Interessenkonflikt besteht.[119] Somit ist § 181 BGB einschlägig. Die dingliche Einigung ist bis zur Genehmigung durch alle Gesellschafter der B-GmbH schwebend unwirksam. Dem Antrag kann nicht stattgegeben werden.

2. Missbrauch der Vertretungsmacht

Missbrauch der Vertretungsmacht bedeutet Handeln innerhalb des rechtlichen Könnens 318
und außerhalb des rechtlichen Dürfens. Hat der Stellvertreter Vertretungsmacht, die er unter Überschreitung einer Beschränkung im Innenverhältnis missbraucht, so ist das Vertretergeschäft **grundsätzlich** wirksam. Es liegt nur eine Pflichtverletzung im Innenverhältnis vor. Die Vollmacht ist vom Innenverhältnis abstrahiert, gilt also auch, wenn der Beauftragte weisungswidrig handelt.[120] Es bestehen zwei wichtige **Ausnahmen**:

- Eine Bindung des Vollmachtgebers entfällt dann, wenn ein Fall der **Kollusion**, also des einverständlichen Zusammenwirkens von Vertreter und Drittem vorliegt, um den Vertretenen zu schädigen. Ein solches Vertretergeschäft ist sittenwidrig (§ 138 I BGB) und damit nichtig.[121]
- Darüber hinaus ist der Vertretene (analog § 177 I BGB) nicht gebunden, wenn der Vertreter weisungswidrig handelt und der Gegner tatsächlich weiß, dass ein missbräuchliches Handeln vorliegt, ohne mit dem Vertreter zum Schaden des Vertretenen zusammenwirken (sog. **Evidenz des Vollmachtmissbrauchs**).[122] Es genügt, wenn der Vertreter von der Vollmacht in verdächtiger Weise Gebrauch macht und dem Geschäftsgegner deshalb erhebliche Zweifel am Bestehen der Vertretungsmacht entstehen mussten.[123]

Fall 100: Die Ehefrau F war Eigentümerin eines Grundstücks. Mit dessen Verkauf beauftragte 319
sie mit schriftlicher Vollmacht ihren Ehemann M. Nachdem sich die Verhandlungen mit einem Käufer K einige Zeit hingezogen hatten, ließ sich F die Vollmachtsurkunde von M zurückgeben und verschloss sie in ihrem Schreibtisch. Kaum war sie einen Tag im Krankenhaus, durchsuchte M ihren Schreibtisch, nahm die Vollmachtsurkunde an sich und veräußerte das Grundstück an K. F begehrt Feststellung, dass Kaufvertrag und Auflassung unwirksam seien. Zu Recht?[124]

Lösung: Von einer wirksamen Veräußerung ist auszugehen, wenn F von M wirksam nach § 164 I BGB vertreten wurde. Die Vertretungsmacht bleibt nach § 172 II BGB bestehen, bis die Vollmachtsurkunde dem Vollmachtgeber zurückgegeben wird und der vormals begründete Rechtsschein seine Wirkung verliert. Die Vertretungsmacht wirkt nicht fort, bis das Erlöschen dem Dritten gegenüber angezeigt wird (keine Anwendung des § 170 BGB).

---

119 Vgl. zur teleologischen Extension *Meier/Jocham*, JuS 2015, 490, 495.
120 Vgl. *Lieder*, JuS 2014, 681 ff.
121 BGH NJW 1989, 26 f; vgl. auch BGH NJW 2014, 2790, 2792 Rn. 17; *Riehm*, Rn. 618.
122 Staudinger/*Schilken*, § 167 Rn. 96 ff; andere kommen zu demselben Ergebnis über die Arglisteinrede nach § 242 BGB: so BGH NJW 1991, 1812, 1813; BeckOK BGB/*Schäfer*, § 167 Rn. 51.
123 Vgl. BGH NJW 2017, 3373, 3374 Rn. 20; BGH NJW 2011, 66, 69.
124 **Nach BGHZ 65, 13 ff = NJW 1975, 2101 ff**; *Lindacher/Hau*, Fall 16.

Damit hätte die Urkunde dem Bevollmächtigten wieder willentlich ausgehändigt werden müssen. Der Fall kann nicht nach den Grundsätzen behandelt werden, die für den Missbrauch der Vollmachtsurkunde gelten. Der Vollmachtgeber braucht sich nämlich den Rechtsschein nicht zurechnen zu lassen, wenn ihm die Urkunde abhandengekommen ist, selbst wenn er ihre Entwendung durch eine fahrlässige Verwahrung ermöglicht hat.[125] Obgleich dies kausal für das Auftreten des Pseudovertreters sein kann, vermögen rechtsgeschäftliche Folgen auch nur an rechtsgeschäftliches bzw. rechtsgeschäftsähnliches Handeln anzuknüpfen. Denn für Vollmachtsurkunden kann nichts anderes gelten als für verkörperte Willenserklärungen, die erst und ausschließlich abgegeben werden, wenn sie bewusst in den Rechtsverkehr gelangen. Selbst die analoge Anwendung des § 172 II BGB verbietet sich, da der Begriff der Aushändigung nur geringen Spielraum für eine Auslegung lässt. Außerdem erfordert das Interesse der Verkehrssicherheit nicht diesen weitgehenden Schutz gutgläubiger Dritter, die sich auf den Ersatz ihres Vertrauensschadens zu beschränken haben. Allerdings könnte sich die Vertretungsmacht aus den Grundsätzen der Anscheinsvollmacht ergeben, wenn Frau F das Verhalten ihres Mannes M hätte erahnen müssen. Es ist Tatfrage, ob sie mit der Veräußerung durch ihren Gatten rechnen musste. Davon hängt es ab, ob die Feststellung, dass Kaufvertrag und Auflassung unwirksam scien, zu Recht begehrt wird.

320 **Fall 101:** Der Kläger K, Beamter im Justizvollzugsdienst, hat 2020 mit der Beklagten B, einem Versicherungsunternehmen, eine Berufsunfähigkeits-Zusatzversicherung abgeschlossen. In dem mit dem Versicherungsvertreter M der B abgeschlossenen Versicherungsvertrag waren die seit 2016 aufgetretenen psychischen und psychosomatischen Beschwerden nebst einer psychiatrischen Behandlung im Januar 2020 nicht angegeben. K hatte diese Erkrankungen gegenüber dem Versicherungsagenten M offengelegt. Dieser hatte ihn jedoch davon überzeugt, dass die frühen Phasen der Niedergeschlagenheit als seelische Tiefs einzuordnen seien, unter denen jeder einmal leide, und die für die Risikoeinschätzung des Versicherers unwesentlich seien. Bei einem Gefangenentransport erlitt K erhebliche Verletzungen, aufgrund derer er im Juli 2022 vorzeitig wegen Dienstunfähigkeit in den Ruhestand versetzt wurde. B erklärte fristgerecht nach Kenntnisnahme von den nicht angegebenen Erkrankungen den Rücktritt von der Berufsunfähigkeits-Zusatzversicherung.

K begehrt von B die Zahlung einer Berufsunfähigkeitsrente. Wie ist zu entscheiden?[126]

Lösung: K könnte von B Zahlung der vertraglich vereinbarten Berufsunfähigkeitsrente verlangen, wenn zwischen K und B ein wirksamer Versicherungsvertrag zustande gekommen und der von B erklärte Rücktritt nicht wirksam wäre.

Die Einigung über die essentialia negotii des Versicherungsvertrages kam zwischen K und dem Versicherungsagenten M zustande. Gemäß § 164 I BGB wäre die Willenserklärung des M der B zurechenbar, wenn dieser mit Vertretungsmacht der B gehandelt hätte.

Die Bindung der Vertretenen B an die dem M zustehende Vertretungsmacht könnte allerdings entfallen, wenn ein Missbrauch der Vertretungsmacht vorliegen würde.

In Betracht kommt ein solcher Missbrauch in Form einer Kollusion, die zu einer Nichtigkeit des Vertretergeschäfts nach § 138 I BGB führen würde. Diese wäre gegeben, wenn der Agent M und der Versicherungsnehmer K arglistig zum Nachteil des Versicherers B zusammengewirkt hätten. Dies setzt voraus, dass der Versicherungsnehmer von dem

---

125 *Meyer*, JuS 2017, 960, 962. Anders (bei Fahrlässigkeit) etwa *Riehm*, Rn. 594.

126 **Nach BGH NJW 2002, 1497 f.**

treuwidrigen Verhalten des Versicherungsagenten gegenüber dem von ihm vertretenen Versicherer weiß.[127] Aus dem Sachverhalt kann nicht geschlossen werden, dass K gewollt oder auch nur gebilligt hätte, dass M die ihm offenbarten Vorerkrankungen unberechtigt unerwähnt ließ. K wurde vielmehr von M überzeugt, dass eine solche Erwähnung nicht notwendig sei. Ein kollusives Verhalten von M und K ist daher nicht feststellbar.

Möglich wäre ein evidenter Missbrauch der Vertretungsmacht (§ 177 I BGB analog). Dies wäre dann der Fall, wenn M von seiner Vertretungsmacht in ersichtlich verdächtiger Weise Gebrauch gemacht hätte, sodass bei K begründete Zweifel hätten entstehen müssen, ob nicht ein Treueverstoß des Vertreters gegenüber dem Vertretenen vorliegt.[128] An die für § 242 BGB geforderte Evidenz des Vollmachtsmissbrauchs ist ein strenger Maßstab anzulegen, welcher der besonderen Stellung des Agenten Rechnung trägt.[129] Der Versicherer ist zur Auskunft und Beratung des Versicherungsnehmers verpflichtet. Dieser Verpflichtung kommt er durch seine Agenten nach. K durfte daher davon ausgehen, dass M zur Erteilung solcher Auskünfte befugt war. Diese Umstände bestimmen zugleich die Erwartungen des K an den Versicherungsagenten. Es ist nicht Sache des Versicherungsnehmers den Versicherungsagenten zu kontrollieren. Deswegen liegt kein verdächtiges Gebrauchmachen von der Vertretungsmacht vor, wenn der Versicherungsagent falsche Auskünfte und falsche Ratschläge erteilt und durch einschränkende Bemerkungen vom wirklichen Ziel der Fragestellungen ablenkt. Ein evidenter Vollmachtsmissbrauch liegt daher nicht vor.

Zwischen K und B ist daher ein Versicherungsvertrag zustande gekommen.

Fraglich ist, ob B vom Versicherungsvertrag wirksam zurücktreten konnte. Gemäß § 19 I, II, III VVG kann der Versicherer vom Versicherungsvertrag zurücktreten, wenn die Anzeige eines für den Vertragsschluss erheblichen Umstandes unterblieben ist, nach dem der Versicherer in Textform gefragt hat. K ist jedoch seiner Anzeigeobliegenheit gegenüber dem Versicherer nachgekommen, da er gegenüber dem Versicherungsagenten M alle erheblichen Erkrankungen offenlegte. Dass der Agent seine Angaben nicht im Antragsformular vermerkte, musste bei K wegen der vorhergehenden Erklärungen des Agenten keine Zweifel begründen.

B konnte daher nicht vom Vertrag zurücktreten, sodass K von B die Zahlung einer Berufsunfähigkeitsrente verlangen kann.

IV. Vertretung ohne Vertretungsmacht

1. Allgemeines

Handelt ein Vertreter ohne Vertretungsmacht und schließt im Namen eines anderen einen **Vertrag**, so ist der Vertretene nicht gebunden; er kann das Geschäft aber durch Genehmigung an sich ziehen, § 177 I BGB (**schwebende Unwirksamkeit**). Die Genehmigung wirkt nach § 184 I BGB auf den Zeitpunkt des Vertragsschlusses zurück. Lehnt der Vertretene die Genehmigung ab, ist der Vertrag endgültig unwirksam. Der Geschäftsgegner kann diesen Schwebezustand wie folgt beenden: 321

127 BGH NJW 1989, 26 f; BGH MDR 2008, 742.
128 BGH NJW 1994, 2082, 2083.
129 BGH NJW 2002, 1497, 1498.

- Der Geschäftsgegner kann nach § 178 S. 1 BGB seine eigene Erklärung widerrufen, sofern er den Mangel der Vertretungsmacht nicht gekannt hat.
- Außerdem kann der Geschäftsgegner den Vertretenen zur Genehmigung des Vertrags auffordern und dafür eine Erklärungsfrist von zwei Wochen setzen, vgl. § 177 II BGB. Wird die Genehmigung nicht rechtzeitig erklärt, gilt sie als verweigert.[130]

Ist ein gegenseitiger Vertrag seit Jahren vollständig abgewickelt, kann es Treu und Glauben (§ 242 BGB) widersprechen, sich jetzt auf die Unwirksamkeit der Vollmacht und damit auf die fehlende Vertretungsmacht des Vertreters zu berufen. In diesem Fall kann der Geschäftsgegner weder nach § 178 BGB widerrufen noch die Gegenseite zur Genehmigung nach § 177 II BGB auffordern.[131]

Wird die Genehmigung nicht rechtzeitig beigebracht oder wird die Genehmigung verweigert, so regelt § 179 BGB die Frage, inwieweit sich der Geschäftsgegner an denjenigen halten darf, der als Vertreter aufgetreten war und dadurch den Eindruck erweckt hatte, er habe Vertretungsmacht. § 179 BGB stellt im Grundsatz eine verschuldensunabhängige Garantiehaftung dar, die einen Ausgleich für das enttäuschte Vertrauen regelt.[132] Der Umfang der Haftung richtet sich danach, ob der Vertreter den Mangel seiner Vertretungsmacht gekannt hat oder nicht.

Falls der Vertreter den Mangel der Vertretungsmacht kannte, bestimmt § 179 I BGB dessen Haftung. Der Geschäftsgegner kann entweder Erfüllung oder Schadensersatz wählen, wenn der Vertretene die Genehmigung des Vertrags verweigert. Bei Unkenntnis des Vertreters vom Fehlen der Vertretungsmacht hat er dem Geschäftsgegner gemäß § 179 II BGB lediglich dessen Vertrauensschaden (das sog. negative Interesse) zu ersetzen, wobei das negative Interesse durch das Erfüllungsinteresse begrenzt ist. Neben die Haftung des vermeintlichen Vertreters aus § 179 BGB kann im Einzelfall auch eine Eigenhaftung aus vorvertraglicher Pflichtverletzung (§§ 280 I, 311 III, 241 II BGB) treten (s.u. Rn. 330).

Für die Haftung nach § 179 BGB kommt es nicht darauf an, ob die fehlende Vertretungsmacht sich auf eine rechtsgeschäftliche, gesetzliche oder organschaftliche Vertretungsmacht bezieht.[133]

Die Haftung nach § 179 BGB entfällt, wenn der Vertreter ohne Vertretungsmacht seine Erklärung wirksam nach §§ 119, 123 BGB mit der Wirkung einer ex-tunc-Nichtigkeit nach § 142 I BGB anficht.[134]

Bei **einseitigen Rechtsgeschäften** ist eine Vertretung ohne Vertretungsmacht grundsätzlich ausgeschlossen, § 180 S. 1 BGB. Sie kommt nur in Betracht, wenn die Gegenseite die von dem Vertreter behauptete Vertretungsmacht bei der Vornahme des Rechtsgeschäfts nicht beanstandet oder wenn die Gegenseite damit einverstanden ist, § 180 S. 2 BGB. Zum Schutz des Vertreters ohne Vertretungsmacht kann ihm gegenüber ohne sein Einverständnis kein einseitiges Rechtsgeschäft vorgenommen werden (§ 180 S. 3 BGB).

130 Vgl. BGHZ 145, 44, 47 f = NJW 2000, 3128, 3129.
131 BGH NJW 2012, 3424, 3425; dazu *M. Schwab*, JuS 2013, 648 ff.
132 Grüneberg/*Ellenberger*, § 179 Rn. 1; *Neuner*, § 51 Rn. 22.
133 RGZ 104, 191, 193; Grüneberg/*Ellenberger*, § 179 Rn. 1; *Neuner*, § 51 Rn. 20.
134 Vgl. BGH NJW 2002, 1867, 1868; *Musielak/Hau*, § 10 Rn. 1215.

2. Handeln für eine (noch) nicht existierende juristische Person

Ein Sonderproblem, vor allem im Gesellschaftsrecht, besteht, wenn jemand für eine nicht oder noch nicht bestehende juristische Person handelt. **322**

Fall 102: K verpachtete der B-GmbH, vertreten durch ihren Geschäftsführer G, eine Tankstelle auf seinem Grundstück. In § 4 des Pachtvertrages hieß es: **323**

„Die Pächterin ist noch nicht im Handelsregister eingetragen. Die persönliche Haftung des Geschäftsführers und der Gesellschafter aus diesem Vertrag wird ausgeschlossen. Der Vertrag wird unter dem Vorbehalt seiner Genehmigung durch die künftige Gesellschaft für diese und mit dieser abgeschlossen."

Vier Wochen später schrieb K an die B-GmbH, er betrachte den Vertrag als nicht verbindlich. Dieser solle im Interesse beider Seiten nicht vollzogen werden. Einen Tag später wurde die B-GmbH im Handelsregister eingetragen und teilte noch am gleichen Tag K mit, dass sie den Pachtvertrag genehmige. K meint, der Vertrag sei unwirksam und verlangt Räumung des Grundstücks. Zu Recht?

Lösung: K hat einen Anspruch gegen die B-GmbH auf Räumung des Grundstücks nach § 985 BGB, wenn die B-GmbH kein Recht zum Besitz aus dem Pachtvertrag (§ 581 BGB) hat, § 986 I 1 BGB. Nachdem die B-GmbH beim Vertragsschluss zwar gegründet, aber noch nicht im Handelsregister eingetragen war, sind die §§ 177, 178 BGB entsprechend anwendbar. Da K wusste, dass die B-GmbH noch nicht existierte, war er analog § 178 S. 1 BGB nicht zum Widerruf berechtigt. Die B-GmbH konnte daher nach ihrer Entstehung (§ 11 I GmbHG) den Vertrag gemäß §§ 177 I, 184 I BGB genehmigen, mit der Folge, dass ihr ein Recht zum Besitz aus dem Pachtvertrag erwächst. K hat daher keinen Anspruch gegen die B-GmbH auf Räumung des Grundstücks aus § 985 BGB.

Eine Haftung nach § 179 BGB tritt nicht ein, wenn der Vertreter zwar für ein nicht existierendes Scheinunternehmen handelt, hinter diesem aber ein tatsächlicher Unternehmensträger steht, der wirklich Vertragspartner sein sollte und der dem Vertreter Vollmacht erteilt hat.[135]

Zur Haftung beim Handeln für eine noch nicht gegründete GmbH s.o. Rn. 158.

3. Wahl der Erfüllung gemäß § 179 BGB

Nach § 179 I BGB kann der Geschäftspartner vom falsus procurator, der den Mangel seiner Vertretungsmacht kennt, wahlweise Erfüllung oder Schadensersatz verlangen. Die Wahl der Erfüllung bedeutet nur eine Festlegung des gesetzlich geschuldeten Schadensersatzes. Der Inhalt dieses gesetzlichen Schuldverhältnisses wird durch den an sich gemäß § 177 I BGB unwirksamen Vertrag bestimmt.[136] Der Vertreter erlangt dadurch kraft Gesetzes, ohne selbst Vertragspartei zu sein, die Stellung einer Vertragspartei.[137] Der Vertreter kann dann zwar gewisse, sich aus dem Vertrag ergebende, Gegenrechte geltend machen, die sonst dem Vertretenen zustünden. Nach h.L. hat er jedoch erst dann einen Erfüllungsanspruch, wenn er selbst in Anspruch genommen wurde.[138] **324**

135 BGH NJW 1996, 1053 f.
136 *Neuner*, § 51 Rn. 23.
137 *Bitter/Röder*, § 10 Rn. 253; Grüneberg/*Ellenberger*, § 179 Rn. 5; *Heinrich*, S. 109.
138 *Neuner*, § 51 Rn. 25.

325 **Fall 103:** Architekt A war für die B-GmbH tätig. Diese hatte sich vertraglich verpflichtet, K ein schlüsselfertiges Eigenheim zu errichten. A vergab dazu die Schreinerarbeiten an den Zimmerer W. K lehnt die Bezahlung dieser Arbeiten ab, weil er das Haus zum Festpreis von der B-GmbH erworben und A nicht bevollmächtigt habe, in seinem Namen Handwerker zu beauftragen. Da die B-GmbH insolvent wurde, nahm W den A als Vertreter ohne Vertretungsmacht auf Zahlung seiner Rechnung in Anspruch. Den Ersatz dieser Summe verlangt A nun von seiner Berufshaftpflichtversicherung. Diese Versicherung umfasst Vermögensschäden, nicht aber die Erfüllung von Verträgen und die an Stelle der Erfüllungsleistung tretenden Ersatzleistungen. Muss die Versicherung den Schaden ersetzen?[139]

Lösung: Die Frage ist, ob die Haftung nach § 179 BGB einen Haftpflichtschaden darstellt. Da die Haftung unabhängig vom Willen des Vertreters eintritt, ist dies zu bejahen. Der Anspruch des Vertragsgegners beruht stets auf Gesetz, selbst wenn er Erfüllung des Vertrages wählt. Damit legt er nur den Inhalt des ihm geschuldeten Ersatzes fest. Der Vertreter ohne Vertretungsmacht wird dagegen nicht Vertragspartner.

Hatte der Vertretene dem Vertreter eine Vollmacht erteilt, die der Vertreter überschritten hat, so kommt eine Haftung des Vertretenen nach §§ 280 I, 311 II, 241 II BGB in Betracht, wenn der Vertretene selbst eine Pflicht verletzt, etwa eine missverständliche Vollmacht erteilt hat.[140]

4. Haftungsausschluss gemäß § 179 III BGB

326 Nach § 179 III BGB entfällt eine Haftung nur bei Kenntnis oder fahrlässiger Unkenntnis des Geschäftsgegners vom Handeln des Vertreters ohne Vertretungsmacht oder bei einem beschränkt geschäftsfähigen, ohne Zustimmung des gesetzlichen Vertreters handelnden Vertreter[141] ohne Vertretungsmacht. Die Haftung entfällt daher grundsätzlich, wenn der Handelnde offen als Vertreter ohne Vertretungsmacht auftritt, selbst dann, wenn der Vertretene (noch) gar nicht existiert.[142] Der Haftungsausschluss greift nur dann nicht, wenn der vollmachtlose Vertreter besonders versichert, der künftige Rechtsträger werde den Vertrag genehmigen.[143]

Eine fahrlässige Unkenntnis des Geschäftsgegners vom Fehlen der Vertretungsmacht ist nur dann anzunehmen, wenn die ihm bekannten Umstände ihn bei Anwendung der **im Verkehr erforderlichen Sorgfalt** dazu hätten veranlassen müssen, sich danach zu erkundigen, ob der Vertreter die Vertretungsmacht tatsächlich hat.[144]

327 **Fall 104:** Der Beklagte B schloss im Namen der D-GmbH 2016 mit dem Kläger K einen Mietvertrag über eine Wohnung in dessen Haus in München ab. Als Mietdauer war die Zeit vom 1. Juni 2016 bis 31. Dezember 2023 bei einem Nettomietzins von monatlich 2.400 € festgelegt worden. Der Beklagte B war zum Abschluss der Vereinbarungen nicht ausdrücklich bevollmächtigt. Er trat gegenüber K als Verwaltungsleiter der D-GmbH auf; als solcher hatte er bereits von K Garagen für die D-GmbH gemietet. Nachdem K die Vertretungsmacht des B angezweifelt hatte, räumte B diese Zweifel aus, indem er erklärte, dass er als Verwaltungsdirektor

139 **Nach BGH NJW 1971, 429 ff.**
140 *Faust*, § 25 Rn. 11.
141 Vgl. *Chiusi*, JURA 2005, 532, 535 ff.
142 BGHZ 178, 307 = NJW 2009, 215, 216.
143 BGH NJW 2009, 215, 216 f; dazu *Fehrenbach*, NJW 2009, 2173 ff.
144 BGHZ 105, 283, 285 f = NJW 1989, 894.

keine schriftliche Bevollmächtigung brauche und sich seine Aufgaben aus gesetzlichen Vorschriften ergäben.

Nachdem sich die D-GmbH weigerte, das Handeln des B zu genehmigen, und von K auf Zahlung des Mietzinses verklagt worden war, verkündeten beide Prozessparteien B den Streit. Im damaligen Prozess wurde zwar eine Anscheinsvollmacht des B bejaht, aber angenommen, sie sei für das Handeln des K nicht ursächlich geworden.

K verlangt nun von B die Zahlung von Schadensersatz wegen dessen Handelns als Vertreter ohne Vertretungsmacht. B behauptet, dass K den Mangel fahrlässig nicht gekannt habe und daher seine Haftung ausgeschlossen sei. Wie ist zu entscheiden?[145]

Lösung: K könnte gegen B einen Ersatzanspruch nach § 179 I BGB haben, wenn kein Haftungsausschluss gemäß § 179 III 1 BGB vorliegen würde.

In Betracht kommt allenfalls ein Haftungsausschluss aufgrund fahrlässiger Unkenntnis des K vom Fehlen der Vertretungsmacht des B.

K konnte den Mangel der Vertretungsmacht des Vertreters nicht erkennen. Behauptet ein Vertreter ausdrücklich oder schlüssig, die für die Vornahme des Rechtsgeschäfts erforderliche Vertretungsmacht zu haben, darf der Vertragspartner grundsätzlich daran glauben. Er ist nicht ohne Weiteres zu Nachforschungen über Bestand und Umfang der Vertretungsmacht verpflichtet. Etwas anderes ergibt sich nur dann, wenn eine Nichtüberprüfung der Vertretungsmacht eine Außerachtlassung der im Verkehr erforderlichen Sorgfalt darstellen würde. Dies wäre der Fall, wenn sich nach den Umständen des Einzelfalls eine solche Überprüfung hätte aufdrängen müssen.

Dies ist hier anders. Zum einen hatte B zuvor für die D-GmbH bei K Garagen angemietet. Zum anderen hat er die Zweifel des K durch eine erneute Bestätigung seiner Vertretungsmacht ausräumen können. Ob sich eine solche Vertretungsmacht aus einschlägigen Rechtsvorschriften ergibt, braucht K nicht bekannt zu sein. Er darf mangels anderweitiger Umstände auf die Erklärung vertrauen.

Aufgrund dessen ist die Haftung des B nicht nach § 179 III 1 BGB ausgeschlossen.

K kann daher gegen B erfolgreich seinen Anspruch auf Zahlung von Schadensersatz aus § 179 I BGB durchsetzen.

5. Haftung des Unterbevollmächtigten

Zweifelhaft ist, wie ein Unterbevollmächtigter haftet, wenn die Vollmacht des Hauptbevollmächtigten fehlt. **328**

Fall 105: K legte dem Uhrmacher U eine mit Edelsteinen besetzte Damenarmbanduhr zum Schätzen vor. U nahm die Uhr an sich und erklärte ihm bei der Rückkehr aus seinem Arbeitsraum, er gebe die Uhr erst nach Zahlung seines (tatsächlich ausstehenden) restlichen Werklohns von 200 € wieder heraus. Daraufhin meinte K, er solle die Uhr für ihre Eigentümerin, eine Amerikanerin, verkaufen. Dazu legte er eine englischsprachige Verkaufsvollmacht vor. Da U nur einen kleinen Laden betrieb, wandte er sich wegen des Ankaufs an seinen Lieferanten L in der Großstadt und bot ihm die Uhr an. Dabei erzählte er, dass es ihm darum gehe, zu seinem Geld zu kommen. Außerdem zeigte er die Bescheinigung der Amerikanerin. L kaufte die Uhr **329**

145 **Nach BGH NJW 2000, 1407 f.**

schließlich für 1.600 €. U erhielt den Kaufpreis und führte ihn an K ab, wobei er die ihm geschuldeten 200 € sowie 100 € als Provision einbehielt. Bald darauf stellte sich heraus, dass die Hausgehilfin des K die Uhr der Amerikanerin gestohlen und die Bescheinigung gefälscht hatte. L gab daraufhin die Uhr an die Amerikanerin zurück und verlangt von U Ersatz des Kaufpreises. Zu Recht?[146]

Lösung: U haftet dem L nach § 179 I BGB, wenn er als Vertreter ohne Vertretungsmacht für die Eigentümerin gehandelt hat. Zwar hatte K dem U tatsächlich Vollmacht erteilt, die von K behauptete Hauptvollmacht bestand jedoch nicht. Die Frage ist deshalb, ob der Unterbevollmächtigte auch das Risiko des Fehlens der Hauptvollmacht trägt. Nach Ansicht der Rechtsprechung haftet der Vertreter nur für den Anschein, den er selbst hervorruft. Weiß der Geschäftsgegner, dass er es mit einem Untervertreter zu tun hat, so haftet der Untervertreter nur dafür, dass eine ordnungsgemäße Untervollmacht vorliegt *(offen gelegte Untervertretung).* U haftet daher nicht nach § 179 I BGB. U würde dagegen haften, wenn er im Namen der Eigentümerin gehandelt hätte.[147]

V. Eigenhaftung des Vertreters

330 Im Allgemeinen haften nur Vertragspartner einander und haben dabei für das Verschulden ihrer Hilfspersonen einzustehen (§ 278 BGB). Nur ausnahmsweise kann ein Vertreter auch nach außen direkt nach § 311 III 2 BGB haften (sog. **Sachwalterhaftung**). Das kann zum einen der Fall sein, wenn er persönlich das Vertrauen des Gegners in Anspruch genommen und enttäuscht hat, zum anderen, wenn er der eigentliche wirtschaftliche Geschäftsherr ist.[148]

331 **Fall 106:** Die K-GmbH verlangt von der Anlageberatungs-B-GmbH und deren Geschäftsstellenleiterin C Schadensersatz für den Verlust bei einem Warenterminoptionsgeschäft. Nach telefonischer Werbung hatte die K-GmbH im Büro der C eine Silber-Call-Option für 20.000 € gekauft. Drei Monate später teilte die B-GmbH der K-GmbH mit, die Option habe nicht deklariert werden können, weil der Kurs am Verfalltag unter dem Einstandskurs gelegen habe. Den dadurch eingetretenen Totalverlust macht die K-GmbH nun geltend. Sie legt dar, C habe ihr vorgetäuscht, die Prämie werde zum Optionserwerb verwendet; die B-GmbH erhalte nur 10% eines eventuellen Gewinnes. Tatsächlich habe die B-GmbH aber nur ein Drittel der Prämie in London platziert, den Rest als Provision einbehalten, sodass keine reale Gewinnchance bestanden habe. Wie ist zu entscheiden?[149]

Lösung: Die K-GmbH könnte gegen die B-GmbH einen Schadensersatzanspruch gemäß §§ 280 I, 311 II Nr. 1, 241 II BGB haben.

Durch die Aufnahme der Vertragsverhandlungen ist ein Schuldverhältnis mit Pflichten nach § 241 II BGB entstanden, § 311 II Nr. 1 BGB. Vor Abschluss des Geschäftes hätte die Pflicht bestanden, die K-GmbH über die Zusammensetzung der Gesamtprämie aufzuklären, da sie nur dann die Risiken und Chancen des Geschäftes richtig hätte einschätzen können. Diese Pflichtverletzung hat die B-GmbH zu vertreten (§ 278 BGB). Deshalb

146 **Nach BGHZ 32, 250 ff = NJW 1960, 1565 ff**; krit. *Bornemann*, AcP 207 (2007), 102, 144 ff.
147 Vgl. BGHZ 68, 391, 395 = NJW 1977, 1535, 1536.
148 *Stadler*, § 31 Rn. 5; *Looschelders*, Schuldrecht AT, § 9 Rn. 22 ff.
149 **Nach BGH NJW 1983, 2696 f.**

steht der K-GmbH gegen die B-GmbH ein Schadensersatzanspruch in Höhe von 20.000 € zu (§ 249 I BGB).

Die K-GmbH könnte zudem gegen C einen Ersatzanspruch nach §§ 280 I, 311 III 2, 241 II BGB haben.

Gemäß § 278 BGB trifft grundsätzlich den Vertretenen die Haftung für eine Pflichtverletzung des Erfüllungsgehilfen. Ausnahmsweise kann die Haftung für die Pflichtverletzung jedoch den Handelnden selbst treffen, wenn er ein unmittelbar eigenes wirtschaftliches Interesse an dem Geschäft hat oder ein besonderes persönliches Vertrauen in Anspruch genommen hat, durch das die Vertragsverhandlungen erheblich beeinflusst wurden (§ 311 III 2 BGB).[150] Beides ist hier nicht gegeben. Es ist nicht ersichtlich, dass C über das normale Maß hinaus gegenüber der K-GmbH persönliche Gewähr für die Seriosität und die Ausführung des Vertrages übernommen hat. Auch ist der normale Provisionsanspruch der C als nur mittelbares wirtschaftliches Interesse nicht ausreichend, um eine Eigenhaftung zu begründen.[151] Ein Anspruch wegen Verletzung eines Schuldverhältnisses nach § 311 III 2 BGB gegen C scheidet damit aus.

Der Schadensersatzanspruch könnte auch aus § 823 II BGB iVm § 263 I StGB gegeben sein. Aus dem Sachverhalt ist aber nicht ersichtlich, dass C die K-GmbH vorsätzlich getäuscht hat. Deshalb scheidet ein deliktischer Anspruch gegen sie aus.

VI. Stellvertretung im Handelsrecht

1. Prokura

Die Prokura (§§ 48 ff HGB) ist zunächst einmal eine gewöhnliche Vollmacht. Ihre Be- **332**
sonderheit liegt darin, dass ihr Umfang im Interesse des Handelsverkehrs gesetzlich festgelegt ist.[152] Jeder, der einen Vertrag mit einem Prokuristen abschließt, soll grundsätzlich sicher sein, dass der Prokurist im Rahmen seiner Vertretungsmacht handelt. Dadurch trägt das Gesetz dem gesteigerten Vertrauensschutz im Handelsverkehr Rechnung. Außerdem richtet sich der Schutz des guten Glaubens an das Bestehen oder Nichtbestehen einer Prokura nach § 15 HGB. Da die Prokura eine besondere Vollmacht ist, sind grundsätzlich die §§ 164–181 BGB anwendbar, sofern nicht die §§ 48 ff HGB Sonderregeln enthalten.[153]

Die Prokura betrifft als Vollmacht nur das Außenverhältnis zwischen Geschäftsinhaber und Drittem. Von dem Grundverhältnis ist sie streng zu trennen. Da die Erteilung der Prokura eine **ausdrückliche Erklärung** voraussetzt (§ 48 I HGB), gibt es weder eine stillschweigende Prokura noch eine Duldungsprokura. Allerdings kann eine gewöhnliche Duldungsvollmacht vorliegen oder der Kaufmann nach Rechtsscheingrundsätzen haften. Keine Voraussetzung für die Wirksamkeit der Prokura ist die Anmeldung zum Handelsregister. Nach § 53 I 1 HGB muss die Prokura zwar angemeldet werden; erteilt ist sie aber nach § 167 I BGB bereits mit der Erklärung gegenüber dem Prokuristen oder dem Dritten. Bei fehlender Eintragung der Prokura im Handelsregister gilt allerdings § 15 HGB.

150 Grüneberg/*Grüneberg*, § 311 Rn. 60 ff; PWW/*Stürner*, § 311 Rn. 73 f.
151 Vgl. *Petersen*, § 43 Rn. 1 ff.
152 Vgl. *Fischinger/Junge*, JuS 2021, 396; *Brox/Henssler*, Rn. 194 f.
153 MüKoHGB/*Krebs*, Vorb zu §§ 48 ff Rn. 1; vgl. zum Verhältnis BGB/HGB auch Art. 2 I EGHGB.

333 **Fall 107:** A, B und X gründeten 2008 zum Zwecke des Handels mit Werkstoffen die AB-KG. A und B wurden persönlich haftende Gesellschafter, X Kommanditist. Die AB-KG wurde ordnungsgemäß im Handelsregister eingetragen.

Am 1.4.2008 beschlossen die Gesellschafter, dem P Prokura zu erteilen. Der Gesellschaftsvertrag wurde wie folgt gefasst:

§ 4 Vertretung

(1) Jeder persönlich haftende Gesellschafter ist zur Geschäftsführung und Vertretung der Gesellschaft berechtigt und verpflichtet.

(2) Dem P wird Prokura erteilt. Geschäfte über mehr als 50.000 € darf er jedoch nur gemeinsam mit einem persönlich haftenden Gesellschafter abschließen.

Ein Exemplar des so neu gefassten und von allen Gesellschaftern unterzeichneten Gesellschaftsvertrages wurde noch am selben Tag unter Hinweis auf § 4 II des Vertrages an P ausgehändigt. Im Handelsregister unterblieb die Eintragung der Erteilung der Prokura.

Anfang Oktober 2018 kam es zu Spannungen zwischen den Gesellschaftern und P. Die Prokura wurde widerrufen. Wiederum unterblieb eine Eintragung im Handelsregister.

Am 15.10.2018 kaufte P im Namen und für Rechnung der AB-KG bei der B-Bank Aktien der P-AG im Wert von 100.000 €. A und B erfuhren von diesem Geschäft erst drei Wochen später, als die B-Bank die AB-KG Zug-um-Zug gegen Übereignung der Aktien zur Zahlung von 100.000 € aufforderte. Die AB-KG, die an einem Erwerb der Aktien nicht interessiert war, kam dem Verlangen der B-Bank nicht nach, weil das Geschäft nicht von der Vertretungsmacht gedeckt sei. Im Übrigen sei die Prokura widerrufen worden.

Kann die B-Bank Zahlung der 100.000 € verlangen?

Lösung: Die B-Bank könnte einen Anspruch gegen die AB-KG aus §§ 453 I, 433 II BGB auf Zahlung von 100.000 € haben. Dazu müsste ein Kaufvertrag zwischen der B-Bank und der AB-KG zustande gekommen sein. Für die AB-KG könnte P als Vertreter gehandelt haben. Er gab eine eigene Willenserklärung im Namen der AB-KG ab, § 164 I, III BGB.

Fraglich ist aber, ob P Vertretungsmacht für das getätigte Geschäft hatte. Die Vertretungsmacht könnte sich aus der dem P erteilten Prokura ergeben, wenn die Prokura wirksam erteilt wurde, noch fortbesteht und das Geschäft von ihr gedeckt ist.

Nach § 48 I HGB kann die Prokura nur ausdrücklich vom Inhaber des Handelsgeschäfts erteilt werden. Gemäß § 6 I HGB finden die für Kaufleute geltenden Vorschriften auch auf Handelsgesellschaften Anwendung, also auch auf die AB-KG (§ 161 I HGB). An einer ausdrücklichen Erteilung bestehen keine Zweifel. Problematisch ist aber, dass die Erteilung der Prokura entgegen § 53 I 1 HGB nicht im Handelsregister eingetragen wurde. Die Eintragung hat allerdings nur deklaratorische Wirkung und ist daher für die Wirksamkeit der Prokura ohne Belang. Jedoch führte der Widerruf der Prokura Anfang Oktober 2018 zum Erlöschen der Prokura, § 52 I HGB. Damit kann sich keine Vertretungsmacht des P aus § 49 I HGB ergeben. Allerdings darf sich die AB-KG auf das Erlöschen der Prokura nicht berufen, wenn die Voraussetzungen des § 15 I HGB vorliegen. Danach dürfte eine eintragungspflichtige Tatsache nicht eingetragen oder bekannt gemacht worden sein. Das Erlöschen der Prokura ist gemäß § 53 II HGB ebenso einzutragen wie die Erteilung, sodass es sich um eine eintragungspflichtige Tatsache handelt. Eine Eintragung ins Handelsregister hat nicht stattgefunden. Die B-Bank hatte auch keine Kenntnis von dem Widerruf der Prokura (§ 15 I HGB aE). Somit dürfte sich die AB-KG nicht auf das Erlöschen der Prokura berufen.

Fraglich ist aber, ob die Haftung aus § 15 I HGB hier entfällt, weil schon die Erteilung der Prokura (Primärtatsache) nicht eingetragen worden war (**Problem der sekundären Unrichtigkeit**).

Nach der h.M. ist die Eintragung der Sekundärtatsache auch bei fehlender Eintragung der Primärtatsache erforderlich, denn nur so sei der Dritte, der auch auf anderem Weg Kenntnis von der Primärtatsache, hier der erteilten Prokura, erlangt haben könnte, ausreichend geschützt.[154] Von diesem Grundsatz wird nach dem Sinn und Zweck des § 15 I HGB als abstrakte Vertrauensschutznorm im Wege einer teleologischen Reduktion teilweise eine Ausnahme gemacht, wenn die voreintragungspflichtige Tatsache vollkommen intern geblieben ist. In diesen Fällen ist nämlich ein schutzwürdiges Vertrauen schlechthin nicht denkbar.[155]

Die Gegenauffassung lehnt die Anwendung von § 15 I HGB für den Fall der fehlenden Voreintragung ab, weil kein Rechtsschein entstanden sei. Wenn sowohl die Erteilung als auch das Erlöschen der Prokura nicht eintragen seien, stimme das Handelsregister mit der Wirklichkeit überein. Ein Rechtsschein entstehe dann gerade nicht. § 15 I HGB schütze nur den guten Glauben an kundgemachte Tatsachen.

Der h.M. ist der Vorzug zu geben, weil nur mittels Eintragung der Sekundärtatsache ein angemessener Schutz Dritter erreicht werden kann. Folglich darf sich die AB-KG nicht darauf berufen, die Prokura des P sei erloschen, § 15 I HGB. Die Ausnahmekonstellation ist nicht einschlägig, weil die Prokura bereits einige Zeit – ein halbes Jahr – vor dem Abschluss des Kaufvertrages erteilt worden ist.

Fraglich ist aber, ob der getätigte Aktienkauf des P überhaupt von der Prokura gedeckt war.

Nach § 49 I HGB ermächtigt die Prokura zu allen Geschäften, die zum Betrieb eines Handelsgewerbes gehören. Insbesondere sind Umfang und Zweck des konkreten Handelsgewerbes nicht entscheidend. Demnach wäre der Aktienkauf vom Umfang der Prokura gedeckt. Dem könnte allerdings die Beschränkung des Umfangs der Prokura in § 4 II 2 des Gesellschaftsvertrages entgegenstehen. Nach § 50 I, II HGB wirkt eine solche Beschränkung aber nicht im Verhältnis gegenüber Dritten. Im Außenverhältnis kann sich die AB-KG daher nicht auf die Beschränkung der Prokura auf Geschäfte bis zu 50.000 € berufen. Allerdings macht sich P bei Verstoß gegen § 4 II 2 des Gesellschaftsvertrages im Innenverhältnis schadensersatzpflichtig.

Der Kaufvertrag ist daher wirksam zustande gekommen. Die AB-KG ist aus §§ 453 I, 433 II BGB zur Zahlung von 100.000 € Zug um Zug gegen Übereignung der Aktien (§ 320 I 1 BGB) verpflichtet.

Eine Prokura kann nicht nur einem allein, sondern auch mehreren gemeinsam erteilt werden (sog. **Gesamtprokura, § 48 II HGB**).[156] Von einer halbseitigen Gesamtprokura spricht man, wenn einer von zwei Bevollmächtigten allein, der andere aber nur gemeinschaftlich mit dem ersten handeln darf. Noch komplizierter wird es, wenn eine Gesamtprokura in der Weise erteilt wird, dass der Prokurist nur mit einem Gesellschafter bzw. Geschäftsführer zusammen handeln darf. Je nachdem, ob der Gesellschafter bzw. Ge- 334

154 Vgl. BGH NJW 1983, 2258, 2259; BGHZ 116, 37, 44 f = NJW 1992, 505, 507; *K. Schmidt*, Handelsrecht, § 14 III 2 b (S. 486 ff).

155 *Müller*, JA 2015, 740, 741 f m.w.N.

156 *Brox/Henssler*, Rn. 203 f; *Oetker*, § 5 Rn. 34 ff; *Lettl*, § 6 Rn. 33 ff.

schäftsführer allein- oder nur gesamtvertretungsberechtigt ist, liegt gemischte (auch unechte) Gesamtprokura oder halbseitige gemischte Gesamtprokura vor.

335 **Fall 108:** S ist Eigentümer eines Grundstücks. Zur Sicherung eines Darlehens bestellt er der G-GmbH eine Grundschuld über 50.000 € an diesem Grundstück. Nachdem das Darlehen zurückgezahlt ist, erklären die Beteiligten gegenüber dem Grundbuchamt:

Löschungs- und Bewilligungsantrag:

Die unterzeichnete Gläubigerin bewilligt und der mitunterzeichnete Grundstückseigentümer beantragt hiermit die Löschung der vorgenannten Grundschuld an allen Grundbuchstellen.

Diese Erklärung wurde von S und für die G-GmbH von dem Geschäftsführer D und dem Prokuristen P unterzeichnet. Die Unterschriften wurden notariell beglaubigt.

In der Satzung der G-GmbH heißt es:

§ 1 Rechtsverhältnisse

(1) Die Gesellschaft wird, falls mehrere Geschäftsführer bestellt sind, durch zwei Geschäftsführer vertreten.

(2) E und F sind zu weiteren Geschäftsführern bestellt.

(3) D ist zum Geschäftsführer bestellt; er vertritt die Gesellschaft zusammen mit einem weiteren Geschäftsführer.

§ 2 Prokura

(1) P und Q sind Gesamtprokuristen.

(2) Jeder von ihnen ist nur gemeinsam mit einem Geschäftsführer vertretungsberechtigt.

Die den Antrag bearbeitende Rechtspflegerin hat Zweifel hinsichtlich der Vertretung der G-GmbH. Zu Recht?[157]

Lösung: Die G-GmbH wäre gemäß § 164 I 1 BGB wirksam vertreten worden, wenn D und P in fremdem Namen gehandelt hätten und bevollmächtigt gewesen wären. Problematisch ist, ob die satzungsmäßigen Vertretungsregeln zulässig sind und ob diesen entsprochen wurde.

Das Handeln des Prokuristen P kann von einem gemeinschaftlichen Auftreten mit einem Geschäftsführer abhängig gemacht werden (**gemischte oder unechte Gesamtprokura**). Fraglich ist aber, ob bei der gemischten Gesamtprokura der Prokurist auch an einen lediglich gesamtvertretungsberechtigten Geschäftsführer gebunden werden kann (**gemischt halbseitige Gesamtprokura**).

Nach § 78 III 1 AktG, § 25 II GenG können die gesamtvertretungsberechtigten Vorstandsmitglieder zusammen mit einem Prokuristen die Gesellschaft oder Genossenschaft wirksam vertreten. Die genannten Bestimmungen gehen nämlich vom Grundsatz der Gesamtvertretung aus (§ 78 II 1 AktG, § 25 I 1 iVm § 24 II GenG). Auch soweit der Gesellschaftsvertrag einer OHG die Gesamtvertretung durch mehrere persönlich haftende Gesellschafter vorsieht, kann gemäß § 125 III 1 HGB ein Prokurist zur gemeinsamen Vertretung mit einem Gesellschafter herangezogen werden. Gestattet mithin das Gesellschaftsrecht bei mehreren Gesellschaftsformen die organschaftliche Vertretung durch ein gesamtvertretungsberechtigtes Organmitglied zusammen mit einem Prokuristen, so wäre es unhaltbar und widersprüchlich, umgekehrt im Bereich der rechtsgeschäftlichen Vertretung die an ein gesamtvertretungsberechtigtes Organmitglied gebundene Prokura nicht

157 **Nach BGH NJW 1987, 841 f**; Anm. *K. Schmidt*, JuS 1987, 494.

zuzulassen. Es ist also analog § 125 III 1 1 HGB, § 78 III 1 AktG, § 25 II GenG – wonach die gesetzliche Vertretungsmacht eines organschaftlichen Vertreters auch an die Mitwirkung eines Prokuristen gebunden werden kann – zu folgern, dass umgekehrt die Vertretungsbefugnis eines Prokuristen von der Mitwirkung eines organschaftlichen Vertreters abhängig gemacht werden darf.[158]

Folglich ist die Vertretung durch einen Prokuristen und einen lediglich gesamtvertretungsberechtigten Geschäftsführer zulässig. Sowohl D als auch P haben die Löschungsbewilligung unterschrieben, sodass den satzungsmäßigen Vertretungsregeln entsprochen wurde. Damit wurde die G-GmbH ordnungsgemäß vertreten.

2. Handlungsvollmacht

Wurde keine wirksame Prokura erteilt, ist immer an das Vorliegen einer Handlungsvollmacht (für branchentypische Geschäfte) zu denken.[159] Diese unterliegt nicht wie die Prokura besonderen Erteilungsvoraussetzungen. Der Umfang der Handlungsvollmacht (§ 54 HGB) bestimmt sich danach, ob eine General-, Art- oder Spezialhandlungsvollmacht vom Vollmachtgeber gewollt ist (vgl. den Wortlaut des § 54 I HGB). Rechtsgeschäftliche Beschränkungen sind ohne Weiteres wirksam. Jedoch wirken sie gegenüber Dritten nur, wenn sie diese kennen oder kennen müssen (§ 54 III HGB). 336

Fall 109: Kaufmann K betreibt einen kleinen Computerhandel. Die Firma des Unternehmens ist im Handelsregister eingetragen. Da die Geschäfte gut gehen, ist er bald auf Unterstützung angewiesen und erteilt daher P Prokura. Die Prokura wird ordnungsgemäß im Handelsregister eingetragen. Durch das wachsende Interesse am Internet sind K und P nach kurzer Zeit wiederum völlig überlastet. K fordert P daher auf, einen weiteren Mitarbeiter einzustellen und diesem ebenfalls Prokura zu erteilen. Daraufhin wird X als neuer Prokurist eingestellt. Auch seine Prokura wird im Handelsregister eingetragen. 337

In der Folgezeit schließt X im Namen des K etliche Verträge mit Computerlieferanten ab. Aus Versehen kauft X von dem Lieferanten L mehrere alte Rechner, die sich wegen der technischen Weiterentwicklung nicht mehr verkaufen lassen.

K will wissen, ob er an diesen Vertrag gebunden ist.

Lösung: K ist an den Kaufvertrag mit L gebunden, wenn dieser wirksam zustande gekommen ist, also zwei übereinstimmende Willenserklärungen vorliegen. Von einer wirksamen Willenserklärung des L ist auszugehen. K hat nicht selbst gehandelt, könnte aber durch X vertreten worden sein, § 164 I 1 BGB. X handelte in fremdem Namen, sodass die Offenkundigkeit gewahrt ist. Fraglich ist aber, ob X Vollmacht hatte.

X könnte Prokura erteilt worden sein. Nach § 48 I HGB kann die Prokura nur vom Inhaber eines Handelsgeschäfts erteilt werden, also von einem Kaufmann.

Kaufmann ist nach § 1 I HGB (Ist-Kaufmann), wer ein Handelsgewerbe betreibt, wobei unter Handelsgewerbe jeder Gewerbebetrieb zu verstehen ist, § 1 II HGB. Lediglich dann, wenn das Unternehmen nach Art oder Umfang einen in kaufmännischer Weise eingerichteten Gewerbebetrieb nicht erfordert, es sich also um einen Kleingewerbetreibenden handelt, fehlt die Kaufmannseigenschaft nach § 1 I HGB. Kleingewerbetreibende

158 BGH NJW 1987, 841; *K. Schmidt*, Handelsrecht, § 16 III 3 c cc 3 b (S. 580 f).

159 Vgl. *Drexl/Mentzel*, JURA 2002, 289, 295; *Brox/Henssler*, Rn. 212 ff; *Canaris*, § 12 Rn. 3, § 13 Rn. 16; MüKoHGB/*Krebs* § 54 Rn. 1 ff.

werden grundsätzlich nicht nach dem HGB, sondern nach dem BGB behandelt. Da die Geschäfte des K sehr gut gehen und er ständig neue Mitarbeiter benötigt, liegt kein Kleingewerbe mehr vor. Im Übrigen ist die Firma des Unternehmens des K im Handelsregister eingetragen, sodass er schon gemäß § 2 S. 1 HGB (Kann-Kaufmann) als Kaufmann gilt. Demnach könnte K Prokura erteilen.

Problematisch ist aber, dass hier P dem X Prokura erteilt hat. Eine solche Unterprokura ist nach dem eindeutigen Gesetzeswortlaut des § 48 I HGB nicht vorgesehen. Wegen des weiten Umfangs der Prokura (vgl. § 49 I HGB) ist diese für den Kaufmann besonders gefährlich. Ihre Erteilung bleibt daher allein ihm vorbehalten. Folglich wurde eine Prokura nicht wirksam erteilt.

Möglicherweise könnte die unwirksame Prokura aber in eine wirksame Handlungsvollmacht gemäß § 54 HGB umgedeutet werden, § 140 BGB. Eine der Umdeutung vorgehende Auslegung führt hier nicht weiter, da die ausdrückliche Erteilung durch den Kaufmann fehlt. Die Voraussetzungen der Umdeutung müssten gegeben sein. Mit der nach § 48 I HGB unwirksam erteilten Prokura liegt ein nichtiges Rechtsgeschäft vor. Dieses müsste den Erfordernissen eines anderen Rechtsgeschäfts entsprechen. Demnach müssten die Voraussetzungen einer Handlungsvollmacht gemäß § 54 I HGB gegeben sein.

P müsste Vollmachtgeber sein dürfen. Handlungsvollmacht dürfen neben den Kaufleuten auch Prokuristen, sogar Handlungsbevollmächtigte im Rahmen ihrer Vollmacht erteilen. P war daher in der Lage, X Vollmacht zu erteilen. X war als natürliche Person auch möglicher Handlungsbevollmächtigter. Die Erteilung der Handlungsvollmacht ist gemäß § 167 I BGB formlos möglich. Ein Eintragungserfordernis besteht nicht. Folglich sind die Voraussetzungen des § 54 I HGB gegeben.

Die Umdeutung müsste schließlich dem (hypothetischen) Parteiwillen entsprechen.[160] Da K aufgrund der Auftragsüberlastung dringend auf einen weiteren Vertreter angewiesen war, entspricht die Umdeutung der Prokura in eine Handlungsvollmacht seinem mutmaßlichen Willen. Somit wurde dem X eine Handlungsvollmacht erteilt.

K ist jedoch nur dann an den Kaufvertrag mit L gebunden, wenn das Geschäft, das X vorgenommen hat, vom Umfang seiner Vertretungsmacht gedeckt war. Es kommt daher darauf an, ob X eine General-, Art- oder nur eine Spezialhandlungsvollmacht erteilt wurde. Da K sogar die Erteilung einer Prokura beabsichtigt hatte, kann auf eine Generalhandlungsvollmacht geschlossen werden. K wollte X weitest möglich bevollmächtigen, sodass die Annahme einer Generalhandlungsvollmacht seinem Willen am nächsten kommt. Das von X mit L abgeschlossene Computerlieferungsgeschäft ist von dieser Vollmacht gedeckt. K wurde daher wirksam von X vertreten und muss den Kaufvertrag (§ 433 BGB) gegen sich gelten lassen.

338 **Anmerkung:** Mit der Eintragung der unwirksamen Prokura in das Handelsregister wurde eine einzutragende Tatsache (§ 53 I HGB) unrichtig bekannt gemacht, sodass sich L bei Vorliegen der Voraussetzungen des § 15 III HGB auf die Prokura berufen kann. Auf § 15 III HGB kommt es hier jedoch nicht an, weil das Geschäft bereits vom Umfang der Handlungsvollmacht gedeckt ist. § 15 III HGB könnte hingegen eine Rolle spielen, wenn X ein Geschäft vorgenommen hätte, das zwar vom Umfang der Prokura, nicht aber vom dem der Handlungsvollmacht gedeckt wäre (vgl. § 49 I, II HGB und § 54 I, II HGB).

160 *Köhler*, AT, § 15 Rn. 12; *Medicus/Petersen*, AT, Rn. 520.

3. Stellvertretung durch Ladenangestellte

§ 56 HGB dient dem Verkehrsschutz in besonderer Weise. Wer einen Verkaufsraum betritt und dort mit einem Beschäftigten Rechtsgeschäfte abschließt, darf nicht das Risiko fehlender Bevollmächtigung tragen. Er muss also gegen den Einwand des Unternehmensträgers geschützt werden, der Ladenangestellte habe das Rechtsgeschäft nicht abschließen dürfen. Deshalb begründet § 56 HGB dreierlei: **339**

a) Die Anstellung in einem Laden begründet die Vermutung, dass dem Angestellten Innenvollmacht erteilt wurde.
b) Die Anstellung in einem Laden ist als solche als Mitteilung über die Bevollmächtigung aufzufassen. Deshalb ist der Ladengehilfe aufgrund dieser Kundgebung jedem Dritten gegenüber zur Vertretung befugt, § 171 I BGB.
c) Hat ein Ladeninhaber tatsächlich keine Vollmacht erteilt, so wirkt die besondere Mitteilung über die Bevollmächtigung grundsätzlich gegenüber jedem Dritten. Entsprechend § 173 BGB, § 54 III HGB wirkt sie nur dann nicht, wenn der Dritte bösgläubig ist, weil er das Fehlen der Vertretungsmacht bei Vornahme des Rechtsgeschäfts kannte oder kennen musste.[161]

§ 56 HGB hat daher je nachdem, welcher Schutz gerade bezweckt wird, entweder die Wirkung einer **Vermutungsregel** oder einer **Rechtsscheinregel**. Aufgrund der Vermutungsregel wird die Bejahung einer tatsächlich im Innenverhältnis erteilten Bevollmächtigung stark vereinfacht, während die Rechtsscheinregel den Vertrauenden in den Fällen einer fehlenden Innenvollmacht schützt.[162]

Fall 110: B kaufte im Verkaufsraum des Elektrogroßhändlers K bei dem Sachbearbeiter D einige Geräte. D war zur Abwicklung von Großhandelsgeschäften angestellt. B bezahlte die Geräte bar bei D und nahm sie gleich mit. **340**

Als K von dem Verkauf erfährt, verlangt er von B die Herausgabe der Geräte. Er beruft sich darauf, dass D nicht für den Einzelverkauf zuständig gewesen sei und auch keine Inkassovollmacht gehabt habe. Er habe den Erlös unterschlagen und ihm sei fristlos gekündigt worden. K genehmigt die Geschäfte nicht.

Im Verlauf der Auseinandersetzung zwischen K und B wird festgestellt, dass der Angestellte D gelegentlich im Barverkauf tätig wurde, wenn die dort angestellte Verkäuferin kurzfristig verhindert war. Außerdem wird festgestellt, dass er gelegentlich Geld von Kunden entgegengenommen und an die Kasse abgeliefert hat. Wie ist zu entscheiden?[163]

Lösung: K könnte einen Anspruch gegen B auf Herausgabe der Geräte nach § 985 BGB haben, wenn er noch Eigentümer der Geräte und B Besitzer ohne Recht zum Besitz (§ 986 I 1 BGB) sein sollte.

Ursprünglich war K Eigentümer der Geräte. Er könnte sein Eigentum aber durch Übereignung gemäß § 929 S. 1 BGB an B verloren haben. Die Übergabe ist erfolgt. Zwar hat K sich nicht persönlich mit B geeinigt, er könnte aber von D vertreten worden sein, § 164 I 1 BGB. D handelte im fremden Namen, was sich jedenfalls aus dem unternehmensbezogenen Geschäft ergab, § 164 I 2 BGB. Fraglich ist jedoch, ob D Vollmacht (§ 166 II 1 BGB) hatte. Eine solche könnte sich aus § 56 HGB ergeben.

161 MüKoHGB/*Krebs*, § 56 Rn. 39; *Kneisel*, JA 2010, 337, 339.
162 Vgl. *Brox/Henssler*, Rn. 228 ff; *Canaris*, § 14 Rn. 1 ff; *K. Schmidt*, Handelsrecht, § 16 V 2 a (S. 605 ff).
163 **Nach BGH NJW 1975, 2191.**

Zunächst müsste D in einem Laden angestellt gewesen sein.

Auch ein Großhändler kann einen Laden haben, wenn er nebenher einen Kleinverkauf betreibt. Wie groß die Verkäufe an Privatkunden waren, ist nicht entscheidend. Es ist auch nicht erforderlich, dass diesen Laden jedermann betreten konnte. § 56 HGB schützt nicht nur zufällige Fremdbesucher, sondern auch ausgesuchte Kunden, die den Laden, seine Verhältnisse und seinen Inhaber kennen. Sinn der Vorschrift ist ganz allgemein, den Besucher eines Ladens von Nachforschungspflichten über die Vollmacht der im Laden angestellten Personen freizustellen. Entscheidend ist danach allein, ob ein Verkaufsraum vorhanden war, in dem unmittelbare Geschäfte getätigt wurden. Diese Voraussetzung liegt vor, da K einen Verkaufsraum hatte.

Weiterhin müsste D in dem Laden angestellt gewesen sein. Hierzu genügt, dass der Angestellte mit Wissen und Willen des Ladeninhabers im Laden tätig ist, unabhängig davon, welchen Aufgaben- und Pflichtenkreis er tatsächlich im Unternehmen hat. Auch der Buchhalter, der zufällig einmal im Laden auftaucht und einen Kunden bedient, ist insoweit Ladenangestellter. Dass der Aufgabenbereich des D eigentlich im Großhandelsgeschäftsverkehr lag, hat daher keinen Einfluss auf seine Stellung als Ladenangestellter. Hinzu kommt, dass D schon des Öfteren als Vertretung mit Wissen und Willen des Geschäftsinhabers im Laden tätig geworden ist.

Schließlich müsste es sich um einen Verkauf in dem Laden handeln, der in dieser Weise gewöhnlich ist. Da in dem Verkaufsraum Verkäufe an Privatkunden abgewickelt wurden, ist dies der Fall.

Folglich gilt D gemäß § 56 HGB als bevollmächtigt. § 56 HGB greift als Vermutungsregelung im Hinblick auf eine im Innenverhältnis erteilte Vollmacht ein. Gleichzeitig ist in der Anstellung in dem Laden die besondere Mitteilung der Bevollmächtigung zu sehen. D konnte K daher wirksam im Rahmen der dinglichen Einigung gemäß § 929 S. 1 BGB vertreten, sodass die Übereignung nach § 929 S. 1 BGB wirksam ist. K kann nicht die Herausgabe der Geräte nach § 985 BGB verlangen.

Ein möglicher Anspruch aus § 812 I 1 Alt. 1 BGB scheitert am bestehenden Rechtsgrund, denn der Kaufvertrag ist zwischen K, vertreten durch D gemäß § 164 I 1 BGB, § 56 HGB, und B wirksam zustande gekommen.

K könnte allerdings einen Anspruch gegen B auf erneute Kaufpreiszahlung haben. Die für Abschlussvertreter geltende Vorschrift des § 55 III HGB, wonach diese zur Annahme von Zahlungen nur berechtigt sind, wenn sie besonders dazu ermächtigt sind, gilt für Ladenangestellte nicht. Vielmehr fällt auch die Erfüllung der Kaufpreisschuld durch Übereignung des Geldes, § 362 I BGB, unter § 56 HGB, sofern nicht aufgrund der vorhandenen Vorkehrungen eindeutig war, dass nur an der Kasse bezahlt werden konnte. Da ein solcher Hinweis hier gerade nicht vorhanden war, bestehen keine weiteren Ansprüche gegen B.

341 **Fall 111:** Die Opel-Vertragshändlerin B handelt mit Neu- und Gebrauchtwagen. K hatte die Absicht, seinen gebrauchten Pkw Opel Ascona Sport an B zu verkaufen. Er verhandelte daher im Verkaufsraum mit F, einem Angestellten der B, über den Preis. Sowohl K als auch F unterzeichneten daraufhin ein Vertragsformular, das den Ankauf des Opel Ascona Sport zum Preis von 6.000 € zum Gegenstand hatte.

Als K die Zahlung des Kaufpreises verlangt, ist B entsetzt. B macht geltend, dass F zum Ankauf (Inzahlungnahme) eines Gebrauchtwagens nur im Falle des gleichzeitigen Verkaufs eines Neu-

oder Gebrauchtwagens an den Kunden K bevollmächtigt gewesen sei. Kann K die Zahlung des Kaufpreises verlangen?[164]

Lösung: K hat gegen B einen Anspruch auf Zahlung des Kaufpreises in Höhe von 6.000 €, wenn ein Kaufvertrag zwischen beiden zustande gekommen ist.

B hat nicht selbst gehandelt, könnte aber durch F wirksam gemäß § 164 I 1 BGB vertreten worden sein. Fraglich ist jedoch, ob F mit Vertretungsmacht gehandelt hat. In Betracht kommt eine Vollmacht (§ 166 II 1 BGB).

F könnte aufgrund einer **Arthandlungsvollmacht** gemäß § 54 I HGB bevollmächtigt gewesen sein. Unter einer Arthandlungsvollmacht fallen alle zur Vornahme einer bestimmten, zu einem Handlungsgewerbe gehörenden Art von Geschäften.[165] Da F nur zu Ankäufen bei gleichzeitigem Verkauf ermächtigt sein sollte, liegt eine auf diese Fälle beschränkte Arthandlungsvollmacht vor. Das von F vorgenommene Geschäft fällt allerdings nicht darunter, sodass sich eine Vollmacht für den Ankauf nicht aus § 54 I HGB ergibt.

F könnte als Ladenangestellter gemäß § 56 HGB bevollmächtigt gewesen sein. Problematisch ist dabei allein, ob eine solche Vollmacht auch Ankäufe umfasst.

Die Vollmacht des Ladenangestellten könnte dahingehend auszulegen sein, dass auch Ankäufe von ihr erfasst sind. Maßgebend für die Auslegung einer Gesetzesbestimmung ist der in ihr zum Ausdruck kommende objektivierte Wille des Gesetzgebers, wie er sich aus dem Wortlaut der Vorschrift und dem Sinnzusammenhang, in den sie hineingestellt ist, ergibt. Nach dem Wortlaut der Vorschrift besteht eine Vollmacht lediglich hinsichtlich von Verkäufen und Empfangnahmen. Zwar ist der Begriff „Verkauf" durchaus nicht völlig eindeutig, was dazu geführt hat, dass beispielsweise darunter auch das dingliche Verfügungsgeschäft im Sinne einer Veräußerung zu verstehen ist. Doch verlangt eine Auslegung in jedem Fall, dass der Angestellte, dessen Ermächtigung zu derartigen Geschäften nach § 56 HGB vermutet wird, für denjenigen handelt, der sich einer Sache oder Leistung „entäußert". Das auf einen entgeltlichen Erwerb gerichtete Verpflichtungsgeschäft ist damit nicht vergleichbar. Dafür spricht auch der Gesetzeszusammenhang mit §§ 48 I, 54 I HGB, woraus sich eine aufeinander abgestimmte Regelung der handelsrechtlichen Vollmachten ergibt.

Möglicherweise kann § 56 HGB analog auf Ankäufe angewendet werden. Voraussetzung dafür ist aber zunächst eine Gesetzeslücke im Sinne einer planwidrigen Unvollständigkeit des Gesetzes. Eine solche Lücke liegt im Hinblick auf die detaillierte Eingrenzung des Vollmachtsumfangs des Prokuristen, des Handlungsbevollmächtigten und des Abschlussvertreters (§§ 48–55 HGB) einerseits und des Ladenangestellten (§ 56 HGB) andererseits jedoch nicht vor. Vielmehr ist aufgrund der Nichterwähnung der „Ankäufe" in § 56 HGB davon auszugehen, dass der Ladenangestellte für diese ganz bewusst nicht als bevollmächtigt gelten soll. Hinzu kommt, dass auch eine hinreichende Vergleichbarkeit von Verkäufen und Ankäufen und damit die zweite Voraussetzung einer Analogie nicht gegeben ist. Denn dass der Kaufmann die in seinen Verkaufsräumen aufgestellten Waren durch das hierfür angestellte Personal verkaufen will, entspricht dem Regelfall und den berechtigten Erwartungen des Verkehrs. Es ist ihm im Allgemeinen organisatorisch ohne

164 **Nach BGH NJW 1988, 2109 f.**
165 Hopt/*Merkt*, § 54 Rn. 10; *Canaris*, § 13 Rn. 5, 18.

Weiteres möglich, das Warenangebot und die Preise festzulegen, z.B. durch Preisauszeichnungen. Es ist dagegen weit weniger selbstverständlich, welche Waren der Kaufmann zu welchem Preis erwerben will. Dass die Entscheidung hierüber einen größeren Beurteilungsspielraum erfordert, wird in der Regel auch dem Kunden bewusst sein.[166] Eine analoge Anwendung des § 56 HGB auf Ankäufe ist daher nicht geboten.

Schließlich könnte sich die Vertretungsmacht aus einer Rechtsscheinvollmacht ergeben. Der Sachverhalt enthält jedoch keinerlei Anhaltspunkte dafür, dass F wiederholt so gehandelt hätte bzw. B fahrlässig das Handeln des F nicht verhindert hätte. Folglich ist weder eine Duldungs- noch eine Anscheinsvollmacht anzunehmen.

Somit handelte F ohne Vertretungsmacht. B wurde nicht wirksam gemäß § 164 I 1 BGB vertreten. In der Verweigerung der Kaufpreiszahlung ist die Verweigerung der Genehmigung (§ 184 I BGB) gemäß § 177 I BGB zu sehen. B ist daher nicht zur Zahlung des Kaufpreises nach § 433 II BGB verpflichtet.

166 BGH NJW 1988, 2109, 2110.

§ 7 Zustimmung zu fremden Rechtsgeschäften

I. Zustimmung

Für bestimmte Rechtsgeschäfte verlangt das Gesetz die Zustimmung Dritter (§ 182 BGB), damit sie wirksam werden. Unter Zustimmung versteht man die Erklärung des Einverständnisses zu einem von einem anderen vorgenommenen Rechtsgeschäft.[1] Regelmäßig berühren sie die Interessen des Dritten, sodass dessen Mitwirkung geboten erscheint. Dies ist etwa der Fall bei der Verfügung eines Nichtberechtigten (§ 185 I BGB), bei der Schuldübernahme (§ 415 I 1 BGB), aber auch bei bestimmten Rechtsgeschäften eines Ehegatten (§§ 1365 ff BGB). Die Zustimmung eines Dritten ist aber auch erforderlich, wenn der direkt Beteiligte vor den Folgen seines eigenen Handelns geschützt werden soll, wie bei Minderjährigen (§ 107 BGB) oder beim Betreuten mit Einwilligungsvorbehalt (§ 1825 I 1 BGB). 342

Fall 112: F hat ihrem Sohn S gegen Zahlung einer monatlichen Rente und eines lebenslangen Nießbrauchs ihren Grundbesitz veräußert. Dieser stellte im Wesentlichen ihr gesamtes Vermögen dar. Bei Abfassung des Vertrages wies der Notar darauf hin, dass F der Zustimmung ihres Ehemanns E bedürfte, mit dem sie im Güterstand der Zugewinngemeinschaft lebte. Nach einiger Zeit gelangte eine undatierte mit dem Namen des Ehemanns E unterschriebene Genehmigungserklärung zu den Akten. Daraufhin wurde S als Eigentümer im Grundbuch eingetragen. Der Ehemann E ließ jedoch bald darauf durch seinen Anwalt dem Notar und F mitteilen, dass diese Erklärung durch S gefälscht gewesen sei und er eine Genehmigung des Vertrages endgültig ablehne. Bald darauf verstarb er. 343

Nach dem Tod von F verlangen die beiden Töchter der Eheleute F und E von S Zustimmung zur Grundbuchberichtigung des Inhalts, dass sie zusammen mit S Miterben der F seien. S meint, der Vater habe seine Ablehnung später doch noch aufgegeben; außerdem sei mit dem Tod des Vaters der Vertrag wirksam geworden. Wie ist zu entscheiden?[2]

Lösung: Der Anspruch auf Zustimmung zur Grundbuchberichtigung ergibt sich aus § 894 BGB, wenn das Grundbuch unrichtig ist, der Anspruchsteller berechtigt und der Anspruchsgegner verpflichtet ist. Das Grundbuch ist unrichtig, wenn die formelle und die materielle Rechtslage auseinanderfallen. Im Grundbuch ist S als Eigentümer eingetragen. Fraglich ist aber, ob S auch materiell Eigentümer geworden ist. Die nach §§ 873 I, 925 I 1 BGB erforderliche Auflassung und Eintragung sind erfolgt. Jedoch könnte es F, die mit E in Zugewinngemeinschaft (§ 1363 BGB) lebte, an der Verfügungsberechtigung nach § 1365 I 2 BGB gefehlt haben. Zwar hat F mit der Verfügung über ihren Grundbesitz keine Verfügung über ihr Vermögen im Ganzen getroffen, aber nach der sog. „Einzeltheorie" ist anerkannt, dass es ausreicht, wenn der Gegenstand im Wesentlichen das gesamte Vermögen darstellt.[3] Die Gegenleistung in Form der Zahlung einer monatlichen Rente und der Einräumung eines lebenslangen Nießbrauchs an dem Grundbesitz ist nicht zu berücksichtigen. Dadurch, dass die Einzeltheorie § 1365 BGB erweitert, wird der Anwendungsbereich der Norm so eingeschränkt, dass positive Kenntnis des Erklärungsempfängers gefordert wird (**subjektive Einzeltheorie**).[4] Es ist davon auszugehen, dass S be-

1 Vgl. zu den Einzelheiten *Köhler*, AT, § 14 Rn. 2 ff.
2 **Nach BGHZ 125, 355 ff = NJW 1994, 1785 ff**; dazu *K. Schmidt*, JuS 1995, 102 ff.
3 BGH NJW 1965, 909 ff; *Bongartz/Hergenröder*, JA 2019, 406, 408 f.
4 Vgl. *Bongartz/Hergenröder*, JA 2019, 406, 409.

kannt ist, dass der Grundbesitz im Wesentlichen das gesamte Vermögen seiner Mutter darstellt.

Die vorgebliche Einwilligung des E (§ 183 S. 1 BGB) entfaltete wegen ihrer Fälschung keine Wirksamkeit, weswegen der Vertrag bis zu seiner Genehmigung (§ 184 I BGB) schwebend unwirksam war, § 1366 I BGB. Ohne Zustimmung getroffene Verfügungen sind unwirksam, da es sich bei § 1365 BGB um ein absolutes Veräußerungsverbot handelt. Streitentscheidend ist die Frage, welche Rechtsfolgen eine einmal erklärte Verweigerung der Genehmigung entfaltet.

Im Rahmen der §§ 182 ff BGB ist anerkannt, dass die Verweigerung ebenso wie die Erteilung der Genehmigung unwiderruflich sind, da sie als einseitig empfangsbedürftige Willenserklärungen rechtsgestaltend wirken. Der Rechtsverkehr vertraut darauf, dass die Wirkung nicht wieder durch einseitigen Widerruf in ihr Gegenteil verkehrt wird. Wegen § 1366 IV BGB ist es außerhalb der beiden in § 1365 II BGB und § 1366 III BGB exklusiv genannten Fälle nicht möglich, dem Vertrag trotz bereits erklärter Verweigerung zu seiner Wirksamkeit zu verhelfen. Deswegen kommt es auf den Vortrag des Sohnes, der Vater habe später seine Ablehnung aufgegeben, nicht mehr an.

Ebenso wenig kann die Möglichkeit des § 1365 II BGB dazu führen, dass der Vertrag durch den späteren Tod des Ehegatten wirksam wird, etwa weil sich der Schutzzweck des § 1365 I BGB nicht mehr verwirklichen lässt. Die Heilungsmöglichkeit (Konvaleszenz) erfordert nämlich, dass das Rechtsgeschäft im Zeitpunkt der Beendigung des Güterstandes (Tod, § 1371 I BGB) noch schwebend unwirksam war. Wegen § 1366 IV BGB ist dies nicht der Fall. Ein abstrakt möglicher Eingriff des Familiengerichts rechtfertigt kein anderes Ergebnis.

Schließlich scheitert auch eine Umdeutung nach § 140 BGB in einen wirksamen Erbvertrag (§ 1941 I BGB). Denn zum einen liegen für einen derartigen hypothetischen Parteiwillen keine gewichtigen Anhaltspunkte vor. Zum anderen würde der Regelungscharakter des § 1365 I BGB ad absurdum geführt, wenn stets nach verweigerter Genehmigung des Ehegatten das unwirksame Rechtsgeschäft mit dem Tod des Ehegatten und Erblassers als ersatzweise gewollte erbrechtliche Regelung weiterbestehen würde.

Damit fehlte es F an der Verfügungsberechtigung nach § 1365 I 2 BGB, sodass sie ihrem Sohn S den Grundbesitz nicht nach §§ 873 I, 925 I 1 BGB übereignen konnte. Die formelle und die materielle Rechtslage fallen auseinander. Der Anspruch auf Zustimmung zur Grundbuchberichtigung nach § 894 BGB besteht.

II. Verfügung eines Nichtberechtigten

1. Verfügungsermächtigung

344 Nach § 185 I BGB ist die Verfügung eines Nichtberechtigten wirksam, wenn sie mit Einwilligung des Berechtigten erfolgt, also mit der im Voraus erteilten Ermächtigung (§ 183 S. 1 BGB), im eigenen Namen über ein Recht des Ermächtigenden zu verfügen.[5] Verfügt der Nichtberechtigte im fremden Namen, gelten die §§ 164 ff BGB über die Stellvertretung.[6]

5 Vgl. *Köhler*, AT, § 14 Rn. 7 ff; *Petersen*, § 49 Rn. 1 ff.
6 *Stadler*, § 28 Rn. 13.

Bei der Verfügung über bewegliche Sachen und Orderpapiere hat die Verfügungsermächtigung im Wirtschaftsleben erhebliche Bedeutung. Bei der Sicherungszession von Forderungen tritt sie in der Regel als Ausübungsermächtigung bzw. **Einziehungsermächtigung** auf. Der Ermächtigte behält die Befugnis, die zur Sicherheit abgetretene Forderung im eigenen Namen einzuziehen, also Leistung an sich zu verlangen. Im Rahmen des verlängerten Eigentumsvorbehalts ermächtigt der Lieferant den Käufer in der Regel, über die Vorbehaltsware im ordnungsgemäßen Geschäftsverkehr zu verfügen und zugleich die ersatzweise abgetretenen Forderungen einzuziehen.[7] Im Einzelfall kann zweifelhaft sein, wie weit solche Ermächtigungen reichen.

Das prozessuale Gegenstück zur Einziehungsermächtigung ist die **gewillkürte Prozessstandschaft**. Nach h.M. ist sie analog § 185 I BGB zulässig, sofern der Ermächtigte zusätzlich ein eigenes schutzwürdiges Interesse an der Geltendmachung der Forderung im eigenen Namen hat.[8] 345

Fall 113: Der Baustoffhersteller B verkaufte Baustoffe im Wert von 10.000 € an die Handel-GmbH (H-GmbH). Dabei wurde ein verlängerter Eigentumsvorbehalt vereinbart, nach dem die H-GmbH für den Fall der Weiterveräußerung der gelieferten Ware oder der daraus hergestellten Sachen die ihr aus der Veräußerung zustehenden Forderungen gegen den Abnehmer oder Dritte mit sämtlichen Nebenrechten an B abtritt. 346

Die H-GmbH verkaufte daraufhin Baustoffe im Wert von 5.000 € an den Kunden K. In dem Kaufvertrag war vereinbart worden, dass die Abtretung von Forderungen aus dem Vertrag an Dritte ausgeschlossen sei. Die H-GmbH informierte K darüber, dass sich die Baustoffe im Eigentum des B befänden und sie nur im Rahmen eines verlängerten Eigentumsvorbehalts verfügungsbefugt sei.

Als die H-GmbH die Zahlung für B verlangt, verweigert K die Zahlung, weil er einer Abtretung nicht zugestimmt habe. B will wissen, ob die H-GmbH die Forderung für sie einziehen kann. Falls dem nicht so sein sollte, fragt sie nach ihren rechtlichen Möglichkeiten.[9]

Alternative: Wie ist die Rechtslage, wenn der Weiterverkauf von der H-GmbH an K ein beiderseitiges Handelsgeschäft darstellt?

Lösung: Die H-GmbH könnte das Geld für B einziehen, wenn B Inhaber der Forderung wäre und die H-GmbH eine entsprechende Einziehungsermächtigung hätte.

Da kein Vertrag zwischen B und K geschlossen wurde, könnte B nur im Wege der Abtretung nach § 398 BGB Forderungsinhaber geworden sein. Mit dem Kaufvertragsschluss über Baustoffe im Wert von 5.000 € zwischen der H-GmbH und K ist eine Forderung nach § 433 II BGB entstanden. Für die Übertragung ist ein Abtretungsvertrag zwischen B und der H-GmbH erforderlich. Ein solcher ist wirksam im Rahmen des verlängerten Eigentumsvorbehalts zustande gekommen. Danach verpflichtet sich die H-GmbH zur Vorausabtretung aller Kundenforderungen an B. Der Abtretung könnte jedoch ein vertragliches Abtretungsverbot nach § 399 Alt. 2 BGB entgegenstehen. Zwischen der H-GmbH und K war vereinbart worden, dass eine Abtretung an Dritte ausgeschlossen sein sollte. Folglich ist die Abtretung nicht wirksam. B ist daher nicht Inhaber der Forderung geworden.

Möglicherweise könnte B aber die Baustoffe von K nach § 985 BGB herausverlangen. Dazu müsste B Eigentümer und K unberechtigter Besitzer sein.

7 *Lorenz*, JuS 2009, 891 ff.
8 *Rosenberg/Schwab/Gottwald*, § 46 Rn. 33 ff; *Schmitt-Gaedke/Arz*, JA 2016, 770, 772 f.
9 **Nach BGHZ 27, 306 ff = NJW 1958, 1281 f.**

Ursprünglich war B Eigentümer der Baustoffe. B könnte das Eigentum allerdings durch Übereignung nach § 929 S. 1 BGB an die H-GmbH verloren haben. Im Verhältnis B zur H-GmbH war ein Eigentumsvorbehalt (§ 449 I BGB) vereinbart, aufgrund dessen die H-GmbH erst bei Bedingungseintritt, d.h. bei vollständiger Kaufpreiszahlung, das Eigentum erwerben soll; die Übereignung ist demnach aufschiebend bedingt gemäß § 158 I BGB. Da die Bedingung mangels Kaufpreiszahlung noch nicht eingetreten ist, ist es noch nicht zu einem Eigentumsverlust gekommen. B könnte das Eigentum jedoch durch Übereignung der H-GmbH an K gemäß § 929 S. 1 BGB verloren haben. Einigung und Übergabe liegen vor. Fraglich ist aber die Berechtigung der H-GmbH: Die H-GmbH ist nicht Eigentümerin. Sie könnte aber aufgrund einer Verfügungsermächtigung des B gemäß § 185 I BGB gehandelt haben. Eine derartige Ermächtigung war aber nur für den Fall der Vorausabtretung der Forderungen erteilt worden. Da es zu einer solchen gerade nicht kam, weil das Abtretungsverbot des § 399 Alt. 2 BGB vorlag, fehlt es auch an einer Verfügungsermächtigung. Die Ermächtigung besteht nach Treu und Glauben (§ 242 BGB) nicht für den Fall, dass die Vorausabtretung scheitert, weil sich die H-GmbH selbst einem Abtretungsverbot unterworfen hat. K war zudem nicht gutgläubig, sodass B sein Eigentum auch nicht nach §§ 929 S. 1, 932 I 1 BGB verloren hat.

K ist Besitzer der Baustoffe, ohne dem Eigentümer B gegenüber zum Besitz berechtigt zu sein. B kann daher nach § 985 BGB Herausgabe der Baustoffe von K verlangen.

347 **Alternative:** Liegt ein beiderseitiges Handelsgeschäft für die H-GmbH und für K vor, ist § 354a I 1 HGB[10] einschlägig mit der Folge, dass die Vorausabtretung an B trotz der Vereinbarung gemäß § 399 Alt. 2 BGB wirksam ist.[11] B wird dann Forderungsinhaber, die H-GmbH kann die Forderung einziehen. Auch der Eigentumsübergang auf K ist in dieser Alternative wirksam, da die Verfügungsermächtigung des B greift.

348 Eine weitere aus der Praxis des Kreditsicherungsrechts wichtige Frage nach der Reichweite der Einziehungsermächtigung besteht darin, ob der Bankkunde nach einer Globalsicherungszession noch die Vorteile eines **Factoring-Geschäfts**[12] wahrnehmen kann.

349 **Fall 114:** Die Maschinenfabrik M nahm bei der Bank B einen Kredit über 2 Mio. € auf. Zur Sicherung des Rückzahlungsanspruchs ließ sich die Bank sämtliche gegenwärtigen und künftigen Kundenforderungen der M abtreten. Soweit diese einem verlängerten Eigentumsvorbehalt eines Lieferanten unterlagen, sollte die Abtretung erst wirksam werden, wenn sie nicht mehr davon erfasst sein sollten. Die Zession wurde den Kunden der M zunächst nicht mitgeteilt. Jedoch sollte die Bank jederzeit zur Mitteilung berechtigt sein und die Forderung bei Fälligkeit unmittelbar einziehen dürfen, wenn sie dies nach billigem Ermessen für erforderlich halten durfte. Solange die Bank davon keinen Gebrauch machte, sollte M selbst verpflichtet sein, die Forderungen einzuziehen. M verpflichtete sich aber, die Gegenwerte an B zur Tilgung des Kredits weiterzuleiten. Im weiteren Verlauf der Geschäftsbeziehungen zwischen M und B änderte B die Einziehungsermächtigung und nahm den Verkauf von Forderungen und deren Abtretung ausdrücklich aus.

Zu den abgetretenen Forderungen gehörte auch eine Kaufpreisforderung für eine Fasstransportanlage in Höhe von 400.000 €. Diese Anlage hatte M an K verkauft. Der Kaufpreis sollte in vier Jahresraten zu je 100.000 € bezahlt werden. Da B es ablehnte, den Kaufpreis vorzufinanzieren, wandte sich M an die Factoring-Gesellschaft F. Diese kaufte die drei restlichen Raten von

10 Vgl. dazu *Lettl*, JA 2010, 109 ff.

11 Beachte aber die Ausnahme in § 354a II HGB.

12 Vgl. zum Factoring *Foerster*, JuS 2020, 203 ff.

300.000 € für 265.000 € an und schrieb diesen Betrag sofort M gut. F zeigte dem Käufer die Abtretung an und verlangte Zahlung an sich. Als die Bank B davon erfährt, bestreitet sie die Wirksamkeit dieser Abtretung unter Verweis auf die von ihr vorher abgeänderte Einziehungsermächtigung und verlangt Zahlung an sich. Wer hat Recht?[13]

Lösung: Der Zahlungsanspruch der Bank B nach §§ 433 II, 398 BGB ist gegeben, wenn sie noch Inhaberin der Forderung ist. Gegen die Abtretung auch künftiger Forderungen bestehen keine Bedenken, wie das argumentum a fortiori aus § 185 II BGB ergibt. Wenn sogar wirksam über fremde Gegenstände verfügt werden kann, muss dies erst recht für eine Verfügung über eigene, noch nicht existente Rechte gelten. Die Bestimmbarkeit künftiger Forderungen ist jedenfalls dann zu bejahen, wenn alle Forderungen abgetreten werden. Bei einer Konkurrenz zweier Abtretungen gilt grundsätzlich der Prioritätsgrundsatz, solange beide Verfügungen wirksam sind.[14] Die Wirksamkeit der Abtretung unterliegt hier keinen Bedenken, da sie unter die Bedingung gestellt wurde, dass die Forderung vom verlängerten Eigentumsvorbehalt des Lieferanten nicht (mehr) umfasst wird (sog. Nachrangklausel). § 138 I BGB greift im Sinne der „Vertragsbruchtheorie" daher nicht.

Fraglich ist, ob der Vertragsinhalt dahin zu verstehen ist, dass der Zedent auch zu einem Verkauf der abgetretenen Forderung ermächtigt ist. Die Einziehungsermächtigung ist ein abgespaltenes Gläubigerrecht und verkörpert einen Fall der Einwilligung zur Verfügung über ein fremdes, dem Einwilligenden zustehendes Recht, wobei sich diese Befugnis auf die bloße Einziehung reduziert. Der Ermächtigte kann aufgrund dieses verdeckten Vollmachtverhältnisses die Leistung vom Schuldner im eigenen Namen verlangen. Zur Abtretung ist der Zedent grundsätzlich nicht befugt. Weitergehende Befugnisse können ausdrücklich oder konkludent eingeräumt werden, soweit ein sachgerecht denkender Forderungsinhaber gegen die Factoringzession nichts einzuwenden hätte. Dies ergeben wirtschaftliche Erwägungen, wenn die Verwertung einer Forderung durch Verkauf derjenigen durch Einziehung gleichzusetzen wäre. Der Zedent erlangt die wirtschaftliche Verfügungsmacht nur bei einem sogenannten echten Factoring (Forderungskauf), wonach der Käufer das Risiko für die Bonität der Forderung (Delkredererisiko) übernimmt. Abgesehen von dem sofort berechneten, dennoch aber fiktiven Zinsverlust ist eine Substanzminderung der Forderung zu verneinen. Das Weiterleitungsrisiko ist unbeachtlich, denn diesem kann der Kreditgeber nie ausweichen.

Andererseits muss die Einziehungsermächtigung auch restriktiv ausgelegt werden. Dem Inhaber der Forderung darf keine Rechtsposition aufgedrängt werden, die er durch eine am Wortsinn der Einziehungsermächtigung orientierte Erklärung gerade nicht schaffen wollte. Ergibt der Wortlaut keinen verlässlichen Anhaltspunkt für die wirtschaftliche Gleichstellung von Zahlung und Factoring, ist bei der Auslegung alleine aufgrund wirtschaftlicher Gesichtspunkte Zurückhaltung geboten. Danach bleibt die Ermächtigung auf mindestens bargeldgleiche Leistungen beschränkt, wenn im Wege der nochmaligen Abtretung der Bestand der Sicherungsrechte nicht gemindert und dadurch das Sicherungsinteresse des Kreditgebers nicht beeinträchtigt wird. Bei der Realisierung einer Forderung vor Fälligkeit ist dies jedoch nicht der Fall, wenn der Kreditnehmer von der Abzinsung und der üblichen Einzugsprovision abgesehen den vollen Gegenwert der Forderung ohne Rückbelastungsmöglichkeit erhält.

13 **Nach BGH NJW 1982, 571 f.**
14 *Lorenz*, JuS 2009, 891, 892; *Meyer/von Varel*, JuS 2004, 192, 194.

Dadurch, dass die Bank B vor dem Factoring-Geschäft das Recht zum Forderungsverkauf und diesbezügliche Abtretungen ausdrücklich aus der Einziehungsermächtigung ausgenommen hatte, sind die dargelegten Grundsätze nicht entscheidungserheblich. Forderungsverkauf und Abtretung waren ausgeschlossen, sodass B nach dem Prioritätsgrundsatz weiterhin berechtigte Inhaberin der Forderung ist. Damit kann B Zahlung an sich verlangen.

2. Genehmigung der Verfügung eines Nichtberechtigten

350 Die Verfügung eines Nichtberechtigten wird durch Genehmigung des Berechtigten wirksam, § 185 II 1 BGB.

351 **Fall 115:** Der Dieb D stiehlt beim Eigentümer E ein Gemälde von Paul Cézanne und veräußert es für 100.000 € an den Kunsthändler K. E will das Gemälde gar nicht zurück, sondern ist nur an dem Verkaufserlös interessiert. Kann E von D das erhaltene Entgelt herausverlangen?

Lösung: Ein Anspruch des E gegen D kommt nur nach § 816 I 1 BGB in Betracht. D war weder Eigentümer des Gemäldes noch verfügungsberechtigt nach § 185 I BGB. Dadurch, dass es sich bei dem Gemälde um Diebesgut handelt, scheidet ein gutgläubiger Erwerb wegen § 935 I 1 BGB aus. E kann die unwirksame Verfügung des D aber nach § 185 II 1 (1. Fall) BGB genehmigen. Diese Genehmigung wirkt auf die Vornahme des Rechtsgeschäfts zurück, § 184 I BGB. Eine konkludente Genehmigung liegt vor, wenn der Berechtigte von dem Nichtberechtigten Herausgabe des Veräußerungserlöses verlangt.[15] Durch die Genehmigung wird der Nichtberechtigte nicht zum Berechtigten, sondern bleibt Nichtberechtigter. Somit kann E von D das erhaltene Entgelt nach § 816 I 1 BGB herausverlangen.

III. Verpflichtungsermächtigung

352 Bei der Verfügungsermächtigung handelt der Nichtberechtigte **im eigenen Namen**. Dadurch unterscheidet sich diese Art von Verfügungsgeschäft von einem gewöhnlichen Vertretungsgeschäft. Fraglich ist, ob § 185 BGB auf eine sog. **Verpflichtungsermächtigung** Anwendung findet, durch die der Ermächtigte im eigenen Namen ein Verpflichtungsgeschäft abschließen und den Ermächtigenden unmittelbar verpflichten könnte. Dies ist abzulehnen. Im Rahmen von Verpflichtungsgeschäften kann man einen Dritten nur aufgrund der sog. **Schlüsselgewalt**, § 1357 I 2 BGB, verpflichten; ansonsten kennt das Gesetz keine Verpflichtungsermächtigung. Ihre generelle Anerkennung würde dem Offenkundigkeitsprinzip der Stellvertretung widersprechen.[16] Zudem besteht hierfür kein praktisches Bedürfnis.[17]

15 BGH NJW 1986, 2104, 2105. Vgl. zur Klageerhebung als konkludente Genehmigung BGH NJW 2019, 2608, 2610 (Rn. 31).

16 MüKo/*Bayreuther*, § 185 Rn. 31 ff; *Köhler*, AT, § 14 Rn. 15; *Petersen*, § 33 Rn. 13; *Stadler*, § 28 Rn. 16.

17 *Köhler*, AT, § 14 Rn. 16.

Stichwortverzeichnis

Die Zahlen verweisen auf Randnummern.